Patrick Marnham

So fern von Gott

Eine Reise
nach Mittelamerika
Aus dem
Englischen von
Adelheid Dormagen

Diogenes

Titel der 1985 bei Jonathan Cape
in London erschienenen Originalausgabe:
›So Far from God . . . A Journey to Central America‹
Copyright © 1985 by Patrick Marnham
Umschlagfotografie
von Harald Navé

Inhalt

Armes Mexiko! So fern von Gott,
so nah bei den Vereinigten Staaten.

Mexikanisches Sprichwort

Einleitung

Dies ist die Geschichte einer Reise, die in Granada begann und dort auch zu Ende ging. Einer Reise, die mich von Spanien nach Zentralamerika führte und von Kalifornien – der Hauptstadt des einundzwanzigsten Jahrhunderts – durch zerrüttete Länder nach Süden, wo das Wort ›Amerika‹ geprägt wurde.

Als ich 1982 das erste Mal in Lateinamerika ankam, war es Mitternacht auf dem Flughafen von San José in Costa Rica. Ich hatte den regulären Nachtflug von Miami genommen, eine Verbindung aus optimistischeren Zeiten, als man noch glaubte, Costa Rica habe eine Zukunft als preiswerter tropischer Tummelplatz für jene, die sich vom Existenzkampf in den USA zurückgezogen hatten. Meine Mitreisenden aus Miami schienen mir alt und bedrückt zu sein, und es waren wenige. Zentralamerika lockt die älteren US-Bürger längst nicht mehr. Die Politik hat einen Strich durch die Rechnung gemacht, und zuviele Leute haben herausgefunden, daß es zehn Monate im Jahr recht heftig regnet in Costa Rica. So auch in jener Nacht. Der Posten der lateinamerikanischen Einwanderungsbehörde elektrisierte mich: weiblich und bewaffnet. Anschließend brachte mich ein Taxi durch Regen- und Abgasdunst zu einem trüb erleuchteten Hotel, wo man mir ein Zimmer ohne Aussicht zuwies. Es gab zwar Gardinen, dahinter aber fehlten die Fenster.

Ich war aufgeregt. Jetzt war ich in Costa Rica. Lateinamerika war das Land der fleckig weißen Anzüge und der billigen Tanzmusik. Fast erwartete ich, auf dem Flughafen Carmen Miranda* zu sehen. Dies war die Gegend, wo das Leben in noch natürlichem Rhythmus ablief, wo Spinnen Vögel verschlangen und Männer mit Messern um Frauen kämpften. Und dieser Brauch existierte schon seit Urzeiten. So stand es in Bernal Díaz'** Geschichte von der Eroberung Neuspaniens. Bevor Hernán Cortés der erste Konquistador wurde, lebte er in der spanischen Kolonie Kuba. Er hielt seine Talente verborgen, machte ein kleines Vermögen und amüsierte sich, wie es sich für einen jungen Mann gehört. »Jeden Morgen rezitierte er Gebete aus einem Stundenbuch und hörte mit Andacht die Messe. Er liebte das Karten- und Würfelspiel und mehr noch die Frauen.« Unterhalb der Lippen hatte er eine Narbe von einem Messerstich. Mit dreiunddreißig Jahren wurde dann mit einem Mal aus diesem kubanischen Don Juan ein Soldat, einer der bedeutendsten Soldaten Christi. Am 15. August 1519, dem Fest Mariä Himmelfahrt, marschierte Cortés von der mexikanischen Küste aus zur sagenumwobenen Stadt im Landesinneren, der Stadt der Lagunen und Blumen, des Goldes und der Menschenopfer, der Hauptstadt der Azteken. Bevor er loszog, verbrannte er seine Schiffe, widersetzte sich den ausdrücklichen Befehlen von Velázquez*** und griff dieses immens große Reich mit fünfhundert Soldaten, zehn Pferden, zehn Messingkanonen und einer Reliquie vom

---

* berühmte brasilianische Sängerin und Filmschauspielerin, 1909–1955.

** Bernal Díaz del Castillo (1496–1584), Hauptmann von Cortés, hielt in seinen erst 1632 erstmals erschienenen Memoiren seine Sicht der Eroberung Mexikos fest. »Wahrhafte Geschichte der Entdeckung und Eroberung von Neuspanien.«

*** Diego Velázquez, königlicher Gouverneur auf Kuba, er hatte zwar die Expedition nach Mexiko angeregt, sah in Cortés, seinem Untergebenen, jedoch einen Rivalen und versuchte vergeblich, dessen Expedition zu verhindern.

Wahren Kreuz an. Er überfiel Montezuma wie ein Schicksalsschlag. Was man heute Zentralamerika nennt, beginnt mit diesem wilden Abenteuer.

Als ich am nächsten Morgen in meinem fensterlosen Zimmer aufwachte und hinaus in die regenüberschwemmte Stadt watete, fand ich nur wenig Anzeichen jenes Abenteuergeistes. Heute sind die Leute von Costa Rica für ihre Gelassenheit bekannt. Sie sind gelassen, weil die Indios fehlen. Es ist das europäischste Land auf dem Isthmus. Die einheimischen Indios des Hochlands sind nicht an der Eroberung durch die Europäer zugrunde gegangen, sondern an europäischen Krankheiten. Die spanischstämmigen Einwohner, die ihre Stelle eingenommen haben, sind auffallend hübsch, meistens Nachfahren der ersten Kolonisten aus der Estremadura, der spanischen Provinz, in der Cortés geboren wurde. In Costa Rica finden zuverlässig alle vier Jahre Wahlen statt. Die Opposition gewinnt immer. Der scheidenden Regierung wird zu Recht Habgier und Amtsmißbrauch vorgeworfen. Vier Jahre später wiederholt sich dann das Ganze. Das nennt man ›echte Demokratie‹ in Lateinamerika. Gegenüber den politischen Systemen der Nachbarländer ist dies eine ungeheure Verbesserung, doch man erinnert sich an die Bemerkung des Humoristen Finley Peter Dunne: »Wenn ein Mann annimmt, daß er Hummern in einem Jahr das Fliegen beibringt, ist er ein Irrer. Aber jemand, der glaubt, daß sich Menschen durch eine Wahl zu Engeln wandeln, gilt als Reformer und bleibt auf freiem Fuß.« In Costa Rica freilich, anders als in den USA, wäre Dunne eine solche Bemerkung nie eingefallen.

Eine neue Regierung hatte in San José erst einige Wochen

vor meiner Ankunft ihre Arbeit unter etwas schwierigen Umständen aufgenommen. An ihrem ersten Arbeitstag konnten die eintreffenden Minister nicht in ihre Büros, da die vorherigen Amtsinhaber die Türen verschlossen und die Schlüssel weggeworfen hatten. Und als der neue Präsident sich schließlich Zugang zu seinen Gemächern verschaffte, mußte er feststellen, daß alle Möbel, einschließlich der Präsidententoilette, von seinem Vorgänger entfernt und einer begünstigten Wohltätigkeitsorganisation gestiftet worden waren.

Leider scheint diese unbekümmerte Anarchie auf die herrschende Klasse des Landes beschränkt zu sein. Eine Woche lang suchte ich in den Bars von San José nach jener mythischen Welt der weißen Anzüge und billigen Musik. Statt dessen stieß ich auf gesittete Langeweile. Ein kleiner Junge hatte einen feinen Wasserstrahl entdeckt, der zwischen den Pflastersteinen einer belebten Straße herausspritzte. Der Junge setzte seinen Fuß auf den Strahl, wartete einen Fußgänger ab und zog dann im rechten Augenblick den Fuß weg. Der Strahl schoß hoch genug, um einen ins Gesicht zu treffen. Dieser einsame Spaßvogel schien den traurigen Überrest der nationalen Frivolität zu verkörpern. Es sollte noch viele Monate dauern, bis ich den Ort mit den weißen Anzügen und der billigen Musik entdeckte.

Seit Jahren schon hatte Neu-Spanien mich interessiert. An einem sonnigen Wintermorgen in Sevilla stand ich früh auf und spazierte durch die mit Steinplatten ausgelegten Straßen des *barrio* zum *Archivo General de Indias*. Das Gebäude heißt noch immer nach dem Kontinent, den Kolumbus entdeckt zu haben glaubte. Als ich die Karten, Straßenpläne und Aufrisse für die ersten Festungen und Städte in der Neuen Welt, Spanisch-Amerika, studierte, konzentrierte sich mein Interesse an Spanien auf seine Vergangenheit und auf dieses ungeheuer reiche und völlig zerstörte Imperium. Nachdem ich zehn Jahre in Indien, im Nahen Osten und Afrika herumgereist war, hatte ich mich daran gewöhnt, an jeder Ecke auf die Trümmer des britischen Weltreiches zu stoßen. Hier gab es eine Erinnerung daran, daß Sevilla die Stadt war, in der man die spanische Eroberung ›Amerikas‹ geplant hatte. Amerigo Vespucci und Magellan schifften sich beide am Kai nicht weit vom *Archivo General* ein und liefen auf dem Guadalquivir aus. Mich faszinierten die Ruinen eines früheren Imperiums, das untergegangen war, als das britische Weltreich erstarkte, und das im Norden des Kontinents ein monströses Kind geboren hatte, eine Weltmacht, dessen Charakter nicht unspanischer sein könnte.

Dieser Konflikt zwischen den nationalen Eigenschaften der USA und denen seiner lateinamerikanischen Nachbarn war ebenfalls interessant. Ein großes Gebiet der heutigen USA – Texas, Kalifornien, Teile von New Mexiko und Arizona, Nevada und Utah – war zuerst spanisches, dann mexikanisches Territorium. In absehbarer Zeit wird Mexiko sein verlorenes Territorium wohl nicht zurückerhalten, aber inzwischen ziehen die Spanischsprechenden des amerikanischen Kontinents in wachsender Zahl in den Norden, sei es legal oder illegal. Die spanischsprachigen Einwanderer in die USA sind die größte kulturelle Gruppe, die sich weigert, Englisch zu lernen, und das weiße, angelsächsisch-protestantische Amerika ist darüber beunruhigt. Die Stadt

Miami mußte sich einer Gesetzesvorlage erwehren, die Spanisch zu einer Amtssprache erhoben hätte. In den Köpfen der Nordamerikaner vermischt sich die spanische Bedrohung mit der kommunistischen Gefahr. Washington ist der Meinung, Kuba und Nicaragua stellten eine militärische Bedrohung dar. Ich wollte mit eigenen Augen sehen, welche Art von Widerstand diese unscheinbaren Nachkommen dem mächtigsten Land der Erde entgegensetzen, und herausfinden, ob die Einwanderung der Hispanos irgendwelche sichtbaren Spuren in der unzugänglichsten aller modernen Kulturen hinterläßt.

Ebenso faszinierte mich das politische Wirken der katholischen Kirche. Der Vatikan behauptet immer noch voller Stolz, daß es mehr als 794 Millionen Katholiken auf der Erde gibt. Bis vor kurzem marschierte dieses große Christenheer noch im Gleichschritt. Die katholische Kirche definierte sich erfolgreich durch ihre Heilsgewißheit und ihre Autorität. Einige andere Kirchen waren dem Zeitgeist viel stärker verbunden, wiederum andere Kirchen boten eine willkommene Zuflucht für die zahllosen Ausprägungen des individuellen Gewissens oder erlaubten einen weniger gequälten Umgang mit dem wissenschaftlichen Rationalismus. Die Skala des Christentums zeigte eine reiche Auswahl. Rom jedoch, letztendlich Prüfstein und Zentrum, schwankte nicht. Die ökumenische Bewegung hat das alles verändert. Im Namen einer bürokratischen ›Einigung‹ wurde die vereinende Gewißheit aufgegeben. Die daraus entstehende Desorganisation, in die sich eine der mächtigsten Institutionen dieser Welt gestürzt sah, zeigt sich am deutlichsten in den lateinamerikanischen Ländern. Ich wollte auch das studieren. In *Die Kraft und die Herrlichkeit* verzweifelt der Whisky-Priester an seiner mexikanischen Indiogemeinde. Da sie der fanatischen Feindseligkeit einer marxistischen Verfolgung ausgesetzt sind, fallen immer mehr Gläubige ab. Der Priester merkte, daß ›der Glaube ausstarb . . ., die Messe würde bald nicht mehr bedeuten, als wenn einem ein schwarzer Kater über den Weg liefe‹. Es kam mir damals, als ich Graham Greenes Roman das erste Mal las, nicht in den Sinn, daß es eben die Priester sein würden, die das Spirituelle auf bloßen Aberglauben reduzierten: Vielleicht war das auch dem Romancier nicht in den Sinn gekommen.

Doch all das kam später und hatte nichts mit den Dokumenten zu tun, die im *Archivo General* ausgestellt waren. Während meines Aufenthalts in Sevilla war ich das Guadalquivir-Tal entlang gefahren, um Freunde zu besuchen. Ihr Haus stand an der Dorfstraße in einer Reihe ähnlicher Häuser, eine Reihe blendend weißer Mauern und schwerer Holztüren. Von der Straße aus gesehen, war die Pracht im Innern nicht zu erahnen. War man erst drin und durch die Diele mit ihrem vergitterten Guckloch gegangen, schritt man durch mehrere Räume, um das einzige beheizte Zimmer zu erreichen; es war Dezember und bitterkalt in Andalusien. In diesem einen Raum stand der Fernseher und die *camilla*, der Rundtisch mit dem in seine Platte eingelassenen Kohlenbecken. Die schwere Tischdecke reichte bis auf den Boden und hielt alle Hitze der Glut gefangen. Um sich in diesem eisigen Haus zu wärmen, setzte man sich einfach an den Tisch und drapierte sich das Tischtuch um die Beine. An das Haus schloß sich auf der von der Straße abgewandten Seite ein großer Garten an, der vom Dorf und vom Fluß begrenzt war. Darin hohe Palmen, Zierobststräucher, ein hübscher Zitronenbaum, Zypressen, Rosen, Jasmin, Rasenflächen, Gemüsebeete und dazu ein Wasserbecken, groß genug, um darin schwimmen zu können. Das Land ringsum wurde vom Guadalquivir bewässert und war ertragreicher denn je, doch die Familie, der dieses Haus gehörte, sprach bereits davon, wie sich das Haus verkaufen ließ. Obwohl der Garten noch immer prachtvoll war, war er doch, ihren Worten nach, nur noch ein Schatten seiner früheren Herrlichkeit. Der Mann, der ihn angelegt und der das Haus mit seinen Schätzen gefüllt hatte, starb in den letzten Tagen des Franco-Regimes. Seine Frau hatte Sevilla vorgezogen. Er hatte seinen Garten vorgezogen, seine Terrasse mit Blick auf den Guadalquivir und seine Musik. Er besaß einen alten englischen Apparat mit einer Walze, die die Klaviatur betätigte. Er besaß auch eine Bibliothek mit theologischen Bänden. In einem der kühleren Korridore hatte er einen Hausschrein für die Mutter Gottes errichtet und in die Wände der anderen Räume Nischen für Heiligenstatuen eingelassen. Er hielt ein Zimmer zum Garten hin für seinen geistlichen Berater bereit, der regelmäßig zu Besuch kam. Langsam füllte er das Haus mit Möbeln und Gemälden und lebte die meiste Zeit in einer von ihm selbst geschaffenen Welt, während er geduldig darauf wartete, seine Neugier hinsichtlich des Jenseits befriedigen zu können. Nach seinem Tod, der wohl seine Neugier befriedigt hatte, existierten Haus und Garten auch weiterhin. Doch die Bäume verwilderten, die Bücher verstaubten, die Möbel verblichen. Seine Erben fanden sich allmählich damit ab, daß sie das Haus, obwohl sie es liebten, nicht beleben konnten. Es war mit seinem Tod gestorben. Es war zu privat gewesen, ganz und gar sein eigen.

Als ich dieses Haus besuchte, schien mir sein Schicksal ein Bild für das Land insgesamt zu sein. Überall in Spanien standen Menschen vor derselben Entscheidung. Ein Land, das dem neunzehnten Jahrhundert ausgewichen war und die ersten siebzig Jahre des zwanzigsten Jahrhunderts nur in sehr selektivem Ausmaß akzeptiert hatte, war jetzt entschlossen, alles auf einen Schlag nachzuholen. Die äußeren Veränderungen, die in kurzer Zeit stattgefunden hatten, waren frappierend. Das Benehmen in der Öffentlichkeit hatte viel von seiner früheren Förmlichkeit verloren. Frauen konnten auf städtischen Straßen angepöbelt und angerempelt werden, ohne daß die Menge Notiz davon nahm. Privates und öffentliches Eigentum wurde mit schöner Regelmäßigkeit sowohl von Kindern als auch von Erwachsenen demoliert. Die *tascas* konkurrierten plötzlich mit den ›Hamburger-Bars‹ und sahen sich, um mithalten zu können, gezwungen, Computer-Spiele zu installieren. Spanische Fußballfans hatten die internationalen Regeln des Grunzens und Stöhnens gelernt. Fünfzehn Jahre grundlegenden Wandels hinter den schweren verschlossenen Türen spanischer Häuslichkeit zeigten sich mit einem Mal vor aller Welt.

Noch 1970 schärften die Klosterschulen von Sevilla Disziplin und Selbstverleugnung mittels Methoden ein, die Dickens interessiert hätten. Mädchen durften selbst im Hochsommer kein Wasser trinken, es sei denn bei Mahlzeiten. Jedes Jahr zu Weihnachten wurde ein Stück aufgeführt, eines der gesellschaftlichen Ereignisse im Schuljahr. Während der Aufführung saßen die Nonnen hinten im Saal und schauten zu. Die Mädchen standen vor ihnen, den Rücken zur Bühne gewandt, und schauten die Nonnen an. Man sagte ihnen, das sei höflicher. Heutzutage blicken sie alle mit Verwunderung darauf zurück, räumen aber ein, daß es keine unglückliche Zeit in ihrem Leben war. Als sie die Schule verließen, stürzten sie sich in den Kampf um die Veränderung der spanischen Gesellschaft. Völlig unerwartet brach die Tradition, die bis dato Widerstand geleistet hatte, in sich zusammen. Sie stellten fest, daß sie gewonnen hatten. Und fast sofort fielen ihnen die Nachteile ihres Siegs ins Auge.

Wo immer man sich in den Jahren unmittelbar nach dem Tod des Caudillo in Spanien aufhielt, konnte man dieses ängstliche Streben nach europäischer Normalität spüren. ›Sind wir auch modern genug, berechenbar genug, banal genug, *langweilig* genug, um zu euch gezählt zu werden?‹ Die Antwort lautete: ›Nein, seid ihr nicht.‹ Es gibt viel zu viele Spuren einer höheren Kultur in Spanien. Ganz unbedeutende Leute können es sich nicht abgewöhnen, selbständig zu denken. Das Land ist noch immer tief geprägt von einem lebendigen christlichen Glauben und gekennzeichnet von potentiell heftigen Meinungsverschiedenheiten. Viele Menschen lösen das Problem der niedrigen Gehälter, indem sie engagiert in zwei Berufen arbeiten. Das Familienleben blüht. Sie leiten ihr Gefühl der Würde von ihrem Charakter und Verhalten ab statt von ihrem Einkommen oder Berufsstand. Vor allem ist es aber ein Land, das in seiner Vergangenheit lebt und seine eigene Geschichte in Ehren hält. In

Spanien läßt sich Chestertons Epigramm als Realität fassen: Tradition ist die Demokratie der Toten.

Häufig sieht man am Straßenrand die Gedenksteine für den Bürgerkrieg. Diese Grabmale sind gewöhnlich äußerlich unauffällig, aber kraß und parteiisch im Wortlaut ihrer Inschrift. Ich hielt auf einer Landstraße vor dem Dorf Cobrisa nahe bei Toledo an, um eines zu lesen. Der Grabstein befand sich unter einem Olivenbaum. Der Bauer hatte fünfundvierzig Jahre lang vorsichtig darum herum gepflügt. Der Stein zählte die Namen von vier Männern auf, die Redondo hießen und am 6. September 1936 gefallen waren. Dann sprang einem mit einem Mal aus der trockenen Auflistung eine Zeile ins Auge: ›Ermordet von der Marxistenhorde‹: *La horda marxista* war die einzige Bezeichnung, die die nationalistischen Aufständischen den legitimen Truppen der gewählten republikanischen Regierung zubilligten.

Die meisten dieser Ehrenmale am Wegrand sind pronationalistisch und wurden während der Francozeit aufgestellt. Die Gräber der republikanischen Opfer sind im allgemeinen nicht gekennzeichnet, der Mangel an Nachdruck schmälert jedoch nicht ihre Bedeutung für die Mythenbildung. Einer der berühmtesten Märtyrer der Republikaner war der Dichter und Dramatiker Federico García Lorca. Er war unter den 4000 Bürgern von Granada, die in den ersten Monaten des Bürgerkriegs von den Nationalisten erschossen wurden. Eine entsetzliche Geschichte, die man sich in ganz Spanien, unabhängig von der politischen Couleur, immer wieder erzählt.

Die Hinrichtungen von Granada fanden an verschiedenen Orten statt. Tausende wurden unterhalb der hohen

Mauern des Stadtfriedhofs erschossen. Andere wurden zur *barranca* geführt, einer Bergschlucht in der Nähe des kleinen Dorfs Víznar, wo die ›Schwarze Schwadron‹ der Falange eine Kaserne unterhielt. Die Nationalisten machten einen Fehler, als sie Lorca erschossen. Gerade weil sein Grab unbekannt war, reisten Hunderte von Bewunderern des Dichters in den Jahren nach dem Bürgerkrieg nach Granada und anschließend nach Víznar, um Erkundigungen einzuziehen. Unter ihnen auch zwei Engländer, zuerst Gerald Brenan, dann Ian Gibson, die sich intensiv darum bemühten, die genauen Einzelheiten von Lorcas Ende festzustellen. Die Nationalisten hätten nicht mehr Aufmerksamkeit auf ihr Verbrechen ziehen können, wenn sie zu Lorcas Ruhm eine ihrer abscheulichen geflügelten Siegesgöttinnen auf einen Hügel gestellt hätten.

Nach meinem Besuch in Sevilla reiste ich nach Granada, und von dort fuhr ich – ich bewegte mich in ausgefahrenen Gleisen – weiter nach Víznar. Der Weiler liegt hoch im Vorgebirge der Sierra Nevada, und im Dezember geht einem der Wind, mag die Sonne noch so strahlend scheinen, durch und durch. Das Dorf hatte sich seit Lorcas Tagen weit weniger verändert als Granada. Es gibt da oben einige neue Sommervillen, doch keine private Wasserversorgung; das Gemeindewaschhaus ist noch in Gebrauch. Ich kaufte in einem Laden ohne Elektrizität ein Bier, da die Flasche aber auf dem Ladentisch gestanden hatte, war sie schön gekühlt. Selbst die alte Dame im Laden klagte über die Kälte. Ihre einzige Wärmequelle war ein Becken mit glühender Holzkohle. Als ich sie nach dem Weg zum Dorffriedhof fragte, lächelte sie. »Sie suchen García Lorca«, sagte sie, »der liegt aber nicht auf dem Friedhof, und seine Grabstelle ist nicht markiert.« Es war viel zu kalt, und mindestens dreißig Jahre zu spät, um vorzuschlagen, sie möge mir doch genau zeigen, wo genau er lag. Sie schien ein fröhlicher Mensch zu sein. Im Bürgerkrieg mußte sie ein junges Mädchen gewesen sein. Das Leben in Víznar hatte sich seit jener Zeit, als die Schwarze Schwadron vor dem Bischofspalast herumlungerte und auf die Lastwagen wartete, die von Granada heraufkamen, zum Besseren gewendet. Diese Lastwagen machten eine Menge Lärm, und Einwohner, die an der Landstraße wohnten, wurden nachts davon wach und verharrten in Angst, bis der Zug aneinandergefesselter, stummer Gefangener außer Hörweite war.

Ich ging zur *barranca* und kletterte zu ihrem steil abfallenden Rand hinauf. Von dort überblickt man die Ebenen unterhalb Granadas, fruchtbares Land bis hin zur nächsten Bergkette. Hätte Lorca im kalten Morgengrauen in diese Richtung geblickt, hätte er vielleicht den Flecken Fuente Vaqueros ausmachen können, seinen Geburtsort. Die Falange und die *Acción Popular* überantworteten Lorca an jenem Morgen dem Tod, nicht weil er Kommunist war, was nicht der Fall war, sondern weil er die Welt freireligiöser Intelligenz symbolisierte, die man im restlichen Europa bereits als gegeben hinnahm. Als sie Lorca erschossen, glaubten sie, sie liquidierten die Zukunft.

Später entdeckte ich in einem Buchladen in Granada ein Flugblatt, das suggerieren wollte, daß Lorca kein ganz so geeignetes Symbol für einen liberalen Anti-Klerikalismus war, wie es seine Mörder angenommen hatten. 1929, sieben Jahre vor seinem Tod, als er einunddreißig war, habe er freiwillig als einer der maskierten Träger der Bruderschaft Unserer Lieben Frau von der Alhambra fungiert. Mit seinen Bußgefährten habe er die Statue der Heiligen Jungfrau von der Alhambra hinunter- und dann durch die Straßen von Granada getragen. Als zusätzliche Buße habe er diese ehrenhafte Demütigung mit bloßen Füßen auf sich genommen. Sobald die Prozession vorbei gewesen sei, habe er sich weggeschlichen und auf den zusammengefalteten Gewändern folgende Nachricht hinterlassen: »Was Gott geschuldet wurde, ist bezahlt worden.« Von allen Sehenswürdigkeiten in Spanien sind vielleicht die Bußprozessionen mit ihren von Kopf bis Fuß verhüllten Gestalten für den aufgeklärten Geist am beunruhigendsten oder unverständlichsten. Aber für Lorca, für den aufgeklärten Geist Spaniens, hatten sie Sinn. In Spanien und im spanischen Leben stößt man immer wieder auf eine Ambivalenz gegenüber der modernen Welt. Ihr Ursprung ist in jener Kirche zu finden, von der Lorcas Prozession ihren Ausgang nahm, der Kirche Unserer Lieben Frau von der Alhambra: ein christliches Heiligtum, das von einem maurischen Palast umgeben ist, wobei beide ihre Eigenart bewahren. Durch den Fall der Alhambra und das Ende des islamischen Königreiches in Spanien fand das Land seine Einheit und die Geldmittel und Energie, um die Eroberung ›Indiens‹ in Angriff zu nehmen. So trugen die Spanier, die auf dem Guadalquivir nach Neu-Spanien hinausfuhren, jene düstere Ambivalenz in sich.

Vermutlich ähnelte bei meiner ersten Reise nach Zentralamerika mein Wissen vom Isthmus dem des europäischen Durchschnittslesers, ergänzt durch das *South American*

Handbook 1982 und die *Penguin Latin American Library*. Ich wußte, daß es ein furchtbares Erdbeben in Nicaragua gegeben hatte, hatte aber das weit schlimmere in Guatemala vergessen. Ich wußte vom Bürgerkrieg in Nicaragua, der den Sturz des Diktators Anastasio Somoza zur Folge gehabt hatte. Ich wußte, daß Guatemala territoriale Ansprüche auf die frühere britische Kolonie Belize erhob. Ich wußte, daß Honduras Bananen produzierte und Costa Rica Kaffee, aber nicht, daß Costa Rica Bananen produzierte und Honduras Kaffee. Ich hatte von der United Fruit Company of Boston gehört, der es nach bemerkenswert üblen Machenschaften gelungen war, Honduras auf den Status einer ›Bananenrepublik‹ im ursprünglichen Sinn des Wortes herabzudrücken. Vor allem hatte ich wie die meisten Zeitungsleser die Ereignisse in El Salvador verfolgt. Es gab dort einen kleinen Krieg zwischen einer unzulänglichen Rechtsregierung, die von den USA unterstützt wurde, und einer romantischen Guerillabewegung, die von Kuba und Nicaragua unterstützt wurde. Gelegentlich wurden Journalisten in El Salvador erschossen, was immer für umfangreiche Berichterstattung sorgt. Priester, Nonnen und Sozialarbeiter wurden häufiger erschossen. Die katholische Kirche in jenem Teil der Welt wurde weithin mit Kommunismus gleichgesetzt. Ich erinnerte mich vage an einen alten Zeitungsausschnitt aus *The Times*, wahrscheinlich von 1977, der den Tod eines Jesuitenmissionars beschreibt. Er hatte die Landreform befürwortet und war von Regierungsanhängern ermordet worden, das heißt von einer der frühen ›Todesschwadronen‹. Man hatte ihn an einem Baum aufgeknüpft, dann ein Feuer unter ihm entfacht und ihn anschließend erschossen. Ich bewahrte den Bericht nur wegen seines Namens auf, Pater Pedro Alas*. Als ich diese Geschichte das erste Mal las, hatte ich geglaubt, El Salvador sei eine kleine Insel in der Karibik.

Am Vortag meiner Abreise aus England berichteten die Zeitungen, daß walisische Nationalisten ein neues Auto unter Beschuß genommen hatten, weil die eingebaute Computerstimme die Fahrinstruktionen nicht auf walisisch wiedergab. Wahrlich eine Geschichte aus *Noddyland Chronicle***. Vielleicht ist dies der übliche Eindruck, den England auf Außenstehende macht. Der englische Humor, das Sich-Selbstherabsetzen, die erbarmungslos oberflächliche Einstellung allen Ideen gegenüber und das, worüber Engländer gerne streiten, all diese nationalen Eigenschaften werden angesichts der rauheren Wirklichkeit turbulenterer Gegenden zurechtgerückt, und man beginnt sein eigenes Land als ewigen Kindergarten zu sehen, mit sich balgenden Kleinen, die – da man ihnen ihr Spielzeug weggenommen hat – dazu übergegangen sind, sich gegenseitig die Schnürsenkel zu lösen.

Mit derart unwirschen Gedanken stieg ich ins Flugzeug nach San Francisco. Ich hatte vor, von dort nach Nicaragua zu reisen, hauptsächlich über Land. Meine Neugier hinsichtlich des südlichen Teils des Isthmus hatte ich 1982 befriedigt; Costa Rica und Panama schienen mir politisch zu ruhig und etabliert für einen erneuten Besuch zu sein. Zwischen ihnen und Mexiko befinden sich die drei kleinen Länder, die ein ständiger Unruheherd sind: Guatemala, El

* alas, span. »Flügel«, engl. »leider«.
** Narrenchronik, Phantasiebegriff.

22

Salvador und Nicaragua. Diese drei interessierten mich auch weiterhin; ich wollte zurück. Sie erinnerten an den alten chinesischen Fluch: »Mögest du in interessanten Zeiten leben«; drei unbedeutende, überschaubare Regionen voller Probleme, die nicht einmal die Vereinigten Staaten lösen konnten.

Ich beschloß, von Kalifornien aus aufzubrechen, dem Teil Amerikas, der so weit in die Zukunft reicht, daß er praktisch vom übrigen Erdteil losgelöst ist. Und doch hatte er seine Existenz als Vorposten Neu-Spaniens begonnen. Er wurde nach Calafia benannt, einer Frau in einem Heldenlied, das im sechzehnten Jahrhundert unter spanischen Seeleuten beliebt war. Und die Franziskanermönche, die sich als erste dorthin wagten, kamen nicht von Osten, sondern von Süden; ihre Weisungen erhielten sie aus der Hauptstadt Mexikos. Von Kalifornien südwärts zu fahren, das bedeutete eine Reise von einer schon vorhandenen Zukunft in eine lebende Vergangenheit.

Erster Teil

GRINGOLANDIA

Die größte Nation auf Gottes Erdboden

> »Die Zeit selbst muß der größten Nation
> auf Gottes Erdboden zu Diensten sein. Wir
> werden alles diktieren: Industrie, Handel,
> Rechtswesen, Publizistik, Kunst, Politik
> und Religion – von Kap Horn bis hinauf...
> zum Nordpol... Wir werden das Welt-
> geschäft bestimmen, gleichgültig ob es der
> Welt so recht ist oder nicht.«
>
> Der Bostoner Millionär in Conrads
> Nostromo (1904)

Die erste Gruppe von mexikanischen Bürgern, die ich zu
Gesicht bekam, stolperte die Anhöhe von der Grenze hoch,
behielt mühsam die Füße im zähen Schlamm Südkalifor-
niens und hoffte darauf, der amerikanischen Grenzpolizei
zu entgehen. Die Nacht war mondlos, es regnete heftig. Sie
wählten einen Weg, der sie direkt zur Auffangstelle des auf-
sichtführenden Grenzpolizisten brachte. Er hatte sie bereits eine Weile durch sein Nachtfernglas beobachtet, wobei er den Gegensatz zwischen der Behaglichkeit seines
Platzes und dem schlechten Wetter, gegen das sie ankämp-
fen mußten, genoß. Er blendete die Scheinwerfer auf, und
die Mexikaner gingen ganz ruhig im Lichtkegel weiter. Sie
waren zu viert, Männer aus drei Generationen, aus Sinaloa,
einem Bundesstaat in Mexiko, tausend Kilometer weiter im
Süden. Es waren Landarbeiter auf der Suche nach Arbeit,
richtige wetbacks*, die bis auf die Haut durchnäßt waren.

---

* Illegale Einwanderer vorwiegend aus Mexiko; viele versuchen durch den Río
Grande zu waten, daher der amerikanische Name ›wetback‹ für sie. Die Grenze
zwischen den USA und Mexiko ist 3200 km lang.

Trotz der Entfernung, die sie hinter sich hatten, trugen sie nur wenig bei sich, eine Schultertasche, eine Packung *Barrio*-Zigaretten, einen Rasierapparat. Und jeder trug doppelte Kleidung. Der oberste Polizeibeamte Larry Laudner hatte einen Revolver im Halfter, den er aber, wie er sagte, nur selten ziehen müsse. Die Begegnung verlief höflich, beide Seiten schienen das Verfahren gut zu kennen. Die meisten von den tausenden Mexikanern, die illegal in die USA kommen, sind schon mehrmals zurückgewiesen worden. Irgendwann finden sie schließlich einen Weg an der Grenzpolizei vorbei und ziehen weiter nordwärts zum Arbeiten. Ein merkwürdiger Sachverhalt, wenn man bedenkt, daß die USA als mächtigstes Land der Welt offensichtlich nicht in der Lage sind, die eigenen Grenzen vor den Einfällen ungebildeter Kleinbauern zu schützen.

Während Mr. Laudner und ich im Lastwagen auf die Gruppe von Sinaloa warteten, sahen wir die Lichter von Tijuana über den Fluß herüberblinken. Wie alle mexikanischen Grenzstädte ist es größer als das nördliche Pendant, in diesem Fall San Diego. Mein Begleiter, den dieser Gedanke schmerzlich berührte – immerhin ist San Diego die siebtgrößte Stadt in den Vereinigten Staaten – wies darauf hin, daß die Größe illusorisch sei, da etwa die Hälfte ihrer Bevölkerung jede Nacht versuche, von dort wegzukommen. Seine Aufgabe sei es, sie zurückzuschicken.

Der Standesdünkel des amerikanischen Grenzpolizisten kommt zum großen Teil von der Vorstellung, daß er alles verkörpert, was zwischen dem privilegiertesten Land der Welt und der Barbarei steht. Von jeher hat die Grenzpolizei den Ruf, ein Trupp brutaler und korrupter Männer zu sein. Einst war es völlig alltäglich, wenn ihre Vertreter des Mordes beschuldigt wurden. Die einzige mir bekannte Person, die an der amerikanisch-mexikanischen Grenze aufgewachsen ist, erinnert sich, daß sie als kleines Kind gesehen hat, wie eine Grenzstreife einen Mexikaner im Garten ihrer Großmutter erschoß. Sie erinnert sich daran, weil die Begründung lautete, »der Mexikaner sei voller Rauschgift gewesen«. Doch etwas muß in den letzten Jahren bei der Grenzpolizei vorgegangen sein. Die Gruppe von Jungpolizisten, die über Funk mit Mr. Laudner über ›das laufende Geschäft‹ (»wetbacks« zu stellen) plauderte, schien mehr an Versteckspielen gewohnt zu sein als an Totschlag.

Mein Tag mit Mr. Laudner hatte beim Travel-Lodge-Motel begonnen, gleich nördlich vom Grenzübergang San Isidro. Eben saßen wir noch im Fahrerhäuschen, aßen einen Hamburger und unterhielten uns über die Lebenshaltungskosten in London, im nächsten Moment stürzte er auf die Straße hinaus und jagte um die Ecke des Motels, wobei seine Pistole gegen das Halfter klatschte und er mir zuschrie, ich solle ihm folgen, aber ja nicht die Lastwagentür zufallen lassen. Bis ich ihn eingeholt hatte, war seine unsichtbare Beute verschwunden, nicht etwa nach Mexiko zurück, sondern weiter in die USA hinein. Seine Funkrufe nach Verstärkung verhallten ungehört. Die Managerin vom Travel-Lodge, deren Tagesablauf von den illegalen Einwanderern, die durch den Garten hinter ihrem Haus krochen, akzentuiert wurde, lachte über seinen Mißerfolg und sagte, dieser Trupp habe Hühner bei sich gehabt.

Man beschreibt die Grenze zwischen den USA und Mexiko besser als einen separaten Landstrich denn als bloße Linie auf der Landkarte. Innerhalb eines nicht markierten Gebiets auf beiden Seiten dieser Linie teilen die Menschen eine komplizierte Form des Zusammenlebens, die vom gegenüberliegenden Nachbarn abhängt. Das ergibt sich wie von selbst. Doch weiter weg von der Grenze glauben Nordamerikaner zunehmend an die Linie auf der Landkarte. Sie betrachten die illegalen Einwanderer, ob nun aus Mexiko, Kuba oder noch entfernteren Gegenden, als ernsthafte Bedrohung ihres *way of life*. Bei den jüngeren Mitgliedern der Grenzpolizei war diese Frontlinienmentalität weit verbreitet. Nachdem die vier Männer von Sinaloa für die Nacht in Polizeigewahrsam abtransportiert worden waren, fuhr Mr. Laudner ein paar Kilometer auf der Straße weiter bis zu der Stelle, wo der Rest seiner Abteilung Dienst tat. »Das ist Norma, über Funk, wird wieder richtig scharf«, murmelte er. »Ich habe es ihr schon mehr als einmal gesagt...«

Norma entpuppte sich als jüngere Grenzpolizistin, die in Puerto Rico geboren und in New York aufgewachsen war, fließend Spanisch und Englisch sprach, kaum über 1,50 groß und im Einsatz furchtbar tüchtig. Als Mr. Laudner bei der Grenzpolizei eintrat, gab es keine weiblichen Grenzer. Inzwischen waren ziemlich viele Frauen eingestellt, doch blieben sie selten lange. Mr. Laudner wußte nicht, warum. Vielleicht lag ihnen die Männerkameraderie bei der Grenzpolizei nicht so. Einziger Nachteil bei ihnen sei, sagte er, daß die anderen Polizisten dazu neigten, sich ständig Sorgen um sie zu machen. Wenn Norma allein in die *barranca* hinunterging, waren ihre Kollegen immer so lange unruhig, bis sie wieder auftauchte. Die *barranca*, die Schlucht am Fluß, war ein gefährlicher Ort. Bewaffnete Banden lauerten dort den *wetbacks* auf, Drogenhändler kämpften miteinander, die *barranca* war ein Schauplatz mit Leichen, so wie einst außerhalb des spanischen Granadas. Mir fiel die gräßliche Sammlung von Klingen ein, die ich in Mr. Laudners Büro ausgestellt gesehen hatte, einige davon selbstgefertigt, alle tödlich, alle aus *wetbacks* herausgezogen.

Wir kamen zu der Stelle, wo Norma Dienst tat. Sie erschien in all dem Matsch und in der Dunkelheit an der Spitze einer langen Reihe von Mexikanern, etwa neun Personen, alles junge Männer. Einige uniformierte Angelsachsen bildeten die Nachhut. Norma führte das Kommando. Sie befahl ihren Gefangenen, sich in den Matsch zu setzen, die Hände überm Kopf, sie bellte ihre Anweisungen den verwirrten Campesinos auf Spanisch zu. Sie waren verwirrt wegen der Lachen, in die sie sich setzen sollten und wegen des Lichts, das ihnen ins Gesicht knallte, vor allem aber wohl wegen Normas puertoricanischem Akzent. Mr. Laudner mischte sich schließlich mit der Bemerkung ein, daß man zu seiner Zeit versucht hätte, die Leute rasch aus dem Regen und rein in die Lastwagen zu bekommen. Sein lockeres Auftreten löste die wachsende Spannung. Später erkundigte ich mich bei ihm nach Norma. War es nicht etwas unangemessen, daß diese beflissene Puertoricanerin ihre Zeit damit verbrachte, die Einwanderungsbestimmungen durchzusetzen? Doch er weigerte sich, darüber nachzudenken. »Yeah«, sagte er, »also . . ., sie ist eine von diesen *Noo York* Pooorto Ricanern.«

Ich fragte Mr. Laudner, ob er häufig Ferien in Mexiko

mache. Er sprach recht gut Spanisch und schien sich gern mit seinen Gefangenen zu unterhalten. Er sagte, er fahre überhaupt nie nach Mexiko, wenn es sich vermeiden lasse; gelegentlich dienstlich, das sei's aber auch schon. Ob er denn nicht durch das billige Warenangebot da drüben verlockt werde oder durch die menschenleere Schönheit von Baja California, Traumgegend für einen findigen Mann wie ihn, um mit der Familie eine Camping-Reise zu machen? Mr. Laudner sah mich kühl an. Nein, das alles locke ihn gar nicht. Er fahre nicht gern nach Mexiko rein. Er fühle sich dort nicht sicher. Er verstehe die mexikanischen Gesetze nicht, er ziehe seine eigene Regierung vor. Er sei aber kein häuslicher Typ, er sei Vietnamveteran. Ich fragte mich, warum er nichts mit Mexiko zu tun haben wollte, ob es bloß die Paranoia eines Polizisten ohne Bewaffnung war, oder ob es etwas anderes gab, das ihn argwöhnisch machte. Doch ich drang nicht weiter in ihn, er wurde schon nervös. Meine Zeit war um.

Der nächste Tag war St. Patrick's Day. Die Kellnerinnen in der Imbißstube, die sowieso schon reichlich albern in ihren gemusterten Mabel-Lucy-Atwell-Kitteln und -Häubchen aussahen, wirkten mit zusätzlichen grünen Plastikdiademen oben drauf noch alberner. Aber sie servierten den üblichen ausgezeichneten Kaffee, den man in den USA bekommt. Fünfzig Prozent davon wird aus Lateinamerika importiert, allein zehn Prozent aus Guatemala und El Salvador. Am St. Patrick's Day bestanden sie darauf, zur Lunchzeit hellgrünes Bier zu servieren. Das machte das Maß voll, ich nahm den Bus nach Tijuana.

Seit jeher liefern die mexikanischen Grenzstädte alles,

was man auch nördlich der Grenze bekommen kann, doch zum halben Preis und mit doppeltem Risiko. Ich hatte in einer Garküche in San Diego gegessen, wo es auf einem Schild über der Theke hieß, daß ›die bundesstaatliche Gesundheitsordnung‹ vorschreibe, mir einen ›frischen‹ Teller für meine zweite Portion zu nehmen. Nach zwanzig Minuten steigt man in Tijuana aus dem Bus und versucht, nicht in die tiefen Schlaglöcher entlang der städtischen Bürgersteige zu fallen, und erkennt mit tief empfundener Erleichterung, daß man das Land der frischen Teller und des grünen Biers verlassen hat. In Tijuana gab es keinerlei Hinweis auf den St. Patrick's Day. Ich entdeckte einen ganzen Häuserblock mit *óptica-dental*-Schildern; Zahnarztpraxen hinter Spiegelglasfenstern, die für ›Kronen, Voll- und Teilprothesen, Kostenvoranschläge‹ warben. Alle akzeptierten Kreditkarten und arbeiteten Hand in Hand mit den Optikern. Sie stellten indirekt die hohen Krankheitskosten in den USA an den Pranger. Die einzigen Fachleute, die angeblich noch teurer sind als die US-Ärzte, sind die US-Rechtsanwälte, und auch sie hatten ihre Schatten in Tijuana. Eine der auffälligsten Reklamen hing über einem Anwaltsbüro, große, blinkende Neongroßbuchstaben: SCHEIDUNG – OFFEN – 24 STUNDEN. Der Anwalt drinnen reichte mir eine Karte, auf der sein Aufenthaltsort rund um die Uhr angegeben war, ausgenommen die Zeit von drei bis vier morgens. Er sagte, er könne nach mexikanischem Recht jede Ehe, egal wo geschlossen, in weniger als sechs Wochen aufheben und danach eine mexikanische Trauungszeremonie arrangieren. Sein professionelles Gebaren war das eines dienstbeflissenen Amor. Ich verbrachte ein paar glückliche Stunden in Tijuana und spazierte im Regen herum. Das Verhalten der Bewohner kam mir oft absurd vor, ihr Benehmen war leichtfertig und ihr Leben eine Pose; dennoch schienen sie zu wissen, was wichtig war. Die meisten von ihnen besaßen kaum etwas und hatten nur wenig Aussicht, dies zum Besseren zu wenden; wie schafften sie es nur, so wenig zu jammern und immer soviel Hoffnung zu bewahren? Nach einer Woche Kalifornien hatte ich in Tijuana das Gefühl, von Erwachsenen umgeben zu sein. Der Bus zurück nach San Diego überholte die lange Autoschlange, indem er im Zickzack durch die Barackenreihen fuhr, die sich dicht an die elektrische Leitung längs der Grenze drängten. In diesen Häusern stellten die Fluchthelfer* Gruppen für den nächtlichen Grenzübertritt zusammen, Geld wechselte den Besitzer, Männer ließen sich gegen das vage Versprechen eines neuen Lebens in den USA schröpfen, Mütter gaben ihren Kindern Betäubungsmittel, um sie ruhig zu halten. Doch in Tijuana amüsierten sich die Menschen selbst darüber, über ihre größte Chance. Eine Stadtansicht, die als Postkarte verkauft wurde, zeigte riesige Fahrzeugstaus, die vom Grenzposten dirigiert wurden, alle bemüht, das Land zu verlassen.

Hinter einer Baracke direkt an der Straßenkurve parkten zwei mexikanische Polizeiautos. Eines war leer, die Türen hingen offen; im zweiten hockten zwei Insassen, ein zerzauster Polizeibeamter und ein Mädchen. Ein weiterer ruhiger Nachmittag für die mexikanische Grenzpolizei.

---

* auf Spanisch *coyote* genannt, die pro Person 500 Dollar kassieren; euphemistisch heißen sie auch *braceros* (von brazo = Arm), da sie einen schützenden Arm bieten.

Ich konnte mich nie so recht für Kalifornien begeistern. Eine Woche vor meinem Treffen mit Mr. Laudner war ich von San Francisco aufgebrochen. Einen Tag nach meiner Ankunft veröffentlichten die Zeitungen eine Meinungsumfrage, wonach 95 % der us-Bevölkerung an Gott glaubte. Die Schlagzeile dazu lautete: ›Das frömmste Volk der Welt‹. Es war Sonntag, ich ging in St. Boniface zur Messe, dem Zentrum der Franziskanermönche, der Gründer von San Francisco. Vor der Kirche stand eine lange Schlange von Trinkern, Ausgeflippten und psychisch Gestörten, die nicht zur Messe wollten, sondern auf das freie Essen warteten, das die Mönche ausgaben. Das war die unbekannte Seite des kalifornischen Lebens; diese Menschen waren am absoluten Endpunkt der Armut angelangt. Hoffentlich war die Mahlzeit, die man ihnen austeilte, besser als das geistige Hundefutter, das man in der Kirche verabreicht bekam.

Ein Vorteil der alten tridentinischen Messe, so obskur ihr Latein auch gewesen sein mag, war, daß die Gemeinde zumindest wußte, in welche Richtung sie zu Beginn des Gottesdienstes blicken mußte. ›Introibo ad altare Dei‹, die ersten Worte erklärten alles. ›Ich will hintreten zum Altare Gottes. Zu Gott, der meine Jugend erfreut.‹ Wir wußten, was zu tun war in St. Boniface, als der Priester sagte: »Dreht euch jetzt alle nach hinten um«, von wo uns, wie es schien, eine Heerschar von Geistlichen entgegenblickte. Bei genauerem Hinsehen stellten sie sich als Frauen heraus, die wie katholische Priester ausstaffiert waren, mit wallender Soutane und kurzem Haarschnitt. Verloren irgendwo in der Mitte feierte vermutlich der Franziskanerpriester das Meßopfer. Hier war die alternative katholische Kirche der Vereinigten Staaten voll im Schwung.

Während der Messe dominierte am Altar eine besonders verbittert wirkende Frau in makelloser Soutane, die ein selbstverfaßtes Gebet vortrug. Für ›jene, die sich durch die Institution Kirche verletzt fühlen, jene, die sich zum Laienpriestertum berufen fühlen‹, und nach dem Ausdruck kaum unterdrückter Wut auf ihrem Gesicht zu urteilen, waren wir dazu aufgerufen, für ihre zukünftige Karriere zu beten. Sie ließ darauf die ›Litanei der Entfremdeten‹ folgen, für ›jene, die in Sünde leben, Homosexuelle, Frauen und Methyltrinker‹. Sie sagte nicht deutlich, ob diese Unglücklichen durch eigene Schuld entfremdet waren oder durch die Schuld der Kirche, doch da die beiden ersten Gruppen immer noch als Sünder betrachtet werden, die dritte immerhin als Menschen und die vierte als hoffnungslos, schien das keine Rolle zu spielen. An einer Stelle stolperte leibhaftig ein Entfremdeter, ein Methyltrinker, geräuschvoll in die Kirche und verfiel in ein mehr oder minder respektvolles Schweigen. Hoch über seinem Kopf, verfangen im Gewirr seines Afrohaars, thronte ein Wollmützchen. Der Kirchendiener wollte dies entfernt haben. Er näherte sich dem Schwarzen leise von hinten und klopfte ihm mit einem gebogenen Schirmgriff forsch auf die Schulter. Nicht wenig erschreckt, riß der Methyltrinker das lange vergessene Troddelmützchen aus dessen luftiger Höhe und verließ wenige Minuten darauf in einem verspäteten Versuch, die eigene Würde wiederherzustellen, die Kirche. Irgendwo am fernen Altar fuhr eine dünne, vor sich hin ölende Stimme fort, die Litanei der Entfremdeten aufzusagen.

Im Laufe der Jahre, die ich damit verbracht habe, quer durch Afrika und Mittelamerika zu reisen und ein Buch über das Wallfahren nach Lourdes zu schreiben, habe ich unendlich deprimierende, stumpfsinnige und unnütze Versionen der modernen Messe erlebt, doch etwas an diesem Gottesdienst in San Francisco gab mir den Rest. An einer Stelle schwang sich der Priester zu einer Predigt auf, in der er erst für den Frieden in Mittelamerika betete und dann gegen das Andenken der Kreuzfahrer und Inquisitoren wetterte. Dies war für einen amerikanischen Franziskaner reichlich unverfroren, da es höchst unwahrscheinlich ist, daß es ohne diese beiden verrufenen Institutionen je ein Franziskanerkloster in Kalifornien, oder gar Kalifornien selbst gegeben hätte. Kolumbus allein hätte nie das Geld für seine Reise nach Indien zusammenbekommen, wenn nicht die Benediktiner von Huelva den König von Spanien überredet hätten, daß es sich bei der Expedition um einen Kreuzzug gegen die Ungläubigen im Osten handelte. Und die Franziskaner waren die ersten Inquisitoren. Von ihrem ursprünglichen Geist lebte genug in diesem Gemeindepriester weiter, um ihn den alten öffentlichen Kirchenbann, das Anathema, gegen Präsident Reagan und seine Regierung schleudern zu lassen, wegen ihrer aggressiven Haltung gegenüber ›Schwarzen, Indianern, betagten Bürgern, Kranken und dem städtischen Proletariat‹.

Aber weder der angekränkelte, reumütige Priester noch die Do-it-yourself-Liturgie waren deprimierend; was einen bei dieser Messe zur Verzweiflung trieb, war der Anblick der ärmsten Gemeindemitglieder, der Chicanos, die in regelmäßigen Abständen den Gottesdienst verließen, um in ein Seitenschiff zu gehen und dort vor einer Lieblingsstatue eine Kerze anzustecken. Bei diesen ungebildeten, anspruchslosen und ignorierten Menschen war eine ganz andere Zielsetzung zu beobachten. Diese Chicanos gehörten zweifellos zum ›städtischen Subproletariat‹, aber sie hatten kein Interesse daran, Mr. Reagan mit dem Bannfluch zu belegen. So, wie sie sich von dem organisierten Chaos des Gottesdienstes wegschlichen zu ihren Privatandachten, erinnerten sie einen an die Indios, die ihrer Stammesreligion weiter anhingen und noch Jahrhunderte, nachdem sie sich der Zwangstaufe der Franziskaner-Inquisitoren unterzogen hatten, in verschwiegenen Teilen des Waldes ihre Götter verehrten.

Ich aß in einem Fischlokal am Meer zu Mittag, und der Kellner riet mir, eine Stadtrundfahrt zu machen. Er empfahl mir seinen Freund Teddy. Ich vergaß, nach Teddy zu fragen; mein Fahrer war statt dessen ein Doppelgänger von Jack Nicholson in *Five Easy Pieces*. Ein guter Führer. Er wies auf die Schönheiten der San-Francisco-Bay hin, erwähnte aber auch die Bedeutung der Region als Armee- und Flottenstützpunkt. Gerade war ein Bericht herausgekommen, der fünfundvierzig Kriege aufzählte, die zur Zeit in der Welt geführt wurden, und bei zwanzig davon war die USA der Haupt-Waffenlieferant. Kaliforniens Reichtum rührt zum großen Teil von diesem Waffenhandel her. Er fuhr dann mit uns zum Seal Rock hinaus, damit wir die Robben in der grauen Pazifikbrandung beobachten konnten, und später nach ›Gay town‹, um die berühmten Homosexuellen der Stadt zu besichtigen. San Francisco ist wohl der einzige Ort auf der Welt, wo Homosexuelle zur Attraktion einer Stadtrundfahrt geworden sind. Wir begafften die Gay-Bars und die Ledermänner aus der Sicherheit unseres Busses; die Robben hatten irgendwie menschlicher gewirkt.

Nach einigen Tagen verließ ich San Francisco. Ich nahm einen Zug in südliche Richtung, der sich ›Spirit of California‹ nannte, und schlief gut. Für den Preis eines Hotelzimmers mittlerer Kategorie bekam man neun Stunden Schlaf und wachte in Los Angeles auf. Früh am Morgen sagte der Steward, daß wir gerade Dog Town durchquerten, einen Vorort von Los Angeles, wo die Einwohner Steine durch die Zugfenster zu werfen pflegen. Die Graffiti am Bahndamm entlang lauteten ›Viva Dog Town‹, ›Barrio* Dog Town‹ und ›Dog Town Diablos‹**. Es wurden keine Steine geworfen. Die einzige Gestalt in Sichtweite war ein bärtiger Penner, der in der Morgensonne schlief, den Hut tief über die Augen gezogen, und in aufreizender Unbekümmertheit über die nächste Schiene ein Bein ausgestreckt hatte, das stets in Gefahr war, am Knöchel abgetrennt zu werden. In Los Angeles machte ich lange genug Pause, um den Herausgeber einer spanischsprachigen Zeitung zu interviewen. Dann fuhr ich mit dem Greyhound-Bus zur Grenzstadt San Diego und kam rechtzeitig am Abend an, um mich im Vacation-Village-Hotel einzuquartieren.

San Diego erhebt seit langem den Anspruch, das schönste Wetter in den Vereinigten Staaten zu haben. Aus diesem Grund ist es bekanntlich auch die teuerste Stadt in den USA. Ihr Klima zieht den wohlhabendsten Typ von Rentner an,

---

* spanisch, Ortsteil, Stadtteil, Stadtviertel.
** spanisch, die Dog Town-Teufel, die armen Schlucker.

der fest entschlossen ist, an seinem Lebensabend schönes Wetter zu genießen. Während der wenigen Tage meines Aufenthalts in San Diego war das Wetter gräßlich: kalt, stürmisch und sehr naß. Die Planer des Vacation-Village-Hotels hatten diese Möglichkeit nicht einkalkuliert. Reiflich nachgedacht hatten sie über Palmen, ausgespart dagegen die Möglichkeit von Regen. Als ich aus dem Taxi stieg, hatte ich das unbehagliche Gefühl, jemand verlange von mir, mich wie in einem Eingeborenendorf auf Hawai zu fühlen. Der Hotelkomplex erstreckte sich über ein weitläufiges Parkgelände, und meine Hütte stand am entferntesten Ende. Der junge Mann, der meinen Koffer nahm, führte mich nach draußen und wies mir den Rücksitz in einem elektrisch angetriebenen offenen Golf-Karren zu. Beim Anfahren fielen die ersten Regentropfen. Das Gefährt mit seinem einsamen Passagier verschwand in einem einsamen Palmenhain, um nach einiger Zeit auf der anderen Seite des Zierteiches mit den Wasservögeln wieder aufzutauchen, weit hinter dem Aussichtsturm, der vielleicht hastig errichtet worden war, um bei der Suche nach vermißten Hotelgästen von Nutzen zu sein. Die Wasservögel im Zierteich hatten gerade eine himmlische Zeit. Ich war weniger glücklich. Meine Tropenhütte entpuppte sich als einsames Einzimmerappartement mit Kochnische, Barnische und Toilettennische. Als ich den Plan der Hotelanlage zu Rate zog, entdeckte ich, daß die Restaurant-Hütte etwa einen Kilometer entfernt am Ufer einer Lagune ihren Platz hatte. Mittlerweile prasselte ein Originaltropenregen auf den halbtropischen Dschungel herab, der direkt vor den großen Aussichtsfenstern wuchs. Nicht ein einziger Tropfen konnte der Beobachtung eines aufmerksamen Gastes entgehen. Das Golf-Gefährt war weg, und mir wurde klar, daß ich zum Stadtzentrum zurückkehren müßte, um ein Auto zu mieten, wollte ich das Restaurant erreichen, ohne bis auf die Haut durchnäßt zu werden. Zwei Stunden später und für 16 $ pro Tag hatte mich Rent-a-Car-Cheap mit einem Pontiac Catalina versorgt, der sechs Meter lang war und in militärischer Tarnfarbe bemalt war. Da ich für das Taxi zu ihrem Büro ebensoviel bezahlt hatte, war ich mit dem Handel ganz zufrieden.

Nach einigen Tagen in San Diego und nach meinem Stelldichein mit dem Grenzpolizisten Larry Laudner wollte ich rasch weg; am Abfahrtsmorgen erlebte ich eine weitere Vignette des Westküstenlebens. Ich war nach nur einer Übernachtung im Vacation-Village-Hotel ausgezogen. Die Atmosphäre verblichenen Glanzes im Hotel San Diego paßte schlecht zu den rowdyhaften Jungmatrosen und Marineangehörigen, die hauptsächlich seine Klientel stellten, aber an diesem letzten Tag kam der Lärm nicht vom Militär, sondern nur von einem älteren Mann, dessen Zimmer neben meinem lag und dessen Frau sich versehentlich selbst eingesperrt hatte. Der Schlüssel steckte fest im Schloß, und sie konnte ihn nicht bewegen. Ihr Mann, der allein auf einer gewagten Frühstücksmission unterwegs gewesen war, hatte ihr offensichtlich eingebleut, sich während seiner Abwesenheit einzuschließen. Jetzt stand er auf dem Gang, und sie im Zimmer, und keine Macht im Hotel konnte die beiden im Moment wieder vereinen. Der Hotelpage hatte seine Bemühungen aufgegeben und es dem alten Herrn überlassen, selbst mit der Situation fertig zu werden. Seine Vorgehensweise konnte man weithin im Hotel mitverfolgen.

»Beweg ihn rauf oder runter«, schrie er. »Beweg ihn jetzt. Beweg ihn mit beiden Händen.« Während ich auf dem Gang stand und ihm zuschaute, konnte ich gerade nur die gedämpften Antworten von der anderen Türseite hören: nicht einzelne Worte, bloß, daß etwas gesagt wurde. Die Frage, ob man ihm helfen sollte, stellte sich nicht. Der Mann war viel zu jähzornig.

Nachdem er weiterem Gemurmel gelauscht hatte, machte er einen neuen Vorstoß.

»Bring ihn RAUS. Würde dein Leben davon abhängen, brächtest du ihn RAUS.«

Es war eine etwas merkwürdige Art, wie er da mit seiner Frau sprach, die doch in dieser unangenehmen Lage steckte, voller Unruhe, weil sie ans Zimmer gefesselt war, vielleicht schon der Panik nahe, da die Zukunft von ihrer blockierten Seite aus weit weniger Möglichkeiten bot als ihm, und die dennoch von diesem kleinen, glatzköpfigen, schreienden Homo sapiens auf der freien Seite der Tür gepeinigt wurde. Für ihn war das Ganze zweifellos lästig, aber er konnte, wenn ihm der Sinn danach stand, nach Rio de Janeiro gehen – das Leben von seiner heiteren Seite betrachten, vielleicht – jedenfalls war ihm keine verschlossene Tür im Weg.

Pustekuchen. »Wo ist er JETZT?« schrie er sie wieder an. »Wo ist er JETZT?«

Man hätte meinen können, diese Frage stelle sich nicht. Er war offensichtlich immer noch im Türschloß, aber der Mann wiederholte seine Befragung in steigendem Tonfall, alle Selbstbeherrschung war verloren, Wut und Panik hatten schon lange jedes Bewußtsein von Würde oder Privatsphäre, das er früher einmal gehabt haben mochte, zunichte gemacht. Er hielt zwischen den Sätzen inne, doch nicht, um sich ihre Ansichten anzuhören. Dies war keine besinnliche Phase im Leben eines älteren Herrn. Die Gelassenheit, die man mit Alter assoziiert, war vorübergehend verflogen. Er war in einem Zustand von brüllendem Schrecken, und wie wenig hatte es gebraucht, um ihn dahin zu bringen. Eigentlich sollte dies nicht zum kalifornischen Erlebnis gehören: er auf der einen Seite der Tür, seine Frau auf der anderen, und kein Weg, um das etwa zwei Zentimeter dicke Holz zwischen ihnen zu teilen. Vierzig Jahre lang hatte er daran festgehalten, mehr Intimität zu erwarten, als ihm hier zugestanden wurde. Die Sonne arbeitete sich langsam auf dem Gang vor, das Zimmermädchen, meine Bekannte, räumte ein anderes Zimmer auf. Sie lächelte und erkundigte sich nach meinem Befinden. »*Gracias a Dios*«, sagte sie, als ich ihr sagte, ich ginge nach Mexiko. Irgendwo spielte ein Radio Tanzmusik. Und er, völlig außer sich, verausgabte sich weiter. Seine aufgebrachten Anweisungen, denen das dumpfe Gestöhn aus dem Zimmer antwortete, erschallten noch eine ganze Weile. Dann – Stille. Seine Frau hatte den Schlüssel gedreht. Die Tür hatte sich geöffnet. Die Dritte Welt konnte aufatmen. Der Mann hatte keinen Kommentar parat. Er ging einfach ins Zimmer. Die Tür schloß sich hinter ihm. Sie waren wieder vereint, verschlungen in ihrem Totentanz. Die Rechte dieses amerikanischen Individuums wurden nicht länger verletzt. Es war kein moralisches Problem mehr.

Der mexikanische Unbehaarte

»Fort mit der verfluchten Kleinlichkeit, die
zum Wesen der Menschen gehört, die so
leben, als würde der Tod nie bei ihnen
anklopfen.«

Carlos Castaneda, *Reise nach Ixtlan*

Die West Coast endete in der Greyhound-Busstation in San
Diego, genau auf der anderen Straßenseite meines Hotels.
Hier verließ ich das Land der Ausgeflippten und war mitten
im soliden Amerika. Als ich auf den Bus nach Mexicali wartete, ließ ich mir die Schuhe putzen. Zwei Weiße machten
das statt der üblichen Schwarzen, und sie gaben sich die
größte Mühe. Ich fragte den einen, ob San Diego seine Heimatstadt sei. Er sagte nein, Daheim ist Connecticut. Dann
sagte er noch, er lebe seit dreißig Jahren in San Diego. Ich
war überrascht und sagte: »Nach dreißig Jahren ist Connecticut noch immer Daheim?«, worauf er verbissen schwieg.
Er wollte darüber nicht nachdenken. In der Busstation versuchte eine sehr alte Lady, die mit einer ebenso alten Dame
reiste, aus einem Automaten ein Cremeteilchen zu ziehen.
Sie verlor beides, ihre Süßigkeit und ihr Geld. Als ich beim
Automaten stand, um mir ein kühles Getränk zu holen, erhielt ich ihr Teilchen statt dessen. Ich schenkte es ihr, und
während sich ihre angemalten und gepuderten Lippen um
Teig, Zucker und Cremefüllung schlossen, bedankte sie
sich bei mir. »Sie sind ein Herzchen«, glaubte ich zu hören.

In jedem Greyhound-Bus gibt es vorne ein Schild, das

›berauschende Getränke‹ verbietet, und ein zweites, das unter der Schlagzeile ›Sicher, zuverlässig, höflich‹ den Namen des Fahrers anführt. An diesem Morgen war es der sichere, zuverlässige, höfliche Bob Cole. Die beiden ersten Eigenschaften schaffte er gut, doch er mußte wohl zu viele blöde Fragen beantworten, um sich für die dritte qualifizieren zu können. Er warnte einen jungen betrunkenen Haiwaner, den er in der Warteschlange erspäht hatte: »Sie sehen mir reichlich beschwipst aus. Der kleinste Ärger, und schon fliegen Sie raus.« Da dies die Verbindung nach New York City war und unsere erste Strecke durch die kalifornische Wüste ging, war das keine leere Drohung.

Busse sind in den USA das billigste öffentliche Transportmittel. In einem Land, das so groß ist, daß Reisen immer so etwas wie Aufbruch zu neuen Ufern bedeutet, führen die Busse die Postkutschentradition weiter. Sie fahren noch immer in Etappen, häufig zwischen den alten Postkutschenstationen. Statt der Pferde wechselt man die Fahrer, doch der Bus fährt weiter. Unser Bus sollte nach drei Tagen in New York ankommen.

Die Überlandstraße von San Diego nach Phoenix, Arizona, heißt Interstate 8. Wir passierten die Abzweigungen nach Kitchen Creek Road und Live Oak Springs. Der Wechsel von Findlingen, Buschland und Sandstrichen, der aus vielen Western vertraut ist, wurde durch verstreute Ranchgebäude belebt, die von Lattenzäunen und den einzigen Bäumen weit und breit umgeben sind. Hinter den Zäunen weidete das Vieh und schien sich der Gesellschaft wegen dicht an die Häuser zu drängen. Der nach allen Seiten hin offene Horizont vermittelte eine lebhafte Vorstellung davon, wie leer das Land noch immer ist. Dann begann die Straße anzusteigen. In 1274 Meter Höhe zeigte ein Schild ebendies an, und zum Osten hin ragten weit höhere Berge auf. Ein anderes Schild warnte, daß auf den nächsten fünfundvierzig Kilometern starke Winde wehen könnten. In El Cajon hielten wir auf einem kleinen Parkplatz. Die Stadt schien wenig mehr als eine Ansammlung von brüchigen Häusern und einer Tankstelle zu sein. Hier hatte sich eine Familie versammelt, um den Sohn zu verabschieden. Der Junge war etwa fünfzehn Jahre alt und hoch aufgeschossen, mit rotem Haar. Seine Mutter, eine hübsche junge Frau, stand weinend neben ihm. Er legte den Arm um sie und küßte sie zweimal. Dann wandte er sich seiner Schwester zu, die ebenfalls rothaarig war, um die dreizehn, die ihn nur in die Schulter boxte und nicht weinte. Sein Vater gab ihm die Hand. Der Junge setzte eine Baseballmütze auf und folgte den anderen Passagieren zu einem Platz im hinteren Teil des Busses. Er sah recht gefaßt aus. Seine Familie wartete die Abfahrt des Busses nicht ab. Sie gingen zu ihrem Auto zurück. Noch bevor sie wegfuhren, lachte das Mädchen bereits über die Tränen ihrer Mutter. Als Zeuge dieser Familientrennung fragte man sich, was wohl in El Cajon fehlte, das diesen schmerzlichen Abschied notwendig gemacht hatte.

Wir fuhren übers Gebirge und tauchten dann wieder in das öde Buschland ein. Von 1220 Metern kamen wir in fünfundvierzig Minuten auf Meeresspiegelhöhe hinunter. In dieser wilden Region waren Ziegen auf Koppeln zusammengetrieben, und kurz vor dem nächsten Halt, El Centro, die ersten Anzeichen intensiver Bewässerung, Felder mit

Saaten. Hier verkündete Bob »fünfzehn Minuten«, und alle stiegen aus.

El Centro ist eine Wüstenstadt, die in flachen Häuserblocks angelegt ist. Früher muß sie nach anstrengender Reise wie eine Oase gewesen sein. Bei diesem täglichen Zustrom von ›Fünfzehn-Minuten‹-Kunden hätte ich eigentlich erwartet, einen kleinen, prosperierenden Drugstore vorzufinden, doch die einzig erhältliche Erfrischung kam aus einem Automaten. Fast die einzigen Menschen, die ich während meiner fünfzehn Minuten in El Centro sah, waren meine Mitreisenden. Gegenüber der Busstation war das ›Roberta Hotel 1927‹, eines der wenigen zweistöckigen Gebäude in Sicht; seine Fenster allerdings wirkten tot. Niemand verließ es, niemand kam. Wo waren sie bloß alle, die El Centristen? Und warum, so fragte man sich bei all der Trostlosigkeit und dem Zerfall der Ansiedlung, zogen sie es vor, *hier* zu leben – mit den Fliegen –, wo sie doch von dem ganzen Wohlstand und dem Komfort der USA umgeben waren? Wer blieb eigentlich in diesen Ortschaften, und wer ging fort? Denn die Verlockung wegzugehen leuchtete jeden Tag in dem glänzend blaugrauen ›Americruiser 2‹ auf, über dessen getönter Windschutzscheibe die drei Reiseziele prangten, die mindestens so aufregend waren wie irgendwelche drei Wörter, die man sonst in El Centro lesen konnte. Als ich ein paar Schritte die Straße entlang ging, entdeckte ich ein weiteres Schild, offensichtlich von einem angebracht, der nicht fortgezogen war: B. F. Goodrich. Über seiner großen Reparaturwerkstätte hieß es knallig: ›B. F. Goodrich – Wir sind die Anderen‹. Sein Betrieb reichte anscheinend aus, um die gesamte Große Wüste zu versorgen, und ich konnte mir nicht vorstellen, was den ›Einen‹ noch zu tun blieb. In den darauffolgenden Wochen dachte ich häufig an B. F. Goodrich, wunderte mich über diese seltsame Kreuzung aus Ehrgeiz und Rückständigkeit und spann mir geradezu eine Saga über sein Leben zusammen, bis einmal in einem Verkehrsstau in Mexico City mein Blick aus dem Taxi schweifte und auf einen stehenden Busreifen fiel, etwa zwölf Zentimeter entfernt, und ich den Namen ›B. F. Goodrich‹ las, und selbst da glaubte ich noch für einen Augenblick, daß dieser größenwahnsinnige Werkstattbesitzer von seiner Heimatstadt aus die Busgesellschaften in Mexico City belieferte, bis es endlich bei mir klingelte. Goodyear, Goodrich, wir sind die Anderen, und mir klar wurde, daß ich nicht einmal den Namen eines Bewohners von El Centro gelesen hatte.

Schließlich sah ich sie dann doch, die El Centristen. Wir waren gerade mit unserem warmen Coke und dem faden Frühstück aus Keksen fertig, als sich einige Familiengrüppchen zur Trennungszeremonie versammelten. Sie standen in ihrer munteren Kleidung herum, Jeans, T-Shirts und Baseballmützen, wie richtige Großstadtamerikaner, und begleiteten wen auch immer zum Bus, blickten ein wenig verlegen drein, hüpften von einem Fuß auf den anderen, fragten sich, ob sie warten sollten, und gingen dann zurück zu ihren Riesenschlitten und fuhren hinaus in die Ödnis und nahmen ihre Tätigkeit, was immer das war, was sie in dieser menschlichen Randzone festhielt, wieder auf. Und wieder fragte man sich, warum sie blieben. Da sich die Stadt mit neuen Bürgern von südlich der Grenze füllte und sie auf sich zurückfiel, statt zu wachsen, und da ihre Nachbarn

48

fortzogen, müßte es den El Centristen schwergefallen sein, diese Frage zu beantworten. An der Westküste gab es immerhin Sonnenuntergänge.

Als wir El Centro verließen, konnten wir auf dem städtischen Gasbehälter sehen, wo sie die Meereespiegelhöhe markiert hatten. Ungefähr neun Meter über dem Boden.

Bob Cole fuhr in Calexico weiter auf seiner Route nach Phoenix, und ich wechselte über zum ›sicheren, zuverlässigen, höflichen‹ M. M. Ramirez in den Grenzbus nach Mexicali, der gewiß eine der kürzesten Strecken im Greyhound-Verkehr fährt, denn Calexico und Mexicali sind ein und dieselbe Stadt. M. M. Ramirez war eine adrette Mieze, eine US-Mexikanerin, die genau die gleiche zweifarbig-blaue Uniform trug wie ihre männlichen Kollegen, nur daß sie in ihrem Fall recht stramm saß. Sie ging mit dem Zwölftonner um, als hätte sie gerade ihren Verkehrsflugschein gemacht und flöge die Maschine. Sie zeigte auch ungeniert ihre Aufregung über die Arbeit. Sie war so begeistert über ihre Kleidung und ihren Bus, wie manche Leute begeistert sind, wenn sie auf dem Führerstand einer Lokomotive stehen.

Als wir die Grenze überquerten, begann der sich ins Unvermeidliche fügende Chor von mexikanischen Matronen munter darüber zu reden, wieviel die Zollbeamten ihnen wohl abknöpfen würden. Ihre Besorgnis wuchs, als ein Gauner in Uniform, der kein Englisch sprach, in unseren Bus einstieg. Später verglichen die Matronen untereinander ihre Verluste und fragten mich dann, wieviel man mir denn abgeluchst habe. M. M. erklärte ihnen, daß die Zollbeamten ihre Aufmerksamkeit meist auf Landsleute beschränkten.

Die Matronen ließen diese Information auf sich einwirken, und ich konnte direkt fühlen, wie sich die magische, verachtete Aura des beschützten Gringos um mich bildete. Ich verabschiedete mich an der Bushaltestelle von M. M. Ramirez. Mit ihrer flotten Kleidung, ihrem hingebungsvoll gesteuerten Bus, der auf die Minute genau gemäß dem vor sechs Stunden in San Diego festgesetzten Fahrplan ankam, symbolisierte sie all das, was Mexiko nicht war und nie sein würde.

In der Schalterhalle des Bahnhofs bemerkte ich hinter mir in der sehr langen, nur sehr langsam vorankommenden Schlange ein Mädchen. Etwas an ihr, nicht eigentlich Intelligenz, sondern eine Wachheit im Gesichtsausdruck, eine gewisse Unruhe, verriet, daß sie trotz ihres mexikanischen Aussehens US-Bürgerin war. Als ich in ihre Nähe gelangte, fragte ich sie ganz unvermittelt etwas auf Englisch, worauf sie sofort antwortete: »Wie konnten Sie denn wissen, daß wir Englisch sprechen? Wir stechen heraus, nicht wahr?« Sie hatte ihre Eltern bei sich und ihre Zwillingstöchter, und es war ihr erster Besuch in Mexiko, obwohl beide Elternteile südlich der Grenze geboren und aufgewachsen waren. Sie hatten sich, da es billig war, entschlossen, auf dem Landweg nach Guadalajara zu fahren, doch nach sechs Stunden Aufenthalt in seinem Geburtsland stand ihr Vater unter leichtem Schock. Er hatte vergessen, wie es dort war. Die Schlange stellte sich sowieso als Zeitverschwendung heraus. Man teilte uns schließlich mit, daß der nächste Zug in südliche Richtung, der Nachtzug, keine Schlafwagen habe. Für einen Schlafwagen müsse man den Tageszug nehmen, und das Anstellen beginne nicht vor Mitternacht. Da diese Reise zwei Tage dauerte, wollte niemand ohne Schlafwagenplatz sein, und so verschoben wir alle unsere Abfahrt, ich verabschiedete mich von dem Mädchen, das aus Santa Cruz stammte, und ging zum Bahnhofsbuffet, um mich nach einem Hotel zu erkundigen.

Dort saßen drei kleine Kinder und schauten sich voller Ernst das Fernsehprogramm an, als wäre es das allererste Mal. Sie waren sehr arm. Ihre Mutter, die unruhig und erschöpft wirkte, war bei ihnen. Sie war mit dem gestrigen Nachtzug die Pazifikküste hochgefahren und wartete auf eine Freundin, die zu ihr stoßen sollte. Sie hatte kein Geld mehr, ihre Freundin schon. Sobald diese Freundin endlich auftauchte, würden sie sich zusammentun und versuchen, über die Grenze zu kommen. Ihre Ehemänner waren beide auf der anderen Seite. Sie war eine hübsche Person, die jedem Blick auswich. Sie genierte sich, daß sie seit kurzer Zeit noch ärmer war. Die Kinder sahen sich gerade eine Pop Show an. Eine Gruppe von jungen Puertoricanern sang ein pfiffiges Liedchen im Lispelton, eins von der Sorte, die zu der Zeit Riesenerfolg überall in Lateinamerika hatte. Kleine Jungen konnten in diesen Kinderpopbands ganz kommerziell singen und ein Vermögen machen, bis sie in den Stimmbruch kamen. Dann waren sie kommerziell erledigt. Ein Mann, der am Buffet saß und in den Zähnen herumstocherte, bestellte, ohne die Mutter um Erlaubnis zu fragen, Tortillas für die Kinder. Sie dankte ihm würdevoll, wobei sie kaum den Blick hob, während die Kinder über das Essen und die Limonade herfielen. Er hatte nichts für die Frau bestellt. Das hätte einen Akt der Höflichkeit zu einem

Geschenk gemacht, und ein Geschenk hätte womöglich eine Verpflichtung auferlegt, und eine Verpflichtung, die man nicht erfüllen konnte, mußte wohl zurückgewiesen werden. Der Mann sah zu, wie die Kinder aßen, und verließ dann das Buffet.

Ich verbrachte eine unruhige Nacht im Hotel. Ich wollte meinen Zug nicht verpassen. Ich konnte die Ungewißheiten des mexikanischen Lebens kaum erwarten. Doch genau sie waren es, die mich daran hinderten, sie auch zu genießen. *Angeblich* gab es bei Tages- und Nachtzügen Schlafwagen. *Angeblich* brauchte man sich nicht um 3.30 in der Früh anzustellen, um einen Zug zu erreichen, der erst um 8.30 abfuhr. Dann erinnerte ich mich an die erste Regel des mexikanischen Lebens: ›*No hay reglas fijas, señor.*‹ Erste Regel also: Es gibt keine festen Regeln. Als Flandrau[*] sich das 1908 notierte, fügte er noch hinzu: »Ein ordnungsliebender, systematischer und pedantischer Mensch wird Mexiko immer verabscheuen und sich nur selten überwinden können, etwas Freundliches darüber zu sagen.« Konnte es denn so schlimm sein?

Am nächsten Tag machte ich mich um 4.30 auf den Weg zum Kartenvorverkauf zurück und fand dort eine Schlange vor, die bereits über eine Stunde wartete. Etwas weiter vorn stand das Mädchen aus Santa Cruz. Ein einziger Schalter war für den Verkauf von Fahrkarten in Richtung Süden offen. Die Schalterhalle war nicht gerade sauber. Es gab zahlreiche Pfützen auf dem Boden, durch die wir unser Gepäck ziehen mußten. Die Schlange lief doppelreihig von

[*] Charles M. Flandrau, Autor von »Viva Mexico!«, erstmals erschienen 1908.

einem Ende der Halle bis zum anderen, um sich dann erneut zu teilen. Die wenigen erkennbaren Gringos waren beliebig darin verstreut, doch mit der Zeit neigten wir dazu, einander immer näher zu rücken und näher zum Schlangenende hin. Die Mexikaner hatten die Gabe und das Geschick, von einer Schleife der Schlange zur nächsten überzuwechseln, ohne sich damit aufzuhalten, die Schleife auch voll auszuschreiten. Die überall herumrennenden Kinder dienten als Ausrede für diese Schachzüge, da man unmöglich genau festlegen konnte, wo in der Schlange eigentlich ihr Platz war. Zu dem Mädchen aus Santa Cruz war noch eine mexikanische Tante gestoßen, und ihre Gruppe erfuhr als erste, daß es keine Schlafwagenplätze mehr gab. Alle Wagen seien reserviert worden. Angesichts einer Reise von vierundzwanzig Stunden keine gute Nachricht. Als nächstes kam das Gerücht auf, daß es doch noch ein paar freie Schlafwagenabteile gebe, daß der Angestellte aber nicht so dumm sei, diese zu vergeben. Gewisse Anreize müßten erst geboten werden. Dieser Hinweis versetzte den Vater des Mädchens aus Santa Cruz in noch größere stumme Wut als gestern. Dreck, Ineffizienz und jetzt auch noch Korruption!, und das in Sichtweite der USA. Alles, was er bei jenem illegalen Grenzübergang vor vierzig Jahren abgeschüttelt hatte, verhöhnte ihn nun, von den Pfützen auf dem Boden bis hin zum einschmeichelnden Lächeln auf dem Halunkengesicht am Fahrkartenschalter. Ich sagte seiner Tochter, daß ihre Zwillinge reizend seien, worauf sie mit Überraschung und Stolz »Danke« sagte, was eher mexikanisch als gringohaft war. Sie erklärte das Schweigen ihrer Eltern so, daß beide ›es vorzögen‹, Spanisch zu sprechen.

Die Wahrheit war, daß sie, wie so viele Einwanderer aus Lateinamerika der ersten Generation, sich nicht darum gekümmert hatten, Englisch zu lernen, selbst nach vierzig Jahren Kalifornien. Ihre Mutter konnte kaum etwas; ihr Vater sprach es nur schlecht. Er sah aus, als traute er sich in diesem Augenblick nicht einmal, Spanisch zu reden, doch da wurde gerade die ganze Gruppe durch die Schranke geschleust. Die Tante war in Verhandlungen eingetreten und hatte die verfahrene Situation gerettet. Sie hatten ihren Schlafwagen. Die Gepäckträger grinsten über den Vater, als er durch die Sperre ging. Sie schienen die übersteigerten Vorstellungen von Mexikanern, die aus den Staaten zurückkehrten, nur zu gut zu kennen.

Als ich dann zum Schalter kam, war es völlig unmöglich geworden, sich einen Schlafwagen zu ergattern; ich bereitete mich entmutigt darauf vor, zwei Tage und zwei Nächte in einem Erster-Klasse-Abteil zu verbringen. Als ich in mein Abteil einstieg, bemerkte ich, daß der Waschraum bereits blockiert war. Ein Komitee von sechs Señoritas stellte sich draußen auf, um unserem Zug das Abschiedsgeleit zu geben. Eine hatte eine Blume im Haar und sah ganz liebreizend aus, doch meine Reaktion blieb zurückhaltend. Ich meinte nämlich, sie würden der hinter mir sitzenden Familie Lebewohl winken. Zu spät erkannte ich, daß sie niemanden im Zug kannten, sie gönnten sich einfach einen sentimentalen Abschied. Punkt 8.30 fuhr der *rápido* an, bewegte sich etwa zweihundert Meter aus dem Bahnhof und blieb dann stehen. Entnervt machte ich mich zum *coche comedor* auf und versuchte, mir über meine unmittelbaren Aussichten klarzuwerden.

Später am Vormittag begannen wir uns durch Baja California Norte zu schlängeln. Im *coche comedor* gab es schlaffe weiße Tischtücher und Wände mit Essensflecken. Hinter den überkrusteten Fensterscheiben lag das überkrustete Land; ›Baja California Norte‹, der Name rief eine besondere Assoziation hervor. Es war das Land, das der Grenzbeamte Laudner nicht betreten wollte. Draußen nichts als Sandboden, bis hin zu den fernen Bergzügen der Baja-Halbinsel. Ursprünglich hatte ich vorgehabt, durch Baja California zu reisen; es hatte mich gereizt, herauszufinden, warum es nie zu einem Teil der Vereinigten Staaten geworden war. Dann hörte ich, daß es so lang wie Italien war, fast unbesiedelt und mit nur einer Straße, und ich beschloß, statt dessen in meiner Reise voranzukommen. Irgendwo zwischen jenen Bergen und den Bahngleisen, von meinem Fenster aus nicht sichtbar, lag der Golf von Kalifornien, der Brutplatz der Pazifikwale. Noch vor einem Monat war einer von ihnen neben dem Fischerboot eines begeisterten Ökologen, der diese ehrfurchtgebietenden Liebesspiele unbedingt filmen wollte, aus dem Wasser aufgetaucht und hatte mit einem lässigen Schwanzschlag den Schädel des Voyeurs zu Brei gemacht, eine selbst für Kalifornier unmißverständliche Aussage moralischer Absolutheit.

Neben dem Gleis lagen die Überreste von allem, was der Bahnreisende so mit sich führt. Nicht die massive Ansammlung, die man gewöhnlich neben dem Gleis eines englischen Zugs sieht – man muß schon in ein hochentwickeltes Land gehen, um die ganze Bandbreite von Schweinerei zu haben – doch nichtsdestoweniger eindrucksvoll, da es in einem trockenen Klima sehr lange dauert, bis Verpackungen zerfallen. Ich nahm meine Lektüre wieder auf. Ich las gerade *Las Muertas*, Die toten Mädchen, von Jorge Ibargüengoitia, dem mexikanischen Romanschriftsteller*. Er beschreibt darin, wie zwei Puffmütter, die Schwestern Arcángela und Serafina, in Schwierigkeiten geraten, als in ihrem Bundesstaat plötzlich die Prostitution verboten wird, und wie sie nach und nach ihre Belegschaft unter die Erde bringen. Als alles für die zwei Puffmütter schiefgeht, probieren sie es mit der traditionellen Lösung, sie nehmen den Bus zur Grenze und werden schließlich auf dem Weg nach Nogales verhaftet. Mit einem ihrer Stammkunden philosophiert Arcángela über die Unsterblichkeit der Seele. Sie glaubt, daß unsere Seele nach dem Tod in der Luft schwebt. Solange diejenigen leben, die einen in schlechter Erinnerung halten, leidet die Seele. In guter Erinnerung gehalten zu werden erfreut sie. Haben alle den Verstorbenen vergessen oder sind alle gestorben, die ihn gekannt haben, dann verschwindet die Seele. Wenn eine so originelle Unsterblichkeitslehre von einer Puffmutter stammen konnte, stellte sich mir doch die Frage, ob es richtig war, Mexiko als christliches Land zu bezeichnen. Dann betrat der *carretero* den *coche comedor* und setzte sich an den Nebentisch, um zu lesen. Von der Messingschrift auf seinem Käppi wußte ich, daß es der *carretero* war, offensichtlich so etwas wie ein ranghöherer Zugbegleiter. Er war in vorgerücktem Alter, einer der vielen arbeitenden Pensionäre bei den mexikanischen Eisenbahnen, die aus humanen Gründen als sozialer Dienst für die Älteren betrieben werden, und er zeigte kei-

---

* 1928 geboren, bekannt für seine Romane und Theaterstücke, starb 1983 bei einem Flugzeugabsturz in Spanien.

nerlei Interesse am weiteren Geschehen. Als er in seinen Sessel zurücksank, sah ich den Titel seines Buches, *Esclavos Blancos*, und mir wurde klar, daß Mexiko doch ein christliches Land war. Man kann die Religion eines Landes an seinem Sündenbewußtsein messen. Der *carretero* las über den Mädchenhandel mit der Ernsthaftigkeit eines Mannes, der die Tagesbilanz aufstellt, wobei nichts seine Konzentration ablenkte, und als das Problem meiner Fahrkarte aufs Tapet gebracht wurde, geschah das nicht durch ihn, sondern durch den Oberkellner. Dieser wundervolle Mann erbot sich, mir für 748 Pesos ein Schlafwagenbett zu finden, das heißt, für den korrekten Preis und gegen Quittung. Schluß mit dem veralteten japanischen Erste-Klasse-Abteil mit Plastiküberzug und stinkender Toilette und den buckligen japanischen Sitzen; statt dessen die weit schäbigere und weit komfortablere Umgebung eines veralteten US-Pullman-Wagens, der sehr dem ›Spirit of California‹ ähnelte, doch viel geräumiger, da aus den Dreißigern stammend. Als ich hinter der gesprungenen Fensterscheibe meines *dormitorio* saß, ergriff mich zum ersten Mal seit meiner Abfahrt aus England richtige Reiselust.

Beim Mittagessen und Frühstück waren die einzigen sonstigen Gäste im Speisewagen die Bediensteten vom *comedor*, die allesamt aßen. Die Pesoabwertung ist etwas Herrliches. Jeder Reisende mit einigen Dollars in der Tasche kann sich die Einsamkeit eines misanthropischen Millionärs kaufen, nur ist sie vielleicht etwas glanzloser. *El Carretero* las noch immer *Esclavos Blancos*. Er hatte sich nicht vom Fleck gerührt. Ibargüengoitia sagt Erhellendes über die Natur der uniformierten Amtsgewalt in Mexiko, und *El Carretero* war für mich zu einer Gestalt in dem Buch geworden, das ich gerade las. Mein erster Eindruck von diesem Land und seinen Menschen war durch das fiktive Personal von *Las Muertas* geprägt, das mich in gemächlichem Tempo über die nördliche Wüste begleitete. Die eine der zwei Puffmütter aus *Die toten Mädchen*, Serafina, will lernen, wie man mit einer Pistole schießt. Sie will den Mann umbringen, der sie vor langer Zeit sitzengelassen hat. So überredet sie einen Hauptmann, der bald ihr Liebhaber wird, es ihr beizubringen. Er bittet sie, zu diesem Zweck zur Kaserne zu kommen. Einer Puffmutter zu zeigen, wie man eine Pistole abfeuert, ist anscheinend selbst im mexikanischen Heer ziemlich regelwidrig; er schickt darum die gesamte Garnison auf Geländemärsche, um die Kaserne leerzubekommen. Etwas großartig Triviales war an diesen Geländemärschen, dieser Garnison, diesem Heer, diesem Land. Überall in der Welt mochte man unbedachterweise annehmen, daß mexikanische Männer ins Heer eintraten, um die Republik Mexiko zu verteidigen, notfalls unter Aufopferung ihres Lebens, ihrer Ehre, ihrer Eingeweide. Aber nicht, wenn ein Hauptmann einer Puffmutter beibringen sollte, wie man eine Pistole abfeuert. In diesem Fall wurden sie nicht ausgebildet, um die Republik zu verteidigen. Sie wurden ausgebildet, um dieser kräftigen Frau mittleren Alters die Möglichkeit zu geben, unbeobachtet auf dem leeren Kasernenhof drauflos zu ballern. Wie dem auch sei, das ganze Unternehmen war Zeitverschwendung. Besagte Pistole war eine schwere 45er. Als Serafina sie schließlich auf ihren ehemaligen Liebhaber richtet und abdrückt, ist hinterher zwar ein Großteil der Bäckerei demoliert, aber ihr

Ziel hatte sie verfehlt. Wie sie es selbst formuliert, die Pistole »gehorchte ihr nicht«.

Zurück zum *Carretero*. Seit 1927 wird Mexiko von derselben Partei regiert, der Partei der Institutionalisierten Revolution (PRI). Die PRI hat immer die Belange der Gewerkschaften im Auge gehabt. Obwohl man annehmen könnte, daß das öffentliche Eisenbahnwesen dem öffentlichen Verkehr dient, dient es in Wirklichkeit dazu, älteren und geachteten Mexikanern wie *El Carretero* die Möglichkeit zu geben, dem eigenen Zuhause und der Ehefrau zu entfliehen und einen ordentlichen Batzen Geld zu verdienen, den Tapetenwechsel zu genießen und ein behagliches Plätzchen zu finden, um seinem Interesse am Mädchenhandel zu frönen.

Die Wüste draußen war nicht länger überkrustet. Sie war zu Leben erwacht. Südlich von Puerto Peñesco waren wir vom Golf von Kalifornien landeinwärts abgebogen. Die Uhren gingen jetzt um eine Stunde vor. Wir waren nun im Staat Sonora, der Mountain-Time hat*, nicht Pazifik-Normalzeit. Ich ging aus dem *comedor* nach draußen zur offenen Aussichtsplattform, die sich den Pullman-Wagen anschließt. Rote, gelbe, weiße und purpurfarbene Blumen büschelten sich im Gras. Tauben schossen vor einem fernen Ring von Bergen vorbei, die diese Wildnis umschlossen wie einen unendlich großen, gottverlassenen Garten. Nur die gelegentlichen Salzpfannen erinnerten einen daran, daß auch dies Wüste war. Blumen oder nicht, dieser Landstrich blieb eine Zufluchtsstätte. Im letzten Jahrhundert konnten

---

* Standardzeit der Rocky-Mountains-Staaten; Pazifik-Normalzeit haben Washington, Oregon, Kalifornien.

Gauner aus dem Norden, denen es gelang, diese Wüste lebend zu durchqueren, ein neues Leben in Mexiko beginnen. Jetzt floß der Flüchtlingsstrom in umgekehrter Richtung. Mehrere Stunden, während die Sonne abwechselnd auf der einen oder der anderen Seite des Zugs versank, blieb ich draußen stehen, glücklich und trunken von der Wüste, dem Wind und den Geräuschen. Die uralten Aussichtsplattformen ächzten und zuckelten auf der uralten Bahnlinie dahin. Nur einmal gab es ein Anzeichen menschlichen Lebens. Ein Reiter, ein Indio mit Cowboyhut, zügelte sein Pferd neben dem Geleise und starrte regunglos auf die ganze Länge des Zuges.

Am Spätnachmittag gesellten sich zwei Eisenbahn-Tramps aus den USA zu mir. Für 125 Dollar hatte jeder sich ein Ticket gekauft, das uneingeschränktes Reisen auf Amtraks Westabschnitt gewährte. Sie waren oben an der kanadischen Grenze im Bundesstaat Washington abgefahren, hatten zweimal die Rockies überquert und mußten nur einmal den Bus benutzen, um zum mexikanischen System überzuwechseln. Sie schrien mir diese Informationen über den Höllenlärm des Zuges hinweg zu, der langsam wie ein Tausendfüßler dahinkroch.

»Die alten Züge sterben nie aus«, schrien sie, »die gehen einfach nach Mexiko.«

»Immerhin bleiben sie auf den Gleisen«, gab ich laut zur Antwort; ich nahm ihnen diese Gringobesessenheit mit neuem Rollmaterial übel.

»Im allgemeinen schon«, schrien sie daraufhin. »Aber letzten Monat ist beim Chihuahua-Pacífico einer entgleist. Etwa fünfzehn Tote.« Ich erinnerte mich, daß Jorge Ibargüengoitia mir geraten hatte, es mit dem Chihuahua-Pacífico zu versuchen, und entschied darum, nicht weiter zu bohren. Und so trudelten wir in Benjamín Hill ein.

Wohin mein Blick in Mexiko auch streifte, ich bin nie auf eine andere Stadt oder ein anderes Dorf mit einem englischen Namen gestoßen, und die Silben ›Ben-cha-minn-ill‹ gehen einem Mexikaner nicht leicht über die Lippen. Ringsum heißt es San Miguel, Santa Ana, Magdalena, La Unión; doch mit einem Mal: Benjamín Hill, achteinhalb Stunden südlich von Mexicali auf der Strecke, ein Knotenpunkt, und herausfordernd protestantisch im Klang. In Benjamín Hill sah ich das Mädchen aus Santa Cruz wieder, das den zweiten Tag im Land ihrer Väter hinter sich hatte, und ihre Ambivalenz war inzwischen noch gewachsen. Nur die Tante aus Mexicali zog scheinbar unverdrossen weiter ihre Schau ab, offensichtlich beglückt über die Aufgabe, die Zwillinge trotz der Sprachbarriere zu hüten. Die Mutter war im Schlafwagen verschwunden und tauchte nicht mehr auf, selbst nicht bei dieser außerordentlich günstigen Gelegenheit, sich auf dem Bahnsteig die Beine zu vertreten. Der Vater kam zur Wagentür, doch nur, um besorgt Ausschau nach seiner Tochter zu halten. Die beste Nachricht, die sie ihm übermitteln konnte, war, daß ich einige Zeit in Afrika verbracht hatte und darum ›an all das gewöhnt‹ war. Ihre ausholende Bewegung dabei verriet mir, daß sie damit das normale Leben in Benjamín Hill meinte. Ihr Vater blieb weiterhin peinlichst berührt angesichts des Zustands seines früheren Heimatlands. So sehr, daß sie ihm eifrig die Nachricht von meiner Afrikaerfahrung offerierte, als brauche er sie dringend, wie sie selbst auch. Normalität waren plötzlich der Dreck, die Unwirtlichkeit, das verschlafene Tempo, die offenkundige Armut von Benjamín Hill geworden, eine Lage der Dinge, die sie nur als verzweifelt ansehen konnte. Die Erkenntnis, daß die latente Ursache für das peinliche Berührtsein, ein Gringo, der sie womöglich mit ›all dem da‹ in Verbindung bringen könnte, der Umgebung sogar etwas abgewann, war zu wichtig, um sie für sich zu behalten.

Als wir uns so auf dem Bahnsteig unterhielten, erschien wie bestellt, wie um den Tag für die junge Frau aufzuheitern, die moderne Welt wieder auf dem Plan, in Form dreier starker Lokomotiven, die einen Zug niedriger Güterwagen mit Sattelschlepperanhängern zogen. Die eleganten rollenden Stahlkonstruktionen, von denen jedes so ohne Mühe seine massive Last trug, sahen wunderbar praktisch und solide aus; ganz eindeutig eine Verbesserung gegenüber dem bekannten Straßentransportsystem, genau der richtige Platz, wohin zukünftig alle Sattelschlepper gehörten. Dieser Güterzug brauchte mehrere Minuten zum Passieren, und der unaufhaltsame Lauf der Maschinerie sagte ihr, daß es selbst in Mexiko Hoffnung gab. Dieser Eindruck wurde schlagartig durch die letzten Waggons zerstört; dort saßen nämlich, zusammengekauert im Schatten der blockierten Lastwagenreifen, ganze Familien, Frauen, Kleinkinder, ausgemergelt aussehende Männer, die eine freie Fahrt Richtung Süden genossen, in den Teil des Landes, der ihnen keine Zukunft bot. Diese Menschen, zu arm sogar, um sich eine Fahrkarte leisten zu können, vom Wind geschüttelt, regendurchnäßt, verließen aus irgendeinem persönlichen Grund das Eldorado, und ihre entwurzelte und zerbrechliche menschliche Existenz wischte all das Vertrauen fort, das sich angesichts der brutalen Modernität der Sattelschlepper eingestellt hatte. Was waren das für Menschen? Waren sie verrückt, so ihr Leben auf dieser Reise aufs Spiel zu setzen? Ein Laster könnte sich verschieben, ein Reifen rollen, ein Waggon schlingern, und die Folge wäre ein zerschmetterter Schädel, ein gebrochener Rücken oder ein totes Baby. Ein paar picknickten sogar dort oben. *El Carretero* beobachtete sie beim Vorbeifahren. Er stand in einer Gruppe von messingknopfglänzenden Zugbeamten. Ihnen, wie all den anderen, war diese Regelwidrigkeit gleichgültig. Der mildtätige Arm der Partei der Institutionalisierten Revolution reichte nicht nur bis zu den Beamten, die auf dem Schienensystem quer durch das Land befördert werden wollten und dabei Schundliteratur lasen, auch die Armen profitierten von diesem Wohlwollen, wenn auch auf unbequemeren Plätzen. Als der Zug zwischen den vollen Bahnsteigen von Benjamín Hill einlief, verlangsamte er seine Fahrt bis auf Schrittempo; die sich als Silhouetten abhebenden Familien blickten auf, machten aber keine Anstalten, abzusteigen. Niemand rührte sich, niemand winkte. Dann beschleunigte der Zug wieder, und das Mädchen aus Santa Cruz ließ erkennen, daß sie nicht nur schockiert über dieses Land war und sich dessen schämte, sondern auch, daß sie stolz darauf war.

Sie überwand ihre Beschämung über Mexiko, indem sie die Vereinigten Staaten angriff. Sie habe, sagte sie, *ihren* Kulturschock erlebt, als sie nach Minnesota gezogen sei. Nach Kalifornien sei sie sich dort wie der einzig spanischsprechende Mensch vorgekommen. Jeder sonst sei ›weiß‹, sagte sie, tauschte dann das Wort gegen ›anglo‹ aus. Tatsächlich seien alle anderen ›Schweden‹ gewesen. Sie beschrieb deren blondes Haar und blaue Augen und ließ die Einwohner wie Albinos aussehen. Als sie ihre beiden kleinen Mädchen zum Krankenhaus gebracht habe, hätten die schwedischen Mütter von Minnesota ihr braunes Haar und ihre braunen Augen gesehen und gefragt, ob ihre schlafenden Kinder auch so braune Augen hätten. Der Arzt in Minnesota habe sie angeschaut und wissen wollen, ob sie Englisch spreche. Zu der Zeit machte sie gerade ihren Magister, und ihr Mann unterrichtete an der Universität von Kalifornien. Das alles erzählte sie mir in Windeseile, wie jemand, der nur noch sehr wenig Zeit hat. In Wirklichkeit verbrachten wir zwei Stunden in Benjamín Hill, doch ihr Vater wollte sie im Abteil haben. Bevor sie ging, fragte sie, wohin ich führe, und wünschte mir kein Glück. »Angenehme Reise«, sagte sie; sicherlich würde San Salvador große Ähnlichkeit mit Benjamín Hill haben. Vor *ihr* lag Guadalajara mit seinem Hang zum Bramarbasieren. Ich sah sie nie wieder, doch am Tag darauf, nach dem sie in Guadalajara ankommen sollte, berichteten die Zeitungen, daß es in der Stadt eine Riesenexplosion gegeben hatte. Fünf Straßen waren total zerstört worden, Autos wie Streichholzschachteln herumgeschleudert worden, ein *barrio* sackte um mehrere Zentimeter ab. Drei Millionen Bürger waren in Panik. Sie fragten sich noch immer, was eigentlich passiert war. Man hatte die Theorie, daß etwas leicht Entzündliches in die städtische Kanalisation geraten sein könnte.

Dunkelheit brach herein, als wir in Benjamín Hill auf den Anschlußzug von Nogales warteten, die Verbindung von Tucson, Arizona. Ich schlief ein, wachte dann mit einem Ruck auf, um herauszufinden, daß wir Empalme erreicht hatten. Mir fiel Jorge Ibargüengoitia ein und sein Ratschlag mit dem Chihuahua-Pacífico. Als der Zug anfuhr, wurde mir klar, daß dies der Knotenpunkt sein müßte. Glücklicherweise war mein Gepäck parat, und niemand blockierte den Gang. Unter Zurücklassung meiner Pantoffeln gelang es mir, mein Gepäck hinauszuwerfen und selbst sicher auf dem Bahnsteig zu landen. Es war Mitternacht. Die sechzehnstündige Fahrt in einem Privatabteil hatte £ 8 (800 Pesos) gekostet. Während die Lichter des Zugs langsam vom Dunkel verschluckt wurden, schaute ich in meine Landkarte und stellte fest, daß ich an der falschen Station ausgestiegen war. Und Empalme ist ein Ort ohne Hotel.

Ich wartete in der warmen stillen Nacht fast eine Stunde, bis irgendein Gerücht von meiner Anwesenheit die nahegelegene Stadt Guaymas erreichte und ein Taxi zur Station kam. Der Fahrer berechnete mir vierhundert Pesos für die Fahrt zu einem Hotel. Ich argumentierte dagegen mit der Auskunft, daß man für diese Summe mit dem Zug bis zur amerikanischen Grenze fahren könnte. Er hatte neben sich einen Freund sitzen, und als sie abfuhren, hörte ich sie darüber reden, wie vernünftig doch heutzutage die Fahrpreise der Eisenbahn seien.

Am nächsten Morgen schaute ich mich in der Stadt um. Guaymas ist ein kleiner Hafen am Golf von Kalifornien, ein ziemlich schmuddliger Ort nach meiner Einschätzung. Das Hauptereignis des Jahres ist der Wettbewerb im Tiefseefischen. Der fand gerade nicht statt. Ich machte mich auf den Weg, um ein Frühstück aufzutreiben. Dabei entdeckte ich einen Buchladen, der einige zerfledderte Bände in Englisch hatte. Einer davon war eine Abhandlung über die Studentenrevolution von 1968 an der Berkeley-Universität. Es gab ein Photo von einigen Studenten. Alle hatten sich für eine Demonstration in Schale geworfen, um die Reinheit ihrer Argumente herauszustreichen. Ein Mädchen marschierte im Cocktailkleid mit hohen Absätzen, langen weißen Handschuhen und frischer Dauerwelle.

Nach dem Frühstück entschloß ich mich, den Bus zur Küste hinunter bis Los Mochis zu nehmen, der Stadt, wo ich eigentlich den Zug hätte verlassen sollen, um auf den Chihuahua-Pacífico überzuwechseln. Die Busfahrt ging über 352 Kilometer und würde fast den ganzen Tag dauern. In Mexiko ist Zugfahren die billigste Art zu reisen. Nur in den hochentwickelten Ländern kosten Busse weniger. Nichtsdestotrotz hatte der Busbahnhof in Guaymas eine Schar angetrunkener Faulenzer angezogen. Einer davon war noch so nüchtern, um mir in gräßlichem Englisch zu erzählen, daß er im Unterschied zu den anderen Müßiggängern nicht wirklich herumhänge, ohne Arbeit und ohne Zuhause und nichts zu tun. Er sitze bloß für einige Tage in der Sonne und warte darauf, daß der US-Konsul ihm sein Visum ausstellte. Dann würde er nach Kalifornien zu seiner Familie zurückkehren. Diese Geschichte verhalf ihm zu einiger Selbstachtung, doch sein Blick wanderte genauso begierig zu meinem unbewachten Gepäck hinüber wie der seines Nachbarn. Der Bus nach Los Mochis fuhr ohne große Vorwarnung ab und erlöste einen von den Fliegen, die sich im

66

stickigen Dunkel seines Innern angesammelt hatten. Es war ein alter Greyhound-Bus. Das mexikanische Transportwesen schien zum großen Teil auf die ausgemusterte Maschinerie des Nordens angewiesen zu sein. Auffälligster Unterschied zum letzten Greyhound-Bus war, daß die verschiedenen Hinweise bezüglich des sicheren, zuverlässigen und höflichen Fahrers und der bundesstaatlichen Rauchvorschriften entfernt worden waren. Statt dessen nur ein Schild: ›*En caso de mareo pida su bolsa*‹, verlangen Sie bei Übelkeit eine Tüte.

Mein Eindruck von Los Mochis war kaum stärker als der von Guaymas. Als ich am Abend zum Hotel Santa Anita fuhr, mußte der Verkehr bei Grün anhalten, doch niemand hupte. Sobald wir uns der Verkehrsampel näherten, sprangen drei bewaffnete Polizisten aus einem Jeep und begannen aus einem Auto mit zertrümmerter Windschutzscheibe die Insassen herauszuziehen. Der ranghöchste Polizist, ein älterer Gentleman, hielt gleichzeitig zwei Revolver, in jeder Hand einen. Das erschwerte es ihm, seine unglückliche Beute zu packen. Abgesehen von diesem Zwischenfall erinnere ich mich bloß an eine Gruppe von applaudierenden koketten Schulmädchen, die bei einer Straßentombola zuschauten, an eine Speisekarte in einem Restaurant, deren englische Übersetzung einen ›Hähnchenbusen‹ offerierte, an die Zuckerrohrfabrik, die ihren süßlichen schwarzen Qualm über die teuersten Büros und Geschäfte im Stadtzentrum ausschüttete, an den Straßenlärm, der um 4.30 in der Früh einsetzte, und an den morgendlichen Taxifahrer, der mich zum Bahnhof brachte. Als er über das Gewicht meines Gepäcks jammerte, sagte ich ihm, daß es voll mit Büchern sei. »Sie müssen *el jefe* sein«, sagte er, »*el profesor*«, was mich an Carlos, meinen Spanischlehrer denken ließ.

Die Chihuahua-Eisenbahnlinie wurde wohl als eine der letzten gebaut, um entlegenes Land zu erschließen. Sie durchschneidet eine vorher unzugängliche Bergregion, die Sierra Madre Occidental, und wurde, nachdem Gringo-Experten das Projekt aufgegeben hatten, von mexikanischen Ingenieuren fertiggestellt. Man bemüht sich, die Route zu einer Touristenattraktion zu machen, doch obwohl die Serpentinensteigungen manchmal eindrucksvoll sind, ist es unmöglich, vom Zuginnern aus die Leistung der Ingenieure voll anzuerkennen. An einer Haltestelle namens Naczari, hoch oben in der Sierra, gab sich eine kleine Indiokommune mit dem Verkauf von Orangen ab. Es war sonnig, doch entsetzlich kalt. Die Indios trugen dicke Jacken und strohgeflochtene Cowboyhüte oder Baseballmützen. Ein Mädchen, etwa dreizehn Jahre alt, in einer Jacke mit der Aufschrift ›Houston Oilers‹, zerschnitt mit einem gefährlich aussehenden Messer einen rohen Kohlkopf auf einem Holzbrett. Die Männer machten aus den Orangen und dem Kohl eine Mahlzeit. Ein Lastwagen tauchte auf, ursprünglich mußte er auf dem Bahnweg heraufgekommen sein, da an dieser Stelle keine Straße die Sierra Madre überquert, und die Indios drängten sich heran, um weitere Säcke mit Orangen abzuladen. Keiner der Indios lächelte, weder Mann noch Frau. Auf dem steilen Berghang hinter der Station stand ein Schuppen mit zwei Räumen, das ›Hotel Batopilas‹, ein zweiter Schuppen nannte sich ›Clínica San Rafael‹. Einige Trauerweiden, die nicht in diese kahle Umgebung paßten, hatten sich durch den Stein und die harten Lehmterrassen gezwängt. Das Eisenbahnkomitee von Naczari hatte eine jetzt vergilbende Mitteilung an der Wand der Station angeschlagen. Quer darüber war das Wort CORRUPTOS hingekritzelt. Selbst hier? In der Vergangenheit waren die Indianer von Nordmexiko berühmt gewesen für die Geschwindigkeit, mit der sie laufen konnten. Sie konnten schneller laufen als der gejagte Hirsch. Jetzt, da das Land erschlossen war, saugten sie an Cola-Büchsen und beobachteten die vorbeifahrenden Züge. Als unser Zug abfuhr, bemerkte ich, daß das ernste Mädchen mit dem Kohl fertig war und nun die lange Klinge dazu benutzte, ganz langsam eine Orange zu zerlegen. Auf ihren abgebrochenen Fingernägeln war noch ein Hauch von rosa Nagellack.

In Mexiko malen sich die Frauen gern an. Eine Frau in unserem Zug war exquisit geschminkt, sie sah wie ein Azteke aus. Ihre makellose Aufmachung ließ einige ihrer Mitreisenden um so seltsamer erscheinen. Es gab da eine Gruppe von zwei Frauen mit ledernen, wie geschrubbt wirkenden Gesichtern, zwei Männern und zwei Jungen. Die Männer sahen genau gleich aus, alt und blond, mit faltigen, sonnenverbrannten Nacken; auch die Frauen waren gleich, alt und grau, in schwarze Umhängetücher gehüllt, darunter bestickte Kittel wie Schweizer Bäuerinnen. Wenn man sie direkt anschaute, bewegten sich ihre Hände zum Umhängetuch hin, als wollten sie ihre Gesichter bedecken. Die Jungen wirkten zurückhaltend, feierlich ernst, strohblond und eher schwerfällig, keine hirschschnellen Läufer. Die Frauen sah ich nur ein Mal lachen, als die Aztekenfrau aus der Zugtoilette auftauchte, noch geschminkter, noch duftender, und noch mehr Grübchengesicht als zuvor, und mitansehen mußte, wie ihr Söhnchen auf den Gang kackte. Sie schritt über das Häufchen hinweg und rief nach dem Steward.

Ich fragte den Mann neben mir, wer die Leute in den bestickten Kitteln seien. Deutsche? Sie sprachen ein gutturales Idiom. Er warf ihnen einen Blick zu und sagte, daß sie weder Deutsche noch Holländer seien, in jedem Fall aber Mexikaner. Sie lebten ja hier. Dann versenkte er seine Gelehrtennase wieder in das Buch, das ihn seit unserer Abfahrt in Bann geschlagen hatte: *La Doctrina Secreta* von Madame Blavatsky. Ich sollte das Geheimnis erst lüften, als ich das Museum in Chihuahua besucht hatte und einen Raum sah, der den Mennoniten gewidmet war. Sie waren 1921 zuerst aus den Vereinigten Staaten nach Mexiko gekommen. Sie sprachen einen deutschen Dialekt. Sie waren nicht ganz so extrem wie ihre amerikanischen Verwandten, die Amish, die den Knöpfen an ihrer Kleidung zugunsten von Haken und Ösen abgeschworen haben. Einige Mennonitenkinder lernten jetzt Spanisch. Und als der Fahrkartenkontrolleur vorbeikam, waren es tatsächlich die beiden Jungen, die mit ihm verhandelten. Diese Jungen trugen die gleichen Latzhosen und karierten Hemden wie ihre Väter, doch statt der Strohhüte hatten auch sie die Baseballmützen auf, die man überall auf dem amerikanischen Kontinent antrifft. Ich erfuhr im Museum, daß ihre Geschwister maßstabgerecht verkleinertes emailliertes Küchengerät zum Spielen erhalten, daß die benachbarten Tarahumara-Indianer dagegen *ihren* Kindern grob geschnitzte Eindecker und Hub-

schrauber aus Holz geben, auf denen die Fenster mit Kugel-
schreiber aufgemalt sind.

Die Mennoniten stiegen in Creel aus dem Zug, einer
Holzfällerstation, die versucht, zu einem Touristenzentrum zu werden. Die beiden Jungen blickten trotz ihrer
Baseballmützen sehnsüchtig zurück. Sie hatten ein Au-
ßenseiterleben vor sich. Ich fragte mich, was sie wohl tun
müßten, um für den Rest der Gemeinschaft untragbar zu
werden: vielleicht sollten sie einen Reißverschluß an der
Hose haben?

Bei Divisadero Barrancas, dem Mittelpunkt der Sierra
Madre, hielt der Zug für eine halbe Stunde, und wir durften
aussteigen. Man steht genau oberhalb des Urique Cañón,
›Mexikos Grand Canyon‹, wie die Schlucht auch heißt, und
hier waren wieder viele Indios zu sehen. Doch diese Menschen waren so arm, daß sie nicht einmal Coke tranken. Die
Frauen saßen nur resigniert nebeneinander auf den Stufen,
die zur Aussichtsplattform führten, zu verzagt, um Trom-
meln zu schlagen oder die geflochtenen Körbe zu schwen-
ken, die sie verkaufen wollten. Von der Aussichtsplattform
konnte man hinunter in einen Orangenhain blicken, auf
Avocadobäume und Bananenstauden, und konnte ohne
weiteres glauben, daß sich dort auch Pumas, Papageien und
Affen verbargen. Doch so großartig das auch war, es war
nicht der Grand Canyon, und es leuchtete nicht recht ein,
warum immer noch viele Indios dort leben wollten. Niemand von uns behelligte die erschöpften Indios mit Kundschaft, als wir zum ungeduldig pfeifenden Zug zurück-
gingen.

Bei der Weiterfahrt sah man einen Friedhof, der irgendwie aus dem steinigen Boden und dem tief verwurzelten zähen Gras herausgehauen war. Die Holzkreuze waren in munteren Pastelltönen von Blau und Grün gestrichen und blumenbekränzt, wie für eine Hochzeit. Ein Grab ist für Indios ein Luxus. Es kostet 500 Pesos, zweimal so viel wie ein Fach im örtlichen Mausoleum. Dieser Friedhof befand sich auf einer Art Bergplateau, das Kälte ausstrahlte, trotz des ausgedörrten Bodens und der grellen Sonne. Um die Friedhofsmauer herum grasten wollhaarige Longhorn-Rinder, geschrumpfte Vettern der berühmten texanischen Rasse. Obschon die Rinder kleinwüchsig waren, war es erstaunlich, daß sie auf der kargen Weide selbst diese Größe erreichten. Der harte Boden, die klare Luft, der Friedhof in dieser Höhe, all dies zusammen stellte die Möglichkeit von Leben in Frage. Die Farben verneinten es nachhaltig; das Land wurde grau, wo es verdorrt war, nicht braun, als wäre es schneegebleicht und nicht sonnenversengt.

Es gab eine kleine Verzögerung in San Juanito, als wir auf einen Güterzug warteten, der auf seinem Weg zum Pazifik hinunter passieren mußte. Als der Abend kam, wurde mir auf einmal bewußt, daß ich vierzehn Stunden in einem vollen Abteil eines mexikanischen Zugs verbracht hatte, und wie unbeschwerlich das gewesen war. Vierzehn Stunden auf demselben Platz, kein Speisewagen, nur zwei Sandwiches, ein Bier, eine Orangenlimonade zwischen 7 Uhr morgens und 21.30 Uhr abends, und verglichen mit den Schrecken einer vierzehnstündigen Fahrt in einem britischen Inter-City-Expreß war das Ganze recht angenehm. Der Unterschied lag im Verhalten der mexikanischen Fahrgäste und des Personals. Keine Rüpel, keine Transistor-

Dudler, keine kreischenden Kinder, keine mürrischen und reizbaren Kellner, die bestrebt waren, den Gästen eindringlich ihr hartes Los zu demonstrieren. Wenn Kinder zu weinen anfingen, wurden sie sofort mit weiblicher Aufmerksamkeit überschüttet. Es herrschte eine Atmosphäre von Geduld, Humor und Zuvorkommenheit.

Beim Dunkelwerden knüpfte ich ein Gespräch mit Teresa an, einer Studentin der Ingenieurwissenschaft an der Universität von Chihuahua, die bis dahin als Zugbegleiterin fungiert hatte. Es war ihr achtzehnter Geburtstag, und sie kehrte mit ihrem Verlobten José Luis, einem vierundzwanzigjährigen Zahnarzt, nach Hause zurück. Teresa war eine herrliche mexikanische Mischung aus Kindlichkeit und Reife. Während der Arbeit hätte man sie leicht für vierundzwanzig halten können. Doch wenn sie nicht mehr Höhen, Entfernungen, Daten referierte und sich Dingen zuwandte, die ihr wirklich etwas bedeuteten, der Familie und ihrem Verlobten, schien sie viel jünger als irgendeine Achtzehnjährige in England zu sein. Aus der eleganten Zugbegleiterin wurde mit einem Mal ein Persönchen, das die Nase rümpfte, die Zunge herausstreckte und mit José Luis nur in kindlichem Gebrabbel verkehren wollte. Sie neckte ihn vor allem wegen seines vorgeschrittenen Alters und der furchtbaren Aussicht, daß er sie wohl eines Tages heiraten müsse.

José Luis war der erste Mexikaner, mit dem ich ein politisches Gespräch wagte, und der erste Mexikaner, der bei mir das politische Diktum gebrauchen sollte: »Armes Mexiko! So fern von Gott, so nah bei den Vereinigten Staaten.«* Da-

* Diese lapidare Bemerkung wird dem Diktator General Porfirio Díaz zugeschrieben: ›Pobre México! Tan lejos de Dios, tan cerca a los Estados Unidos.‹

mals dachte ich, er sei ein ziemlich zynischer junger Mann. Er sagte, die einzige Hoffnung für Mexiko sei, sich einen US-Generalgouverneur zuzulegen. Mexikanische Politiker seien allesamt, sagte er, durch und durch korrupt. Die reinen Banditen. Nur ein paar Jahre nach dem berühmten Ölboom umfaßten die Probleme inflationäre Preise, allgemeine Warenknappheit, den rasanten Verfall des Pesos und sogar Hunger. Nur Letzteres sei für die Politiker gefährlich. Seiner Meinung nach seien die jüngsten Wahlen, bei denen die Partei der Institutionalisierten Revolution noch einmal an die Macht gekommen sei, ihre letzte Chance. Beim nächsten Mal würde gewiß eine der Oppositionsparteien endlich triumphieren.

»Meine Freunde sagen alle, ›José Luis, warum tust *du* nicht etwas. Wir unterstützen dich.‹ Aber man kann das System nicht besiegen. In Mexiko ist die Kunst der Politik, die Kunst, Scheiße zu essen, ohne das Gesicht zu verziehen. Denken Sie doch nur an das Schmierentheater, das wir gespielt haben, als Präsident Carter hierher zu Besuch kam. Was für eine Heuchelei! Schauen Sie sich die Realität an. Die Realität ist das Jetzt. Trotz all des Ölgeldes können wir unsere Schulden nicht bezahlen. Die USA bestimmen 90 % unseres Handels. Wo ist also bloß das ganze Geld geblieben? Die Politiker hatten es. Milliarden von Dollars. Das wissen alle.«

Mir kam das wie wüstes Gerede vor, doch kurze Zeit nach meinem Gespräch mit José Luis wurde berichtet, daß der frühere Direktor der Mexiko-Ölgesellschaft Pemex*,

* Pemex: Petróleos de México, staatliche Holding, die den gesamten Erdölsektor beherrscht.

74

der nach der letzten Präsidentenwahl ersetzt worden war, angeklagt wurde, den Staat um 34 Millionen Dollar betrogen zu haben. Er konnte aber nicht gerichtlich belangt werden, da er immer noch die Immunität eines Senators besaß.

Bevor ich mich von José und Teresa trennte, verabredete ich mich mit ihm noch zum Essen für den nächsten Tag. José Luis wollte mir Chihuahua zeigen, worauf er, wie er sagte, sehr stolz sei. Aber er tauchte nie auf, und das Telefon in seiner Zahnarztpraxis nahm keiner ab. Das letzte, was ich von ihnen sah, war, als sie in die Luxuslimousinen einstiegen, die zu ihrem Empfang zum Bahnhof gekommen waren, Teresa, José Luis, seine Eltern, mehrere Brüder und Schwestern und viele andere. Alle verschwanden ins Dunkel der Nacht und ins Unbekannte ihrer wohlbeschützten Beziehungen. In der darauffolgenden Woche ereignete sich eine weitere Kollision auf der Chihuahua-Pacífico-Linie. Es passierte in San Juanito, als der Personenzug nicht aufs Nebengleis rangiert wurde und frontal mit dem entgegenkommenden Güterzug zusammenstieß. Drei Passagiere wurden getötet und sechsundfünfzig verletzt. Vielleicht hatte Teresa an diesem Tag keinen Dienst.

Chihuahua ist eine Stadt, deren Namen bei Europäern wegen des abstoßenden Zwerghundes gleichen Namens ein Lächeln hervorlockt. Nachdem ich immer so wenig wie möglich von diesem Tier wissen wollte, erfuhr ich bei meiner Ankunft in dieser Stadt erstaunt, daß noch eine andere einheimische Hunderasse existierte, der *xoloizcuintli* oder *tepezcuintle*, ein haarloser Hund, der von einer mythischen Rasse abstammt, die man in Äthiopien, Asien und den Anden kannte. Der Name *xolotl* bedeutet Monster, so waren also selbst den Azteken diese schrecklichen Hunde als ›Monsterhunde‹ bekannt. Sie wurden aus zwei Gründen gehalten, ihres zarten Fleisches wegen und wegen ihrer Körpertemperatur. Der unbehaarte Mexikanerhund hat ständig eine Körpertemperatur von vierzig Grad Celsius, und strategisch an bestimmten Körperteilen plaziert, sind ein paar von ihnen nachts durchaus wohltuend. Sie stören einen auch nicht durch ihr Hecheln, denn sie atmen wie Menschen durch ihre flohzerbissene Runzelhaut. Ich hatte das Gefühl, ich müßte mich mit dem mexikanischen Unbehaarten bekannt machen, aber so sehr ich es auch darauf anlegte, ich konnte nicht einen auftreiben. ›Chihuahua‹ bedeutet sonst in Mexiko eine Universität und die Hauptstadt eines Bundesstaates, eines Riesenstaates. Mein Interesse an diesem Hund verblüffte alle, mit deren Hilfe ich ihm auf die Spur kommen wollte.

Die Stadt vermittelt immer noch einen Eindruck von ihren Anfängen: einstöckige Bretterbuden, die von richtigen Bergen und weniger hohen Bergen umgeben sind, erdrückt von einem unermeßlichen Himmel, verschwunden in dem, was Malcolm Lowry als die ›unendlichen ermüdenden Kaktusebenen von Nordmexiko‹ beschrieben hat. Die Wüstenwinde wehen Ballen von verdörrten Amarantpflanzen zusammen mit dem Abfall der Stadt durch die Gegend. Der Abfall scheint nie mehr als einige Kilometer weit hinausgetrieben zu werden, bevor dann alles wieder zurückgeweht wird. Im älteren Teil der Stadt kann man heute noch etwas von jener Zufluchtsstätte spüren, die die Gesetzesflüchtigen einst suchten. Von hier sind es 230 Kilometer bis zum Rio Grande, der Grenze zu Texas, dem verlorenen Staat von Mexiko, und noch weitere 230 Kilometer hoch bis zum Pecos-Fluß, wo früher die gerichtlichen Erlasse der US-Polizeichefs keine Geltung mehr hatten. Und im alten Viertel von Chihuahua entdeckte ich schließlich etwas noch Interessanteres als den *xoloizcuintli*, nämlich *La Quinta Luz*, das Haus der Witwe von Pancho Villa.

Jorge Ibargüengoitia, der bald darauf in einem Flugzeugunglück ums Leben kommen sollte, hatte mir erzählt, daß er sich immer gefragt habe, warum alle Nationalhelden Mexikos eines gewaltsamen Todes starben. Das beschäftigte ihn so sehr, daß er ein Stück darüber geschrieben hat. Pancho Villa ist ein mexikanischer Held, und in seinem Fall könnte man sogar sagen, daß sein Prestige ausschließlich auf seinem gewaltsamen Tod beruht.

Das erste, was man zu Pancho Villa anmerken sollte, ist, daß dies nicht sein richtiger Name war; eigentlich hieß er Doroteo Arango – Dorothea, in der Gringo-Vorstellung also ein Junge mit einem Mädchennamen. Nach eigener Darstellung, und das ist der zweite beachtenswerte Punkt, wurde Doroteo im Alter von sechzehn Jahren regelrecht in die Laufbahn eines Banditen getrieben, als er nämlich den Großgrundbesitzer bei der Entführung seiner Schwester erwischte und ihn erschoß. Von da an tauchen die Worte ›und erschoß ihn‹ in allen Biographien über Pancho Villa regelmäßig auf. Zweifel sind an der romantischen Geschichte von Doroteos Eingreifen ins Schicksal seiner Schwester laut geworden; nur wenig Banditen unterlassen es nämlich, soziale Ungerechtigkeit als Ursache für ihre Berufung anzuführen. Aber in einem zumindest herrscht

Übereinstimmung: Doroteo hat als junger Mann einer Bande von Viehdieben angehört, deren Führer ein Mann namens Francisco Villa war, bekannt als Pancho. Der ursprüngliche Villa wurde von den *rurales* erschossen, der berittenen Polizei, und Doroteo übernahm daraufhin seinen Namen und seine Position. Er wurde der Bandenführer.

Der neue Francisco Villa führte seine Männer aus seinem Geburtsort im Staat Durango in den weniger bevölkerten nördlichen Staat Chihuahua. In diesem Stadium seiner Karriere gab es nichts, was ihn von den üblichen Bandenführern unterschied. Er war ein weiterer grausamer, ungebildeter, herzloser Mann von ungewöhnlich starker Persönlichkeit. Im Jahre 1900, mit zwanzig, tötete er nach übereinstimmenden Berichten in Chihuahua einen Mann des Geldes wegen. Es ließe sich hinzufügen, daß er in einer Zeit großgeworden war, als die mexikanische Gesellschaft übel dran war. Unter dem Diktator Porfirio Díaz wurde wenig, das heißt nichts für die Armen getan. Ein so gerechter Mann wie Charles Macomb-Flandrau beschrieb die Kirche um 1908 als ›korrupt, habgierig und voller Ressentiments‹. Besonders im Norden des Landes gehörte der Grund und Boden einigen wenigen reichen Familien, und die Lage der Menschen, die für sie arbeiten mußten, war bemitleidenswert. Die Bauern erhielten als Lohn oft Nahrungsmittel, was zwar für sie selbst ausreichte, nicht aber für ihre Familien. Um ihre Familien zu ernähren, mußten sie sich Geld von ihren Arbeitgebern leihen und verstrickten sich bald in ein Netz von Schulden, dem sie nur durch unbezahlte Arbeit entrinnen konnten. In vielen Fällen bestand das einzige Erbe, das sie ihren Kindern hinterließen, in den Jahren unbezahlter Arbeit, die sie noch schuldeten. Und so mußte die nächste Generation für dieselbe reiche Familie unter sich ständig verschlimmernden Bedingungen arbeiten. Je länger sie arbeiteten, desto tiefer gerieten sie in Schuldknechtschaft. Die Regierung des alten Porfirio Díaz, die dafür verantwortlich zeichnete, machte sich so verhaßt, daß der bewaffnete Aufstand der Unterdrückten, der ihren Sturz schließlich herbeiführte, als Grundstein für die moderne mexikanische Verfassung gilt. Bevor jenes System zerschlagen werden konnte, war ein möglicher Ausweg, der lebenslangen Schuldleibeigenschaft zu entgehen, der Griff zur Waffe.

Die langerwartete Rebellion fand im Jahre 1910 statt, und Pancho Villa, getrieben vielleicht von einer Mischung aus Haß auf die *federales*, die sich seinem Banditentum widersetzten, Sinn für den eigenen Vorteil und, wer weiß, vielleicht sogar Bemühen um soziale Gerechtigkeit, schloß sich den Aufständischen an, wobei er sich selbst den Rang eines Obersten im Revolutionsheer verlieh. Da er einen brauchbaren Trupp von berittenen und bewaffneten Desperados um sich scharte, verzieh ihm der Revolutionsführer Francisco Madero seine bisherigen Verbrechen und bestätigte ihn in seinem militärischen Rang; und so begann der unerwartete Aufstieg des Pancho Villa in die Respektabilität.

In der Legende von Pancho Villa werden von heutigen lateinamerikanischen Revolutionären oft zwei Motive herausgestellt. Da ist zum einen die Zeit des Exils in der Sierra. Fidel Castro kam nach mehreren Jahren Aufenthalt in der kubanischen Sierra nach Havanna hinunter. Die Guerilleros von El Salvador steigen heutzutage von den Hügeln herab, um arme Busreisende auszurauben. Die Passagiere müssen ›die Volkssteuer‹ zahlen, ein Robin-Hood-Motiv, das aber einer allzu genauen Prüfung nicht standhält. Das andere Motiv ist die Zeit des Besinnens: das Leben beschränkt sich aufs Notwendigste, bei spartanischer Kost gewinnt der Geist an Klarheit, die Zukunft erstrahlt, und plötzlich ist das Fundament für eine Staatsphilosophie gelegt. So traf Villa – er befreite sich damit für kurze Zeit von den *rurales*, die ihn für eine lange Reihe von Morden, Raubüberfällen und Brandstiftungen suchten – den zukünftigen Präsidenten Madero, der 1911 aus dem Exil in den USA zurückgekehrt war und als Offizier in *La Primera División del Norte del Ejército Libertador* agierte, der Ersten Norddivision der Befreiungsarmee. Die Bühne war für eine historische Begegnung aufgebaut. Madero, ein hochgesinnter Mann, der dringend Truppen brauchte, gewährte Villa eine Amnestie »in Anbetracht dessen, daß die Verbrechen des diktatorischen Regimes ihn dazu zwangen, gewisse Maßnahmen zur Selbstverteidigung zu ergreifen«; eine Erklärung, die sehr danach klingt, als wäre sie bei vorgehaltener Pistole verfaßt worden. Wie hat nun Villa auf seinen neuen Führer reagiert? Er sagte: »Madero ist ein reicher Mann, der für das Wohl der Armen kämpft. Vom Körper her wirkt er auf mich eher schwach, doch ich glaube, dafür ist er groß im Geist. Wenn alle reichen Männer in Mexiko wie er wären, müßte niemand kämpfen, und das Leid der Armen würde es nicht geben, da wir ja alle unsere Pflicht täten. Denn was sollte die Beschäftigung der Reichen sein, wenn nicht, sich dafür einzusetzen, daß die Armen aus ihrem Elend kommen?« Zehn Jahre Plünderns,

Mordens und geistiger Anstrengung in der Sierra Madre hatten Früchte getragen.

Doch das soziale Gewissen ließ Pancho Villa nicht zu einem Schwächling werden. Dem mexikanischen General Luis Garfias M. zufolge, der eine recht unfreundliche Biographie über Doroteo Arango geschrieben hat, war Villa intelligent, gerissen und willkürlich. Er war auch ungewöhnlich gewalttätig, selbst für einen mexikanischen Banditenführer. Während seiner Zeit als Oberst in der Befreiungsarmee erschoß Pancho Villa seine Gefangenen, ebenso Zivilisten, die Augenzeugen dieser Greueltaten wurden. Einmal, er fungierte als Staatsgouverneur von Chihuahua, erschoß er einen britischen Rancher; der Mann war zu ihm gekommen, um sich über die Viehdiebstähle von Villas ›Truppen‹ zu beklagen, und hatte in anmaßendem Ton gesprochen. Ein anderes Mal erteilte Villa den Befehl, einen mexikanischen Arzt und zwei Krankenschwestern zu erschießen, die sich um einen verwundeten Gegner gekümmert hatten. Sie konnten im letzten Augenblick durch Intervention von außen gerettet werden. Berufsoffiziere billigten Villas Handeln nicht, und einmal wurde Oberst Villa selbst von einem höheren Offizier, der genug hatte von seinen Pferdediebstählen, vor ein Exekutionskommando beordert. Er wurde begnadigt, nachdem der Schießbefehl schon erteilt worden war, doch nicht, bevor er angsterfüllt auf die Knie gesunken war. Es gibt eine Anekdote, die gräßlich erhellt, wie es gewesen sein muß, Pancho Villa in einer Position der Schwäche gegenüberzustehen. Seine Männer hatten einen Regierungszug in die Luft gesprengt und den Gehilfen des Bremsers gefangengenommen. »Wie alt bist du, mein Junge?« fragte General Villa (er war befördert worden).

»Siebzehn, Herr General.«

»Ach, wie gern wäre ich noch so jung wie du, um noch viele Jahre kämpfen zu können«, sagte Villa. Er klopfte dem Jungen zweimal liebevoll auf die Schulter, dann befahl er, ihn fortzuführen, um mit den anderen Gefangenen erschossen zu werden. Als Luis Garfias M. diesen Vorfall beschreibt, sagt er: »Episoden wie diese kennzeichnen das Leben Francisco Villas und erfüllen das Dasein eines Mannes mit Blut und Grausamkeit, der nicht wußte, wie man einer Situation gerecht werden sollte.« Ein mildes Urteil. Die Wahrheit ist, daß Villa todestrunken war.

Trotz dieses wenig einnehmenden Charakterzugs hält die Stadt Chihuahua Pancho Villa heute hoch in Ehren. Gegen Ende seines Lebens heiratete er eine Einheimische, Luz Corral, und ihr Wohnhaus La Quinta Luz wurde zu einem Museum zum Andenken an den großen Mann, auch wenn er nie dort gelebt hat. Bei dessen Besuch wird deutlich, daß die Revolution zumindest einem ihrer Kinder ermöglicht hat, ›dem Leid der Armen‹ zu entkommen. Es enthält neben vielen anderen Besitztümern Villas einen weißen Ledersattel mit dekorativer Vorderzwiesel, einen offenen Dodge, Baujahr 1919, mit Holzspeichenrädern, und sogar einen ›AutoStrop-Rasierapparat, made in the u.s.a.‹. Der prachtvolle Garten ist nicht eigentlich von Mauern umgeben, sondern regelrecht befestigt; Schießscharten sind in den verzierten Stein-Mirador geschlagen.

Señora Luz Villa hat ihren Mann um einige Jahre überlebt, lange genug, um von der Rehabilitierung zu profitieren. Sie sollte es noch erleben, daß eine Delegation des Los-Angeles-Presseklubs bei ihr erschien und ihr eine Messing-Gedenktafel zum Geschenk machte. Diese hängt nun bei dem gerahmten ›5000 $ Reward‹-Steckbrief, den der Polizeichef von Columbus, New Mexico, am 9. März 1916 verbreiten ließ. Es gibt Photos von Luz Villa mit Anthony Quinn und Clark Gable, ein gerahmtes Gedicht von Eileen Rockefeller: »Für Mrs. Villa... Wo andere die Öffentlichkeit gescheut hätten / Bitten Sie uns herein...«, und ein gerahmter päpstlicher Segen, datiert von 1933. Insgesamt läßt das zur Schau gestellte Bild des alten Knaben ihn so richtig respektabel aussehen. Eine seiner knappen Stegreifreden ist ebenfalls zu besichtigen: »Ich bin ein Kämpfer, ich bin kein político*. Ich habe nicht Jura studiert. Ich habe keine Ahnung davon.« Wie wahr. Der höfliche junge Mann, der mich im Haus herumführte, war offensichtlich ein Anhänger des Kults. Er trug eine feierliche Miene zur Schau und eine Maomütze und lehnte mein Trinkgeld mit Würde ab. Er habe nur seine Pflicht erfüllt. Bei Villa wäre er wahrscheinlich einer der Erschießungskandidaten gewesen.

Was also geschah schließlich mit Pancho Villa, was hinderte ihn daran, die Hand von Eileen Rockefeller zu küssen und ein paar Flaschen mit den Delegierten des Los-Angeles-Presseklubs zu leeren? Wo war er, als der päpstliche Segen von 1933 per Post zugeschickt wurde?

Als die Revolution sich dahinschleppte, brach der alte Adam wieder in Villa durch. Seine Brutalität und Disziplinlosigkeit machten ihn zu einem Ausgestoßenen unter den

---

* *político*, oft abschätzig gebraucht, da für viele Mexikaner die Politik gleichbedeutend ist mit Vetternwirtschaft, Bereicherung und Korruption.

Armeeoffizieren, und so nahm er einfach erneut sein früheres Leben auf. Er widersetzte sich den Truppen der Befreiungsarmee, die jetzt Konstitutionelle Armee hieß, so wie er sich jenen des verhaßten Porfirio Díaz widersetzt hatte. Nach einem überflüssigen Überfall auf einen Zug wurde Pancho Villa offiziell zum ›reaktionären Rebell‹, Banditen und Freiwild erklärt. Wäre er zu diesem Zeitpunkt erschossen worden, würden sich heute nur wenige an seinen Namen erinnern. Doch das war nicht der Fall. Statt dessen stürzte er sich in jene Tat, die zu der 5000 $-Belohnung führte, ausgesetzt von einem Gringo-Polizeichef.

Als Villa von seinem offiziellen Waffennachschub abgeschnitten war, begann er Gewehre von Samuel Rabel zu kaufen, dem Besitzer einer Eisenwarenhandlung in der kleinen Grenzstadt Columbus im Staat New Mexico. Schließlich steckte Rabel, zweifellos sich in den USA sicher wähnend, Geld von Villa ein und weigerte sich, ihm überhaupt Waffen zu liefern, mit der Begründung, er sei nur ein Bandit. Villa überquerte daraufhin nachts mit einer großen Einheit heimlich die Grenze und überfiel die Stadt Columbus. Er setzte mehrere Häuser in Brand und tötete Menschen im Schlaf, doch es gelang ihm nicht, Rabel aufzuspüren, der nach El Paso gefahren war, um sich wegen Zahnschmerzen behandeln zu lassen. Diese Greueltat löste dann die berühmte Suchexpedition unter General Pershing aus. Zwei Brigaden der US-Kavallerie, Infanterie und Artillerie streiften zehn Monate lang im Staat Chihuahua umher. Nicht ein einziges Mal glückte es ihnen, Fühlung mit Pancho Villa aufzunehmen, in mehreren Scharmützeln jedoch siegten sie über die mexikanische Armee.

Vier weitere Jahre lang terrorisierte Pancho Villa den Norden Mexikos, dann beschloß er, sich eine Amnestie zunutze zu machen, und zog sich zurück. Erstaunlicherweise gewährte Mexiko ihm selbst jetzt noch eine großzügige Abfindung für seine Verdienste um die Revolution und eine Leibwache. Er kaufte sich in seinem Heimatstaat Durango, wo er seinen ersten Mann getötet hatte, eine *hacienda* und ließ sich dort mit Luz nieder. Doch zu der Zeit war Nordmexiko voll mit Verwandten seiner Mordopfer, und sie sahen keinen Grund für Vergebung. Im Jahre 1923 überfiel ein Komplott führender Bürger, darunter der gewählte Abgeordnete von Durango, den offenen Dodge aus dem Hinterhalt und durchlöcherte Pancho Villa mit Kugeln, als er den Wagen eigenhändig in die nahegelegene Stadt Hidalgo del Parral steuerte. Für diese Straftat erhielt der Abgeordnete zwanzig Jahre Gefängnis. Er saß nur sechs Monate davon ab. Seine Anwälte gingen erfolgreich in die Berufung und plädierten, daß das Dekret, das Villa einst zum Banditen erklärt hatte, die Tötung rechtfertige, Amnestie hin oder her.

Es waren wirklich diese zwei Ereignisse, sein ruchloser Überfall auf Columbus und die gewaltsame Art seines Todes, die Villas Status eines mexikanischen Helden garantierten. Luis Garfias M. argumentiert, daß der Überfall auf Columbus »schändlich war und... der Hauptgrund ist, warum... er nie zum Nationalheld werden kann«. Er fügt hinzu, es sei schlimm genug gewesen, daß Villa Wehrlose im Schlaf umgebracht habe, »noch schwerwiegender aber ist, daß dies die nordamerikanische Invasion provoziert hat und daß Mexiko die zehnmonatige Demütigung durch

Pershings Straftrupps erdulden mußte... Es besteht der irrige Brauch, all jene Helden zu nennen, die es verstehen, als Sieger hervorzutreten, und auch jene, die durch schicksalhafte Umstände der eigenen Sache zum Opfer fallen. Aber ein Held ist nur derjenige, der sein Leben für bestimmte Ideale gibt und seine Eigenart allen Gegnern diktiert.« Hier spricht der General für sich selbst, nicht für Mexiko. Denn es ist genau die von ihm verurteilte Kategorie: ›Opfer der Umstände‹, die vorwiegend die Bewunderung der Mexikaner erregt, vorausgesetzt die Männer sind bombastisch genug.

Das Wort ›Held‹, wie Garfías M. es gebraucht, hat etwas wunderbar Konkretes. Es definiert einen genauen Status. Das mexikanische Pantheon ist so massiv und real wie das französische, obwohl es nur in der Vorstellung des mexikanischen Volkes existiert. Was hat denn Mexiko so Heldenhaftes an Pancho Villa gefunden? Sein Überfall auf Columbus wird selbst von seinen größten Bewunderern noch heute als Freveltat bezeichnet. Durch sie hat er sich zum Rohling degradiert, und seine Brutalität wird durchaus eingestanden und beklagt. Doch Tatsache ist, daß die dadurch ausgelöste heftige Reaktion der Vereinigten Staaten eher eine heimliche Quelle des Nationalstolzes als ein Anlaß anhaltenden Gedemütigtseins ist. Die Gringos zu einer Demütigung der Mexikaner zu provozieren, disqualifiziert jemanden nicht zwangsläufig für das Heldentum, vorausgesetzt, die Provokation war wirklich unerhört. Man fällt nicht in ein Land ein, das keine Bedeutung hat. Und da Villa sich aus eigener Kraft der Verfolgung entzog, ›kam er ungestraft davon‹. Selbst Luis Garfías M. deutet an, daß Pershing nur ins Feld geschickt wurde, weil die William-Randolph-Hearst-Zeitungskette die Freveltat dazu ausnutzte, die in den USA herrschende anti-mexikanische Stimmung anzuheizen.

Und dann ist da noch Villas gewaltsamer Tod. Hier haben wir einen Mann, der schließlich doch Opfer seines Schicksals wird, und somit das mexikanische Spektakel von Leben und Tod auf zufriedenstellend gewaltsame Weise auslebt. Sybille Bedford erzählt in *Ein Besuch bei Don Otavio*, wie sie in einem mexikanischen Lehrbuch, *Nützliche Ausdrücke und Wendungen*, folgenden Dialog las:

»Interessieren Sie sich für den Tod, Herr Graf?«

»Ja, sehr, Eure Exzellenz.«

Äußerst interessiert am Tod, besonders an der Art und Weise des Wie, und ganz besonders dann, wenn der Tod eindeutig mit dem Handeln im Leben verbunden ist – wie das so eindringlich der Fall ist, wenn der Tod als gerechte Strafe erscheint, die das Schicksal zugemessen hat, wie es sich so eindrücklich im offenen weißen Dodge auf der Fahrt nach Hidalgo del Parral erwies.

Außer Pancho Villas Brutalität werden sein Mangel an Phantasie, sein Mangel an Edelmut und Großzügigkeit, seine Unredlichkeit und seine kriminellen Anfänge von denen beklagt, die nicht anerkennen wollen, daß soziale Ungerechtigkeit ihn dazu getrieben hat. Was bleibt eigentlich zu bewundern? Da ist vor allem seine Stärke; die Stärke seiner Persönlichkeit, sogar Geistesstärke, auch wenn es eine beschränkte Intelligenz war. Und er bewies genügend Gespür für sein mexikanisches Schicksal, als er gewaltsam weiterkämpfte, wo er hätte aufgeben können, bis er sein frühes Grab fand.

1925 wurde aus diesem Grab in Parral Pancho Villas Totenschädel geraubt, eine Tat, wie man später entdeckte, die von einem Zug übernervöser Soldaten auf Befehl des örtlichen Kommandanten ausgeführt wurde. Der Kopf wurde in einem Koffer zum Haus dieses Generals gebracht und dann in einem Privatflugzeug zu einem unbekannten Ort geflogen. Doch bevor noch die Wahrheit ans Licht kam, kursierten in Mexiko die seltsamsten Gerüchte. Angeblich hatten sich die Bewohner von Columbus, New Mexico, den Kopf geholt, um ihn zur Rache auszustellen. Dann sollte er auf einmal im Amerikanischen Museum für Naturgeschichte in New York zu sehen sein. Danach hatte man ihn angeblich im Ringling-Brothers-Zirkus vorgeführt. Wo immer der Kopf war – daß man sich dafür interessierte, war Beweis genug für Pancho Villas Erfolg als Ungeheuer, das in der Gringo-Vorstellung weiterlebte. So wie der Heiligenkult aus der hartnäckigen, inoffiziellen Verehrung einfacher Menschen erwächst, so widmete sich Mexiko mit Hingabe diesem erschreckenden Helden.

Mexiko ist ein altes Land. 1575 wurden seine Bücher in Spanisch und in zwölf Indianersprachen gedruckt. Seine erste Druckerpresse wurde hundert Jahre vor dem Gebrauch der ersten Druckerpresse in den britischen Kolonien aufgestellt. Die Maya-Kultur, deren Andenken noch immer das Leben vieler mexikanischer Indios prägt, zeigte in der Astronomie überragende Leistungen. Unter spanischer Herrschaft war Mexiko im 17. und 18. Jahrhundert für den Norden wegweisend in Kunst und Wissenschaft. Die Ruinen jener Herrlichkeit liegen sichtbar überall im heutigen Mexiko verstreut. Im Jahre 1867 kämpfte Benito Juárez, ein Indiogeneral, so entschlossen gegen die französische Armee, daß er und seine Gefolgsleute Kaiser Maximilian füsilierten und die Franzosen verjagten. Mexiko schien dazu bestimmt, auch für die kommenden Jahrhunderte ein Land von Bedeutung zu sein.

Doch heute setzt ein vierundzwanzigjähriger politisch interessierter Mexikaner seine einzige Hoffnung in einen US-Gouverneur, und seine Verzweiflung ist nicht nur theatralisch. Juárez repräsentiert nur die eine Seite des Nationalcharakters. Eine korrupte Kirche und eine mörderische Diktatur wurden 1917 endlich durch eine marxistische Revolution gestürzt. Die das Land seitdem ununterbrochen regierende Partei hat Korruption und persönliches Profitstreben zu ihrem amtlichen Kennzeichen gemacht. Von neuem ist das Volk der Habgier und Gleichgültigkeit ausgeliefert.

Als die mexikanische Malerin Frida Kahlo ihren Mann Diego Rivera 1930 nach New York begleitete, sah sie sich um und fühlte sich leicht überlegen. »Ich mag die Gringos nicht besonders«, schrieb sie. »Sie sind langweilig, und sie haben alle Gesichter wie ungebackene Brötchen.« Sie taufte das Land, in dem sie sich aufhielt, ›Gringolandia‹, und sehnte sich zurück nach der mexikanischen Zivilisation. Seit jenen Tagen haben sich die Grenzen Gringolandias weiter vorgeschoben. Sie liegen weit südlich des Rio Grande, irgendwo zwischen Chihuahua und Mexico City; und die dort lebenden Menschen sind genügend demoralisiert, um einen Mann als Helden zu verehren, der Kinder im Schlaf getötet hat.

Elektrisch verstärkt

»Nähern sich einander auf einer schmalen Brücke zwei Autos aus entgegengesetzter Richtung, hat der Fahrer, der zuerst die Lichthupe betätigt, Vorfahrtsrecht.«
Mexikanische Straßenverkehrsordnung

Ich saß auf der Dachterrasse des Hotel Majestic mit Blick auf den Zócalo von Mexico City, als mir jemand in der Nähe auffiel. Die Frau hatte sich in den Schatten eines großen Sonnenschirms gesetzt und versuchte, während sie ein Club-Sandwich in Angriff nahm, meine Aufmerksamkeit zu erregen. Das Sandwich, hilflos umschlossen von lackierten Fingernägeln und regelmäßig zwischen die angemalten Lippen gezwängt, hatte sich dem zarten Nachdruck ihrer scharfen kleinen Zähne unterworfen. Es war ersichtlich, daß es durchaus Widerstand geleistet hatte; Salatfetzen und Mayonnaise klebten an ihrer Oberlippe und lagen verstreut auf dem Tisch. Aber mittlerweile hatte es den Kampf aufgegeben und sich in sein Schicksal gefügt. Nur die seltsamen Eßgeräusche und das Herausspritzen von Mayonnaise zeigten, daß es noch wußte, was da vor sich ging.

Sie war auf den ersten Blick der Typ von Mexikanerin, den man häufig in den eleganteren Straßen der Hauptstadt sieht, um die fünfzig, enge Hose, jedes Haar an einem Platz, den Gott ihm niemals zugedacht hat, das Gesicht zurechtgeschminkt wie das einer chinesischen Figurine, unter dem mit Grübchen besetzten Arm ein gepudertes Hündchen, das von der Straße ferngehalten wird, damit es auch ja sauber fürs Tragen bleibt. Ich hatte lange schon diese flauschigen Hündchen angeschaut und über das Leben nachgedacht, das sie führten. Sonderbar, jeden Tag so herumgetragen zu werden, gegen diese ausladenden, weichen und duftenden Busen gedrückt: duftende Hände mit scharfen Krallen in das Fell gebohrt, durch die gehobene Aussichtsposition über die restlichen Hunde der Welt der Notwendigkeit enthoben, eine Pfote vor die andere zu setzen. Gar nicht schlecht, dieses Hundeleben. Man wurde vom Freßnapf zum Wassernapf transportiert, traf gelegentlich einen anderen Hund der eigenen Klasse, der im gleichen Komfort lebte, doch in seinem Fall ging es vom Wassernapf zum Freßnapf.

»Pssst… *Ciao, ciao. Va bene?*« Ich schaute mir dieses Wesen unter dem Schirm genauer an. Sie war jünger, als ich vermutet hatte, zu jung noch für den Hund; aufgemacht war sie wie eine Animierdame in einem teuren Nepplokal, und sie schien mich für einen Italiener zu halten. Ich stellte das klar. Es war völlig egal. Mühelos zog sie mich von meinen Ansichtskarten und meinem Zitronensaft fort. Mit einem Mal saß ich unter dem Schirm mit einem Club-Sandwich vor mir, und sie schnitt es für mich auf und erzählte mir dabei von sich. Sie schien mir mitzuteilen, daß sie Psychiaterin war.

Sie hieß Aurora. Sie sagte, daß ihr Onkel der Gouverneur des Staates Durango gewesen sei. Ich fragte sie, ob sie ihn mochte. Sie sagte, er sei ›angenehm‹ gewesen, doch etwas zu sehr in Geld verliebt. Ihr Vater andererseits, obwohl Kolumbianer von Geburt, sei General in der mexikanischen

Armee gewesen. Ich sagte ihr, daß ich das Club-Sandwich nicht wollte. Ich hätte bereits gegessen. Sie beruhigte mich, das sei schon recht. Sie nahm einen Bissen davon und ließ es dann zurückgehen. Sie bat den Kellner, ein neues zu bringen. Ich hätte gern mehr Mayonnaise auf meinem Sandwich, sagte sie. Er, der sich so wenig um meine Meinung über das Essen gekümmert hatte, eilte dienstbeflissen davon.

Ich fragte mich, ob sie eine kolumbianische Kokaindealerin war oder wirklich Ärztin. Es war immerhin denkbar, daß sich eine intelligente Frau, eine Psychiaterin, so anzöge. Sie trug eine Rüschenbluse aus Nylon, die an ihr auf und nieder schlabberte wie ein Hündchen auf dem Trampolin. Ihr gefärbtes Haar war in einer Masse von wirren Kringeln arrangiert. Sie wollte offensichtlich um jeden Preis mit jemandem reden, selbst mit einem Mann, der nie etwas von ihrem Onkel oder ihrem Vater gehört hatte. Sie sagte, wir sollten Spanisch sprechen. Sie könne kein Englisch und nur ein bißchen Französisch. Sie redete dann sehr rasch auf Spanisch weiter. Sie sagte, ich brauchte nicht zu sagen, wenn ich sie nicht verstünde, das ginge immer ganz eindeutig aus meinem Gesichtsausdruck hervor, sie sei Psychiaterin. Ich bedauerte nur, daß ich zu müde war, um mein Nichtverstehen verbergen zu können.

Das Club-Sandwich tauchte erneut auf, Aurora schnitt es wieder auf, und ich ertappte mich dabei, wie ich hilflos die Bissen, die sie mir zusteckte, auffutterte. Sie erzählte mir von ihren Psychiatrie-Prüfungen in Durango. Sie arbeitete in einer staatlichen Nervenklinik. Wenn sie noch einige zusätzliche Examina gemacht hatte, wollte sie die Klinik verlassen und mit behinderten Kindern arbeiten. Wenn sie tatsächlich Rauschgifthändlerin war, hätte sie eine ungewöhnliche Art zu plaudern. Die Unterhaltung wandte sich dem Heiraten zu. Aurora war die zweite Lateinamerikanerin, die mich auf diese Weise fütterte, um dann über das Heiraten zu sprechen. Die erste Gelegenheit hatte sich in einer Imbißstube in Panama-City ergeben, als eine reizende Peruanerin mir ein Steak bestellte, es zurückgehen ließ und dann die Rede aufs Heiraten brachte.

Aurora erzählte mir, daß sie ledig sei. Sie sagte, daß sie nie einen Mexikaner heiraten würde. Die Männer in Mexiko waren alle furchtbare Machos. Ich wies darauf hin, daß es doch eine Reihe Mexikaner geben müsse, die nicht an Machismo krankten. Dazu *schnaubte* sie nur verächtlich. Ich mußte ihr zustimmen, daß der Machismo überall in Mexiko anzutreffen sei. Während ein Taxifahrer mich mit 75 km die Stunde in seinem Auto kutschierte, das selbst auf der geraden Straße ins Schlingern geriet, hatte er beide Hände vom Lenkrad genommen, um sich im Spiegel zu betrachten und sich mit den Fingern durchs Haar zu fahren. Es war gefärbt. Ich fragte Aurora danach. Warum färben sich in einem Land, das vom Männlichkeitswahn besessen ist, so viele Männer das Haar? Sie sind regelrecht fasziniert. Sie färben es tiefschwarz, wie Indiohaar. Andererseits lassen sie sich einen Schnurrbart wachsen, um zu demonstrieren, daß sie keine Indios sind. Es ist nämlich eine weitverbreitete Ansicht, daß sich Vollblutindios keinen Bart wachsen lassen. In Mexiko-City gibt es sogar ein Restaurant, daß sich *Les Moustaches* nennt, wo die gesamte Bedienung schnurrbärtig ist. Aurora wußte nichts dazu zu sagen, und ich begann mich zu fragen, ob ihr Klagen über den Machismo aufrichtig gemeint war. Wenn Frauen den Machismo nicht anziehend gefunden hätten, wäre er wohl nie so erfolgreich gewesen. Aurora jammerte auf einmal über ihren Freund, der für ein paar Stunden nicht an ihrer Seite war. Sie schien prädestiniert für Untreue zu sein. Vielleicht nicht für die Tat an sich, nur für die Möglichkeit. Ich hatte den Verdacht, daß dieses unzulängliche männliche Wesen, wenn es zurückkehrte, elegant gekleidet sein würde, mit gefärbtem Haar und Schnurrbart und sehr, sehr Macho. Er würde den Resten meines Club-Sandwiches einen prüfenden Blick zuwerfen und mich höflich begrüßen. Dann würde er Aurora packen und auf ihr Zimmer entführen und ihr dort auf höchst befriedigende Weise Stück für Stück die Kleider vom Leib reißen.

Als Aurora so quasselte, fiel mir ein Holzschnitt des großen mexikanischen Künstlers Posada ein. Er hat den Titel: ›Ein ländlicher Don Juan, verfolgt von seinen Opfern‹. Ein kleiner und äußerst verängstigt aussehender Mexikaner läuft tollpatschig und in Panik einer Meute aufgebrachter Frauen davon, deren Mienen bereits das Vergnügen der erstrebten heftigen Konfrontation vorwegnehmen. Aurora hätte durchaus ihren Platz in dieser Meute von Frauen einnehmen können, sie hatte wie diese niemanden zum Betrügen. Offenbar gab es doch keinen Freund. Sie wohnte allein im Hotel. Die Zeit schleppte sich dahin, und es wurde immer offensichtlicher. Ob ich Theater genieße, rief sie. Vielleicht zöge ich Französinnen den Italienerinnen und Spanierinnen vor? Das sei eine Beleidigung. Sie hätte die Nase voll. Endlich fuhren wir zusammen im Aufzug hinunter. Als wir ihr Stockwerk erreichten, stieg sie aus. Ich konnte, reichlich verwirrt, zu meinen Ansichtskarten zurückkehren.

Von allen Wundern, die ich in Mexico City erlebte, übertraf nichts meinen ersten Blick auf den Zócalo von der Dachterrasse des Hotels Majestic aus. Es wirkt grotesk, daß dort, wo sich einst das Zentrum des Aztekenreichs befand, das Cortés um einen so hohen Preis erobert hatte, jetzt ein riesiger unbebauter Platz lag. In dieser Höhe von 2240 Metern dringt das Sonnenlicht durch die dünne Luft und verstärkt das Grandiose dieser Riesenanlage noch. Die Gebäude rund um den Zócalo bilden eine schroff abfallende Fassade aus schwarzem Granit; sie sind erdrückend imposant und bringen in ihrer Architektur die brutale Stärke Spaniens im siebzehnten Jahrhundert zur Geltung. Hier im Herzen seines amerikanischen Imperiums bekam die Macht Spaniens ein erschreckendes Gesicht. Für die Spanier war es natürlich psychologisch wichtig, daß sie diesen Raum dominierten und das Andenken an das, was früher dort gestanden hatte, zerstörten. Während des Aztekenreichs erhob sich unweit des Platzes der heutigen Kathedrale ihr zentraler Opfertempel. Von den Stufen herab floß das Blut all derer, die bei lebendigem Leib geopfert wurden; einschließlich des Bluts all der gefangengenommenen Konquistadoren, bevor Tenochtitlán endgültig fiel. Die dezimierte Schar der Spanier hielt im Kampfgetümmel inne, schaute zum Tempel hoch und sah den Opfertod der Gefangenen. Es gab für sie keinen größeren Ansporn, um die Azteken zu besiegen. Sobald die aztekische Zitadelle eingenommen und nieder-

gerissen worden war, ließen die Eroberer sie in erschrek-
kenden Maßen als spanische Stadt wiederaufbauen.

Aber im modernen Mexiko ist die alte Größe schwer
beizubehalten. Mitten auf dem Zócalo weht eine überdi-
mensionale mexikanische Fahne. Sie hat die Fläche eines
Tennisplatzes und ist an einer Stange von der Höhe eines
Funkturms befestigt. Um sechs Uhr abends, nachdem
Aurora mich verlassen hatte, beobachtete ich, wie die Flagge eingeholt wurde. Eines der Riesenportale in der wie Me-
tall wirkenden Mauer des Nationalpalastes öffnete sich,
und heraus kam ein Musikkorps von Hornisten und
Trommlern, die im Paradeschritt über den Platz zur Flagge
gingen. Die blechernen Hornsignale ertönten, die Riesen-
flagge wurde zusammengefaltet und ehrerbietig in eine
Plastiktruhe gelegt. Das Musikkorps stimmte eine Hymne
an, und der verstreute Trupp sang dazu, wobei sich die Stimmen bald in der ungeheuren Weite verloren. Der rangälteste
Offizier führte danach die Parade zurück zum gähnenden
Loch in der klippenhaften Fassade. Ich fragte mich, ob diese
wichtige Aufgabe je Auroras Vater, dem General, zuge-
fallen war. Dieser Offizier hier war ein kleiner Mann, der von
zwei viel größeren Adjutanten eskortiert wurde; und als die
drei in stolzem Gang daherkamen, konnte man sich des
Eindrucks nicht erwehren, der kleine Mann in der Mitte
werde ins Gefängnis abgeführt, statt ihn für den Kommandanten zu halten. Ihre Schritte hallten in Synkopen von den
Mauern ringsum wider, und es war fast zum Lachen, so komisch prätentiös erschien einem diese Zeremonie im Schatten dieser beängstigenden Gebäude. Und dann ertönte
ohne jede Vorwarnung ein Laut, der durchaus der impo-

santen Größenordnung des Zócalos entsprach. Es war die authentische Stimme der Eroberung, die hier so trotzig wie die Bauten weiterlebte. Von den Türmen der Kathedrale läuteten die Glocken. Nichts Melodiöses war an diesen Glocken, sie rasselten und krachten zehn Minuten lang in einem unharmonischen Getöse, so laut, daß man die Worte des Nachbarn kaum versteht. Es war, als schlügen Riesen mit Eisenbahnschienen auf leere Gasbehälter.

Meine ersten Eindrücke von Mexico City waren durchwegs positiv. In den Straßen um den Zócalo standen Leierkastenmänner in Khaki-Uniform und Käppi. Sie waren behördlich genehmigt und so ausstaffiert, damit sie sich von gewöhnlichen Bettlern abhoben. Die Drehorgeln waren Museumsstücke, und eine Orgel, die noch die volle Klangfülle hatte, trug eine Messingplatte mit der Aufschrift ›Berlin 1910‹. Die Leierkastenmänner nahmen nicht viel Geld ein. Die Mexikaner spendeten häufig, aber in winzigen Mengen. Einmal setzte ich mich in ein Café zum Essen neben einen eleganten alten Herrn, der Zigarrenrauch über meine Suppe blies. Der Gehilfe des Leierkastenmanns kam zu den Tischen, und dieser alte Herr gab ihm ein Fünf-Pesostück (damals 2½ Pence), für das er 2 Pesos zurückhaben wollte. Als der alte Gentleman sich zum Gehen erhob, sah man, daß er nach Art der städtischen Mexikaner seinem konventionellen Aufzug das unerwartete Detail hinzugefügt hatte. Er trug einen blauen Nadelstreifenanzug und einen braunen weichen Filzhut. Unter dem Hut hatte er sich, was nur von hinten zu sehen war, ein Piratentuch geknotet. Draußen vor dem Café traten zwei kleine Jungen an ihn heran, die Blumen verkaufen wollten. Er scheuchte sie wie Fliegen fort. Sie legten die Arme umeinander und schwangen einen Schlager summend das Tanzbein. Einfach so aus Übermut, vielleicht hatte das Piratentuch sie inspiriert. Hätten sie die Nelken aufgegeben und statt dessen ihren Tanz verkauft, hätten sie viel mehr Geld gemacht.

Das Straßentheater ging in der Kathedrale weiter. Am Palmsonntag gab es dort ein herrlich chaotisches Hochamt. Das Mittelschiff war gedrängt voll mit indianischen Kirchgängern, die vor der Messe auf der Treppe draußen Palmwedel geflochten und verkauft hatten. Zwei *animateurs* fuchtelten während des Hochamtes mit unterschiedlicher Geschwindigkeit mit den Armen, und das Ergebnis war entsprechend. Schließlich warf der Kardinalerzbischof auf seinem Thron verzweifelt die Hände hoch und gab dem Zeremonienmeister zornige Anweisungen. Der begann seinerseits im Heiligtum herumzurennen wie ein unfähiger Oberkellner. Ein kleiner Indiojunge machte gute Geschäfte, indem er Palmwedel an die frommen spanischen Damen verkaufte, die noch keine hatten. Als die Palmprozession anfing, bettelte er mitleidheischend bei einem Priester im Ornat um weitere Palmwedel und verkaufte auch diese. Vor mir versuchte ein überaus korrekt angezogenes, strengblickendes älteres Fräulein, die Lippen im ständigen Gebet bewegt, einen Platz zwischen all den ausgebreiteten Indios für sich zu ergattern. Sie wischte alles ab, was sie berührte: ihre Bank, das Kniekissen, die Rückwand der Bank vor ihr. Irgendwo in der dicht gedrängten Gemeinde spielte ein Transistorradio Tanzmusik. Die Indios störte das nicht, sie sangen mit bei den Hymnen aus dem neunzehnten Jahrhundert, wobei ihre rasselnden Stimmen unempfindlich gegenüber den feineren Unterschieden der Notengebung waren. Der Gottesdienst erreichte seinen Höhepunkt mit einer Erscheinung. Die Massen von Touristen, die sich während der ganzen Messe durch die Seitenschiffe kämpften, Fotos machten und sich zuschrieen, als wären sie auf einem Rummelplatz, trennten sich auf einmal, und etwa hundertfünfzig blonde, blauäugige Gringos defilierten vorbei. Riesengroße Jungen und Mädchen, die alle in marineblauen Hosen oder Röcken und blendend weißen Hemden steckten. Jeder hatte auf dem Hemd groß das Sternenbanner aufgenäht. Das war nicht gerade zurückhaltendes Nordamerika. Dann marschierten sie genau so jäh, wie sie hereingekommen waren, wieder hinaus. Ihrem Gesichtsausdruck nach wirkten sie beinah so kulturgeschockt wie die zurückbleibenden Mexikaner.

Als ich eines Abends in einem Straßencafé saß, beobachtete ich einen Mann, der sich mit Mescal- und Whiskyzufuhr einen Rausch antrinken wollte. Er brauchte nicht lange dazu. Je mehr er trank, desto regungsloser wurde er. Schließlich bestellte er beim Kellner bloß noch mit einer Hand, selbst seine Augen waren ruhiggestellt. Er schien in seiner aufrechten Haltung hauptsächlich von seinen Halsmuskeln gestützt zu werden. Um den Hals hatte er ein rotes Tuch geschlungen, und sein Gesicht nahm nach und nach dieselbe Farbe an. Er wirkte auf mich wie ein Engländer, doch nicht wie ein Tourist. Die Kellner fragten sich gerade, wie sie ihn hinaus befördern sollten, als ich zum Bürgersteig hin blickte und ihn völlig vergaß, da ich ein mir bekanntes Gesicht entdeckte.

Sie hieß Stella und war in Begleitung von Edward, einem Freund. Etwas später in der Woche gingen wir zum Abendessen aus, und sie machten mich mit *Mezcal* bekannt, dem Getränk, das die Augen des Engländers ruhiggestellt hatte. Der Barkeeper ließ ein Stückchen von einem Kaktuswurm in unsere Gläser fallen, um den Geschmack zu erhöhen. Danach nahmen wir ein Taxi zu der Plaza Garibaldi, um die *mariachi*-Gruppen zu hören. In der Mitte des Platzes gibt es einen Schrein mit der Statue der Heiligen Cäcilia, der Schutzpatronin der Musiker. Die Heilige ist durch einen Glaskasten gesichert, dessen Boden überhäuft ist mit Geldscheinen und Münzen; Spenden von denen, die hoffen, daß ihr Besuch auf der Plaza ihr Schicksal und ihr Leben ändern wird. Ringsum stehen unter den Bäumen bis tief in die Nacht hinein Musikanten, Trompeter, Akkordeonisten, Gitarristen, Sänger, und spielen sich gegenseitig etwas vor oder jedem, der sie für ein Lied bezahlt. Die Atmosphäre auf der Plaza Garibaldi, die durch die schrille Musik, das verwegene Gebaren und die Banditentracht der *mariachi*-Musiker und den anzüglichen Text ihrer Lieder entsteht, ist umwerfend mexikanisch.

Benebelt vom *Mezcal* fand ich mich zu meiner Überraschung in einer Nische in der Tenampa-Cantina wieder, in einer der wenigen Bars, die Frauen zuläßt. Ich war noch mit Stella und Edward zusammen. Ein Mann sang gerade für uns. Er hatte graues Haar, ein Gesicht wie ein Gummiäffchen und die schelmischsten Augen von Mexiko.

»Ayiiiiiiiiiiiiii...«, sang er. »Lebwoooooooooohl... Mann, was für ein Besäufnis. Was haben wir gesoffen... in dieser Nacht voll Herz und Schmerz!! Kein andres Land ist so wie meins. Wo man Männer findet, die waaahre Machos sind. Und wo man die echten Säufer findet.«

Der Lärm, den er machte, war unvorstellbar. Er sang nicht allein, sondern begleitet von drei Gitarren, zwei Violinen, einem Kontrabaß und zwei herzzerreißenden, ohrenbetäubenden Trompeten. All diese Männer trugen hauteng schwarze Hosen und knappe Westen, die mit Silbergarn strotzten. Silberne Ornamente waren auf ihre hervorstehenden Hosennähte genäht. Sie drängten sich im Halbkreis um unsere Nische und schlossen uns unausweichlich mit ihrem außergewöhnlichen musikalischen Getöse ein. Die Stimme des ältlichen Gummiäffchens übertönte das allgemeine Spektakel. Der Inhalt des Liedes war sehr sentimental. Wir ertranken schier in Klängen und Gefühl. Wir bestellten noch mehr Tequila und blickten tief in die Äffchenaugen. Von irgendwo oberhalb und hinter seinem offenen Mund, von irgendwo jenseits des Liedstroms blickten seine vorstehenden blauen Augen starr auf uns zurück. Mir war so, als müßte ich in Tränen ausbrechen, so überwältigt war ich von der Nähe dieses Genies und Philosophen.

Doch bevor das eintreten konnte, wurde die Situation durch die Ankunft eines anderen Mannes gerettet, der kein Musiker war, dafür einen Holzapparat hielt, der wie ein veraltetes Inventarstück aus einem Vernehmungszimmer der Polizei aussah. Edward sagte, daß dieser Mann den Spitznamen ›Aniquilación‹* habe. Eine graue Strähne lief wie ein Blitz durch sein Haar, und er forderte mich auf, ich

* Vernichtung.

sollte mich an seine Stromschlagmaschine anschließen. »Er sagt, die Höchststärke ist neunzig«, sagte Edward. Neunzig was?

Als ich auf meine Hände hinabblickte, sah ich, daß jede eine kleine Metallwalze umschloß, die durch einen Draht mit dem Apparat verbunden war. »Zehn«, sagte ›Aniquilación‹ und fummelte an seiner winzigen Skala. »Zwanzig.« Edward und Stella beobachteten mich interessiert. »Dreißig.« Ich fühlte ein angenehmes Kribbeln in meinen Armen. Wahrscheinlich der Tequila, vielleicht auch der Mezcal. Edward hatte gesagt, bei der Höhe von Mexiko-City mache der Tequila einen nicht betrunken. »Fünfzig.« Edward sagte, daß man ihn nie auf Meereshöhe trinken dürfe. »Sechzig« – ›Aniquilación‹ beobachtete mich ebenfalls interessiert. Aber bei 2240 Metern war das schon richtig. Bei »siebzig« schrie ich auf und ließ die Elektroden fallen. ›Aniquilación‹ strahlte vor Freude.

Für seinen nächsten Trick schlug ›Aniquilación‹ vor, daß wir uns alle bei der Hand fassen sollten. Edward und ich könnten jeder eine Elektrode halten, und Stella könnte in der Mitte sitzen und elektrifiziert werden. *¿Cómo no?* Eine ausgezeichnete Idee und sehr wissenschaftlich. Es war eine Wiederholung eines frühen elektrischen Experiments. Der Abbé Nollet hatte zwei Dutzend Mönche überredet, sich vor dem Hofstaat Ludwigs XV. an eine Eisenkette schließen zu lassen, durch die er Strom schickte. Das Publikum konnte den Transport der elektrischen Ladung verfolgen, da die Mönche auf und ab hüpften. Aber wir waren im Mexiko des zwanzigsten Jahrhunderts, nicht im Frankreich vor dreihundert Jahren, und als Edward und Stella und ich

ein menschliches Starkstromkabel bildeten und vertrauensvoll zu ›Aniquilación‹ hochblickten, fragte ich mich,
wieso wir solches Zutrauen in die dilettantische mexikanische Technologie hatten. Schon vorher war eine Flasche
Weißwein in den Händen eines Kellners explodiert und
hatte mein Essen mit Glasscherben übersät. Und während
ich Erdnüsse aus der Dose knabberte, hatte ich mir durch
einen erdnußgroßen Glassplitter einen Zahn ruiniert.

Als ›Aniquilación‹ »fünfzig« sagte, wurde uns klar, daß
etwas schief lief mit dem Experiment. Stella und ich fühlten
rein gar nichts. Wir saßen bloß da und hielten Händchen.
Meine Elektrode war offensichtlich tot. Aber Edward, dessen Haar sich zur rechten Zeit unter dem elektrischen
Strom sträubte, benahm sich seltsam. Er machte ruckartige
Bewegungen auf und ab wie ein Jo-Jo, drehte sich um sich
selbst, wurde immer röter im Gesicht. »Hör auf, verrückt
zu spielen, Edward«, sagte ich gerade, als seine Füße von
einer Stahlstange wegzuckten, auf die er sie versehentlich
gestellt hatte. Der Kurzschluß war dadurch überbrückt,
und wir drei waren für einen unvergeßlichen Augenblick
bei »einhundertundzwanzig« verschmolzen. ›Aniquilación‹, der den Kurzschluß nicht bemerkt hatte, hatte einen
anderen Schalter angeknipst und; *¡Qué barbaridad!* die
Ladung verdoppelt.

Wir hatten das Gefühl, daß es Zeit war für einen Tequila,
¿cómo no? Mittlerweile wurden unsere *mariachis* von zwei
blutjungen Männern mit sehr spärlich sprossendem
Schnurrbart bezahlt. Nach mexikanischem Usus sangen sie
stehend mit. Sie mußten sich gegenseitig stützen, damit sie
nicht umfielen. Angetrieben durch ein ganz uncharakteri-

stisches Freundschaftsgefühl für die Fremden, erzählten sie uns, daß sie Lastträger auf dem Markt seien und heute abend Ausgang hätten. Danach widmeten sie Stella ihr Lied.

Wie in vielen *mariachi*-Liedern drehte es sich mehr ums Saufen und um Männer als um Liebe. Die Mexikaner schienen zwischen Männlichkeit und Liebe einen großen Unterschied zu machen. »Du weißt es nicht«, sangen sie, »du kannst es *niemals* wissen, wie berauscht wir sind. Wie glücklich wir sind. Ooooh, wie oft hat man uns schon aus dieser Bar hinausgeworfen. Und wir sind auf den Straßen gelaufen und haben gesungen, einen Kloß im Hals und die *mariachis* auf den Fersen.« Die Unwahrscheinlichkeit, daß diese protzigen *mariachis* diesen beiden armen Würstchen von Lastträgern gehorsam durch die Straßen nachfolgen würden, kam den Lastträgern nicht in den Sinn. Wie sie da so einträchtig hin und her schwankten, die klaren braunen Augen auf Stella gerichtet, glichen sie einem Paar Spaniels, das mal deutlich, mal verschwommen zu sehen war. Einer von ihnen hatte ein Polaroid-Photo von sich, auf dem er einen Riesensombrero aufhatte und ganz grimmig aussah. Der andere umklammerte etwas viel Wertvolleres: eine neue Zahnpastatube. In den letzten drei Wochen hatte es in den Geschäften Mexikos keine Zahnpasta gegeben. Die Regierung hatte allen geraten, eine Mischung aus Salz und Natriumkarbonat zu benutzen. In seiner Begeisterung für seine eigene Sangeskunst legte der Lastträger seine Zahnpasta hinter sich auf den Tisch. Einer der Violonisten begann mit seinem Bogen die Tube zu seiner Tischseite hinüber zu stupsen.

Um uns herum waren die *mariachi*-Kapellen voll im Gange. An einem Tisch wurde eine Frau mittleren Alters dazu überredet, aufzustehen und ein Solo zu singen. Sie richtete das Lied an die Freundin neben ihr; sie war einst Sängerin von Beruf gewesen, ihre Stimme war sehr laut, und ihre Freundin war so gerührt von ihrer Darbietung, daß sie weinen mußte. Die Männer in ihrer Begleitung warteten ehrerbietig ab, bis das Schluchzen aufhörte. Schließlich erhoben sich die beiden Frauen und zogen sich auf die Toilette zurück, um sich zurechtzumachen. Kaum waren sie hinter der Tür mit der Aufschrift *damas* verschwunden, als zwei häßliche Schlägertypen die Bar betraten. Sie schauten in jedes Gesicht im Raum und steuerten dann ebenfalls direkt auf die *damas* zu und ließen sich nicht mehr sehen. »Polizei«, sagte Edward. Die Männer vom Nachbartisch, die dieser Prozession regungslos zugeschaut hatten und darauf warteten, daß ihre Begleiterinnen aus dem *damas* auftauchten, wirkten plötzlich sehr beunruhigt. An ihrer Seite wehrte sich ein alter Mann im Rollstuhl, ein Porträtmaler, nicht mehr gegen die Müdigkeit und schlief ein. Er hatte ein feines, zerstörtes Gesicht. Er mußte ein starker Mann gewesen sein, bevor er sein Bein verlor. Er zog den Cowboyhut über die Augen und nickte ein, ungestört vom Trubel ringsumher.

Ein Kellner kam mit noch mehr Tequila, ¿*cómo no?* Er beugte sich über Edward und flüsterte ihm etwas ins Ohr. Edward sagte, daß der Kellner ›*Gigantemente*‹ genannt wurde. »Gigantisch was?« »*Gigantemente Sexual.*« Der Kellner machte Schmatzlaute in Edwards Richtung. Er hatte das übliche gefärbte schwarze Haar und sah um die

Siebzig aus. Stella und ich amüsierten uns über sein Wohlgefallen an Edward, doch er war ein gerissener alter Fuchs, und als wir endlich die Bar verließen, begleitete uns ›Gigantemente Sexual‹ hinaus, änderte dann seinen Kurs, und den Abschiedskuß kriegte Stella.

Das größte Heiligtum der Christen in ganz Lateinamerika ist direkt bei Mexico City im Vorort Guadalupe. Zehn Jahre nachdem Cortés Mexiko erobert hatte, erschien 1531 die Jungfrau von Guadalupe einem indianischen Bauern, der frisch zum Christentum bekehrt war. Die Wundererscheinung war ein Tribut an das Wirken der Inquisition. Überall in Mexiko waren Azteken und andere Indianervölker zu Sklavenarbeit und christlichem Glauben gezwungen worden. Die Vision des Indios war die göttliche Bestätigung, daß die Eroberung Gottes Werk war. Angesichts der zahlreichen Marienerscheinungen im Zeitalter des Glaubens war diese Erscheinung so unausweichlich wie der Wechsel von Tag und Nacht. Viele der klassischen Merkmale einer mittelalterlichen Vision waren gegeben. Der Visionär war ein einfacher, ungebildeter Mann. Ein Rosenstrauch erblühte im Winter, eine Botschaft wurde einem anfänglich mißtrauischen Bischof übermittelt, ein wundersames Zeichen blieb zurück – in diesem Fall das Abbild der Mutter Gottes auf dem Umhang des Bauern. Das Ungewöhnliche an dieser Erscheinung von Guadalupe war nur die Art, wie die Geschichte einschlug. Es gibt Hunderte von Pilgerstätten in Lateinamerika, doch Guadalupe ist einzigartig. Und in der Weltkirche kommt der Ruhm Guadalupes dem von Lourdes gleich, obwohl es nie wegen seiner Heilungen bekannt geworden ist. Selbst der polnische Papst entschied sich, seine zweite Pontifikalreise nach Guadalupe zu machen. Nach Tenampa brauchte ich etwas Ruhe, und so fuhr ich zu einem Besuch hinaus.

Heute ist der Vorort ein Dorf mit Kirchen, Kapellen und Heiligtümern. Wie in Alt-Jerusalem werden sie von rivalisierenden religiösen Orden betreut. Wo ein Gebäude baufällig oder durch Erdbeben beschädigt ist, wird es nicht abgerissen und wiederaufgebaut, sondern einfach aufgegeben und dann ersetzt. Der ganze Hügel ist voll mit Ruinen, einige davon verdächtig schräg stehend, einige einem Haufen geweihter Wackersteine gleichend. Die erst vor kurzem verlassene Basilika, ein bedrückendes Beispiel von 19. Jahrhundert-Barock und durch ein Erdbeben einsturzgefährdet, wird jetzt jedoch restauriert und zu einem Museum umgebaut. Ihren Vorraum zieren wunderschöne naive Bilder, die Wunderheilungen und Erhörungen darstellen und dem Heiligtum zugeschrieben werden. All diese Bilder gleichen sich auffällig in Stil und Format, als wären sie von ein und demselben Mann gemalt. Auf ihnen sieht man Kranke, die dank einer Erscheinung am Schlafzimmerfenster geheilt worden sind, Straßen- und Eisenbahnunglücke, oder primitive chirurgische Operationen, die als Wunder galten, wenn der Patient sie überlebte. Die Bilder wurden nicht von einem einzelnen gemalt, sondern von unbekannten bäuerlichen Künstlern, die früher vor der Basilika saßen und die Geschichten der Pilger in Farbe festhielten, die der Jungfrau ihren Dank abstatten wollten. Indem die Pilger die *ex votos* kauften und sie der Öffentlichkeit darboten, konnten sie ihre Dankbarkeit ausdrücken und den Ruhm der

Jungfrau mehren. Es kam den Künstlern nie in den Sinn, auf die Votivbilder ihren Namen zu setzen oder etwa ihre Persönlichkeit durch einen individuellen Stil kundzutun, genausowenig wie es anscheinend den Geheilten oder Beschützten in den Sinn kam, dieses einmalige Dokument des wichtigsten Ereignisses in ihrem Leben für sich zu behalten. Die Votivbilder wurden zur höheren Ehre der Jungfrau in Auftrag gegeben und ausgeführt.

Ich wollte mir die alte Basilika ansehen, doch sobald ich drinnen war, fand ich heraus, daß der Eintritt auf jene Teile des Gebäudes beschränkt war, die als Museum dienten. Jedoch, *no hay reglas fijas*. Derselbe betrunkene Wächter, der mir diese Einschränkung verkündete, führte mich prompt von den anderen Besuchern fort durch eine abgeschlossene Tür und in einen unbeleuchteten großen Höhlenraum, die ehemalige Kirche von Guadalupe. Hier im Innern sah man das Ausmaß der Erdbebenschäden viel krasser. Mein Führer hüpfte in der hallenden Düsternis umher, wobei er über gestürzte Statuen und Kruzifixe sprang, die die Seitenschiffe blockierten. Selbst wo es keine Hindernisse gab, machten die spitzen Kanten der Pflastersteine, die sich überall durch das Erdbeben aus dem Boden gehoben hatten, das Vorwärtskommen schwierig. Mein Begleiter zeigte sich ausgesprochen animiert durch den Ruin dieser einst heiligen Stätte. Mehrere Male kehrte er zurück, um mir genau zu zeigen, wo früher die heilige Reliquie mit dem Abbild Unserer Lieben Frau gehangen hatte. Die Basilika war jetzt ein Tempel des Unglaubens, die Götzen heruntergefallen, alles, was einmal wertvoll gewesen war, war in Stücke gebrochen, ihr einziger Hüter ein jubilierender Säufer. Auf dem Weg nach draußen schlüpfte er hinter eine Holzabschirmung und erschien wieder mit einem triumphierenden Grinsen, in der Hand eine Flasche mexikanischen Whisky, aus der wir beide tranken. Dann taumelte er zurück an seinen Posten draußen vor der abgeschlossenen Tür, wo er von neuem mit lautstarker Regelmäßigkeit anderen Besuchern den Zutritt verweigerte.

Die moderne Basilika von Guadalupe, die ganz in der Nähe steht, ist augenscheinlich im Hinblick auf Erdbeben erbaut worden. Ein gigantischer Betondom, ähnlich einem flachen Pilz, der eine der seltsamsten katholischen Kirchen auf der Welt beherbergt. Unter dieser Pilzkuppel sitzen die Leute, in Bankreihen angeordnet, in einem Halbkreis um eine Stelle, wo man eigentlich den Altar erwartet. Statt dessen sieht man dort ein erhöhtes, sehr langes Podium aus Beton und Holz. Links davon hängen die zweiunddreißig Fahnen der Vereinigten Staaten von Mexiko, rechts erheben sich vierzehn Meter hohe Aluminium-Orgelpfeifen. An der Rückwand hängt der Wunderumhang, von seinen Verehrern durch rotes Kunstleder-Chorgestühl getrennt, das in einer Tiefe von vierundzwanzig Metern wie in einem Mormonentempel angeordnet ist. Auffälligster Blickfang in dieser Kirche ist nicht mehr der Tabernakel, sondern die Batterien von Mikrophonen und elektrischen Kerzen, die rings um das erhöhte Podium hervorsprießen. Die charakteristische musikalische Begleitung ist nicht die Orgel, sondern ein unablässiges metallisches Rasseln. Eine Zeitlang verwirrte mich dieses Geräusch. Dann identifizierte ich es als das von Münzen, die in metallene Opferstöcke fielen. Der Klang war offenbar elektrisch verstärkt worden, um die Freigiebigkeit der Gläubigen anzuspornen.

Es muß für jeden, der diesen abscheulichen Bau in der Überzeugung betritt, daß religiöse Kunst den christlichen Glauben verherrlicht und bestärkt, ein ernüchternder Augenblick sein, wenn er feststellen muß, daß trotz der abschreckenden Häßlichkeit dieser Basilika die Hingabe der Pilger an Unsere Liebe Frau von Guadalupe nicht nachläßt. Giotto und Bellini hätten ebensogut Comic Strips zeichnen können, wären sie der Meinung gewesen, ihr Lebenswerk sei wichtig für den Glaubenserhalt. In Guadalupe rutschte eine kniende alte Frau zum Altargitter hin, so geschmeidig, als liefe sie auf Rollen, während ihr Tränen über die Wangen strömten und sie offensichtlich nicht wahrnahm, daß sie diese Buße in einer Umgebung verrichtete, die einem Lager mit Ramschartikeln glich. Zwischen ihr und ihrem Wallfahrtsziel kommandierte ein Wächter, der wie ein Portier in einer Operette angezogen war und sich in seinen goldenen Tressen aufplusterte, lautstark eine Gruppe von Bauern herum: Sie sollten ja nicht dort, wo sie gerade standen, als die göttliche Eingebung sie ergriff, ihre Kerzen anzünden. Aber die alte Frau bemerkte nicht einmal den Wächter. Sie hatte nur Augen für das Antlitz der Jungfrau auf dem Indianerumhang. Dasselbe galt für die völlig stummen Pilger, die in Scharen auf den Bänken saßen, und für jene Bauern, die sich nach einigem Zaudern in die Schlange eingereiht hatten, die am Altargitter kniete. Von dort konnten sie erwartungsvoll auf das ferne Idol in seinem überladenen Silber-Goldrahmen schauen. Wie der alten Frau auf den Knien war ihnen einzig bewußt, daß sie der Gottesmutter nie näher sein würden. Viele von ihnen hielten das Abbild für lebend. Für sie war es das tatsächlich in jeder Hinsicht. Die Gottesmutter lebte in der Kraft der Liebe, die sie ihr schenkten. Die Kirche billigt diesen weit verbreiteten Glauben nicht in ihren Schriften, aber er herrscht in vielen der Legenden und ›Mysterien‹ vor, die sich um das Abbild der Jungfrau von Guadalupe ranken, daß nämlich ihr Blick einem nachfolgt, daß der Ausdruck ihres Gesichts sich ändert, daß sie sich jenen erkenntlich zeigt, die sie liebt. Für die Bauern war es nicht nur ein überdimensionales Bild. Es war ein Antlitz, das aus einem Fenster im Himmel zu ihnen herniederschaute.

Der seltsamste Teil dieser Basilika ist jedoch ihre Krypta. Denn sobald die Indios am Altargitter Mut fassen und sich weiter vorwagen, entdecken sie eine Rampe, die unter das Podium führt. Auf dem Weg zur Krypta passieren sie einen Glaskasten mit einem beschädigten Kruzifix. Als die Revolutionsregierung 1921 die Kirchen Mexikos schließen ließ und die religiöse Verfolgung ihren Höhepunkt erreichte, betrat ein sozialistischer Fanatiker die alte Kathedrale und deponierte eine als Blumenvase getarnte Sprengladung auf dem Altar. Zu gegebener Zeit explodierte die Bombe und beschädigte dieses Kreuz, doch das eigentliche Zielobjekt, das wundertätige Bild, blieb völlig unbehelligt. Ein neues Wunder! Wenn man jetzt in die Krypta kommt, sieht man, auf welche Weise die Jungfrau vor Blumenvasen gesichert ist. Direkt hinter der Rückwand des Hauptaltars, an der das Bild hängt, ist die Decke der Krypta entfernt. Diejenigen, die sich in der Krypta aufhalten, können etwa fünf Meter hoch in den Raum blicken und sehen das Bild unmittelbar über sich. Um jedoch einen Stau zu verhindern, können sie die dem Bild nächste Stelle nur auf einem Förderband erreichen. An dessen Ende steigen sie auf ein parallel dazu laufendes Förderband, das sie zu ihrem Ausgangspunkt zurückbringt. Dann wiederholt ein drittes Förderband den Vorgang, und ein viertes beschließt das Ganze. Und so stehen die Pilger auf diesen flachen Rolltreppen, werden seitwärts in wechselnde Richtungen transportiert und schauen dabei nicht auf den Weg, sondern immer zum Bild hoch, die Lippen unablässig im Gebet bewegt. Unmittelbar unten an der Wand neben dem ersten Förderband nimmt ein stählerner Schlitz jedwedes Geldstück in Empfang, das sie einwerfen wollen. Und durch einen akustischen Trick verpflanzt sich das Geräusch dieser hinunterfallenden Münzen durch die ganze Kirche.

Über der Krypta wandern die operettenhaften Wächter im Heiligtum umher, wobei sie aus silbernen Eiskübeln den Altar mit riesigen Gladiolenblüten schmücken. Ein Schild nahe am Kircheneingang verbietet jedes Mitnehmen von Getränken ins Innere; was selbstverständlich viele dennoch tun. Doch man gibt sich übergroße Mühe. An Ort und Stelle sah ich nur ein Anzeichen von Geschäftemacherei. Genau im Dunkel des Doms saß an einem Tisch eine einzelne mexikanische Nonne in taubenblauer Ordenstracht. Vor sich hatte sie ein Tablett, einen Korb mit Kuchenstückchen und einen Stapel Heiligenbildchen. »Wieviel?« »*Limosna*«, für Almosen. Ich gab ihr fünfzehn Pesos. Sie schaute prüfend darauf, belohnte mich dann mit einem Kärtchen und einem Kuchenstück. Hinter ihr an der Außenwand hatte sich die Obrigkeit gezwungen gesehen, ein weiteres Schildchen anzubringen: »Bitte diesen Ort nicht als Toilette benutzen.«

Karwoche

»Jede Lästerung ist letzten Endes Teilhabe
am Heiligen.«
Camus, *Der Mensch in der Revolte*

In Mexico City wurde Trotzki ermordet. Die Einzelheiten
sind wohlbekannt. Der Schüler, der in Wahrheit ein stalini-
stischer Agent war; die sprengsicheren Stahltüren, die geöffnet wurden, um den Mörder willkommen zu heißen; der
Eispickel, der plötzlich unter dem Regenmantel hervorge-
holt wurde; das *post mortem*-Gewicht des Gehirns dieses
bedeutenden Mannes. Ich hörte die Geschichte zuerst von
einem Anhänger.

»Hast du gehört, daß man nach seinem Tod sein Gehirn
gewogen hat? Es war riesig. Es wog etwa drei Pfund.«

Ich erinnere mich an die Ehrfurcht in der Stimme dieses
ansonsten zynischen Mannes. Jetzt, da die Forschung herausgefunden hat, daß die Größe eines Gehirns nichts mit
der Intelligenz zu tun hat, schwindet der Mythos vom
Trotzki-Gehirn vielleicht dahin. Aber es braucht mehr als
Fakten, um einen Mythos zu zerstören. Etwas von der Ehrfurcht meines Freundes steckt noch in mir. Ich war besessen
davon, das Trotzki-Haus zu besuchen, wo dieses immense
Hirn sich genährt, wo es gemurrt und geschnarcht hat.

Mexico City ist unendlich groß. Erschöpft von der Höhe
und fast erstickt von der Luftverschmutzung, spürte ich,
wie mein Vorsatz, das Trotzki-Haus zu besuchen, von Tag

zu Tag schwächer wurde. Sowieso war es Karwoche. Die Zeitungen waren voll von dem bevorstehenden Feiertags-Gemetzel. »Schon 1350 Unfälle, 152 Tote!« In einem Land, wo man den Kindern kleine Schokoladenskelette als *memento mori* schenkt, haben die kirchlichen Feiertage einen besonderen Unterhaltungswert. Durch die Volksfeststimmung animiert, entschloß ich mich, doch *la casa Trotsky* aufzusuchen. Ich erkundigte mich in einem Reisebüro, wie man dorthin kommt, aber der Angestellte fand es nicht im Verzeichnis der Sehenswürdigkeiten. Er meinte, es sei im Stadtteil Coyoacán*, und versicherte mir, alle Taxifahrer wüßten Bescheid. Das traf aber auf meinen nicht zu. Über eine Stunde fragten wir in jenem Stadtteil nach dem Weg. Häufig hieß es, daß die Trotzkis noch dort wohnten, und ich begann daran zu glauben. Schließlich fanden wir es.

Das Haus ist genau so, wie man es sich vorstellt. Es hat einen Wachtturm und Stahltüren, und es gibt Schießscharten im Wachtturm und Kugeleinschläge in den Türen. Als Er dort wohnte, stand das Haus allein. Jetzt ist es von hübschen Villen mit Gärten und Garagen umgeben, und auf den Straßen werden saubere Autos noch einmal gewaschen. Coyoacán ist eine elegante Adresse. Die Gegend um das Haus ist sozial aufgestiegen, wie die Ideen seines früheren Bewohners.

Ich klopfte an die Tür. Keine Antwort. Mein Taxifahrer, mittlerweile hatte er sich ganz meiner Suche verschrieben, klopfte mit größerem Nachdruck. Die Blende vor dem stählernen Guckloch in der Stahltür glitt zur Seite, und ein

---

* auf Indianisch heißt das ›Platz der Coyoten‹, zu Beginn des 20. Jahrhunderts war es noch ein Provinzstädtchen im Süden der Hauptstadt.

Auge schaute heraus. Es füllte die Leere aus. Ein braunes Auge. Ich dachte, was für eine herrliche Zielscheibe das abgäbe. Es sah so verletzlich aus, ein weiches braunes Auge, das diese Masse grauen Stahls durchdrang. Eine Stimme, die durch das unerschrockene Auge bedrohlich wirkte, sagte: »*Cerrado*«, geschlossen, jetzt *und in der Karwoche*. Das Guckloch schnappte zu. Wir fuhren durch den beißenden gelben Smog zur Stadt zurück. Ich zahlte dem Taxifahrer eine beträchtliche Summe. Die Suche nach Trotzki war nicht billig.

Auf Sonia de la Rozières Rat hin, der Verfasserin von *Mexiko und die Todespein Christi*, vermied ich während der Karwoche die bekannteren Passionszentren. Statt dessen fuhr ich zum Städtchen Amecameca, wo man ohne Touristengetümmel inbrünstige Religiosität miterleben konnte. Ich mietete mir ein Auto und fuhr am Karfreitag dorthin.

Auf der Straße nach Amecameca kam man äußerst langsam voran. Es war die frühere Hauptstraße nach Veracruz und einst die Strecke, die Cortés, in umgekehrter Richtung, für seine Invasion gewählt hatte. Jetzt hat man sie durch eine Autobahn ersetzt. Eigentlich hätte dort kaum Verkehr sein sollen. Als die Abzweigung nach Amecameca erschien, fuhr die ganze Fahrzeugkolonne dort ab – eine langsam sich bewegende Autoschlange, alle aus Mexico City, alle voll besetzt mit Familien, und alle hatten dieses Städtchen zum Ziel. Ich war beeindruckt von der Frömmigkeit der Mexikaner. Daß so viele Autos die Hauptstadt verließen und hierher wallfahrten an einem Tag, den der Rest der Christenheit lediglich als Ferientag ansah, kam mir doch bemerkenswert vor. Bei der Einfahrt ins Städtchen kam der Verkehr ganz zum Erliegen. Zur Rechten gab es eine unbefestigte Straße, und indem ich auf sie auswich, konnte ich mich an den leerstehenden Baracken am Stadtrand vorbeiarbeiten und außen herum bis zum Hauptplatz gelangen. Hier entdeckte ich, daß die Familienautoschlange auf der anderen Seite wieder aus dem Städtchen hinausfuhr. Mexico City pilgerte also doch nicht nach Amecameca; die Familienväter fuhren bloß durch Amecameca hindurch und weiter zum Erholungsgebiet dahinter. Die Verzögerung ging auf den besorgten Versuch eines einzelnen Polizisten zurück, Fußgängern das Überqueren der Straße zu ermöglichen; etwas, wozu sie recht gut ohne seine Hilfe imstande waren.

Am Karfreitag war Markttag in Amecameca; die dichtzusammengedrängten Stände auf der Plaza vor der Kirche verkauften alles, von gekochten Gerichten bis zur kompletten Konquistador-Rüstung, maßstabgerecht verkleinert für Kinder. In der Kirche fand gerade ein Gottesdienst statt. So viele Gläubige wollten noch hinein, daß sie in einer Schlange warteten, die bis auf den Markt reichte. Die Menge bestand bis auf den letzten Kirchgänger nicht aus den Autofahrern von Mexico City, sondern aus Indios, Leuten vom Land, die ins Städtchen gekommen waren, um Handel zu treiben und zu beten.

Es war Mittag. Neben der Kirche, entlang den Mauern eines kleinen Klosters mit romanischen Bögen und achteckigen Säulen, ruhten sich die Indios im Schatten aus. Sie lagen auf den Steinplatten und schliefen, den Kopf auf die Sandalen gebettet, die sie ausgezogen hatten. Im Innern der

Kirche hatte man eine schreckliche schwarze Gestalt an ein hohes Kreuz geschlagen. Gesellschaft leisteten ihr die zwei Schächer. Im Gegensatz zum Christus schienen diese Gringos zu sein. Ich fragte mich, ob der indianische Holzschnitzer weltliche Freude dabei verspürt hatte, diese beiden Weißen zu kreuzigen. Die Indios haben den Dreh heraus, wie man eine wundersame Geschichte aus fremden Landen so umändert, daß sie eine ursprünglich nicht vorgesehene, sehr lokale Bedeutung erhält. Am Hochaltar dröhnte die Stimme des Priesters, der die Kreuzwegstationen ankündigte. Auch er war ein Gringo.

Die Indios von Amecameca begraben ihre Toten auf einem Hügel außerhalb des Städtchens, der Sacromonte heißt. Der tote Christus wird ›der Herr von Sacromonte‹ genannt. Am Karfreitag tragen die Pilger vor der Abendprozession Eßpakete zur Kuppe des Hügels hoch, verteilen sie auf dem Grabstein ihrer Verwandten und lassen es sich ebenfalls schmecken. Einige der Gräber werden von Baumästen beschattet oder von riesigen Planen, die den Wind abfangen, der über den Rand des Gebirgskamms weht. Die Kreuzwegstationen auf dem Weg nach oben heben sich durch bunte Wandkacheln ab. In der Trockenzeit ist es ein sehr staubiger Pfad, und am Karfreitag war es gräßlich heiß.

Die Kinder, die ihre Eltern hinauf begleiteten, waren mit weißen Blumen bekränzt, weißen Gänseblümchen. Locker um den Kopf gewunden, sahen diese eher Sternen ähnlich als Dornen. Auch einzelne Männer trugen diese Kränze; sie glichen Heiden aus alter Zeit, die zu einem Bacchanal hinstrebten. Karfreitag ist im katholischen Liturgiekalender ein schwarzer Tag, der einzige Tag im Jahr, an dem keine

Messe gelesen werden kann; Altäre und Bilder sind überall mit Purpur ausgeschlagen. Doch nicht so in Amecameca. Die Indios von Mexiko kennen durchaus das Grauen vor dem Tod, aber genau dieses Grauen wollen sie zelebrieren: es erhebt ihr Gemüt. Beim Aufstieg kauften sich die Kinder mit ihren blumigen ›Dornenkronen‹ Windrädchen aus Papier, Zuckerwatte oder Heiligenbildchen. Diese Heiligenbildchen waren nicht die üblichen Reproduktionen religiöser Kunst. Die Bilder hier waren so gedruckt, daß die Augen sich bewegten. Man konnte den Papst oder die Muttergottes kaufen mit Augen, die einem nachfolgten, wenn man an den Bildchen vorbeiging, und es gab die Großaufnahmen des Gekreuzigten, die Augen im Tode geschlossen, dann Augen und Mund geöffnet, in einem todesgequälten Gruß. Wenn die Kinder genug davon hatten, konnten sie ihre grellen Plastik-Reißzähne anlegen, die, über die eigenen Zähne gestülpt, unheimlich wirkten.

Auf der Hügelkuppe fand ich eine unbesetzte Grabstätte und aß dort zu Mittag. Begraben war darin Francisco Ortega, der 1841 gestorben war. Aus irgendeinem Grund waren seine Nachfahren in diesem Jahr nicht erschienen.

Der Nachmittag zog sich dahin, und die Bußprozession formierte sich noch immer nicht. Die mexikanischen Kirchenbehörden haben in letzter Zeit einen gewissen Erfolg dabei, die religiöse Verzückung, die sich mit der Karwoche einstellt, unter Kontrolle zu halten. Kreuzigungen mit Lebenden sind auf jedes siebte Jahr beschränkt worden, Geißler allerdings tauchen noch oft auf. Eine mexikanische Zeitung brachte einen Bericht über die Philippinen, in dem es hieß, daß sich in einem Vorwort von Manila neun religiöse

Eiferer mit zehn Zentimeter langen, rostfreien Stahlnägeln, die vorher in Alkohol getaucht wurden, ans Kreuz hatten schlagen lassen. Ein ausführlicher Bericht. Einer der Gekreuzigten war eine Frau. Ein anderer der illegitime Sohn eines Kriegs-GIs, der versuchte, die Aufmerksamkeit seines Vaters zu erringen. Überflüssig zu sagen, daß der GI-Knabe Zimmermann war. Mit seinen sechsunddreißig Jahren hatte er kaum eine Minute am Kreuz gehangen und aufgeschrieen, ehe man den Nagel aus seiner linken Handfläche wieder herausgezogen hatte. Blut war aus seiner linken Handfläche geflossen, dagegen nicht aus seiner rechten. Etwas Wehmütiges klang aus dieser minuziösen Berichterstattung der mexikanischen Zeitung: das waren noch Zeiten.

Nach einer Weile ermüdete mich all der Trubel und die Unruhe im Städtchen. Mehrere Bars waren offen; eine offerierte einen *coctel femēnino*, über den ich gern mehr wissen wollte. Doch ich entschied mich, nüchtern zu bleiben, und fuhr aus dem Städtchen raus und auf den *Paso de Cortés* hinauf, den hohen Paß, über den die Conquistadores die aztekischen Abwehrstellungen durchbrochen hatten. Dies sind die Ausläufer der Sierra Madre Oriental, und an klaren Tagen wird die Aussicht von Amecameca von den beiden Vulkanen dominiert, Popocatépetl und Ixtaccíhuatl. Es war aber kein klarer Tag. Der Hitzedunst staute sich unter einer dicken Wolkenschicht, die die Gipfel verbarg. Die Straße wand sich durch dichte Waldungen in die Höhe. Indiofrauen standen auf den Lichtungen bei ihren Feuerstellen. Sie zeigten die Tortillas, die sie gebacken hatten, in der Hoffnung, sie zu verkaufen. Ihre Maulesel grasten angebunden in der Nähe; vermutlich waren sie auf der letzten

Etappe ihrer Reise zum Markt. Sie würden bei Einbruch der Dunkelheit im Städtchen ankommen, rechtzeitig für die Prozession.

Als ich aus den Waldungen auftauchte, hoben sich mit einem Mal die Wolken, die den Popocatépetl mehrere Wochen lang eingehüllt hatten, und der Vulkan stand deutlich sichtbar in der kalten blauen Luft. Der Bergkegel war schneebedeckt, und seinem Krater entstieg eine dünne Rauchfahne. Unterhalb des Schneegürtels waren die vulkanischen Abhänge zu Falten von mattem Braun und Grau zusammengeschoben. Kein einziger Baum oder Grashalm ließ sich auf jenen Abhängen ausmachen. Die Azteken glaubten, daß der Popocatépetl früher ein König gewesen sei und Ixtaccíhuatl, die ›Schlafende Frau‹, seine treue Ehefrau, die ihn in den Tod begleitete. Ich fragte mich, was Cortés wohl von all dieser Schönheit gehalten haben mochte, als er zwischen den Vulkanen hindurch geführt wurde und erfuhr, daß die Schutzheiligen der Azteken nur Vulkane waren. Es war heutzutage so einsam dort auf der braunen windigen Talebene wie an dem Tag, als er da entlang ritt. Cortés wird in Mexiko nicht in Ehren gehalten – es gibt im ganzen Land nur zwei Standbilder von ihm –, doch auf dem Paso de Cortés befindet sich ein kleines Basrelief, das in einen Stein eingelassen ist. Es zeigt einen vorrückenden Ritter auf einem Schlachtroß, ihn umgebende Soldaten und die indianische Dolmetscherin Prinzessin Marina*, die

---

* Tochter eines Indio-Fürsten, sie wurde Cortés geschenkt. Da sie einen Maya-Dialekt wie auch die Sprache der Azteken beherrschte, spielte sie als Übersetzerin und Beraterin in indianischen Angelegenheiten eine oft unterschätzte Rolle bei der Eroberung des Aztekenreiches.

ihm einen Sohn gebar und die ihm gerade den Weg weist. Ohne Marina hätten die Spanier nie die Küste verlassen können. Es waren nur an die fünfhundert Soldaten, doch ihr Kommen war den Aztekenpriestern vorausgesagt worden, und mit Marinas Hilfe vermochten die spanischen Eindringlinge sich das zunutze zu machen und sich vor den Opferaltären Montezumas zu retten.

In Wahrheit braucht Cortés keine Denkmäler in Mexiko; das ganze Land zeigt die Auswirkungen seiner Rastlosigkeit. Jede Kirche in Mexiko ist sein Denkmal, ebenso die mittelalterlichen Rüstungen, die im Städtchen am Fuß des Passes an die Kinder verkauft werden. Ein kalter Wind aus der Richtung des Vulkans erhob sich, und ich kehrte zurück zur Wärme des Waldes und zum Hitzedunst. Bei Einbruch der Dunkelheit belebte sich das Fest vor der Kirche. Der Markt erstrahlte jetzt in Neonreklame und flackerndem Licht. Wo sich einst die Gruppe der Trompeter postiert hatte, schmetterte nun ein Lautsprecher Popmusik. Eine Schlangengrube war auf der Friedhofstreppe arrangiert worden. Man konnte nicht in den offenen Trog hineinsehen, man mußte erst eine Gebühr bezahlen und die wacklige Leiter hochsteigen auf eine gleichfalls wacklige Plattform. Die meisten Schlangen schliefen fest; die Indiokinder hüpften bei ihrem Anblick aufgeregt auf und ab. Das ist kein Land mit sehr strengen Vorschriften zur Sicherheit der Öffentlichkeit. Man konnte sich leicht das Chaos in der Menge vorstellen, wenn die Plattform zusammenbrach, der Trog umkippte und die schlafenden Schlangen aufwachten und entwischen wollten.

Die letzten Sonnenstrahlen am Karfreitag wählten sich

die Schachbrettfassade der Kirche aus, weiß und ocker. Man konnte noch die Stellen sehen, wo das Ocker verlaufen war und weiße Streifen gefärbt hatte. Der Anschlag an der Friedhofsmauer verbot im Namen der Bundesbezirksverwaltung jeglichen Handel auf diesem Gelände. Mittlerweile hatte sich der Markt innerhalb der Mauern ausgebreitet und ging direkt bis an die Kirche. Wie so oft in Mexiko ist der einfachste Weg, den Ort eines bestimmten Ereignisses herauszufinden, die Suche nach dem Anschlag, der eben dieses untersagt.

Die Menschen begannen in der Dunkelheit den Markt zu verlassen und sich zurück in die Kirche zu drängen. Der Kreuzgang war überfüllt. Den ärmsten Pilgern würde er Obdach für die Nacht bieten. Einige hatten Matten auf dem Steinfliesenboden ausgebreitet; andere, noch ärmere, hatten Kartons hingelegt. Darauf lagen sie, eingehüllt in ihre Decken, ganze Familien beieinander, Mütter, die ihre Säuglinge stillten, etwas größere Kinder, die sich um kleinere kümmerten. Die Abendandacht wurde per Lautsprecher übertragen, so daß man sie im Kreuzgang hören konnte, und viele der Indios saßen aufrecht auf ihren improvisierten Betten und antworteten der Litanei. Das war alles recht geräuschvoll, doch die Schläfer, wie die Schlangen im Trog, dösten weiter.

In der Kirche war der Altar hinter einem Vorhang in fastenzeitlichem Purpur verborgen, der von der Decke herabhing, was dem ganzen Altarraum das Aussehen einer Bühne gab. Die Zeremonie ging nun dazu über, daß der Schwarze Christus noch einmal vom Kreuz genommen und wie eine übergroße Puppe umhergetragen wurde. Die flackernden Lichter im Kreuzgang, die einlullenden Bitten des Rosenkranzes, das leise Lachen bei den Schläfern, die gelegentlichen Rufe von Kindern, die im Dunkeln draußen spielten, die Frauen mit den Babies im Arm, die ihre Gebete murmelten und all das nicht wahrnahmen – mir drängte sich irgendwie der absurde Vergleich mit einem Haus in Somerset vor dreißig Jahren auf. Der Kreuzgang, das Rosenkranzgebet, die Rufe der Zehnjährigen, die Mischung von Frömmigkeit und Unaufmerksamkeit, die gemeißelten Steinsäulen und der Fliesenboden: Ich saß am Fuße einer Säule und versuchte mich genau zu erinnern, wie das war mit der Fastenzeit in einem englischen Internat, die wieder in mir lebendig wurde.

Ein etwa siebenjähriges Indiomädchen in einem roten Baumwollkleidchen und mit einem roten Umschlagtuch und einem Pferdeschwanz, der auf seinen geraden Rücken herabhing, setzte sich neben mich und wiegte ein schlafendes Baby, das halb so groß war wie es selbst. Das Baby war im Umschlagtuch verborgen, nur ein weißer Schuh und ein weißes Söckchen schauten heraus. Das Mädchen, den Rücken immer noch gerade gestreckt, immer noch seine Last haltend, schlief ein, den Kopf leicht zur Seite geneigt, um das Gewicht, das es trug, auszugleichen.

Uns gegenüber breitete ein junges Paar seine Matten aus. Es hatte zwei eigene Kinder und war begleitet von der Mutter des Mädchens mit dem Baby. Zur größeren Behaglichkeit legten sie auf ihre Matten Decken. Manchmal setzte sich die Frau an die Seite ihres Mannes, lehnte den Rücken an seine Knie und hielt seine Hand. Manch-

mal legte sie sich neben ihre Kinder und versuchte zu schlafen. Manchmal, wenn sie die Worte der Litanei verstand,
betete sie mit. Als sie bemerkte, daß ihre Nichte, die Sieben-
jährige neben mir, eingenickt war, rief sie sie zu sich hinüber
und legte das Baby auf die schon überfüllte Decke. Es gab
keinen Platz mehr für das Mädchen, das daraufhin ein Stück
Sackleinen für sich ausbreitete. Da es viel zu kurz war, um
sich darauf ausstrecken zu können, rollte es sich zusammen
und war sogleich wieder eingeschlafen. Einen Augenblick
später kam seine Mutter aus der Kirche und weckte das
Mädchen. Es setzte sich auf und lächelte wieder, doch es sah
hundemüde aus, den Tränen nahe.

»*Perdona tu pueblo, Señor*«, sagte die ferne Stimme des
Priesters.

»Herr, vergib uns«, antwortete das Volk Gottes.

Und in der Predigt stellte der Priester die vertraute Über-
legung an, wie Maria wohl auf den Tod ihres Sohnes reagiert
hatte. »Was mag sie sich gedacht haben? Wie können wir
uns ihr Leid vorstellen?«

Im Kreuzgang hüllte sich eine andere Frau in eine ge-
streifte Decke. Ihr Mann bekreuzigte sich und legte sich
dann auf den Rücken neben sie. Er schloß die Augen. Sie,
auf einen Ellbogen gestützt, blickte auf ihn hinunter und
strich über sein Gesicht. Sie nahmen niemanden um sich
wahr. Es war, als wären sie daheim im Bett, so schliefen sie
jede Nacht. Im Klosterhof sah man einen Blumengarten,
über dem die Sterne im mondlosen Himmel strahlten.

Mittlerweile war es ganz dunkel geworden und der Höhepunkt der Andacht erreicht. Langsam formierte sich die
Prozession hinter dem *Cristo*, der wieder auf seiner kristal-

lenen Trage ruhte. Die Litanei war zu Ende und der Priester nirgends zu sehen.

Sie trugen die lebensgroße Holzfigur im Glaskasten aus dem Hauptportal der Kirche hinaus auf den Kirchhof. Die ganze Gemeinde schloß sich der Prozession an. Sechzehn Männer wankten unter dem Gewicht der Trage. Einer von ihnen war der junge Ehemann, der mir gegenüber im Kreuzgang gesessen hatte. Er hatte sich in letzter Minute noch bis zum Altargitter vorgekämpft, um sich dieses Ehrenamt zu sichern. Direkt hinter dem *Cristo* drängten andere Männer nach vorn, die im Ansturm zur Seite gedrückt worden waren, begierig, Zeichen nachlassender Stärke bei denen zu entdecken, die Erfolg gehabt hatten. Hinter ihnen wankten sechzehn Frauen auf ähnliche Weise unter einer zweiten Trage, auf der die schwankende, doch aufrechte Statue der Muttergottes stand. Dahinter zog der Rest der Büßerschar. Nur wenige Kerzen erhellten die Prozession. Jenseits der Kirchhofmauern dominierten der Lärm und die Helligkeit des Marktes. Gegen diesen strahlend hellen Hintergrund wirkten die dunklen Gestalten der Andächtigen um so vertiefter in ihrem unbeleuchteten Vorhaben. Was sie taten, mußte in dem dunklen Raum zwischen Jahrmarkt und Kirche geschehen. Eine furchtbare Entschlossenheit klang aus dem verstreuten Chor der Stimmen, der standhaft ein Trauerlied gegen das Kommerzgetöse ertönen ließ. Echte Trauer war zu spüren. Es war so, als ob wirklich eine Mutter dem Leichnam ihres Sohnes folgen würde. Hätten die sechzehn Männer einen aus ihrer eigenen Familie zu Grabe getragen, ihr Klagen hätte nicht leidenschaftlicher sein können. Das war es, was die Indios unter Glauben verstanden. Sie glaubten nicht nur an Christus. Bei ihnen ging es weiter. Sie *erfanden* Ihn. Aus dem Dunkel zu ihren Füßen drangen gelegentlich noch Zurufe, Händler rasselten mit ihren Klappern, boten Eßbares an, schrien ihre Waren für die Vorbeiziehenden aus. Und dennoch entstand nicht der Eindruck von Respektlosigkeit. Die indianische Vorstellungskraft konnte genauso leicht mit dem Widerspruch von Kommerz und Religion fertigwerden, wie sie den Zeitraum zwischen dem Kummer über den Toten von heute und dem Kummer um den toten Christus überbrückte.

Ein Zuschauer konnte zwar von der Stimmung dieser erregten Gemeinde berührt werden, an ihr teilhaben aber konnte er nicht. Auf geheimnisvolle Weise gelang es den Indios, während sie einen christlichen Ritus befolgten, die Christen, die nicht ihrer Welt angehörten, auszuschließen. Sie hatten die Personen von Christus und Maria aus dem Evangelium genommen und sie in eine durch und durch indianische Tragödie einbezogen. Einem Außenstehenden kamen die Worte des Dramas bekannt vor, die Besetzung war authentisch. Nichts war ausgelassen worden, hinzugefügt wurde jedoch eine neue Bedeutung, die sich nicht erschließen ließ. Die Trauer dieses *pueblo del Señor* war viel zu echt und viel zu privat. *Cristo* war entführt, überwältigt, gedemütigt worden.

Die Prozession ging zu Ende, die Büßer verschwanden lautlos in der Nacht. Die Tragbahre wurde wieder neben dem Hochaltar abgestellt. Wer noch wach war, stellte sich in einer Reihe auf, um sie zu berühren. Sie hoben die Kinder hoch, wie sie es bei der Schlangengrube getan hatten, damit sie auf die Sehenswürdigkeit im Glas hinunterschauen konnten. Danach schlugen die Büßer das Kreuz über die Kinder, wobei die Lippen sich ständig im Bittgebet bewegten. Wie der Leichnam bei einer Beerdigung war der Herr von Sacromonte von Blumen umgeben: Lilien, Rosen und mexikanische Disteln. Die Kinder sahen beim Hinunterschauen einen zusammengekrümmten Körper; verfilztes, spärliches schwarzes Haar; ein dunkles, totes Gesicht, ausdruckslos, abweisend, eingefallen. Es war eher der Leichnam eines Mannes, den man ausgegraben hatte, als desjenigen, der am Dritten Tag von den Toten auferstehen sollte. An diesem Menschen, der da aufs neue in diesem Städtchen den Tod erlitten hatte, war nichts Übernatürliches. Er schien so ohnmächtig wie der Popocatépetl und die Schlafende Frau, die beide zu ohnmächtig waren, um Cortés aufhalten zu können.

Nach der Karwoche kehrte ich zum Trotzki-Haus zurück und pochte erneut an. Diesmal öffnete sich das Guckloch für ein blaues Auge. Ich fragte, ob ich eintreten könnte. Das blaue Auge blieb starr, doch die Stahltür öffnete sich quietschend und gab den Blick frei auf eine schmächtige Gestalt in einem taubenblauen Overall. Sie hatte lockiges braunes Haar und rosige Wangen.

»Sprechen Sie Englisch?«

Sie antwortete mit deutlich schottischem Akzent, daß das wohl der Fall sein sollte. Sie wohne erst seit einigen Monaten in der *Casa Trotsky*. Hinter ihr konnte ich einen Rasen sehen, auf dem zwei kleine blonde Kinder in ihr Spiel vertieft waren. Das Trotzki-Haus schien von einem Aupair-Mädchen aus Ayrshire in Besitz genommen zu sein.

An der Mauer dieser einst hübschen Villa verbergen bu-schige Kletterrosen eine kleine Stahltür. Man gelangt durch diese Tür ins Haus und geht dann über eine Stahlplatte, die in die Mauer einzementiert ist. Es ist, als beträte man ein U-Boot. Man kann durch dieses Haus nur laufen, indem man ständig Stahltüren, Stahltreppen und Stahlschieber passiert. Das meiste hat die mexikanische Regierung im Mai 1940 nach einem mißglückten Anschlag auf Trotzkis Leben installiert, den der mexikanische Maler und Stalinist David Alfaro Siqueiros ausführte. Siqueiros und seine Gefolgsleu-te hatten mit schweren Maschinengewehren angegriffen, doch dabei nur einen Gringo-Trotzkisten töten können – der heimlich am Komplott beteiligt war. Die Schlafzim-merwand zeigt zahlreiche Spuren der eingeschlagenen Geschosse. Im ganzen Haus war der einzig ungesicherte Zugang, den ich entdecken konnte, das Badezimmerfen-ster. Ich fragte mich, ob Trotzki wohl, wenn er so im Bade-wasser lag, sich vorstellte, wie plötzlich eine stalinistische Charlotte Corday durchs Fenster klettert. Diese Sicher-heitsvorkehrungen waren gerade drei Monate von Nutzen. Ramón Mercader, der getreue Jünger, trug seinen Eispickel im August desselben Jahres durch diese Stahltüren.

Das Innere des Hauses ist in Staubdecken und Plastik-bezüge gehüllt und möglichst genau im gleichen Zustand belassen worden wie an besagtem Tag. Es geschah nicht in Trotzkis Bad, sondern in seinem Arbeitszimmer, als er sich über den Schreibtisch beugte. Auf diesem Schreibtisch ste-hen heute *The Stateman's Year Book for 1939* und verschie-dene Bücher, die in den Dreißigern bei Gollancz heraus-gekommen sind. Eines heißt *If Germany Attacks* von

Capt. Wynn. Daneben steht *Trade Unionism Today* von G. D. H. Cole*. Eine traurige Sammlung. Könnte es sein, daß Das Gehirn, kurz bevor der Tod es ereilte, einer Fußnote bei G. D. H. Cole nachsinnierte, diesem Engländer, alten Paulus, Kriminalschriftsteller und Fabier?

Es ist nur richtig, daß dieses Haus so sorgfältig erhalten wird, denn auch dies ist ein bedeutendes Heiligtum. Die Zeit hat nichts der Wahrheit hinzuzufügen, wie sie in diesen Mauern erkannt wurde. Die Stahltüren beschützen den mystischen Leib logischer Schlüsse wie die Türen eines Tabernakels. Während meines Rundgangs hatte ich das Gefühl, daß ich sehr genau von meiner Führerin, dem Aupair-Mädchen, beobachtet wurde. Fast so, als wollte sie meine Gedanken lesen. Ich mußte unwillkürlich daran denken, daß einst einem Mann Zutritt zu diesem Zimmer gewährt worden war, der ein Vertrauen genoß, das schrecklich fehl am Platze war, und unter den Blicken dieser Führerin kam ich mir unwillkürlich fast in einer ähnlichen Position vor. Das Haus war genauso ein Stück Zeitgeschichte wie irgendeine spanische Kolonialkirche, und seine Hüter waren genauso religiös wie eine Indiogemeinde. Die roten und gelben Rosen, die die Stahltür überwucherten, symbolisierten, was mit einer Idee passiert, deren Zeit passé ist, obwohl sie mal kugelsicher und stark genug war, die Welt zu bewegen.

Als ich hinausging, zeigte mir die Schottin unter einem hohen Baum im Garten die Steinsäule, die die Stelle markiert, wo seine Asche beerdigt ist – die letzte Ruhestätte des

---

* George Douglas Howard Cole (1889–1959), engl. Wirtschaftswissenschaftler und Professor in Oxford, schrieb zur Entspannung über 40 Krimis.

Gehirns. In die Säule sind Hammer und Sichel eingemeißelt, die Embleme des Staates, dessen ausführendes Werkzeug ihn ermordete.

Bevor ich Mexico City verließ, kehrte ich noch einmal zu dem Haus zurück, ich konnte mich kaum losreißen von diesem Ort. Diesmal öffnete der vermutliche Besitzer des zuerst gesehenen braunen Auges, der Museumskurator persönlich, die Tür. Er war ein jüngerer Franzose mit weißer Baskenmütze und kummervoller Miene, die etwas professionell wirkte. Er erklärte mir irgendeine Einzelheit des Mobiliars, um mich dann mit unbestimmtem Kummer anzublicken, wie ein ideologisches Klageweib. Und wieder hatte ich das Gefühl, ein Heiligtum in einer entsprechenden Kirche zu sehen. Fast suchte ich beim Ausgang nach dem Opferstock. Im Laufe der Zeit mag wohl ein indianischer Trotzkist dem Franzosen nachfolgen, der Missionar wird von einem einheimischen Priester ersetzt werden. Man kann sich vorstellen, wie die Legende vom Großen Hirn den indianischen Geist anziehen mag und wie Trotzki eines Tages vielleicht der indianischen Version der Vergangenheit einverleibt wird, um neben *Cristo* und Popocatépetl zu thronen.

Kontrolle des Universums

*»Die Leute kannten schon vor seiner Zeit
die Gier nach Geld, doch er hat sie gelehrt,
hinzuknien und es anzubeten.«*

Mark Twain über Jay Gould,
den nordamerikanischen
Eisenbahnbaron

Stella und ich wollten uns an einem Abend in der Lounge im
Hotel Del Prado am Alameda-Park treffen. Ich rechnete
damit, daß sie sich verspätete, wie immer, doch in der
Lounge des Del Prado spielte das keine Rolle; hier gab es ein
Wandgemälde, vor dem manche Leute Jahre ihres Lebens
verbrachten.

»Traum eines Sonntagnachmittags im Alameda-Park«
ist von Diego Rivera. Gemalt wurde es 1947, als der Mura-
list auf der Höhe seines Ruhms war. Es ist fünf Meter hoch
und fünfzehn Meter breit und hat als Sujet den Park vor dem
Hotel, ein beliebtes sonntägliches Ausflugsziel. Doch auf
Diegos Bild ist mit der üblichen Menschenmenge eine Veränderung vorgegangen. Der Park ist bevölkert mit Gestalten aus der mexikanischen Geschichte und der Revolu-
tionsmythologie. Zur Linken sieht man die Inquisition
noch einmal bei der Arbeit. Die Mönche verbrennen ihre
Opfer, vom ausgepeitschten Rücken einer Frau hängen
Hautfetzen, sie und die anderen Opfer tragen hohe spitze
Hexenhüte, die allerdings in einem ziemlich heiteren Grün-
ton gemalt sind. Unmittelbar daneben schreibt Sor Juana

132

Inés de la Cruz* ihre Dichtung »Über das Böse im Menschen«. Der Konquistador mit blutbefleckten Händen am Rand der Tafel, offensichtlich Cortés, wird von der überlebensgroßen Gestalt des Benito Juárez überragt, von Mexikos einzigem indianischem Präsident, der die erste demokratische Verfassung des Landes emporhält. Die Armen sitzen zusammengesackt und erschöpft auf einer Parkbank neben der dösenden Gestalt des älteren Diktators Porfirio Díiaz. Direkt vor dem schlummernden Präsidentengesicht erleichtert ein Bengel die Tasche eines eleganten Kavaliers. Und das alles bedeckt bloße drei Quadratmeter des Freskos.

All die Lebendigkeit und Virtuosität, die Diego in sein Schaffen einbrachte, spürt man in diesem Wandgemälde; es belehrt, unterhält und entzückt auf ganz unmittelbare Weise. Doch das Hotel war nicht immer so stolz auf seinen Kunstschatz. Jahrelang blieb es verborgen, da es als Skandal galt. Heutzutage ist es nicht klar, was an diesem Bild so skandalös war. Möglicherweise die despektierliche Haltung der Macht gegenüber, möglicherweise die Andeutung einer Frau in eleganter Kleidung, die sich hingebungsvoll zurücklehnt, wobei ihre Beine durch einen Baumstamm getrennt sind. Angeblich war da mal im Bild ein Transparent mit einem blasphemischen Spruch**, doch selbst wenn, müßte es zwischen den hundertdreißig lebensgroßen Figuren, die sich auf dem Fresko zusammendrängen,

---

* mexikanische Nonne und Dichterin, 1651–1695, erste bedeutende Lyrikerin der Neuen Welt.
** Rivera hatte ursprünglich einen Satz von Ignacio Ramírez dort stehen, dem ›Nekromanten‹, einem Vorkämpfer der Reformation, der in etwa sagte: »Gott existiert nicht.«

untergegangen sein. Und Mexiko ist sowieso ein Land, dessen Regierung in den letzten dreiundsechzig Jahren die Existenz Gottes geleugnet hat.

Heute, da »Der Traum« wieder zu sehen ist, wirkt das Wandgemälde fremdartig in der Welt jener, die dorthin kommen, um es zu bewundern.* In der Lounge des Hotels Del Prado laufen die Kellnerinnen mit den Cocktails hin und her, geflissentlich übersehen von den grotesken Bewohnern der Diego-Welt, und bedienen zwei ganz unterschiedliche Gruppen von Gästen. Als ich auf Stella wartete, erhielt die unausweichliche Gesellschaft von Pauschalreisenden plötzlich Verstärkung durch die Massenerscheinung vom Palmsonntag, die leicht gebräunten Blonden, die das Sternenbanner so ruhmvoll durch die Kathedrale getragen hatten. Jetzt, da sie für ein Massen-Steak-In ausgingen, prangten die Mädchen in schmucken grauen Kostümen, Faltenrock und weißen Söckchen, die Jungen steckten wie zum Kontrast in marineblauen Anzügen. Doch noch immer waren sie ein Meter achtzig groß, achtzehn Jahre alt, in Zweierreihen und sehr diszipliniert. Wieder verschlug es mir die Sprache, als ich beobachtete, wie die vielfüßige Schlange in die Hitze des Abends entschwand. Dann fragte ich eine Kellnerin, wer sie denn seien. »*Un grupo de escolares de los Estados Unidos*«, antwortete sie, als erklärte das alles.

Die zweite Gruppe von Gästen war die der einzelnen Mexikaner, die an ihrem Whisky nippten und auf das Wandgemälde blickten. Indem sie bei jedem ihrer Besuche

* Das Erdbeben von 1985 hat das Hotel Del Prado zerstört. Für Riveras Bild wird ein anderer Standort gesucht.

einen Tisch in einem anderen Teil des Raumes wählten, konnten sie in Ruhe einen völlig anderen Teil des Freskos studieren. Hatten sie genug von ihren Studien, konnten sie sich statt dessen der Cocktail-Kellnerin zuwenden, die sie bediente. Sie hatte aschblondes Haar und schwarze Augenbrauen und trug einen knöchellangen roten Samtrock, der bis zur Hüfte aufgeschlitzt war. Ihr Name, an die linke Brust geheftet, war ›Guadalupe‹. Die Cocktail-Lounge hatte auch ein Trio. Seine Mitglieder trugen Smoking zur Teestunde, und zwei spielten Zither. Das Trio hatte seinen Platz auf der dem Kunstwerk gegenüberliegenden Seite des Raums. Die Zitherspieler zeigten großen Drang nach Publicity, suchten ständig die Lounge mit Blicken nach einem freundlichen Gesicht ab, dem sie zulächeln konnten; es waren rundliche, glückliche, sympathische Typen. Der Bassist, ein Mann in den Siebzigern, das Haar tiefschwarz gefärbt, verbarg sein Schielen mit einer dicken Hornbrille und hing mit einer Miene unheilbaren Trübsinns über seinem Instrument. Das hielt ihn aber nicht davon ab, rechtzeitig die rätselhafte Botschaft auszusprechen:

Guapa Pa Pa
Guapa Pa Pala
Grazie! Grazie!

Doch an dem Abend, als ich im Del Prado saß und auf Stella wartete, konnte nichts, weder das Wandbild noch das Trio, nicht einmal Guadalupe, es mit dem erstaunlichsten Anblick in der Lounge aufnehmen. Zwei Engländerinnen mit kurzgeschnittenem Haar saßen da und nippten an ihren

Drinks. Die eine, ein schmächtiges, zurückhaltendes Persönchen, trug ein schlammfarbenes T-Shirt und eine ebensolche Hose und trank Zitronentee. Die andere, ein Wesen von majestätischer Statur, hatte sich ein kühles Bier bestellt. Sie trug eine knappsitzende weiße Bluse ohne Ärmel, blaue Mini-Shorts und schmutzige offene Sandalen an schmutzigen Füßen. Ihre Bizeps waren wie Kugeln, ihre Bluse klaffte und enthüllte den Muskelwulst unter ihrem Büstenhalter, ihre Schenkel hatten den Durchmesser einer Eiche mittleren Alters, nur waren sie glatt und gut gepolstert. Von den Rivera-Bewunderern verlor einer nach dem anderen die Konzentration und starrte statt dessen auf diese bemerkenswerte junge Person, ein Anblick, den sie nie erwartet hätten, fesselnder als die vielfüßige Schlange der Blonden oder Guadalupe. Sie gafften die Engländerin an, die im Ausland war und daher ganz entspannt. Unerklärlicherweise hatten alle, das Trio, die Kellnerinnen, die Blonden, selbst die Gäste, etwas Unwirkliches angenommen, als wären wir alle zu Figuren in Diegos *Traum* geworden.

Ich wollte mehr von Diego sehen. Sein Gesamtwerk besteht vor allem aus Wandbildern, was es notwendig macht, nach Mexiko zu fahren, um es zu sehen. Und die *murales* sind auf Anhieb überwältigend: sie sind monumental, wirkungsvoll und unverfroren politisch in ihrer Aussage.

Nach dem Hotel Del Prado ging ich zum *Palacio de Bellas Artes*, der nicht weit davon entfernt in derselben Straße steht. Der *Palacio* ist ein mit Säulen versehener Kuppelbau aus Marmor, der ursprünglich als Lustschloß für eine Handvoll der reichsten Familien Mexikos errichtet wurde. Er beherrscht seine Umgebung selbst heute noch, obwohl dort gegenüber jetzt der höchste Wolkenkratzer der Stadt emporragt. Ursprünglich muß er eine der schamlosesten Demonstrationen privaten Reichtums gewesen sein, die je errichtet wurden. Seine Besitzer wollten den Palast als Rahmen für ihre Empfänge, ihre Gesellschaften und Bälle. Doch kurz nach seiner Fertigstellung fand die Revolution statt, und der Besitz ging an das Volk über, das ihn zu einer Stätte der Kultur machte. Kultur erschien den Führern der sozialen Revolution das einzig Passende und moralisch Legitimierbare zu sein.

Leider ist der *Palacio* so schwer, daß er immer tiefer in die Lagune einsinkt, auf der Mexico City erbaut ist. Der Passant schaut auf das hinab, was eigentlich von unten her gesehen werden sollte, das Erdgeschoß ist zum Kellergeschoß geworden. Der Palast ist im Stil neo-ägyptisch und hätte das größte neo-ägyptische Odeon auf der Welt werden können. Wer Rivera-Bilder sehen will, muß Marmorfluchten hochsteigen, bis er einem weiteren unvergeßlichen Erlebnis gegenübersteht: »El Hombre Contralor del Universo«, 1934 von Diego gemalt, als er achtundvierzig Jahre alt war.

Das Fresko entfaltet sich von einer Zentralfigur aus, einem blonden, grauäugigen, überdimensionalen Superman, der wie ein Stahlarbeiter angezogen ist und eine Maschine antreibt, die Sonnen, Seeanemonen, Glühbirnen und Maiskolben ausstößt. Um ihn herum gruppieren sich die weniger wichtigen Sterblichen; sie spielen Karten, tanzen, flirten, tragen Monokel. Sie können ihm nichts anhaben.

Das Gemälde bedeckt wieder eine riesige Wandfläche

und ist in verschiedene Geschichten aufgeteilt. Diego Rivera hat nicht so sehr das erzählende Malen angestrebt als epische Erzählfolgen. Zur Rechten der beherrschenden Figur rücken geschlossene Formationen der Roten vor; sie haben keine Waffen, sie sind nur ausgerüstet mit roten Fahnen und dem festen Glauben, der aus ihren Augen strahlt. Sie rücken, ganz offensichtlich in selbstmörderischer Absicht, gegen die Mächte des Bösen vor: Männer mit Gasmasken und aufgesetzten Bajonetten. In einem anderen Teil des Wandbildes kann man Lenin sehen, der umgeben ist von geballten Fäusten, Nationen der Welt und athletischen Jugendlichen. Wieder woanders werden Trotzki, Marx und Engels, die dem Banner der Vierten Internationale folgen, von Arbeitern umringt. Alle blicken auf den Anführer, den Menschen, der ausgestattet mit technischem Wissen das Räderwerk des Universums kontrolliert, angefangen vom Gartenbau bis zum Lauf der Planeten.

Das Gemälde ist naiv, leidenschaftlich zuversichtlich und sehr mitreißend. Es verkörpert die politische Anschauung eines Künstlers, etwas lächerlich in seiner Aufrichtigkeit, aber eine wundervolle Illustration der Anziehungskraft des Kommunismus in den dreißiger Jahren. Dieses Wandbild besagt: Die Welt ist furchtbar kompliziert, der Feind ist furchtbar mächtig, doch weil sie beherrscht werden *müssen, werden* sie es auch. Wie? Na ja... durch Wissenschaft und Kommunismus natürlich. Wenn man Fahnen malte, die siegreich Gasmasken und Bajonette zurückschlugen, und nur stark genug daran glaubte, dann stimmte das auch. Es mußte so geschehen. Und dieses Glaubenselement wird durch die Position des Herrschers bestärkt; er befindet sich nämlich genau dort, wo ein Maler des sechzehnten Jahrhunderts Gottvater plaziert hätte, auf den Wolken schwebend und auf dieselbe Weise das Schicksal lenkend. Und man sieht, was im zwanzigsten Jahrhundert geschehen ist: Gottvater ist ein jugendlicher arischer Stahlarbeiter geworden.

Das Interesse an diesem Fresko wird noch größer, wenn man die beiden Geschichten kennt, die dahinter stecken. Die erste besagt, daß das Wandbild im *Palacio* tatsächlich die zweite Ausführung ist. Das Original hatte der junge Nelson Rockefeller für das Rockefeller Center in New York in Auftrag gegeben. Diego hatte schon einige Zeit daran gearbeitet, und sein Mäzen wußte von seiner politischen Einstellung, als sich herumsprach, daß das Bild die Gestalt Lenins in freundlichem Licht zeige. Das reichte für eine Intervention aus. In der Nacht erschienen uniformierte Männer bei Diego, verboten ihm, ins Rockefeller Center zurückzukehren und verhüllten das Bild. Später wurde es zerstört. Die Geschichte wirkt um so merkwürdiger, als ein anderer Teil des Freskos, der nicht beanstandet wurde, die berittene Polizei New Yorks zeigt, wie sie Teilnehmer einer Hungerdemonstration in der Wall Street niederknüppelt. Seltsamerweise erspäht man unter den Marschierenden Charles Darwin mit seinen Papageien und einem Affen. In seiner Nähe steht ein nacktes weißes Kind vor der Röntgenaufnahme eines Menschenschädels. Die Gewitztheit eines mexikanischen Künstlers, der unbedingt ein Skelett in seine Arbeit einbringen will, ist erstaunlich.

Diegos Zorn, daß die Rockefellers unnötig sein Werk vernichtet hatten, legte sich, als er triumphierend im *Palacio* das von neuem schuf, was in New York verloren gegangen war. Selbstverständlich grassiert nach rechtem mexikanischem Brauch seitdem das Gerücht, die Rockefellers hätten das erste Wandbild nie zerstört. Es sei für die Zukunft eingelagert. Die Rockefellers, heißt es, wären schließlich nie so weit gekommen, wenn sie Meisterwerke der Kunst zerhacken würden.

Die zweite Geschichte, die mit dem Bild verbunden ist, besagt, daß Diego sich mit beiden Helden entzweite, die er in *El Hombre Contralor del Universo* verewigt hat. Er war eng befreundet mit Trotzki und organisierte sogar dessen Asyl in Mexiko, als ihn die Angst, ermordet zu werden, aus Europa vertrieb. Dann hatte seine Frau Frida Kahlo eine Affäre mit Trotzki. Und schließlich zerstritt Diego sich so gründlich mit ihm (aus politischen Gründen), daß er nach Trotzkis Ermordung als einer der Hauptverdächtigen galt und untertauchen mußte, um den Verhören zu entgehen. Zuvor hatten die Stalinisten Diego aus der Kommunistischen Partei Mexikos hinausgeworfen. Zu der Zeit war er Sekretär der Partei, deshalb ist es nicht ganz korrekt, daß er hinausgeworfen wurde, da er selbst die Verfügung unterzeichnen mußte, die ihn ausschloß. Bei dieser Gelegenheit hielt er eine kleine Rede, die mit den Worten endete, »... deshalb sollte der Maler Diego Rivera vom Generalsekretär der Kommunistischen Partei Diego Rivera aus der Kommunistischen Partei ausgeschlossen werden«. Er warf sich selbst hinaus.

Ich war so beeindruckt von *El Hombre Contralor del Universo* und vom *Traum eines Sonntagnachmittags im Alameda-Park*, daß ich beschloß, das Erziehungsministe-

rium zu besuchen. In diesen Arkadengängen und Innenhö-
fen des Kolonialpalastes, der jetzt verschiedene Abteilun-
gen des Ministeriums beherbergt, konnte Diego seiner
wilden Begeisterung für die Wissenschaft und der damit
verbundenen Hoffnung für die Menschheit ungestört
nachgehen. Heute wäre es bei unserem Wissensstand für
einen großen Künstler unmöglich, dieses Sujet mit derart
naiver Überzeugung zu malen. Er besaß den kindlichen
Glauben eines Stanley Spencer*, doch er verwandte ihn auf
weit umfassendere und aktuellere Themen. In einem seiner
zahlreichen kleinen Freskos im Ministerium beugen sich
Menschen mit runden, fast leeren Gesichtern über ein
Mikroskop. Es ist in Grautönen auf Grau ausgeführt. Der
Titel heißt: *Los Investigadores*. Mehr ist nicht zu sehen,
doch Diegos Können ist so groß, daß man von der blinden
Hoffnung, die einem aus diesem Bild entgegenschlägt, zu
Mitleid gerührt wird. Diese Menschen – gesichtslos, da sie
keine Individuen sind, sondern unermüdliche Diener der
Lehrmethode – erforschen etwas entscheidend Wichtiges
für die Zukunft der Menschheit. Selbst das Mikroskop
scheint kein neutrales technisches Gerät zu sein; es ist
wohltätig. Es garantiert den Wert der Untersuchung, es hat
eine religiöse Bedeutung. In Diegos Kunst entdeckt man all
die Gewißheit und das unverwüstliche Vertrauen, die einst
der Sakralkunst vorbehalten waren. Seine Fresken bilden
einen verblüffenden Kontrast zum protzigen Schaugepräge
von Guadalupe.

Ständig erweist sich sein unerklärliches Talent, unbe-

* Stanley Spencer, engl. Moralist, 1891–1959.

141

lebte Dinge und unpolitisches Tun bildhaft zusammenzu-
fügen. In einem anderen in Grisaille ausgeführten Bild: *La
Geología*, wird die archäologische Erforschung der Maya-
Ruinen eindeutig zu einem sozialistischen Unterfangen, zu
einem Triumph der progressiven Kräfte. Alles Wissen ist in
Diegos Kunst progressives Wissen, es ist sozialistisches
Monopol. Er ist der Lehrer, und es gibt hier keinen Raum
für unorthodoxes Denken. Das erfährt man immerzu in
den Fresken im Ministerium. In *La Operación* werden sogar die Chirurgen Diener der politischen Sache. Sie tragen
Schutzmasken, das ist normal, aber sie scheinen nicht die
üblichen Brillen zu tragen, sondern haben Glotzaugen; sie
wirken unmenschlich, sie haben den Kopf von Insekten.
Doch sie sind nicht so sehr un-menschlich als übermensch-
lich. Gesichtslosigkeit ist bekanntlich ein Fluch des Sozialismus; Diego macht sie zu einer Auszeichnung.

All diese Tafeln in Grisaille wirken durch ihre Lage noch
geheimnisvoller. Sie befinden sich nämlich unterhalb viel
größerer Fresken, die überaus farbenprächtig sind. Das
verleiht den kleinformatigen Bildern die Autorität eines
Kommentars, *sotto voce* und eindringlich.

Die Geschichte, die die größeren Fresken erzählen, ist
viel vertrauter. Sie beginnt, wenn man im ersten Hof das
Treppenhaus zum ersten Stockwerk hochsteigt. Indiofrauen baden in einem Fluß, einige nackt, andere bekleidet.
Ähnliches kann man überall in der Kunst Zentralamerikas
sehen, diese Frauen jedoch gehören eindeutig einer früheren Epoche an. Es sind menschliche Wesen, aber im Stadium der Unschuld. In einem anderen Bild sitzen sie vor
einem Medizinmann oder Schamanen in einer Lichtung.

Ein Waldvogel wacht über sie. Hier haben wir die romantische Sicht des Indiolebens vor der Ankunft des Bösen, der Ankunft der Spanier; und es erinnert an einen der ungelösten nationalen Widersprüche, denn Spanien war die Mutter Mexikos und die Mutter der exakten Wissenschaft in ganz Amerika. Wir kommen zum Stockwerk, wo der düstere graue Text den lebhaften Farben des mexikanischen Alltagslebens unterlegt ist. In einer Szene reicht eine Revolutionärin, die die Züge von Frida Kahlo trägt, den Männern die Gewehre zurück, die sie hergestellt haben. Es ist eine Skizze in kühnen Tuschkastenfarben und Pastelltönen. Die Konturen der Bewaffneten haben etwas wundervoll Symmetrisches, einzelne Gestalten, die sich gemeinsam beugen wie Getreidehalme im wechselnden Wind. Wir sind im Erziehungsministerium, nicht im Rockefeller Center, und Rivera hat sich keinerlei Zwang bei seiner Darstellung des Kapitalismus und der Habgier auferlegt. Eine Gringo-Frau der Bourgeoisie im Abendkleid erhält von einer streng blickenden Indiokriegerin einen Besen überreicht. Der Bildtitel lautet: »Wer essen will, soll arbeiten.« Daneben ein Bild, das noch heiterer ist: ein dünkelhafter Kapitalist sitzt auf einem großen Safe. Seine Kehle ist durchgeschnitten.

In *La Cena del Capitalista* (Das Diner des Kapitalisten), einem der berühmtesten Wandbilder Riveras, erfährt man einiges zum Thema Dünkel. Eine Abendgesellschaft ist im Gange. Um den Tisch herum sitzen eine Frau, mehrere reiche Herren und ein heulendes Kind. Alles scheint ganz normal, bis man die Erklärung für die Tränen der Göre erhält. Die Teller, die vor den Gästen stehen, sind nicht mit Essen, sondern mit Goldmünzen gefüllt. Vor dem Fenster gehen die Arbeiter achtlos vorbei, beladen mit Obst. Es ist ein Klischee, doch es funktioniert. Weiter hinten auf demselben Stock findet man *La Orgía*, und wieder ist man gepackt von Diegos einfacher, gefühlsbetonter Vision des kapitalistischen Bösen. Die Bauernkader stürmen durch den Eingang einer Villa und unterbrechen eine Orgie von Alkohol und Drogen. Junge Männer, die eigentlich stark und sinnlich sein sollten, sind zusammengesunken und betrunken. Alte Männer, die gelassen und würdevoll sein sollten, gebärden sich wie lächerliche Wüstlinge. Die Mädchen, die sich ihre Aufmerksamkeiten gefallen lassen, sind wunderschön angezogen, doch ihre Kleidung ist in Unordnung geraten und ihre Stanley-Spencer-Schenkel sind entblößt. Ah ja, der bekannte bourgeoise Abend en famille, man erinnert sich gut. Etwas wie Wehmut wird erkennbar in der Art, wie der Maler diese Frivolitäten – denen er selbst nicht abgeneigt war – als Symbol egoistischer Korrumpierung gewählt hat. Und wieder kann man nur das verblüffende Geschick bewundern, mit dem es ihm gelingt, einen Frack oder eine Flasche Whisky, selbst eine Zigarette, zum Inbegriff des Schlechten zu machen.

Ich wandte mich von diesen grellen Szenen der Korruptheit und der Gewalt ab, von diesem ungewöhnlichen Eindruck der menschlichen Komödie, hin zu den ruhigen Höfen des Erziehungsministeriums. Ein Feiertag nahte, und das Land begann dichtzumachen. Ein gelangweilter Soldat am Eingang zum ersten Hof hatte mich hindurchgewunken, doch im Inneren des Palastes waren die Büros von ihren Bürokraten verlassen. Ich konnte ungestört die blühenden Bäume bewundern. Einige Vögel flatterten die Arkadengänge entlang, als wären sie in einem riesigen Steinkäfig gefangen. Sie hüpften die Steintreppe rauf und runter zwischen den Szenen primitiver Unschuld und den gemalten Vögeln an der Wand. Irgendwo, in entfernteren Korridoren, eilten verspätete Verwaltungsbeamte mit ihren Akten verschwiegenen Aufträgen entgegen. Es war zwei Stunden vor dem Ende der Schalterstunden und der letzte Nachmittag vor dem Feiertag, und die Experten des Ministeriums waren bereits fort. Vielleicht suchten sie ein wenig mehr Muße, hofften auf ein wenig mehr Kraft, um ein wenig mehr Bildung verbreiten zu können, jenes Extra-Wissen, das die politischen Träume von Diego Rivera zu neuem Leben erwecken würde. Ich blickte zurück auf die reine Begeisterung dieser begeisternden Wandbilder und dann wieder auf das herrlich uninspirierte Ministerium und dachte, daß die Politiker in Washington, die so besessen sind vom revolutionären Eifer des sandinistischen Regimes in Nicaragua, sich vielleicht daran erinnern sollten, was Mexiko für den Sozialismus getan hat. Als ich nach draußen ging, dankte ich der Wache und sagte, daß die Fresken wunderschön seien. »Danke«, erwiderte er, als gehörten sie ihm persönlich.

Ich wollte Cuernavaca sehen. Es ist die Stadt, in der Malcolm Lowrys Roman *Unter dem Vulkan* spielt. Es ist die Stadt, die Cortés zum Lebensdomizil gewählt hat. Und es ist die Stadt, wo Diego ein Fresko zum Thema der Eroberung gemalt hat. In diesem Mural hat er seine politische Auffassung von den Indios zum Ausdruck gebracht. Cortés hatte sich dieses Domizil aus demselben Grund wie die Aztekenfürsten erkoren. Es liegt achthundert Meter niedriger als Mexico City. Selbst heute noch, da es Nachtclubs, Fitneßcenter und einen Golfplatz hat und zu einer Gringo-Schlafstadt geworden ist, bleibt Cuernavaca ein schöner Ort. In den eleganteren dreißiger Jahren warfen die Gringos nicht soviel Abfall weg. Damals war Cuernavaca eine Zufluchtsstätte für Künstler, Trunkenbolde und andere Verbannte und Außenseiter, unter ihnen Lowry. *Unter dem Vulkan* sagt weit mehr über Alkoholismus und ein gebrochenes Herz aus als über Mexiko, aber der mexikanische Schauplatz ist dennoch unvergeßlich. Zu der Zeit, als Lowry in Cuernavaca lebte, kämpfte man gerade erbittert um die Seele des Landes. Die Revolutionsregierung, die die Kirche verfolgen ließ, sah sich einem bewaffneten Aufstand von ›*Cristero*‹-Guerilleros* gegenüber, die darum kämpften, Mexiko der katholischen Herrschaft zurückzugeben. Es gibt keine direkte Anspielung auf dieses Geschehen in Lowrys Roman, aber eine versteckte. Die *Cristeros*, Soldaten Christi, waren in der Umgebung von Cuernavaca sehr aktiv. Gelegentlich wird das dem Konsul, dem trunksüchtigen Protagonisten, zu Bewußtsein gebracht.

»›*¿Quiere usted la salvación de México?*‹ fragte plötzlich ein Radio irgendwo hinter der Theke. ›*¿Quiere usted que Cristo sea nuestro Rey?*‹. . . .

›No.‹«

---

* Ihr Schlachtruf war »Viva Cristo Rey!« (»Lange lebe Christus der König!«), was ihnen den Namen *Cristeros* verschaffte. 1926 kam es zu blutigen Zusammenstößen zwischen fanatischen Katholiken und der Regierung.

Dasselbe ertönt noch einmal im Radio, der Konsul bleibt unnachgiebig.

»Wollen Sie die Rettung Mexikos?« »Nein.« »Wollen Sie, daß Christus unser König ist?« »Nein.«

Der *Cristero*-Aufstand wurde äußerst blutig niedergeschlagen, und mein Ankunftstag in Cuernavaca markierte das Ende einer ganz anderen religiösen Intervention. Der berühmte rote Bischof von Cuernavaca, Sergio Méndez Arceo trat in den Ruhestand, und sein Nachfolger wurde gerade ins Amt eingesetzt. Bischof Méndez Arceo betrachtete sich selbst zu Recht als progressiv. Eine andere Meinung über ihn lautete, er sei ein »nützlicher Idiot, der von den Marxisten manipuliert worden ist«. Außerhalb seiner Diözese war er als Bischof bekannt, der *mariachi*-Kapellen in der Messe zugelassen hat. Innerhalb der Diözese blieb unvergessen, daß er die Statue Unserer Lieben Frau von Guadalupe aus der Kathedrale entfernt hatte. Man erzählte mir, daß die Gemeinde die Statue, sobald er weg war, wieder an die frühere Stelle gebracht habe. Méndez Arceo war bei den konservativen Katholiken in Mexiko aufrichtig verhaßt; »ein Monster« nannte ihn einer.

Bei der Amtseinsetzung seines Nachfolgers stellte sich eine große Gemeindeschar in eine Reihe an, um dem Mann mit der goldenen Mitra, der ganz allein am Hochaltar saß, die Hand zu schütteln. Im Kirchenschiff war ein Priester, den man nur wegen des Kreuzes an seinem Revers als solchen erkannte, einem Tratschweib ins Netz gegangen und mußte ihre Beichte hören. Für jeden, der sich einmal gefragt hat, wie der Gesichtsausdruck eines Priesters hinter dem

Sprechgitter sein mag: Dieser Mann sah gelangweilt aus und schien peinlich berührt zu sein. Er blickte starr in die Ferne, während die zutrauliche Plappertasche neben ihm auf der Bank saß und ihr Herz ausschüttete. Fast überall in der Welt hätte die Zivilkleidung des Priesters ihn als fortschrittlich ausgewiesen, doch in Mexiko ist es den Geistlichen sogar verboten, auf der Straße Priestertracht zu tragen. Es ist äußerst sonderbar, daß die Kirche im modernen Mexiko als bevorzugtes Gewand die Anonymität beibehält, die ihr die Regierung unter dem Präsidenten Calles als eine Art von Schikane aufgezwungen hatte. Heute kann kein mexikanischer Politiker, der nach Amt und Ehre strebt, auf dem Weg zur Kirche photographiert werden – das genaue Gegenteil dessen, was in Europa oder in den USA üblich ist, wo völlig unerwartet Politiker in Wahlzeiten in irgendwelchen Gotteshäusern auftauchen, um sich photographieren zu lassen. In Mexiko verweigert man Priestern und Nonnen noch Jahrzehnte nach der Revolution viele der üblichen Bürgerrechte; so dürfen sie zum Beispiel nicht ohne Sondergenehmigung ins Ausland reisen. Und doch weiß man, daß die Frau des Präsidenten Miguel de la Madrid überzeugte Katholikin ist, und auch er selbst steht in diesem Ruf. Und die große Mehrheit der Mexikaner ist und bleibt katholisch, nicht nur auf dem Taufschein.

Ich verließ die Kathedrale und ging zu den Gärten des Kaisers Maximilian in der Nähe des Stadt- und Gartenhauses, das der kaiserliche Kammerherr ›Das Lustschloß‹ nannte, weil es sein Gebieter vorzog, hier die Zeit mit seiner Frau Carlotta zu verbringen, statt die mörderischen Grausamkeiten des Benito Juárez* abzuwehren. In Cuernavaca hatte Malcolm Lowry geschrieben: »Was gibt es denn im Leben außer dem Menschen, den man bewundert, und dem Leben, das man mit diesem Menschen gestalten kann?« Für Maximilian, der glaubte, daß selbst ein indianischer Revolutionär im Sieg ritterlich sein würde, gab es das Exekutionskommando.

Und hier hatte Malcolm Lowry geschrieben: »Seine Leidenschaft für Yvonne... hatte aus unerfindlichen Gründen in seinem Herzen die Erinnerung an seinen ersten Gang durch die Wiesen von Saint Près wachgerufen, dem verschlafenen französischen Dorf mit seinen toten Gewässern und Schleusen und den stillstehenden grauen Wassermühlen, in dem er sich eingemietet hatte, als er langsam, wunderbar, überwältigend schön, über mit wilden Blumen übersäten Stoppelfeldern ins Sonnenlicht aufsteigend, die Zwillingstürme der Kathedrale von Chartres hatte auftauchen sehen, so wie die Pilger, die vor Jahrhunderten über dieselben Felder gewandert waren, sie hatten aufsteigen sehen.« Es gab keine *mariachis* in der Kathedrale von Chartres. Der Konsul betete zu einem Christengott älterer Prägung. Er war in einer persönlichen Leidenschaft verstrickt und behauptete, daß nur in solchen ganz persönlichen Abenteuern der menschliche Geist, wenn überhaupt, überleben würde. Es war der Konsul, der sagte: »Was in Gottes Namen hat all der heroische Widerstand, den arme, schwache, wehrlose Völker leisten,... mit dem Überleben des

* mexikanischer Präsident, der 1862 abgesetzt wurde, als die Franzosen den Habsburger Maximilian zum Kaiser Mexikos krönten, leistete erbitterten Widerstand. 1867 kehrte er in das Amt zurück.

menschlichen Geistes zu tun? Nichts. Rein gar nichts. Länder, Zivilisationen, Reiche, mächtige Völkerschaften vergehen ohne ersichtlichen Grund, und mit ihnen ihr Geist und ihre Bedeutung...« Drei solcher Reiche, das der Azteken, der Spanier und der Franzosen, sind in den letzten vierhundert Jahren in Cuernavaca untergegangen. Doch noch immer schneiden die Gärtner den Rasen und jäten das Unkraut in den Blumenbeeten, und in den Teichen schwimmen zufriedene Enten. Ich verließ die Gärten des Kaisers Maximilian und ging zum Cortés-Palast.

Cortés hat die Belohnung, die ihm, wie er meinte, für die Eroberung Mexikos zustand, nie erhalten. Zumindest konnte er sich aber in Cuernavaca einen schönen Palast bauen, wo er seine erste Frau unterbrachte. (Er vertrug sich nicht allzu gut mit ihr, und nach ihrem jähen Tod heiratete er wieder und holte auch seine zweite Frau hierher.) Das Gebäude, ein massiver Kolonialbau ohne viele Extravaganzen, ist jetzt ein Museum, das dem Andenken der Indios und »dem Kampf des Menschen gegen die Ausbeutung des Menschen« gewidmet ist. Das Fresko von Rivera befindet sich in einer Galerie auf der Rückseite des Gebäudes, ein langer, zweimal im rechten Winkel gebrochener Gang mit einer offenen Balustrade auf der vierten Seite. Diegos Darstellung der heldenhaften Geschichte der Indios beginnt auf der kurzen Wand rechter Hand, zieht sich über den ganzen Stock hin und endet auf der Wand gegenüber der Anfangsseite. Das Fresko setzt ein mit dem Angriff auf das Aztekenreich, auf die Hauptstadt, die durch die Lagunen geschützt und von Vulkanen umgeben ist. Während die kleine Zahl von Spaniern mit ihrer furchteinflößenden Technologie von Rüstungen, Schlachtrössern und Kanonen heranrückt, sieht man im Hintergrund auf der obersten Pyramidenstufe die Opferung eines Spaniers, dessen noch schlagendes Herz von Aztekenpriestern den Göttern dargebracht wird, die eben diese Eroberer geschickt haben.

Im zweiten Abschnitt des Freskos werden Aztekentempel zerstört, Bergwerke erschlossen und Indios, die jetzt zu *peones* geworden sind, pflanzen und schneiden Zuckerrohr. Dieweil sich die Zuckerrohrschnitter abrackern, liegt ein spanischer Plantagenbesitzer in einer Hängematte und schaut ihnen zu. Ohne jede Satire. Doch im letzten Abschnitt, der sich mit der Herrschaft der Kirche befaßt, nehmen Franziskaner ihre Bekehrungsarbeit an den Indios auf, lassen sich dann aber vom Geschenk eines Lapislazuli ablenken, der ihnen überreicht wird. In der angespannten Aufmerksamkeit, mit der sie den Stein begutachten, kann man wieder die Pfiffigkeit des Malers sehen. Den Inquisitions- und Folterszenen folgt dann das Abschlußtableau. Ein indianischer Bauer mit blutverschmierter Sense in der Hand hält den Kopf eines reiterlosen Pferdes hoch. Unter den Pferdehufen liegt dessen toter spanischer Reiter. Somit ist jetzt das Tier, das geholfen hat, die Indianer zu versklaven, ihre Trophäe geworden. Die Geschichte der Indios oder des ›Volkes‹ von Mexiko endet darum mit einem triumphierenden Ton.

Politisch interessant ist dieses Wandgemälde , weil es ein Licht auf die offizielle Haltung Mexikos gegenüber den Indios wirft und die ungewöhnliche, unbehagliche Komplexität demonstriert, mit der dieses Land seiner eigenen Identität gegenübersteht. Zumindest in einer Hinsicht hat Mexiko keine Veranlassung, sich schuldig gegenüber den Indios zu fühlen. Das nachkoloniale Mexiko hat nie den Versuch unternommen, sie auszurotten, wie das in Uruguay und Argentinien geschehen ist. Es leben viele Indios in Mexiko; es ist wahrscheinlich eines der größten Indioländer auf dem amerikanischen Kontinent, und hier haben sie eine bessere soziale Stellung als fast überall sonst. Juárez war ein vollblütiger Zapoteke und wurde Präsident von Mexiko. Emiliano Zapata war auch Zapoteke, und er ist ein noch berühmterer Revolutionär als Pancho Villa. Dennoch ist Mexikos Verhältnis zum indianischen Erbe äußerst zwiespältig.

In Diegos Cuernavaca-Fresko wird durchgehend ein rassischer Symbolismus eingesetzt. Die Unterdrücker (mit Ausnahme eines guten weißen Mönches) sind immer weiß. Die Indios (mit Ausnahme von Doña Marina, der Dolmetscherin von Cortés) sind immer Opfer. Das ist eine irreführende Aussage über die mexikanische Geschichte. Mexiko ist stolz auf seine historischen Indios und rühmt ihre Tugenden, doch sie bleiben eine verarmte rassische Minderheit. Der Mißerfolg der mexikanischen Rassenmischung wird durch die Bevölkerungsstatistik dokumentiert. 1953 gab es drei Millionen mexikanische Indios, fünfzehn Prozent der Bevölkerung, siebzehn Millionen *mestizos*, Personen, die sowohl indianisches als auch europäisches Blut in den Adern haben, und eine geringe Anzahl von Weißen, nämlich 40 000. 1985 gibt es siebzehn Millionen Indios, das macht immer noch über fünfundzwanzig Prozent der Bevölkerung aus, und 40,8 Millionen *mestizos*, doch sie stellen jetzt nur siebzig Prozent der Bevölkerung. Die Gruppe der

Weißen andererseits ist von einem minimalen Anteil auf fünf Prozent der Bevölkerung gestiegen, nämlich auf 3,4 Millionen Menschen. Was ist passiert? Hat eine Masseneinwanderung von Weißen nach Mexiko stattgefunden? Nein. Haben die 40 000 Mexikaner weißer Abstammung 3,4 Millionen Nachfahren in dreißig Jahren gezeugt? Unwahrscheinlich. Statt dessen haben über 3 Millionen Menschen, die 1953 damit zufrieden waren, sich als *mestizos* einzustufen, mit dem Rest der Welt gleichgezogen und sich dafür entschieden, sich soweit wie möglich einzugliedern; sie bezeichnen sich jetzt als Weiße.

Auch wenn so viele Mexikaner stolz darauf sind, weiß zu sein, leben sie in einem Staat, der in der Öffentlichkeit alles tut, um seine weißen Vorfahren herabzusetzen. Die meisten Einwohner Mexikos sind Nachfahren von Cortés. Die Conquista fand vor über vierhundert Jahren statt, und dennoch schmäht Mexiko weiterhin den einen Partner in dieser Verbindung und preist den anderen, fast so, als wenn Menschen, die ohne die Eroberung gar nicht existieren würden, den Umstand beklagen, daß überhaupt eine Conquista stattgefunden hat. Indem sie dies beklagen, beklagen sie ihre eigene Existenz. Außerdem ist der Partner, auf den die Mexikaner Loblieder singen, nicht derjenige, dessen Lebensweise sie eifrig anstreben. Hier existiert eine Ambivalenz, die tiefer geht als *no hay reglas fijas*. Die spanische Kolonialherrschaft in Mexiko war 1821 zu Ende. Gewöhnlich haben nachkoloniale Gesellschaften ambivalente Gefühle gegenüber ihren früheren Kolonisatoren, doch anscheinend hinterläßt die Erfahrung der spanischen Kolonisierung ein solches Trauma, daß sie selbst 165 Jahre danach verunglimpft werden muß. Dabei steht es in Einklang mit dem spanischen Charakter, eine Wahrheit leidenschaftlich und kompromißlos auszusprechen, ohne Rücksicht auf ihre möglichen Modifikationen.

Die Ausstellung im restlichen Teil des Museums veranschaulicht zusätzlich die gewundene offizielle Haltung Mexikos seinen Indios gegenüber. Neben einem Exponat von Indiohütten hängt ein Anschlag: »Indem die Kolonisatoren die Lebensbedingungen der armen Ureinwohner ignorierten, gewährleisteten sie das Überleben ihrer Kultur, so daß wir heute sehen können, wie ihr Leben wirklich war.« Das erklärt, warum besagte Hütten von den Feldern Mexikos weggeholt und auf den Boden des Ausstellungsraums geklatscht worden sind. Denn die Indios leben noch heute in solch armseligen Hütten. Aus der Sicht des Ausstellers ergibt sich somit die Frage: Was ist das hier? Ist es etwas Gutes oder etwas Schlechtes? Die Armen zu ignorieren ist schlecht. Doch koloniale Beachtung ist gleichfalls schlecht. Einheimische Kultur ist gut. Aber Modernisierung, welche einhergeht mit der Zerstörung des Lebens der Eingeborenen, ist auch gut. Vielleicht wäre eine umfassendere Erklärung der offiziellen Position folgende: »Es ist bezeichnend, daß die Kolonisatoren die Armen ignorierten, dieses eine Mal allerdings war es ein Glück, weil wir durch den Fortbestand der primitiven Lebensform etwas von der Kultur der Eingeborenen erfahren können, bevor wir sie mit unserer souveränen, nachkolonialen Beachtung zerstören.« Das wären allerdings komplexe Aussagen auf einer Anschlagtafel in einem Museum.

Einer der frühesten Tänze, die die Indios in Neu-Spanien, zu dem sie ganz überraschend auf einmal gehörten, aufführten, heißt *Moros y Cristianos*. Ausgestellt sind die satirischen Masken und Kostüme dieses Tanzes, die nicht getragen wurden, um ein indianisches Sujet darzustellen, sondern um eine Geschichte zu erzählen, die die Indianer von ihren spanischen Eroberern gehört hatten: die Geschichte des glorreichen Siegs der Christen über das maurische Königreich von Granada. Dieser Sieg hatte es dem spanischen König ermöglicht, Geld für die Entdeckung und Besiedlung ›Indiens‹ aufzubringen. Der Fall von Granada führte zum Sturz des Aztekenreiches. Und dennoch wird immer noch überall in Mexiko an Festtagen dieser Tanz von unbeteiligt wirkenden indianischen Tänzern aufgeführt. Die dieser Beziehung innewohnenden komplexen Spannungen scheinen seit frühester Zeit dagewesen zu sein.

Mexikaner von heute, die sich mit diesen Ambiguitäten beschäftigen, finden wenig Anlaß zur Beunruhigung. Vielleicht bemerken Mexikaner das Vieldeutige und Paradoxe nicht, weil es sich damit leben läßt. Unterhalb Riveras grandioser Darstellung des Wie-es-einst-war und seiner unausgesprochenen Hoffnung auf das Wie-es-sein-wird passiert das Wie-es-jetzt-ist. Ein zwölfjähriges Mädchen rennt an dem Wandbild vorbei, ohne einen Blick darauf zu werfen, fragt seine Mutter, ob es um Pancho Villa geht, und als es hört, daß dem nicht so ist, verschwindet es wieder. Auf der Straße darunter donnern die Busse um die Ecke und die Anhöhe hinauf und scheren sich mit ihren Auspuffwolken und all ihrem Getöse einen Dreck um den Diego. Nur Malcolm Lowrys »Vandalen in Sandalen« schauen in ihre Führer und grübeln über die Botschaft des Künstlers nach. Und beunruhigt, daß es eine Botschaft ist, die sich nicht mehr auf ihr Leben anwenden läßt und auch nicht auf das moderne Mexiko, kehren sie dann zurück zu ihren klimatisierten Bussen, die sie vom Cortés-Palast weg zum nächsten Schnellimbiß transportieren.

Die sterblichen Überreste von Hernán Cortés, dem Gründer des Landes und Erbauer dieses Palastes, wurden heimlich begraben und sind seitdem verschollen; anders als bei Francisco Pizarro, dem Eroberer Perus, dessen Gebeine in einem Glassarg in der Kathedrale von Lima ausgestellt sind. Die einzige offizielle Statue von Cortés befindet sich in Cuernavaca hinter der Mauer des sehr teuren und schwerbewachten Hotels Casino de la Selva. Die in Kupfer gegossene Reitergestalt steht auf einer Steinsäule, die mit Efeu überwachsen ist. Die Statue ist nicht einmal in einem vielbegangenen Teil des Hotelgeländes. Cortés reitet auf der nicht mehr benutzten Auffahrt zum Hotel, sein Rücken ist der Stadt zugewandt, die er zu seinem Domizil erwählt hatte, und er sieht irgendwie ziemlich verloren aus.

Armer Cortés. Er ist einer der kühnsten, erfolgreichsten und am wenigsten anerkannten der spanischen Generäle. Wegen des Sieges, den seine kleine Expedition über die aztekische Zivilisation feierte, muß er für all das herhalten, was in Mexikos Vergangenheit verachtet wird. Vermutlich ist diese Geringschätzung unter den Gebildeten häufiger anzutreffen als bei den Bauern. Ursprünglich haben die Indianer Cortés als Gott verehrt. Sie respektierten Stärke, sie selbst wurden von sehr mächtigen Göttern beherrscht, und ein Mann, der diese stürzen konnte, mußte Anerkennung finden. Vielleicht konnten die Azteken eine einfache Wahrheit auf eine Weise sehen, die dem offiziellen Mexiko versagt geblieben ist.

Denn es gibt Leute, die behaupten, es existiere ein anderes Bildnis von Cortés in Cuernavaca. Im Portikus der *Tercera-Orden*-Kirche neben der Kathedrale ist ein liebenswertes Kerlchen eingemeißelt, das womöglich den großen General darstellt. Er bildet den Schlußstein im wuchtigen Portal und wurde von indianischen Bildhauern eingesetzt; auf seinen Schultern trägt er das furchtbare Gewicht der viel größeren Figuren der Bischöfe und Engel, doch ohne eine Spur von Anstrengung. Wenn man dagegen aus Cuernavaca hinausfährt, steht da für jedermann sichtbar die Statue eines Reiters. Sie ist gigantisch, die übermenschliche Gestalt eines weiteren *bandido* auf einem wild dahinstürmenden Pferd, den *sombrero* vom Wind nach hinten gedrückt, die *machete* gezogen. Ist es Zapata, ist es Villa? Beide paßten bestens zu der Stadt, in der Cortés aus politischer Räson vergessen worden ist.

Es war an der Zeit, Mexico City zu verlassen. Ostern kam und ging. Die Menschen kehrten zurück und mit ihnen ein furchtbarer Smog. Mexico City hat zur Zeit entweder fünfzehn Millionen Einwohner und zwei Millionen Autos oder achtzehn Millionen Einwohner und vier Millionen Autos: alles amtliche Zahlen. Als ich an einem Vormittag von einem Besuch in den Vororten zurückfuhr, sah ich vor mir, beschränkt auf einen Stadtteil, eine Art Sandsturm. Er hatte deutliche Grenzlinien. Bald waren wir mitten drin. Es war kein Sand, nur der berüchtigte Smog, der diese Hauptstadt zur Metropole mit der schlimmsten Luftverschmutzung der Welt macht. Kurz nachdem ich im Smog steckte, konnte ich fühlen, wie der Sand an meinen Armen und meinem Gesicht kleben blieb. Meine Zunge war mit Sand bedeckt. Ich begann zu husten. Dann brannten meine Augen. Die Sichtweite im Verkehr sank auf dreihundert Meter, dann auf fünfzig Meter. Palmwipfel verschwanden im Dunkel des Tages. Meine Augen waren wie ausgetrocknet, dann fingen sie wieder an zu tränen. Eine reichhaltige Mischung aus Chemikalienpartikeln kam herunter oder stieg auf, wohl beides, und bildete diese schmierige gelbe Wolke. Der Sand setzte sich überall in meinem Haar ab. Zurück im Hotel, versuchte ich den Sand aus dem Mund zu spülen und ihn von der Haut abzuschaben, doch erst am nächsten Morgen fühlte ich mich wieder völlig sauber. Eine Stunde nachdem der Smog zum ersten Mal aufgetaucht war, löste er sich auf. Und noch eine Stunde später war er wieder da.

Ich ging zum guatemaltekischen Konsulat für ein Visum. Es lag ganz oben in einem Hochhaus: Der Aufzug war voll besetzt, und davor stand eine geduldig wartende Schlange von Leuten, die ihn ebenfalls benutzen wollten. Ich mußte das Konsulat mehrmals aufsuchen, und egal, wieviel Menschen im Aufzug fuhren, ich war immer der einzige, der zum guatemaltekischen Konsulat wollte. Im Zimmer des Konsuls saß eine heruntergekommene, bebrillte Person in einem bemerkenswert dreckigen Anzug. Es könnte mal ein weißer Anzug gewesen sein. Er stellte Visa aus und hatte den wichtigen Gummistempel vor sich stehen. Die Gebühr betrug zwei Dollar. Er wollte zehn. Ich war gewarnt worden. Man wartete einfach ab, und schließlich käme der andere auf den angemessenen Preis. Ich diskutierte mit ihm.

Ich sagte, ich wolle den Vizekonsul sehen, der für die Visa verantwortlich sei. »Ich bin der Vizekonsul«, sagte er und fügte hinzu, daß er nicht an Traveller-Schecks interessiert sei. Er wolle zehn Dollar in Banknoten. Bei meinem dritten Besuch gab ich nach. Er lächelte überaus freundlich. Wir überlegten uns beide, wieviel Zeit ich mir hätte ersparen können, wenn ich ihm bei meinem ersten Besuch geglaubt hätte. Ich erinnerte mich an den allgemein anerkannten Grundsatz, daß die Beamten in Lateinamerika Beste-chungsgelder erwarten, damit sie ihren Job tun, sprach es aber nicht laut aus. Sie erwarten nicht, daß man sie besticht, damit sie das Gesetz brechen, und wenn man ihnen das vor-schlägt, werden sie wütend.

Ich nahm nie den Aufzug, wenn ich das guatemaltekische Konsulat verließ, ich benutzte die Treppe. Es gab einen Postschacht mit einer Glasfront, der an der Seite des Trep-penschachts eingelassen war. Die Idee dahinter war, daß man, wenn man im vierzehnten Stock arbeitete, die Briefe dort einsteckte und sie den Weg hinunter in den wartenden Postsack hineinfielen, der im Erdgeschoß stand. Ein ganz simples System, in den USA weithin die Norm und seit den zwanziger Jahren eingeführt. In diesem Gebäude war ir-gendwo zwischen dem fünften und vierten Stock der Post-schacht blockiert. Jemand hatte eine sperrige Ladung hin-eingezwängt, die sich an dieser Stelle festgeklemmt hatte. Man konnte durch die Glasfront hindurch sehen, wie sich über der Blockade die später von den oberen Stockwerken eingeworfenen Sendungen auftürmten. Dreimal bin ich die Treppe hinuntergestiegen, und jedesmal war der Stapel noch ein Stück gewachsen. Ich fragte mich, wie lange das jschon so ging. Jeder dieser Briefe war mit Sorgfalt geschrieben – mehr oder minder – und dann adressiert worden. Allmählich graute es mir, daran vorbei zu gehen. Wenn man auf Reisen ist, muß man an das postalische System glauben können.

Bevor ich Mexiko verließ, suchte ich den Militärattaché einer europäischen Botschaft auf. Es schien vernünftig, vor meiner Abreise nach El Salvador die neueste Analyse der Kriegslage zu erfahren. Als unser Gespräch in Gang kam, wurde klar, daß dieser Marineattaché der festen Ansicht war, ich arbeite für den Londoner *Daily Telegraph*. In seinen Augen eine günstige Annahme. Er holte seine Landkarten heraus und geriet bei diesem Thema in Schwung. Nach einer Weile wurde er sehr engagiert und erhitzt. Er zog ziemlich geräuschvoll an seiner Pfeife und hörte mit der militärischen Erklärung auf. Er ging auf die politische Situation ein und begann die Vorteile gegenüber dem Kommunismus herauszubrüllen. Während dieser Vorstellung war noch eine andere Person zugegen, sein Amtsnachfolger, ein ruhiger Mann. Der Attaché schlug dann, um seinem Standpunkt Nachdruck zu verleihen, auf seinen Schreibtisch. Ein Papierstoß balancierte gefährlich auf dem Rand und fiel hinunter. »Verdammt.« Er hielt einen Augenblick inne, um die Papiere aufzusammeln, bevor er zu einer Wandkarte von El Salvador ging. Er erhitzte sich von neuem und stieß mit dem Finger auf die Karte. Ich konnte sehen, was passieren würde. Während er so auf die Karte zustieß, schaute er über die Schulter zu uns herüber. Er verschätzte sich, und sein Finger krümmte sich gegen die Wand. »Verdammt.« Er schüttelte die Hand vor Schmerz. Sein Kollege und ich beobachteten ihn etwa zwanzig Minuten lang, ohne etwas zu sagen. Dann kam der Attaché zum Höhepunkt seiner Ausführung. »Wissen Sie«, schrie er, »SIE könnten der Weltdemokratie einen großen Dienst erweisen – wenn Sie wollten.« Der *Welt*demokratie? Er meinte damit, daß ich *für* die Regierung von El Savador schreiben sollte. Als ich wegging, murmelte sein ruhigerer Amtsnachfolger: »Ich glaube, das eben war ebenso nützlich für Sie wie für mich.«

Meine letzte Verabredung war mit einem weiteren Diplomaten, der zu lange schon in Mexico City gelebt und gearbeitet hatte. Es machte ihm keinen Spaß mehr. Er sagte: »Für Sie ist das noch okay. Aber ich muß hier *leben*.« Er sprach verächtlich über Mexiko. Diese Stadt gelte als die drittgrößte der Welt, sagte er. Ob ich die Elendsviertel mit den zwei Millionen gesehen hätte, die gerade angekommen seien, da sie in ihren Dörfern verhungerten? Die seien bei der Gesamtsumme mit dabei. Das Land habe eine Kapitalschuld von achtzig Milliarden Dollar. Es habe einen Kredit, womit es nur die Zinsen zurückzahlen könne, und dabei sei es doch eines der reichsten Ölländer der Welt. Angeblich ein sozialistischer Staat. Die Regierungspartei kontrolliere eine Gewerkschaft, deren Führer seit fünfzig Jahren im Amt sei. Er sei jetzt fünfundachtzig. Oppositionelle würden zunehmend verschwinden, niemand schreibe je etwas darüber, doch ihre Mütter hätten ein Menschenrechtskomitee gegründet, genau wie in Argentinien. Das Land sei zweigeteilt. Im Süden wanderten die Armen in die Städte ab, im Norden wanderten sie zur US-Grenze. Die Reichen hätten unter dem vorherigen Präsidenten López Portillo eine sechsjährige Sauf- und Freßtour und ihren Reibach gemacht, solange die Sache gut lief. López Portillo habe sich von dem ergaunerten Geld einen Palast gebaut. Die Armen hätten sein großes Privatgrundstück ›Hundehügel‹ getauft, in Erinnerung an seinen berühmten Ausspruch: »Ich werde den Peso verteidigen wie ein Hund«, den er getan habe, kurz bevor er den Peso entwertet habe. López Portillos Polizeichef General Arturo Durazo habe sich ein privates Touristen-Urlaubszentrum in Zihuatanejo gebaut, nicht weit von Acapulco. *Seine* Privatvilla sei nach dem Vorbild des Parthenon errichtet. Das einzige Problem sei, daß unter seiner Leitung die Polizei so viele Touristen beraubt habe, daß er jetzt sein Seebad nicht mehr vollkriege. Ob ich den mexikanischen Witz kenne: »Es gibt eine gute und eine schlechte Nachricht. Die schlechte Nachricht ist, man hat mich gerade auf der Straße zusammengeschlagen und ausgeraubt. Die gute Nachricht ist, daß ich vor Ankunft der Polizei noch entwischen konnte«? Das sei die Wahrheit. Ob ich das Gerede über die Strafverfolgung des Jorge Díaz Serrano gehört hätte, des früheren Direktors von Pemex? Bloß leeres Geschwätz, der Mann sei Senator eines Staates, er genieße Immunität. Er habe auch mindestens 34 Millionen Dollar aus der Staatskasse veruntreut. Er habe fünf Prozent des Preises für eine petrochemische Anlage genommen, die in Houston hergestellt und zu den Ölfeldern in den Süden hinunter verschifft worden sei, wo sie noch heute liege und vor sich hin roste. Sie sei nie zusammengesetzt worden: eine *komplette Anlage*. In den Ölfeldern von Chiapas roste die Hauptpipeline durch. Señor Serrano sei unangreifbar. Wenn eine mexikanische Zeitung irgend etwas darüber veröffentliche, werde sie verboten. Dieser

Diplomat sagte, das Land sei verrottet, und die Hauptstadt stinke. Er sagte, er habe sich um eine Versetzung bemüht wegen geistiger Überanstrengung, doch niemand schenke dem Beachtung. Für mich sei das ja okay, wiederholte er. Ich könne ja weg. Er aber sei hier seit sieben Jahren. Am Ende unseres Gesprächs schien er genauso erregt wie der Militärattaché, doch weniger besorgt über meine Rolle, die Weltdemokratie voranzubringen. Die beiden Herren arbeiteten im selben politischen Korridor. Ich begann mich zu fragen, ob ich einen wesentlichen Teil mexikanischer Erfahrung verpaßt hatte.

Ich verließ die Botschaft und spazierte durch den langgezogenen schattigen Alameda-Park, wo früher die Scheiterhaufen der Inquisition brannten. Eine Menge stand um den Musikpavillon im Zentrum herum; eine Gruppe von Desperados hatte ihn erobert und sang von Liebe, Tod und der zwangsläufigen Beziehung zwischen beiden. Am Rande des Parks begann eine politische Demonstration. Etwa hundert Studenten waren beteiligt. Ein riesiger Verkehrsstau war die Folge, doch die Polizei duldete die Demonstration, da sie sich gegen die Vereinigten Staaten richtete und nicht gegen Mexiko. Die Studenten waren nach Gringo-Art angezogen, wie Studenten auf der ganzen Welt; sie hatten Jeans an und College-Pullover und bewegten sich im Kreis, als wollten sie kein Hindernis bilden, genau wie Studenten es auch nördlich der Grenze tun. Anlaß war der Tod der ›Genossin Ana María‹, einer salvadorianischen Guerillaführerin, die man ermordet in Nicaragua aufgefunden hatte, wo sie im Exil lebte. Die Studenten waren überzeugt, daß ihre Ermordung vom CIA organisiert worden war. Auf ihrem Banner stand: »Die Menschen von Sandino sind nicht allein, die Menschen von Zapata stehen hinter ihnen.« Nach einer Weile hatten es die Studenten satt, brav dem Gesetz zu gehorchen, und bewegten sich nicht mehr im Kreis, sie setzten sich einfach auf die Straße. Der Verkehrsstau reichte jetzt über den Horizont hinaus, doch die Polizei griff noch immer nicht ein. Ein kleinwüchsiger Krüppel mit dem weiß angemalten Gesicht eines Zirkusclowns rasselte einen Anti-Gringo-Text herunter. Polizei und Studenten schauten gleichermaßen amüsiert zu. Aus den Luxuslimousinen, die vorbeikrochen, spähten reiche Männer argwöhnisch hinaus. An jedem Wochentag konnte man sie pfeifend über die Boulevards nach Hause fahren sehen, gewöhnlich neben dem Chauffeur sitzend, über ihre Leselampen gebeugt, während ein stämmiger Strohmann, sicher kein Mitglied des Firmenvorstands, allein auf dem Ehrenplatz hinter der Trennwand aus Glas saß. Der Stämmige war der *gardero*; die Clique der mexikanischen Geschäftsleute hat nämlich Angst vor linken Kidnappern. Da ich mich schließlich bei der ruhig verlaufenden Demonstration langweilte, stand ich auf und entdeckte, daß ich auf dem emporgereckten nackten Hinterteil einer knienden weiblichen Gestalt gesessen hatte, die ›Verzweiflung‹ hieß.

Der Gegensatz zwischen Arm und Reich ist in Mexico City nicht zu übersehen. Angeblich soll die Stadt ein gefährliches Pflaster sein, doch ich wurde nur einmal von einem alten Mann belästigt, der an einem historischen Platz saß. Er schrie mich aus dem Dunkel an, wo er kauerte, daß er selbst bei lebenslanger täglicher Arbeit doch nie so viel

Geld hätte verdienen können, wie meine Kleidung kostete. Warum ich in dieser Kleidung von so weither gekommen sei, um Leute wie ihn anzusehen? Ich hatte ihn gar nicht angesehen, und ich trug billiges Zeug, ich konnte aber verstehen, worauf er hinauswollte. Häufiger bilden die Armen den freundlichen Hintergrund zum Treiben im Stadtzentrum. Sie kommen für die Tagesarbeit aus der riesigen Barackenstadt Nezahualcóyotl. Niemand weiß, wieviele Menschen dort hausen. Um ein Uhr nachts war der Zeitungsstand in der Avenida Madero normalerweise noch offen, auch wenn der zuständige Verkäufer auf dem Bürgersteig liegend in einen gesunden Schlaf gefallen war. Neben ihm stand ein Straßenkehrer und starrte hingerissen durch das Fenster eines Restaurants auf die scharlachrote Gestalt der Sängerin einer Band, eine Frau in einem langen Kleid, die ekstatisch, aber stumm für sich allein tanzte – soweit das der kurzsichtige Straßenkehrer erkennen konnte. Auf der Straßenseite gegenüber machte sich ein weiterer Herr für die Nacht bereit. Er entrollte seinen Streifen Pappe vor einer verglasten Arkade dieser eleganten Einkaufsstraße, dann schlüpfte er für ein letztes Pinkeln zwischen die parkenden Limousinen. Am Morgen war er immer sehr früh verschwunden. Es gibt eine nordamerikanische Redewendung: »Wo liegt das Problem?« Eine sehr beruhigende Wendung; jedes ›Problem‹ hat eine Lösung. Die Mexikaner beruhigen sich mit einer anderen Redewendung: »*No hay remedio*«, »Nichts zu machen.«

Etwas an den Schaufensterpuppen, bei denen der Tramp schlafen wollte, kam einem vertraut vor. Sie erinnerten an die Andachtschnitzereien, die man in jeder mexikanischen

Kirche findet. Vielleicht stammten sie aus derselben Fabrik. Suchte man nach den vertrauten hölzernen Tränen auf den bemalten Wangen oder nach den Wundmalen in den Händen, würde man nur Nagellack und Preisschildchen entdecken, Blut und Tränen der Bekleidungsindustrie. Und nach einigen Tequilas erinnerten einen die Nylonhaare auf ihren Schädeln an die Ringellöckchen und Strähnen, die auf zahllosen unbeleuchteten Altären in der Estremadura und Kastilien verstauben und die einst für die sichere Heimkehr eines spanischen Soldaten aus den Kolonien geopfert wurden.

Mein Plan war gewesen, mit dem Zug nach Guatemala zu fahren. Es gab eine Verbindung über Veracruz, die Stadt, von der aus Cortés losmarschiert war. Veracruz ist eine Hafenstadt, berühmt für ihre Fischlokale, und bevor Texas zivilisiert wurde, war Veracruz traditionell das Tor, durch das die Europäer nach Mexiko kamen. Maximilians französische Legionen hatten sich vom Hafen Veracruz aus nach Europa eingeschifft und ihren jungen Kaiser Benito Juárez überlassen. Maximilian war eigentlich von europäischen Bankiers auf den Thron gehievt worden, weil Mexiko seine internationalen Schulden nicht bezahlen konnte. Bankiers waren im neunzehnten Jahrhundert noch mächtiger als heute. Nach meinem Gespräch mit dem beunruhigten Diplomaten kam mir jetzt ein Besuch in Veracruz wie ein Akt ausgleichender Gerechtigkeit vor.

Auf dem Bahnhof standen lange Schlangen vor den Schaltern, und jeder Schalter war geschlossen. Wieder sagte man mir, daß die Fahrkarten erst kurz vor Abfahrt des Zuges verkauft würden, was noch sieben Stunden dauerte. Ich dachte mir, es müsse doch einen Weg geben, und näherte mich dem einzig elegant angezogenen Mann, den ich in der Fahrkartenhalle entdecken konnte. Er würde wissen, wie man bequem reist. Dieser Mann entpuppte sich nicht als potentieller Fahrgast, sondern als höherer Beamter der nationalen Eisenbahngesellschaft. Er sagte, daß das, was ich vorhätte, Wahnsinn sei. Es stimme, Züge führen noch immer zur guatemaltekischen Grenze. Es gebe einen Nachtzug nach Veracruz, allerdings nicht sehr komfortabel, nicht empfehlenswert, selbst nicht im Schlafwagen erster Klasse, außerdem auch einen Verbindungszug von Veracruz nach Guatemala. Laut Plan brauche der vierundzwanzig Stunden, fahre aber selten unter achtundvierzig. Es *gebe* Luftverkehr, meinte er ziemlich sarkastisch. Niemand meinesgleichen dächte daran, mit dem Zug nach Guatemala zu fahren, sagte er. Der Zug sei nicht für Leute wie mich gedacht.

So gelang es diesem Bahnbeamten, mich von der Fahrt mit dem Zug abzubringen. Ich entschloß mich zu fliegen, nicht nach Guatemala, sondern nach Oaxaca, der Indiostadt auf dem Weg nach Chiapas. Von dort könnte ich mit dem Bus nach Guatemala fahren. Und so verließ ich Gringolandia, wo die USA das Sagen bei allem haben, bei Industrie, Handel und Politik, und überquerte die wirkliche Grenze, zum nächsten Ort.

Zweiter Teil

INDIOLAND

Verblüht

»Die indianische Art zu denken ist anders
als unsere Art zu denken und ist verhäng-
nisvoll für uns. Unsere Art zu denken ist
anders als die der Indianer und verhäng-
nisvoll für sie.«

D. H. Lawrence, *Mornings in Mexico**

Als »traurigste Lautfolge der Welt« bezeichnet Malcolm
Lowry die Stadt Oaxaca in seinem Roman *Unter dem
Vulkan.* Er versäumte es allerdings, die Aussprache dieser
Lautfolge anzugeben. Ich habe sie ausprobiert, während
ich in Lowrys Roman las. »O-a-chaka«, »Oh-ach-aka«, das
klang nicht so traurig. Dann kriegte ich heraus, wie man das
Wort ausspricht: »Wa-hah-ka«. Das klang tatsächlich traurig, und in der Stadt selbst war es noch schlimmer. Nach den
freimütigen, etwas großspurigen Mexikanern der Metropole und des Nordens ist man hier mit einem Mal unter Indios. Aber es sind nicht die bekannten ›unterentwickelten‹
Dorf-Indios. Es sind Indios einer Indiostadt. Oaxaca hat
eine Bevölkerung von 180 000 Einwohnern, die sie zu einer
der größten Ansiedlungen amerikanischer Indianer auf
dem Kontinent macht. Das ist gewiß eine Verbesserung
gegenüber den mitleiderregenden Indianerreservaten in
Kanada und den USA. In Oaxaca ist Mexiko zu Recht stolz
auf sein indianisches Erbe. Im Zentrum der Stadt gibt es
eine wunderschöne Plaza, den *zócalo,* kühl und weitläufig,

---

* D. H. Lawrence, *Mexikanischer Morgen.* Reisetagebücher. detebe 21311.

dazu einen hübschen Musikpavillon im Schatten hoher Bäume, und abends spielt eine Militärkapelle Strauß und Mozart. Verglichen mit den muskelprotzenden *mariachi* der Hauptstadt waren die Musiker ganz geruhsam. Ich trug mich im Hotel ein, das auf den Musikpavillon hinaussah, und spazierte zur nahen, wie immer stattlichen Kathedrale aus der Kolonialzeit. Sobald ich in ihre Kühle trat, fühlte ich mich zuhause.

Direkt vor mir in der Kathedrale war ein altes Indiopaar. Sie gingen gerade durch ein Seitenschiff zum Hochaltar, als die Frau ihren Mann bei der Hand ergriff und ihn beiseite führte, damit er Johannes den Täufer begrüße, der von einer Nische hoch oben in einer Kapelle auf sie herabschaute. Der alte Mann näherte sich dem Heiligen, spähte kurzsichtig hinauf, als ob er unsicher wäre, welchen alten Freund er wiedersehen würde. Sie drängte ihn weiter nach vorn, bis er den Heiligen erkannte, worauf er den Hut zog und beide sich bekreuzigten.

Ich verließ die Kathedrale und begann Oaxaca zu genießen. Die Stadt liegt 1550 Meter hoch, und tagsüber ist es dort wärmer als in Mexico City, in der Nacht jedoch kühler. Der Ort hält dauernd Überraschungen bereit. Aus der Luft erkennt man, daß er, soweit das Auge reicht, von den braunen, nackten Hochflächen des gleichnamigen Staates Oaxaca umgeben ist; kilometerweit erblickt man höchstens mal ein Dorf, selten ein grünes Feld. Dann wird die Landstraße, die zur Stadt führte, kurvig und langsam und voller Schlaglöcher. Man erwartet eigentlich kaum eine richtige Stadt, statt dessen findet man eine Stadt, die noch von der ehemaligen Pracht eines Kolonialreiches geprägt ist.

An der einen Seite des *zócalo* stand ein Kolonialpalast, der als Verwaltungszentrale des Bundesstaates Oaxaca diente. Die anderen drei Seiten des Platzes waren von Arkaden und Cafés gesäumt, und zwischen den Säulen hatte man die Tische aus Onyx hingestellt, so daß die Einkaufenden unweigerlich an denen, die eine Erfrischung zu sich nahmen, vorbeistreiften. Doch diese unmittelbare Nähe vermittelte nicht das Gefühl von Enge. Indios brauchen anscheinend weniger Raum als andere Menschen, und die Straßen und das Laub der Bäume von Oaxaca sind so sauber und rein wie die Luft. Selbst die rudimentäre Barackensiedlung hinter der Stadtgrenze auf den kahlen Hängen ist blitzblank und luftig, und viele ihrer Bewohner hegen mit Erfolg ein Blumengärtchen vor ihrer Baracke, etwas, was ich bisher noch nie in solchen Siedlungen gesehen hatte.

Oaxaca bietet, wo man geht und steht, Onyx an. Die Indiokinder verkaufen auf der Straße winzige Anhänger in Tierform aus grünen Onyxsplittern, und die Fußböden und die Treppe im Flughafen sind aus Onyx. Die zweite bedeutende Schönheit der Stadt ist die Santo-Domingo-Kirche, wohl eine der schönsten Kirchen Mexikos. Ich ging die Straße des Heiligen Bluts entlang und kam an einem Geschäft vorbei, wo man Kinderspielzeug verkaufte, kleine Skelette, die man zu einer Miniaturkapelle arrangiert hatte. Die mexikanische Begeisterung für das Makabre kennt kaum Grenzen. Frida Kahlo, die selbst keine Kinder bekommen konnte, ließ sich durch das Geschenk eines menschlichen Fötus in einer Flasche trösten. Sie nannte ihn ›meinen kleinen Jungen‹.

Es gab auch mehrere Läden, die nur eine bestimmte Sorte

von *Mezcal* verkauften. Der ganze Vorrat war an allen Wänden vom Boden bis zur Decke in Regalen aufgereiht, einen Zentimeter von der Wand, jede Flasche mit dem gleichen Etikett beschriftet. Die Indios taumelten herein, um sich das berauschende Getränk ausschenken zu lassen, kauften allerdings nie eine Flasche; statt dessen wurde ihr Krug aus einem Hahn unterhalb der Theke gefüllt. Der Mezcal war für Fremde. Die Indios tranken den ungebrannten *pulque*. Der Schnapshändler und seine Kundschaft waren ausnahmslos betrunken. Sie brummelten einander während der Geschäftsverhandlung zu, wobei alle Gesichter ein grimmiges Lächeln der Entschlossenheit zur Schau trugen.

Die Leute von Oaxaca standen spät auf, ein weiterer Grund, warum ich mich dort zuhause fühlte. Das Leben auf dem *zócalo* begann nicht vor 9.30, wenn die ersten Ladeninhaber die Fensterläden entfernten und der Eiskarren auftauchte. Ich beobachtete, wie ein Indio mit einer übergroßen Eiszange einen Rieseneisblock auf einen Handwagen zu manövrieren versuchte. Schließlich wurde es ihm zu dumm, und er hob zwei Eisblöcke auf seine Schultern, wobei es ihm nicht mal was ausmachte, daß er keine Handschuhe trug. Ein kleiner Junge mühte sich ab, auf dem einsamen Platz Tauben zu verscheuchen. Wie er es auch anstellte, er konnte nicht schnell genug laufen, um die Tauben in Trab zu bringen. Sie spazierten ihm einfach davon. Sein Bruder hatte einen Ballon in den unteren Zweigen eines der höheren Bäume verloren. Er warf Stöckchen hinauf, um ihn herunterzuholen, und das zwanzig Minuten lang, bis es ihm schließlich glückte. Niemand applaudierte, doch er freute sich auch so.

Stella und Edward waren in Oaxaca, und eines Abends

gab es einen Zwischenfall in ihrem Hotel. Ein Betrunkener verfolgte einen der amerikanischen Gäste bis ins Hotel und griff ihn in der Eingangshalle mit einem Ziegel an. Die Hotelinhaberin und mehrere Gäste trieben den Angreifer auf die Straße zurück. Doch jedesmal, wenn er den Amerikaner sah, wurde er wütend und griff ihn erneut an. Die Hotelbesitzerin drängte den Amerikaner immer wieder in sein Zimmer zurück; er kam immer wieder heraus. Endlich gelang es ihnen, den Amerikaner in sein Zimmer zu sperren und den Betrunkenen auszusperren. Danach begann dieser die Tür einzuschlagen. Die Hotelbesitzerin schien nicht allzu schockiert über diesen Vorfall zu sein. Am nächsten Morgen zeigte sie die Schnittwunden an ihrem Arm und erzählte ziemlich stolz jedem, der es noch nicht wußte: »Das hab ich abgekriegt, als ich meinen Gast verteidigt habe.« Es war ihr nicht in den Sinn gekommen, die Polizei zu rufen, bis der Betrunkene die Tür bearbeitete. Glücklicherweise trollte er sich davon, bevor die Polizei auf den Anruf reagierte.

Nach einigen Tagen Aufenthalt in Oaxaca nahmen Stella und Edward den Bus zur Küste hinunter. Guatemala konnte sie nicht verlocken, und ich fuhr nach Monte Albán, eine monumentale sagenumwobene Tempelanlage auf einem Berg außerhalb der Stadt. Man weiß, daß diese Ruinen einst eine bedeutende Kultstätte waren und das Zentrum der Zapoteken. Der Tag war unglaublich heiß, und Schatten konnte man nur in den winzigen Grabkammern finden, die in der Mitte der Steinpyramiden eingelassen waren. Die Ruinen lagen verstreut auf einem großen Gelände; stieg man an einem Ende des viel begangenen Plateaus auf eine Anhöhe hinauf, so konnte man die mächtigen Pyramiden am anderen Ende nur undeutlich im schimmernden Hitzedunst erkennen. Ich konnte mir keinen Reim auf das machen, was ich da sah, doch den anderen ging es nicht besser. Man weiß fast nichts über das Leben der Menschen, die diese alte indianische Kultur hervorgebracht haben. Sie beherrschten Mathematik und Astronomie, waren Gold- und Silberschmiede, übten eine Religion aus, die auf der Anbetung der Sonne und auf Menschenopfern beruhte. Obwohl über Einzelheiten ihres Alltagslebens phantastische Theorien aufgestellt worden sind, lautet die Antwort der Gelehrten auf die meisten Fragen immer noch: »Wir wissen es nicht.« Es ist irgendwie tröstlich, daß ein Volk so nachhaltige Spuren auf dem Antlitz der Erde hinterlassen und doch so wenige konkrete Anhaltspunkte hinterlassen konnte. Beim Anblick dieser stummen, gigantischen und anscheinend zwecklosen Bauten ertappt man sich dabei, wie man hofft, sie mögen auch weiterhin die Geheimnisse ihrer Erbauer bewahren und die Wahrheit über die Zivilisation der amerikanischen Indianer ebenso im dunkeln lassen wie die Gedanken der heutigen Indios.

Ich durchquerte den Tempelbezirk und begann die Stufen am äußersten Ende hochzusteigen. Jede war ungefähr dreißig Zentimeter hoch; zweiundvierzig Stufen insgesamt. Der Treppenlauf war äußerst steil, und einige der Stufen waren am Zerfallen. Leicht benommen von der Hitze fragte ich mich, wie es wohl wäre, wenn man hier hinfiele. Man würde die ganze Strecke hinunterfallen. Die Stufen waren zu schmal, um Halt zu geben. Als Cortés und Bernal Díaz auf die große Pyramide von Mexico City stiegen, zählten sie 114 Stufen. Beim Hochsteigen wurden sie schwindelig und ermattet, und beim Anblick, der sich ihnen auf der Spitze bot, wurde ihnen übel. Hier gab es auf der obersten Stufe zwar keine brennenden Opferaltäre, doch eine Reihe von Höhlen. Aus einer tauchte ein zwielichtig aussehender ›Guide‹ auf. Als ich seinen Vorschlag, mich herumzuführen, ablehnte, bot er mir seine echten Gefäße und Schnitzereien, die er in den Ruinen der Pyramiden gefunden hatte, zum Verkauf an. Die kleinen Tonscherben wirkten nicht sehr echt, doch der Gauner sah nicht nach Verhungern aus. An den meisten Tagen gab es genug Touristen, die ihn ernährten. Von den höchsten Stellen des Monte Albán hatte man herrliche Ausblicke auf die Einsamkeit ringsum. Die Bewohner dieser Gegend Mexikos leben von der Landwirtschaft, vor der Regenzeit wächst allerdings nicht sehr viel. Als ich über die Täler schaute, wiederholte sich mein erster Eindruck von einer Stadt, die von Ödland umgeben ist. Nur sehr wenige Tiere waren zu sehen, einige Esel, ein paar Ziegen, kein Vieh. Ich verließ den trunkenen Dschinn der Pyramiden, den letzten Bewohner der heiligen Tempelstadt, und schwamm auf der Hitze nach Oaxaca zurück.

In der Nähe von Oaxaca gab es noch eine weitere Kultstätte, die einen Besuch wert schien. In Mitla steht in den Ruinen des indianischen Palastes die »Säule des Todes«. Die Indianer versammelten sich an Neujahr dort und legten die Arme um die Steinsäule. Der Teil der Säule, den sie nicht umfangen konnten, verkörperte die Anzahl der Jahre, die ihnen noch zum Leben blieben. Ich dachte mir, ich könnte dort hinausfahren und das Säulenorakel befragen. Dann fiel mir ein, daß die Arme eines Durchschnittsindios beträchtlich kürzer als meine eigenen waren, und ich entschied mich statt dessen, nach Tuxtla Gutiérrez zu fliegen. Und von dort würde ich auf dem Landweg weiter reisen.

Als ich am Busbahnhof in Tuxtla wartete und aus einer Flasche warmes Sodawasser schlürfte, fühlte ich etwas hinter mir, drehte mich um und entdeckte einen etwa fünfjährigen Jungen, der zwei Finger in meiner Gesäßtasche hatte. Er erstarrte, als ich mich umdrehte, seine Finger blieben am Platz. Ich schaute auf diesen unfähigen Anfänger hinunter, und er schaute zurück. Er war leicht verlegen. Ich hatte seit meinem fünften Lebensjahr keinen Dieb mehr auf frischer Tat ertappt. Einige Zeit blickten wir einander an. Er konnte nicht als einer von der überängstlichen Sorte bezeichnet werden. Irgendwo zwischen den anderen Fahrgästen schaute wohl sein »Lehrer« – sein Vater oder ein älterer Bruder – zu und wartete die weitere Entwicklung ab. Niemand sonst schien seine Aktivitäten bemerkt zu haben. Ich knöpfte meine Gesäßtasche auf, um ihm zu zeigen, daß sie leer war, und wandte mich dann ab. Er blieb weiter wie erstarrt auf seinem Platz. Schließlich gab ich ihm den Rest meines Sandwiches. Er aß nachdenklich, dann erhob er sich und verließ die Wartehalle. Wir stellten uns für den Bus direkt neben einem reich geschmückten Marienaltar an. Ein anderer mit brennendem Licht davor erwartete uns bei unserer Ankunft in San Cristóbal de las Casas.

San Cristóbal ist eine berühmte Indiostadt, ich erinnere mich allerdings vor allem an die Hippies. Es war schon komisch, wie sie sich aufeinander konzentrierten. Wenn sie hierher gekommen waren, um das Leben in einer Indio-Gemeinschaft zu erleben, würde man doch denken, sie verteilten sich etwas mehr. Ein langer Weg, hierher zu reisen, bloß um eine Gruppe von gleichgesinnten Nordamerikanern und Europäern zu treffen. So wie es aussah, waren diese Hippies der letzte klägliche Rest aus den sechziger Jahren, paranoid, betäubt vom Rauschgift, knickerig, cliquenhaft und nicht recht vertrauenswürdig. Das war allerdings nur ein oberflächlicher Eindruck, den ich vom Anblick einiger murmelnder, zuckender junger Leute im Café gewonnen hatte, die sich den ganzen Vormittag mit einer Tasse Kaffee begnügten, während sie geistesabwesend auf die leeren Ansichtskarten starrten, die zu schreiben sie zu benebelt waren. Die Indios von San Cristóbal würden mit ihnen als Kundschaft nicht reich werden, und sie wußten es. Sie pflegten die Straße zu überqueren, um diesen mobilen *Gringo*-Müllhaufen auszuweichen.

Ich erinnerte mich an einige der Geschichten, die ich über diese Indios gehört hatte und über ihre Haltung den Gringos gegenüber. Die Indios glauben nämlich, daß Männer mit blondem Haar Teufel sind. Vor kurzem traf ein blonder Engländer, der in einem Wald in Chiapas herumlief, auf zwei schlafende Indiokinder. Sie wachten auf, entdeckten, wie er sie anstarrte, und flohen in Panik zu ihrem Vater. Als sie ihre Geschichte erzählt hatten, wollte der Vater sofort den Engländer töten. Glücklicherweise sprach der ausgezeichnet Spanisch, und der Indio verstand Spanisch, so daß der Engländer sich noch herausreden konnte. Die einfache Erklärung war, daß der Engländer blonde Haare hatte und darum ein Teufel war. Man hatte den Indios gesagt, daß der

Teufel sich von den Seelen ihrer Kinder ernährte. Dies sei der Preis, den er dafür verlange, daß er der Regierung erlaube, sein Öl aus dem Boden zu holen.

Im vergangenen Jahr waren zwei deutsche Landwirtschaftsberater in Chiapas ermordet worden. Die Dorfbewohner hatten sie getötet und ihren Volkswagen in eine *barranca* gestoßen. Das Verbrechen war nur herausgekommen, nachdem ein aufmerksamer Bankangestellter in San Cristóbal die Zahlen auf einigen Traveller-Schecks bemerkt hatte, die die Indios einige Monate nach dem Verschwinden der beiden Deutschen einlösen wollten. Das ganze Dorf wurde dann wegen Mordes vor Gericht gestellt, doch alle freigesprochen, weil sie ernsthaft davon überzeugt gewesen waren, zwei Teufel zu töten. Zum einen hatten die Deutschen rotes Haar, auch ein Merkmal des Teuflischen. Zum anderen hatten sie auf einem Feld gearbeitet, das die Indios als heilige Stätte hatten brachliegen lassen. Zudem hatten sie an einem Feiertag gearbeitet. Und schließlich hatten die Indios ihnen zweimal Essen und Getränke angeboten, was jene abgelehnt hatten. Nach der zweiten Weigerung hatten die Dorfbewohner sie getötet. Teufel essen und trinken nicht.

Man kann die Unausweichlichkeit dieser Tragödie sehen. Die Deutschen, die kein Spanisch sprachen, wunderten sich über das unbestellte Feld; ihre wachsende Gewißheit, daß sie fruchtbaren Boden gefunden hatten, den die unwissenden Indios versäumt hatten zu bestellen; ihre wiederholte Weigerung, zu essen und zu trinken, weil sie keine Lebensmittelvergiftung bekommen wollten; diese entschiedene Besorgnis wegen ihrer Gesundheit, die ihnen das Todesurteil garantiert hatte; die Befriedigung der Indios bei der Vorstellung, daß sie etwas Gutes geleistet hatten; und die staatliche Duldung all dessen. Ich schaute auf zwei der Hippies, eine Deutsche und eine Engländerin, die unter der Wirkung des Peyotl*, den die indianischen *yerberos*, die Heilpflanzenkundigen, so sparsam und bedacht zu verwenden pflegten, blöde im Café vor sich hinkicherten. Nach einer Nacht war ich froh, San Cristóbal zu verlassen. Ich nahm den Bus nach Comitán.

Im Bus hatte ich Zeit, mir Gedanken über die Religion der Indios zu machen. Wir waren jetzt tief im Bundesstaat Chiapas, dem verlorenen Staat Guatemalas, zu dem Graham Greene auf der Reise hinwollte, die er in *Gesetzlose Straßen* beschrieben hat. Das Christentum der Indianer hatte schon immer etwas Geheimnisvolles an sich. Es ist stark durchsetzt von vorchristlichen Elementen. Die Tochter eines bekannten Holzschnitzers starb, und er arbeitete einen Teil ihrer Rippen in seine nächste Kreuzigung Christi ein. Eine Missionskirche wurde zu einem sehr beliebten Pilgerzentrum, und dem Priester war nicht klar, warum sein Kruzifix so viel Frömmigkeit auf sich zog. Dann begann es durchs Kirchendach zu regnen. Für die Reparatur mußte der Priester das Kreuz abnehmen, und im überdimensionalen Brustkorb Christi entdeckte er, daß jemand einen Maya-Götzen darin plaziert hatte. Der Schnitzer hatte, als er die Arbeit ausführte, Platz für das Idol gelassen. Der Priester entfernte den Steingötzen und schickte ihn an

---

* Getrockneter, in Scheiben geschnittener Teil der mexikanischen Kakteenart Lophophora williamsii; enthält das Halluzinogen Meskalin und andere Alkaloide; im Peyotl-Kult steht der Gemeinschaftsgenuß des Peyotl im Mittelpunkt.

ein Museum. Als er das Kruzifix wieder aufgehängt hatte, stellte er fest, daß der Pilgerandrang fast schlagartig aufhörte. In einem anderen Dorf pflegten die Indios zwei Kinder in die Weihnachtskrippe zu legen, einen kleinen Jungen, Tío Jesús, und ein Mädchen, Natividad. Natividad war da, um den Glauben der Dorfbewohner zu festigen, daß sie selbst von Jesus abstammten, so wie die früheren Aztekenkönige Nachkommen der Götter waren. Wenn der Priester Natividad aus der Krippe entfernte, mieden die Indios seine Kirche. Ein anderes Dorf gab sich nicht einmal damit zufrieden. Es wollte Christus mit niemandem teilen. Es wollte seinen eigenen Christus. Eines Tages wurde ein unverheiratetes Mädchen schwanger. Sie wurde kurzerhand zur Jungfrau erklärt. Und als ihre Zeit kam, brachte sie einen Jungen zur Welt. Die Dorfbewohner nannten ihn Jesus und behandelten ihn bis zu seinem fünfzehnten Lebensjahr wie einen Fürsten. Dann schlugen sie ihn ans Kreuz. In diesem Fall gab es keine Auferstehung, doch die Dörfler gelten seitdem als die frömmsten Christen weit und breit. Ein Freund erzählte mir, wie er einmal einem alten Indio in Chiapas begegnet war, der ihm die Lehre von der Dreifaltigkeit erläutert hatte. Da war Gottvater, der in einer nahegelegenen Höhle wohnte und manchmal die Erde zum Beben brachte. Dann gab es den Gottessohn, der die Sonne war, und die Muttergottes, die der Mond war. Es war ganz einfach. Die Indios lästerten Gott und bekundeten einen eisernen Glauben. Mein Sinnieren über indianisches Christentum wurde unterbrochen, als der Bus anhielt und zwei ruppige *federales* zustiegen. Sie waren kurzangebunden und schon lange nicht mehr befördert worden; ihr fachmännisches Geschick lag nicht unbedingt im geistigen Bereich. Sie trugen reich verzierte Revolver mit Perlmuttgriff im Halfter am Gürtel, und beide blieben mir wegen ihres fürchterlichen, krächzenden Lachens unvergeßlich.

Comitán war die letzte Stadt vor der guatemaltekischen Grenze, das Pendant zu Tijuana, doch in diesem Fall – ein hartes Urteil über das Land südwärts – lag sie fünfzig Kilometer nördlich der Grenze. Comitán war ein anspruchsloser Ort, obwohl es von Huren und *mariachis* wimmelte und leidlich gute Geschäfte mit dem Elend Zentralamerikas gemacht wurden. Es war eine Erholungsstätte für die mexikanischen Arbeiter in den Auffanglagern, die für die Flüchtlinge aus Guatemala errichtet worden waren. Ich ging zur Pfarrkirche, die wieder Santo Domingo geweiht war. Es war eine der baufälligen, weißgekalkten Kirchen von Chiapas, die wohl noch genauso aussah wie zur Zeit der Verfolgung, als die Revolutionsregierung die Kirchen schließen ließ. Nur das grellrote Plastik-Neonkreuz an der blasenwerfenden Außenwand diente als triumphierender Hinweis darauf, daß die Verfolgung vorbei und die Kirche wieder offen war. Im Innern war es stockdunkel. Als ich eintrat, wurde gerade ein betrunkener Indio von einem verängstigt dreinblickenden Jungen wortlos durchs Mittelschiff geführt. Ich fragte mich, warum es mich zu diesen Kirchen zog, und kam zu dem Schluß, daß sie zweifellos die einzig ganz und gar vertrauten Gegenstände in der Stadt für mich bargen. Hier war ein Taufbecken, ohne Wasser, dort ein Fenster für Santa Rosa von Lima, die erste Heilige Amerikas, die wegen ihrer Liebe zu den Indios heiliggesprochen wurde. Eine Bäuerin machte eine Kniebeuge, steif und nur halb, dazu auf dem falschen Knie. Eine andere strich geistesabwesend mit den Händen über die Satingewänder des toten Christus – dieser allgegenwärtigen Gestalt mit dem verfilzten Haar, gekrümmt und schäbig, die in passender Höhe für jene ruhte, die sie berühren wollten. Vor dem Hochaltar hatte sich eine Wasserlache gebildet. Draußen lag der Betrunkene voll ausgestreckt mit dem Gesicht nach unten auf der Straße, Blut an den Händen. Neben ihm war eine weitere Wasserlache. Nach wenigen Minuten wurde er von zwei Polizisten weggezerrt, wobei ihm der eine mit einer Gerte auf den Rücken schlug, um ihn zum Aufstehen zu bringen.

Es begann zu regnen, mindestens einen Monat zu früh. Auf dem Zócalo begann ich in mein Notizbuch zu schreiben, und ein Mädchen in orangefarbener Hose und senfgelber Hemdbluse setzte sich neben mich auf die Bank und fragte mich, was ich da mache. »Ich schreibe gerade.« »Dann schreib«, sagte sie. Was ich auch tat. Es wurde mir nicht klar, ob sie eine Hure war oder schwachsinnig oder bloß untypisch freundlich. Sie hatte sonst nichts mehr zu sagen. Ich auch nicht. Später fragte ich: »Regnet es hier viel im Sommer?« Sie sagte darauf nicht: »*No hay reglas fijas*«; sie sagte gar nichts. Ich wünschte ihr alles Gute und zog los. Da fiel mir auf einmal auf, daß außer mir niemand in Mexiko je »*adiós*« sagte.

Ich ging zu einem Zeitungsstand. In Oaxaca hatte ich die Lokalzeitung *La Protesta* entdeckt, die auf der ersten Seite *Sadismo Oficial* als Schlagzeile hatte. Es folgte ein Bericht über steigende Preise. In Comitán fand ich eine Broschüre mit dem Titel *Denuncia*, eine Comic-Strip-Geschichte über das Laster. Es gab Dutzende dieser Comic-Strip-Hefte für Erwachsene, die in wöchentlichen Folgen veröffentlicht wurden. Sie waren äußerst beliebt, jeder las sie. Ich hatte eines in der Hand eines höheren mexikanischen Beamten gesehen. Überall in Mexiko mühten sich Leute ab, lesen und schreiben zu lernen, um dann solche Hefte lesen zu können. Mein Exemplar von *Denuncia* begann mit einem heftigen Streit zwischen einem Zuhälter und seiner halbnackten Hure. Auf Seite drei, bis dahin hatte der Leser achtundzwanzig Wörter aufzunehmen, schlug er sie zum ersten Mal – »PLAFF PLAFF«. Auf Seite vier klammerte sie sich an seinen Arm und nannte ihn einen »*bruto*«. Auf Seite sechs war sie voll in Aktion bei ihrem ersten Kunden am Tag. Doch *Denuncia* ist eine moralische Publikation, und auf Seite 127 erstach ihre Schwester den Zuhälter mit einer Klinge, die tückisch genug aussah, um selbst eine mexikanische Leserschaft zufriedenzustellen. »SPLASHHH. AUGHHH.« Nächste Woche: *Abuso*. Jemand anderes würde jemand anderen gemein übervorteilen. Es erscheint pervers, das Lesenkönnen einer unterentwickelten Welt aufzudrängen, wenn – bei solchem Lektüreangebot – weniger Notwendigkeit dazu besteht als die Jahrhunderte vorher. V. S. Pritchett hat diesen Wandel zwischen dem heutigen England und dem der dreißiger Jahre vermerkt. Er schrieb über die Kaufleute in englischen Kleinstädten vor dem Zweiten Weltkrieg: »Die Leute sprachen ein klares Englisch... Sie lasen das meiste... Sie hatten das gedruckte Wort gesehen. Sie gehörten einer Zeit und einer Kultur an, die auf dem Gedruckten beruhte und nicht auf einer mündlich oder in

Bildern kommunizierenden Kultur, die heutzutage dabei ist, das Wort rapide zu zerstören.«

Ich wußte von einer Sache in Comitán, die schließlich den Trancezustand beendete, in den ich in Mexico City gefallen war. Die mexikanische Regierung hatte außerhalb der Stadt verschiedene Lager für die Indios aus Guatemala errichtet, die über die Grenze geflohen waren. Ganz wie es sich gehört, hatte ich während meines Aufenthalts in Mexico City versucht, eine Besuchserlaubnis für diese Lager zu erhalten, doch das Telefonsystem hatte mich besiegt, ebenso wie die Notwendigkeit, mich an eine immer länger werdende Liste von Beamten heranzumachen, um die Erlaubnis zu bekommen, mich an denjenigen heranzumachen, mit dem ich bereits sprach. Es schien unkomplizierter zu sein, einfach die Regeln zu ignorieren und hinauszufahren, um die Lager zu sehen. In Mexico City hatte man mir gesagt, daß es Aufstände in Chiapas gebe, über die nicht berichtet werde. Zwei Politiker seien erschossen worden. Eine der Ursachen für diese Unruhen sei die Anwesenheit der guatemaltekischen Flüchtlinge. Das einfache Volk glaube, sie seien die Vorhut einer guatemaltekischen Invasion; Chiapas war bis 1821 Teil von Guatemala gewesen. Auf anderer Ebene hingegen wolle das Außenministerium, das damit Mexikos traditionelle Abneigung gegen Guatemala zum Ausdruck bringt, den Flüchtlingen Obdach gewähren. Das Innenministerium, das allen subversiven Elementen abhold ist, wolle die Flüchtlinge zurückschicken; es sei der Ansicht, Mexiko habe genügend eigene Kommunisten. Und der Gouverneur von Chiapas wolle sie ausweisen lassen, da sie eine finanzielle Last für seinen Staat bedeuteten und Arbeit brauchten. In Chiapas aber gebe es keine zusätzliche Arbeit. Die mexikanische Armee sei anscheinend inoffiziell mit der guatemaltekischen Armee verbündet, welche die Flüchtlinge sogar über die Grenze nach Mexiko hineintreibe, wenn sie glaube, ungeschoren davonkommen zu können.

Meine Kontaktperson zu den Flüchtlingen war Rafael Bracomontes, ein junger Mann, dem man nach einem Flugzeugabsturz, in den seine Vorgesetzten verwickelt waren, die Aufsicht über alle Flüchtlingslager übertragen hatte. Flugzeuge waren ständig im Einsatz, da die Lager weit entfernt von allem in unzugänglichen Dschungelgebieten nahe der Grenze errichtet waren. Rafael bestand darauf, daß ich mir, bevor ich dort hinausreiste, einen Ausweis verschaffen sollte, und fuhr mich zu diesem Zweck zu einer Polizeistation. Auf dem Polizeirevier gab es nicht viel zu sehen, außer einer Meßlatte an der Wand, die 160 cm hoch reichte; vielleicht wurden hier nur Indios gemessen. Man konnte nichts entscheiden, bis der *jefe* auftauchte, und niemand wußte, wann das war. Die Polizisten standen herum, wobei ihre Schußwaffen verheißungsvoll am Gurt baumelten, und machten Witze über Huren, zerrten ermunternd aneinander herum und gaben ein ersticktes Husten und Lachen von sich, was manchmal schwer zu trennen war. Man dachte, sie hätten Kehlen aus Eisen und Lungen, die zu Kapok* reduziert waren. Was auch immer der *jefe* an diesem Abend tat, es dauerte zu lange, und so verließ ich nach

* Kapok wird als Polster-, Füll- und Isoliermaterial verwendet, es ist die Faserwolle, die aus den Haaren der inneren Kapselfruchtwand des Baumwollbaums gewonnen wird.

einer weiteren Runde von Witzen über Huren, die begleitet wurde von Gurgellauten, das Polizeirevier und beschloß, mich den einzigen Leuten zu nähern, die tatsächlich Kontrolle über den Zugang zu den Flüchtlingslagern hatten – den Flugzeugpiloten.

Ich traf die Piloten beim Steakessen in einem Restaurant. Sie wurden vom *capitán de los pilotes* angeführt, einem großen, feindseligen und aggressiven Mann mit einem kastilischen Lispeln. Dieses stellte sich später eher als Folge seiner Zahnanordnung heraus denn als Erbe spanischer Vorfahren, die noch nicht lange im Land waren. Er trug eine Kette aus schwerem Gold um den Hals und hielt an seinem Tisch Hof. Er amüsierte sich, indem er anzügliche Bemerkungen gegenüber Carolina machte, einer Studentin aus Colorado, die gleichfalls darauf aus war, die Zustände in den Lagern zu sehen. Der *capitán* sagte, daß der mexikanische Mann eine Frau für seine Kinder brauche, eine Geliebte fürs Bett und eine Freundin fürs Herz, drei verschiedene Frauen. Welche Position er gerade Carolina anbot, war nicht sofort ersichtlich. Sie revanchierte sich, indem sie die nordamerikanische Praxis verteidigte, lesbischen Paaren die Adoption von Kindern zu erlauben. Es versprach, eine recht komische Unterhaltung zu werden, doch die Erwähnung der Lesben warf einen tiefen Schatten auf die Gesellschaft. Einer der Piloten erzählte, daß ein gemeinsamer Freund, auch Pilot, die Tragödie erlitten habe, die eigene Frau an eine andere Frau zu verlieren. Die Anspannung wirke sich auf seine Arbeit aus. Er drehe richtig durch. Von einer Frau zum Hahnrei gemacht! Es gebe keine akzeptable Form, um mit dieser Beleidigung fertig zu werden. Der Gesichtsausdruck aller verriet deutlich, daß es kaum ein schlimmeres Schicksal geben konnte. Schließlich wurde abgesprochen, daß ich am nächsten Tag fliegen könnte, vorausgesetzt, ich gäbe dem *capitán* meine Blutgruppe an.

Corso war ein schneidiger junger Pilot mit einem jämmerlich vernarbten und verbrannten Gesicht und einem leicht hinkenden Gang. Er hupte am nächsten Morgen um 6.45 Uhr ungeduldig vor meinem Hotel. Es war kalt und nach Corsos Meinung ausgesprochen wolkig. Über der Stadt waren nicht viele Wolken zu sehen, aber er sagte, sie zögen sich über dem Urwald zusammen. Er wollte unbedingt los. Wir fuhren etwa eine halbe Stunde zum Flugplatz des *capitáns*, einer, wie sich herausstellte, schmalen Flugpiste aus Gras, neben der sechs Kleinflugzeuge standen, wovon die Hälfte kaputt war. Mir fiel Rafaels gestrige Bemerkung über die mangelhafte Maschinenwartung des *capitáns* ein. Im letzten Monat waren bei einem Flugzeugabsturz fünf Personen, die für das Flüchtlingsprojekt arbeiteten, schwer verletzt worden. In aller Ruhe machte man zwei der Kleinflugzeuge startklar. Sie wurden mit Vorräten beladen, die lebensnotwendig fürs Lager waren, und starteten dann trotz der tief über dem Urwald sich zusammenballenden Wolken.

Aus Langeweile begann ich mit einem Kaffeeinspektor Murmeln zu spielen. Der Inspektor sagte, er warte auf das Einfliegen des Kaffees. Dies sei der normale Job des *capitáns*. Der Vertrag mit den Flüchtlingen sei nur eine zusätzliche Einnahmequelle. Seine Flugzeuge hätten jetzt bei den ausgehenden Flügen Vorräte für die Flüchtlinge als Frachtgut dabei. Danach flögen sie immer zu einer *Kaffee-Finca* und nähmen die Handelsware für den Rückflug auf. Als ich auf die Rückkehr des ersten Flugzeugs wartete, las ich einen Anschlag am Flugbüro: »Vermißt. Student der Anthropologie, 21–22 Jahre alt, 170 cm groß, dunkelhäutig, mager, krauses Haar.« Sein Name war nicht angegeben, auch nicht, wie lange er bereits im Dschungel verschwunden war. Aus dem Zustand des Anschlags zu schließen mußte er schon lange tot sein.

Unser Flugzeug war startklar, als plötzlich der *capitán* die Frage der Bezahlung anschnitt. Er wollte 50 Dollar für zwei Zwanzig-Minuten-Flüge. Nichts davon war vorher erwähnt worden. Ich fand auch heraus, daß Vorräte zurückbleiben mußten, wenn ein Passagier mitgenommen wurde, daß es keine Dolmetscher für die Indios in den Lagern gab und daß es notwendig war, nach zwei Stunden zurückzukehren. Die Gelegenheit, einfach *nicht* zu fliegen, war zu gut, um sie zu verpassen. Ich würde eine andere Möglichkeit finden, um dorthin zu kommen. Für den Rest des Vormittags weigerte sich der *capitán*, mit mir zu reden. Später flog Corso ein mit einer Ladung Kaffee und einem kranken Indio. Der Mann hatte schweres Asthma. Durch die Anstrengung, Luft zu bekommen, war er im Gesicht zartgrün geworden. Sein älterer Vater trug ihn wie einen Sack Kaffee auf dem Rücken aus dem Flugzeug und legte ihn auf den Rücksitz eines Lasters. Dann tauchte Rafael auf, um zu überprüfen, ob der *capitán* auch die Vorräte zu den Lagern transportierte. Offensichtlich konnte man sich trotz der desperaten Lage der Menschen, die von seinen Flugzeugen abhängig waren, nicht darauf verlassen, daß er seinen Vertrag erfüllte. So wie es aussah, war der asthmatische Indio nicht direkt zurückgeflogen worden. Selbst mit einem Kranken an Bord mußte noch die Ladung Kaffee abgeholt werden. Rafael brachte den Asthmatiker ins Krankenhaus, dann fuhr er mich hinaus zum einzigen Lager, das sich auf dem Landweg erreichen ließ.

Rafael und ich fuhren eine halbe Stunde Richtung Grenze, dann zweigten wir auf einen Schotterweg ab, der in ein Gebiet mit kargem Boden und Felsblöcken führte. Der Gouverneur des Staates Chiapas hatte die Flüchtlinge in diese Gegend gesteckt, weil »niemand dort lebte«. Man konnte sehen warum. Im Lager, zu dem wir fuhren, waren dreitausend Menschen untergebracht. Es war neu errichtet worden, als zwei der ursprünglichen Lager, die sich noch näher an der Grenze befanden, von der guatemaltekischen Armee angegriffen worden waren. Hier war die Grenze ein seichter Fluß und nur vier Kilometer entfernt. Die aus Bambusrohr erbauten Hütten mit Riedgrasdächern standen auf einem steinigen Hang nicht weit vom einzigen Dorf im Umkreis. Wir wurden vom »Representative« begleitet, einem wachen, intelligenten Kopf. Als ich ihn fragte, wie lange die Menschen schon als Flüchtlinge lebten, gab er mir vier unterschiedliche Daten für die beiden vergangenen Jahre an, die auf die jeweils verschiedenen Gruppen innerhalb des Lagers zutrafen. Seine Antworten waren alle präzise. Die Flüchtlinge waren alle aus dem Gebiet um Quiché und Huehuetenango gekommen. Sie waren die zweihundert oder dreihundert Kilometer durch sehr gebirgiges Land gelaufen, um in diesem Lager Sicherheit zu finden. Bei ihrer Ankunft waren sie meist halbverhungert und trugen manchmal nichts als ihre Musikinstrumente bei sich, ihre geliebten *marimbas*. Alle stammten aus dem Hochland und hatten keinerlei Widerstandskraft gegen die Krankheiten in den tiefer gelegenen Regenwaldregionen. Sie wurden von Asthma und Fieberschauern geschüttelt, hatten TB und Parasiten. Malaria war so verbreitet, daß nur die schweren Fälle behandelt wurden. Seitdem die Lager existierten, waren zweihundert Kinder geboren worden und noch am Leben. Rafael war bestürzt über diese Zahl, doch der »Representative« sah ziemlich stolz dabei aus. Einige Mütter stillten noch ihre achtzehnmonatigen Babys, obwohl man ihnen gesagt hatte, daß ihre Milch nicht mehr nahrhaft sei.

Vom Äußeren her sah das Flüchtlingslager viel eher wie ein Dorf als ein Lager aus, vielleicht weil es von den Indios errichtet worden war. Die Frauen saßen vor ihren Hütten und paßten auf die Kinder auf, trugen Wasser und Holz und backten Brot im Gemeinschaftsofen, dem *adobe*. Nur die Männer wirkten verloren. Die Gesetze von Chiapas erlaubten es ihnen nicht, für Geld zu arbeiten. Sie mußten Flüchtlinge bleiben. Unter der Hand verdienten sie ein bißchen, indem sie den Mexikanern im Dorf halfen. Der Mindestlohn auf dem Land betrug in Mexiko 240 Pesos am Tag, obwohl viele mexikanische Bauern für 150 arbeiteten. Den Guatemalteken zahlte man zwischen fünfzig und siebzig Pesos am Tag. Sie durften ihre eigenen Erzeugnisse verkaufen, und ihr Gemeindepriester hatte eine große Hütte mit vier Webstühlen für sie errichtet. Indianergewebe aus Guatemala ist berühmt und wird immer von Frauen hergestellt, doch in den Lagern war das Männersache. Sie hatten nichts anderes zu tun und widmeten sich dieser einen Einkommensquelle mit Hingabe. Sie durften sich nicht mehr als fünfzig Kilometer von der Grenze entfernen, was bedeutete, daß sie nicht auf den einzig erreichbaren Markt in Comitán gehen konnten, doch bis jetzt hatten sie dieses Gesetz straffrei gebrochen. *No hay reglas fijas.* Den Mexikanern in der Gegend war es verboten, ihnen Schnaps zu verkaufen, und Comitán war auch der Ort, wo sie sich betranken. Und so wurde aus dem Handeltreiben wieder ganz nach indianischer Tradition ein geselliges Ereignis.

Ich fragte den »Representative«, ob sie sich in diesem Lager sicher fühlten. Er sagte, daß man vor einem Monat eine Drei-Mann-Patrouille der guatemaltekischen Armee zwei Kilometer vom Lager entfernt gesehen habe, das ist über anderthalb Kilometer auf mexikanischem Boden. Es gebe nur zwei mexikanische Armee-Einheiten in der Umgebung, und so fühlten sie sich nicht sehr sicher. Abends könnten sie die Radiostationen aus Guatemala empfangen und Sendungen hören, die ihnen versicherten, es herrsche jetzt überall Ruhe. Und sie seien vom guatemaltekischen Roten Kreuz aufgefordert worden, wieder nach Hause zurückzukehren. Aber sie glaubten den ihnen gegebenen Beteuerungen nicht. Flüchtlinge, die erst vor kurzem aus Guatemala angekommen seien, sagten genau das Gegenteil.

Auf der Rückfahrt nach Comitán beschrieb Rafael die Probleme, die er mit den örtlichen Kirchen hatte. Sowohl die katholische Kirche als auch evangelische Sekten, ganz besonders die Evangelisten, weigerten sich, den Flüchtlingen zu helfen, die nicht Kirchenmitglieder seien. Die Priester und die Pfarrer klagten auch Rafael und andere UN-Beamte an, sie seien reiche Leute aus der Stadt, die Geld und Vorräte zum Eigenzweck stahlen. Wann immer es den

Kirchenführern möglich sei, mischten sie sich in seine Arbeit ein, allerdings würden sie zumindest nicht in die Lokalpolitik eingreifen. Die mexikanischen Ärzte andererseits, die im allgemeinen jung und idealistisch seien, schlügen den Flüchtlingen oft politische Aktionen vor. Bis jetzt hätten es die Flüchtlinge abgelehnt, darauf einzugehen. Sie hätten fürs erste genug von der Politik und wollten von solchen Aktivitäten zukünftig verschont bleiben. Als Gemeinde verhielten sich die Flüchtlinge viel besser als die ansässigen Mexikaner. Sie kämpften nie wegen Frauen und seien sehr eifrig in der Einhaltung ihrer Feiertage. Solange sie in den Lagern seien, blieben sie nüchtern. Wo sie die Möglichkeit hätten, arbeiteten sie hart. Sie wollten in ihre Heimat zurück, doch nur, wenn es für sie sicher sei.

Wir fuhren über die Bergpässe nach Comitán zurück. Es war ein schöner, ruhiger Abend. Adler kreisten hoch über den *barrancas*, die Autoreifen wirbelten eine leichte Staubwolke auf, es gab Wasser in den Bächen, und Halbschatten lag auf den Flußufern bei den gelegentlichen Furten. Als wir die Hauptstraße erreichten, las ich wieder die vorbeihuschenden Schilder von Mexiko, die offiziellen und die sonstigen. »*Ceda el paso*«, »*Se vende esta casa*«, »*¡Fuera corruptos!*« Spanisch ist eine herrliche Sprache für Sätze und Slogans; spanische Slogans klingen einfach. Was könnte betörender sein als der Klang von »*Se vende esta casa*«, »Dieses Haus zu verkaufen«? Rafael begann über die nationale Obsession zu sprechen, mexikanische Politik. Er sagte, in Mexiko gebe es ein Wortspiel, um ihre Regierungsform zu beschreiben. In Zentralamerika herrschten Diktatoren, *dictaduras*. *Duro* bedeutet hart, stark. Die Mexika-

194

ner sagten, in ihrem Land gebe es keine *dictadura*, sondern eine *dictablanda*, sie lebten in einer *dictablanda*. Die Bedeutung von *blanda* war mir schon klar, doch später schaute ich im Wörterbuch nach: »*blando*: sanft, weich, mild, nachgiebig«. Mir gefiel dieses Wortspiel. Ich dachte an den Zustand Mexikos; die korrupten Piloten, die brutale Polizei, die Pressezensur, die verschwiegenen Unruhen; eine Regierung, die dem Volk Hunderte Millionen von Pfund raubte. »*Dictablanda*« war ein mildes Urteil.

Rafael begann von sich selbst zu reden. Er sagte mir, daß sein Name Bracomontes in Spanien höchst ungewöhnlich sei und tatsächlich französischen Ursprungs, es sei aber der Name einer Stadt in Kastilien. Dies, dazu seine blauen Augen, machten ihn zum *criollo*, zum Weißen, ein Wort, das man in keinem mexikanischen politischen Lexikon finden würde. *Criollo* hat eigentlich zwei Bedeutungen im Spanischen: die erste ist ›Kreole, Mischling‹; die zweite ›Spanier, der in Amerika geboren ist‹. Einer der Hauptgründe, warum Spanien sein Imperium in Amerika verlor, war seine Weigerung, selbst reinblütigen Spaniern, die in Amerika geboren waren, die Herrschaft über die Kolonien zu gestatten. Rafael Bracomontes war ein Nachkomme jener natürlichen Herrscherklasse Mexikos, die eine Revolution machen mußte, bevor sie herrschen konnte.

Bracomontes sagte, sein Name sei auch recht angesehen in Mexiko, ein Onkel sei während der religiösen Verfolgung Bischof in Guadalajara gewesen. Er meinte, wenn ich mexikanische Politik verstehen wolle, müsse ich begreifen, daß die *criollos* Mexiko schon immer regiert hätten. Das sei zwar in keinem Geschichtsbuch vermerkt, dennoch stimme es. Ich fragte ihn wegen Benito Juárez, dem indianischen Präsidenten. Ob er nicht eine Ausnahme sei? Ganz und gar nicht, sagte Rafael. In Wahrheit seien die *criollos* unter Juárez mächtiger denn je gewesen, da Juárez ein demokratischer Präsident gewesen sei, der weit mehr Macht als üblich der gewählten Nationalversammlung gewährt habe, in der die *criollos* dominiert hätten. Juárez sei als Indio die ideale Gestalt gewesen, um den nationalen Aufstand gegen den von den Franzosen aufgezwungenen Kaiser Maximilian anzuführen. Doch die *criollos* hätten nie die Gewalt über das Land verloren, seit sie diese zum ersten Mal errungen hätten. Bracomontes sagte, ihre Herrschaft sei erfolgreich gewesen, da sie so geschickt ausgeübt worden sei. Es gebe da zum Beispiel das offizielle Geschichtsbild des Landes und das wahre Geschichtsbild. Das offizielle Geschichtsbild sei verantwortlich für die Position von Cortés in der Öffentlichkeit. Rafael berichtete mir, daß der vorherige Präsident López Portillo sogar ein neues Standbild von Cortés enthüllt habe. Trotzdem sei es immer noch eine eher verstohlene Art der Anerkennung. Das Standbild stehe im Christushospital*, *Hospital de Jesús Nazareno*, dem ersten von Cortés gegründeten Krankenhaus des amerikanischen Doppelkontinents. Man müsse um Erlaubnis fragen, wenn man es sehen wolle. Niemand könne so aus Versehen Anstoß daran nehmen. Während unseres Gesprächs saß Rafaels Fahrer aufmerksam lauschend da. Er war kein *criollo*.

---

* in Mexico City 1522 an der Stelle gegründet, wo C. zum ersten Mal mit Montezuma zusammentraf.

Am 17. April, einem Sonntag, nahm ich den Bus von Comitán zur guatemaltekischen Grenze. Die Fahrt dauerte zwei Stunden, und man sah weder diesseits noch jenseits der Grenze irgendwelche Städte. Außer den Flüchtlingen gab es für die Bewohner beider Länder keine dringende Notwendigkeit, die Grenze zu überqueren. Vom Bundesstaat Chiapas ins Departement von Huehuetenango zu kommen hieß, sich aus einem obskuren Teil der Welt in einen noch obskureren zu begeben.

Ich kam früh zum Busbahnhof. Die dortigen Anschläge hatten mich dazu ermuntert. Selbst jetzt, nach fünf Wochen in Mexiko, hatte ich meine Lektion nicht gelernt. Ich glaubte noch immer den amtlichen Bekanntmachungen. »Kaufen Sie Ihre Fahrkarte vier Tage im voraus«, hieß es da, »Geben Sie Ihr Gepäck eine halbe Stunde früher auf«. *Evite contratiempos.* »Ersparen Sie sich Unannehmlichkeiten.« Alles Unsinn. Ein mürrisch dreinblickender Junge weigerte sich, mir eine Fahrkarte zu verkaufen. Er habe keine Fahrkarten zu verkaufen, das mache alles der Fahrer bei Ankunft des Busses, und nur gegen Bargeld. Er wollte auch nicht meinen Koffer nehmen. So setzte ich mich eben drauf, draußen auf dem Bürgersteig vor seinem Büro, und las *Le Rouge et le Noir*. Stendhal schien kein großer Naturkundler zu sein. Auf einer Seite beschrieb er »riesige nackte Felsbrocken, die vor langer Zeit vom Berg hinunter mitten in den Wald hinein gefallen waren«. War das Herabstürzen der Felsbrocken nicht vielleicht vor dem Waldwuchs passiert? Auf der nächsten Seite beschrieb er »einen Sperber... hoch über seinem Kopf..., der beim Fliegen mächtige Kreise zog«. Ich fragte mich gerade, warum Stendhal so wenig Bescheid wußte über die Namen der Vögel, als ein Schatten auf mein Buch fiel. Einer der Grenzpolizisten, die ich zuletzt im Polizeirevier gesehen hatte, schaute auf mich herunter. Der Mann lächelte. Er wollte wissen, wohin ich fahre, und er wollte wissen, warum ich nicht zum *jefe* zurückgekommen sei, und er wollte auch wissen, ob ich in den Flüchtlingslagern gewesen sei. Ich entschloß mich, »nein« zu sagen. Wenn er bereits wußte, daß ich mit Rafael dort gewesen war, dann steckte ich schon in Schwierigkeiten; eine Lüge würde da nichts ausmachen. Wenn er es nicht wußte, war es unwahrscheinlich, daß er sich vor Abfahrt meines Busses eingehender danach erkundigen würde. Als ich seine Frage beantwortet hatte, verschwand er mit, wie mir schien, untypischer Eile in Richtung Grenzpolizeirevier.

Der 9.30-Bus fuhr schließlich um 10.30 ab, nachdem sich der Fahrer bei der Ankunft zu einem kompletten warmen Frühstück in ein nahegelegenes Café verzogen hatte. Während des Wartens konnte man nicht viel mehr tun, als müßig die Straße Richtung Polizeirevier und den mürrischen Jungen im Büro zu betrachten, der die Anrufe entgegennahm und immerzu »Cristóbal Colón« sagte, den Namen seiner Busgesellschaft. Nach der sehr ungemütlichen Warterei erschien unser Fahrer, und der fast leere Bus fuhr los.

Den größten Teil des Weges zur guatemaltekischen Grenze verdöste ich. Die Strecke kannte ich schon; es war die Straße zum Flüchtlingslager, und es war angenehm warm im Bus. Ich wachte einmal auf und ertappte den Fahrer, einen sonderbaren Kauz, wie er gerade noch einem Zusammenstoß mit einem Bauernkarren entkam. Immer wenn ich meine Augen öffnete, sah ich sein ängstliches Gesicht im Spiegel. Er, sonst Beifahrer, fuhr ziemlich langsam, während sein Chef auf dem Rücksitz des Busses schlief, und spielte ständig mit den Pedalen und Hebeln. Er zeigte die ganze nervöse Unsicherheit eines Passagiers, den man mit der Steuerung des Flugzeugs allein gelassen hat. Er zog im Spiegel für sich die seltsamsten Grimassen und schaute immerzu angstvoll über seine Schulter auf einen unsichtbaren Verfolger. Einen weniger Vertrauen einflößenden Busfahrer hatte ich noch nicht erlebt. Das war aber nicht so wichtig, denn den größten Teil der Fahrt döste ich weiter. Zumindest das hatte mir Mexiko beigebracht. Als ich ins Land einreiste, war ich in einem Zustand hochgradiger Erregtheit, nur darauf aus, bei jeder sich bietenden Gelegenheit die lateinamerikanische Ineffizienz energisch anzugehen. Beim Verlassen des Landes befand ich mich in einem Zustand der Apathie, zu schlaff, um mehr zu tun, als einem Busfahrer zuzuschauen, der an Halluzinationen litt. Überflüssig anzumerken, daß wir die Grenze ohne Unfall erreichten. Begleitet von zwei Hippies, einem Jungen aus Frankreich und einer Deutschen, trug ich mein Gepäck über die Grenze. Damals konnte ich nicht ahnen, daß diese zwei mich den Rest meiner Reise noch verfolgen sollten. Sie war um einiges größer als er, was für die zwei mexikanischen Fahrer eine Herausforderung war. Der Franzose mühte sich lange damit ab, ein Bündel von achtzehn Kilo auf seinen Rücken zu hieven. Die Deutsche schwang sich behend ein Bündel von fünfzehn Kilo auf die Schultern. »Warum trägst du sie nicht beide?« fragte einer der Fahrer den Jungen, worauf beide Männer in grelles Gelächter ausbrachen, begeistert von ihrem feinen Humor. Als ich den Hügel hinauf zum guatemaltekischen Grenzposten stieg, war dieses Lachen das letzte, was ich aus Mexiko hörte. Es hätte durch die Türen der Tenampa-Kantinen dringen können.

In die Barranca

*»Für jeden, der in Guatemala gelebt hat,
wirken andere Länder fad.«*
Norman Lewis, *Die Vulkane über uns*

In Comitán hatte es geheißen, wenn du den 9.30-Christó-
bal-Colón-Busdienst zur Grenze nimmst, kriegst du An-
schluß an den Nachmittagsbus von El Cóndor, der direkt
nach Guatemala City fährt. Das stimmte nicht. Als ich aus
der guatemaltekischen Polizeiwache herauskam, sah ich,
daß die Grenzstation mitten auf einer Landstraße war, die
in ein tiefes, enges Tal hinunterführte. Dicht bewaldete
Felswände erhoben sich zu beiden Seiten. Auf der einen
Seite war eine *cantina*, und außer einem alten Klapperka-
sten mit Holzbänken, dessen Vorderräder auf Backsteinen
aufgebockt waren und dessen Reifen fehlten, war nichts zu
sehen. Das war der einzige Bus weit und breit, und er würde
nicht am Abend in Guatemala-City ankommen.

Ich hatte den Hippies Philippe und Manuela schon nach-
gewunken, das erste vieler Lebewohls. Sie hatten die guatemaltekische Grenze erreicht, ohne zu wissen, daß sie Visa
brauchten und waren abgewiesen worden. Hauruck, die
achtzehn Kilos gingen wieder hoch, hauruck, auch die fünfzehn Kilos waren oben, und sie marschierten nach Mexiko
zurück, wahrscheinlich bis nach Comitán. Im Bewußtsein,
der Typ des vorsorglichen Reisenden zu sein, drängte ich
mich in die *cantina* und ließ hoffnungsvolle Bemerkungen
über einen Bus fallen.

Im Innern saß ein Paar, das wohlhabend aussah. Auf die Fragen des Kochs hin antworteten sie, sie seien keine Mexikaner, sondern Guatemalteken. Sie waren im eigenen Auto zur Grenze gekommen, doch das hatten sie in Mexiko gelassen. Sie wollten ihre Reise mit dem Bus fortsetzen. Ich wunderte mich allmählich, was sie eigentlich im Sinn hatten. Wenn sie so reich waren, wie sie aussahen, hätten sie sich auch ein Flugticket leisten können. Wenn sie nur Geld sparen wollten, dann hätten sie die Grenze nicht an dieser Stelle überqueren sollen. Der übliche Grenzübergang war bei Tapachula am Pazifik. Dort gab es keine Unruhen. Die Straße, auf der wir uns befanden, ging durch Huehuetenango, und in diesem Departement hatte es viele Probleme gegeben. Mindestens vier große Flußbrücken waren im letzten Jahr auf dieser Straße gesprengt worden. Das wohlhabend aussehende Paar hatte es nicht sonderlich gern, ausgefragt zu werden, und so ließ sie der Koch in Frieden.

Die Unterbrechung endete, wie so häufig beim Reisen, ohne Vorwarnung. In der einen Minute stand man praktisch vor dem Nichts, keine Räder am Bus, kein Fahrer, keine Hoffnung. In der nächsten kratzte sich ein schmuddeliger Bursche im gräulichen Unterhemd die Essensreste ab, die in seinen Bartstoppeln klebten – er hatte in der Küche bei den Hühnern gegessen. Er sagte, er wolle sofort los. Ich schaute über die Schulter zum Schattenplatz, wo der amputierte Bus auf der Lauer lag, und tatsächlich waren seine Räder in aller Stille wieder aufmontiert worden. Seltsamer noch, daneben standen die Hippies. Sie hatten ein Visum aufgetrieben, ohne nach Comitán zurückkehren zu müssen, und das auch noch an einem Sonntagnachmittag.

Diese Busfahrt von der mexikanischen Grenze nach Guatemala City war schon eine langsame Angelegenheit. Zum einen gab es Unterbrechungen, die auf Terroristen zurückzuführen waren. Bei jeder der vier zusammengestürzten Brücken mußte der Bus einen Umweg über eine unbefestigte Straße machen, die unter eingestürzten Trägern und zerborstenen Brückenbögen durch die Felsbrocken auf der Sohle der ausgetrockneten *barranca* führte. Auf das Mauerwerk einer zerstörten Brücke hatte ein Armeeoffizier die sarkastische Antwort tünchen lassen: »AUCH EIN BEITRAG ZUM FORTSCHRITT VON UNSEREN SUBVERSIVEN ELEMENTEN«. Die schwarzen Großbuchstaben prangten über den massiven Betontrümmern, sie waren wohl noch von den hohen Felsenspitzen aus zu sehen, wo sich die Guerilla aufhielt. Die Frau auf dem Platz neben mir holte ein Altes Testament heraus und begann die Psalmen zu lesen. Eine Evangelistin, merkte ich, eine jüngst vom spanischen Katholizismus zum nordamerikanischen Protestantismus Bekehrte, und sie hatte in der nächsten Sitzreihe eine Mitkonvertitin erkannt. Leise sagten sie sich gegenseitig die Psalmen auf. Man konnte sehen, daß sie sich als Auserwählte fühlten. Sie waren jetzt, auch ohne priesterliche Vermittlung, im Besitz von Gottes Wort und Schrift.

Die andere und weit häufigere Art von Unterbrechung verursachten die Gegner der Terroristen. Alle fünfzehn Minuten etwa wurde unser Bus durch Straßensperren angehalten. In drei Fällen waren diese Barrieren mit gut ausgerüsteten Armeeeinheiten besetzt. Die übrigen Straßensperren waren von der *Guardia Civil* errichtet worden. Die Bildung dieser bunt zusammengewürfelten Kleinbauernarmee* stellte die jüngste Entwicklung in diesem Guerilla-krieg dar, der 1967 begonnen und bereits 40 000 Tote gefordert hatte. Diese Bauern waren mit *machetes*, alten Flinten mit Zündhütchen, Luftgewehren und sonstigem Zeugs bewaffnet. Einige davon sahen nicht älter als zwölf aus, gelegentlich war unter ihnen ein Berufssoldat; doch so behelfsmäßig sie auch bewaffnet waren, hinsichtlich ihrer Entschlossenheit gab es keinen Zweifel.

»¡Todos los hombres! Papeles, papeles« ... Den ganzen Nachmittag über ertönte diese Aufforderung, ständig mußten die Männer im Bus aussteigen und ihre Ausweise vorzeigen und sich durchsuchen lassen. Bei einer dieser Militärsperren gab es eine Szene, die einen erschauern ließ: Ein Mann, den Kopf von einer Kapuze verhüllt, wurde unter sorgfältiger Bewachung an der Reihe von Fahrgästen entlanggeführt; er spähte in jedes Gesicht, nur seine funkelnden Augen waren zu sehen. Er war ein *subversivo*, ein Guerillero, der sich ergeben hatte. Jetzt versuchte er frühere Kampfkameraden, die mit unserem Bus fuhren, zu identifizieren. Er blieb vor dem wohlhabend aussehenden Mann stehen, ging dann aber kommentarlos weiter. Diejenigen, die man auf diese Art der Denunziation identifizierte, wurden ein Stück von der Straße weggeführt, verhört, gefoltert und erschossen. Das nannte sich Exekution durch ein Militärtribunal. Aus unserem Bus wurde niemand herausgeholt.

* Es handelt sich um die PAC, die *Patrullas de Autodefensa Civil*, eine paramilitärische Organisation. Alle wehrfähigen Männer können von der Regierung zum Beitritt gezwungen werden. Die PAC sind Teil einer Strategie, die Guerilla in Schach zu halten.

Bei einem dieser Halte kaufte ich drei Orangen von einem kleinen Indiomädchen, das einen Korb voll hatte. Sie kosteten fünf Centavos. Ich gab eine dem französischen Jungen mit den feingliedrigen Händen. Er war mittlerweile auf seinem Platz unter Manuela begraben, die in voller Breite auf seinen Schoß gefallen war. Er schaute hilflos zu mir hoch, wie ein Mann, der von einem Elefanten, den er gerade angeschossen hat, zu Boden gepreßt wird. »Hat es in dieser Region Unruhe gegeben?« fragte er nach einer der Straßensperren. Schwer zu sagen, ob es ein Vorteil war oder nicht, so wenig informiert durch Zentralamerika zu reisen. Schließlich erreichte unser Bus Huehuetenango, und ich verabschiedete mich zum zweiten Mal von den Hippies. Sie wollten einige Tage am Atitlán-See bleiben, »dem schönsten See der Welt«. Danach hatten sie vor, weiter »bis nach Chile« zu kommen. Sie hatten ein Jahr Zeit, bevor sie zurück nach Mexiko mußten.

Es war mittlerweile später Nachmittag, und ich war noch eine Riesenstrecke von Guatemala City entfernt. Da überfiel mich mit einem Mal so etwas wie Reisepanik. Ich würde, so nahm ich mir vor, um jeden Preis noch an diesem Abend an mein Bestimmungsziel gelangen. Ich mußte Versprechen einlösen, ein Telegramm abschicken, eine Verabredung einhalten. Ich nötigte einen Winzling von Mann, der sich Al Caponé nannte, meine beiden schweren Reisetaschen durch die Stadt bis zum Depot des El Cóndor-Schnellbusunternehmens zu tragen. Ich fühlte mich nach einem Tag im Bus ziemlich steif und wollte meinen Rücken nicht überstrapazieren. Im Schatten am Busdepot döste ein Angestellter. Al Caponé erklärte mir, daß der nächste Bus zur Hauptstadt von hier aus erst am folgenden Tag fahren würde. Ich brachte ihn dazu, den schlafenden Angestellten aufzuwecken, damit er diese Information bestätigte. Danach brachte ich den kleinwüchsigen Burschen dazu, zum Ausgangspunkt zurückzueilen und mir einen Nahverkehrsbus nach Quetzaltenango ausfindig zu machen, das Fahrziel des Busses, den ich soeben verlassen hatte. Nach reichlichem Gekeuche und einigem hektischen Herumirren – ein Bus wollte schon abfahren, als wir auf ihn zurannten – hatte Al Caponé Erfolg in seiner Mission. Wir waren gerade noch rechtzeitig da. Je länger sich Al Caponés Auftrag dahinschleppte, desto O-beiniger war er geworden. Ich stieg in den Bus ein und gab ihm anderthalb Quetzals (damals etwa 75 pence). Dagegen protestierte er lautstark, ich hielt mich jedoch für großzügig. Der Bus fuhr ab, und ich ließ mich schwer auf einen unbesetzten Platz fallen. Zu spät bemerkte ich den hervorstehenden Stahldorn.

Bei Cuatro Caminos, einer Kreuzung auf freier Strecke, wiederholte ich die Prozedur. Ein Mitreisender hatte mir gesagt, daß unser Bus nach »Schela« fahre, also doch nicht nach Quetzaltenango, ich war verärgert über das Loch in meiner Hose und krank von den Dieselabgasen, die von der offenen Motorhaube ins Businnere hineinwehten. Es hieß, daß von dieser Kreuzung aus ein Bus direkt zur Hauptstadt führe. Inzwischen war es dunkel, und als ich wieder mal aus dem Bus gestiegen war und ihn in der Ferne entschwinden sah, fiel es mir wie Schuppen von den Augen, daß man »Schela« »Xela« schrieb und es der ortsübliche Name für Quetzaltenango war. Außerdem gab es keine Busse von Cuatro Caminos zur Hauptstadt. Wohl Busse, die zu allen möglichen Dörfern in Westguatemala fuhren, doch anscheinend keiner nach Guatemala City. Schließlich rettete mich ein freundlicher Busfahrer. Mit Blick auf ein Paar sich nähernder Scheinwerfer sagte er: »*Das* da ist der Bus nach Xela. Von dort können Sie den Nachtbus nach Guatemala City kriegen, der fährt auf der Küstenstraße.« Er hatte recht. Und so gelangte ich im dritten Bus mit Ziel Quetzaltenango endlich doch dorthin. Kaum angekommen, verlor ich wieder die Nerven.

Inzwischen schien mir, als hätten sich Schicksal, Zeit, Nacht und sonstige bösartige Mächte verschworen, mich an der Verwirklichung meiner Pläne zu hindern. Im Büro der ›*América*‹-Busgesellschaft erkundigte ich mich, ob ein Nachtbus nach Guatemala City fahre. Man verneinte. Ich ließ nicht locker. Gäbe es denn keinen Bus entlang der Küste? Ja, das sei richtig. Der gehe in einer Stunde und komme um Mitternacht an. Ich wollte eine Fahrkarte. Leider seien keine Plätze mehr frei. Ich sagte, dann würde ich eben stehen. Das Mädchen war erstaunt. Das sei eine Dreieinhalb-Stunden-Fahrt. Ich kaufte das Ticket. Dann ging ich zum Büro der Konkurrenz und zog ähnliche Erkundigungen ein. Sie hatten einen Bus, und sie hatten Sitzplätze. Doch anstatt mir das Geld zurückgeben zu lassen und mein Gepäck über den Platz zu transferieren, blieb ich bei ›América‹, *weil diese Busgesellschaft behauptete, ihr Bus komme eine halbe Stunde früher an.* Ich hatte nicht die Absicht, den Verschwörern auch nur die geringste Chance zu geben. Ich war an diesem Tag um 7.30 in einem anderen Land aufgestanden und anscheinend auch als anderer Mensch, nämlich voller Zuversicht, um sechs Uhr abends in Guatemala City zu sein. Jetzt war es 20.30, und vor mir lag noch eine dreiein-halbstündige Fahrt, doch wegen einer halben Stunde Diffe-renz hatte ich einen bequemen Sitzplatz ausgeschlagen, auf dem ich hätte schlafen können.

Die Reise begann chaotisch. Gerade als wir aus der Stadt fuhren, brach ein wilder Streit zwischen zwei Betrunkenen und dem Schaffner aus. Einer der Betrunkenen, eine Frau, wurde von ihrem Platz vertrieben. Sie sollte von Rechts wegen stehen. Ich, der ich auch von Rechts wegen stehen sollte, bekam den Platz zugewiesen, von dem man sie ver-jagt hatte, weil der legitime Inhaber ein Freund des Fahrers war und auf einem Hocker neben ihm vorne kauerte, ins Gespräch vertieft. Die Betrunkene schwatzte in einem fort über diese Situation. Es stellte sich heraus, daß die Frau auf dem Sitz neben mir mit ihr fuhr, doch *sie* war nüchtern und hatte nicht vor, ihren Platz zu räumen. Die Betrunkene nahm das übel. Sie beredete das lauthals mit dem anderen Betrunkenen, einem Mann, der auf der anderen Gangseite in meiner Reihe saß. Mal stand der eine Betrunkene, mal der andere, mal standen beide gleichzeitig schwankend in trun-kener Zuneigung auf dem Gang, schlingernd und sich gegen ihre Mitreisenden drückend. »Warum sind wir bloß mit diesem Bus gefahren?« fragte die Frau. »Warum haben wir nicht ganz normal die *camioneta* genommen? Alles ihre Schuld.« Sie redete über die Frau neben mir. »Sie hat uns da-zu gebracht, die Küstenstraße zu fahren, weil die Aussicht angeblich so schön ist. Hat sie denn nicht gewußt, daß es zappenduster sein würde, ganz zu schweigen von dem strö-menden Regen? Schau sie dir nur mal an. Der geht's prima. Die ist so fein raus wie eine *novia*, eine Braut, die es mit

ihrem *gringo* bequem hat.« Sie sagte mit großem Nachdruck GRIIINGO. »Schau sie dir doch an, eine verheiratete
Frau, schamlos, wie sie es sich gutgehen läßt, der ist es
egal, daß diese bequeme Lage sie kompromittieren
könnte. Mit einem *Fremden*. Dazu einem *gringo*.« Meine
Begleiterin lachte nur stillvergnügt über diese Anklage.
Dann schlief sie mit großem Behagen an meiner Seite ein.

Nach einer halben Stunde beanspruchte der redselige
Fahrgast seinen Platz von mir. Als ich zu seinem Hocker
hinstrebte, wies man mich an, statt dessen im Gang zu
stehen, was ich auch in den folgenden drei Stunden tat.
Und so erreichten wir schließlich Guatemala City. Ich
war sechzehn Stunden auf Achse gewesen. Man kann auf
diese Art in Zentralamerika viele Tage im Bus verbringen.

Es hieß, daß man 1984 in Guatemala City für fünfzig
Dollar einen Mörder dingen konnte, der keine Fragen
stellte. Der Preis war seit zwei Jahren unverändert geblieben, ein Tribut an die Stabilität der Währung. Damit ließ
sich ein einzelner Mord kaufen. Zu jener Zeit gab es mindestens fünf Personengruppen, die gemeinhin in Verdacht standen, ihre Mitmenschen zu töten. Da war zum
ersten die Armee. In ihrem Kampf gegen die Guerilleros
brachte die Armee viele Menschen um, die neutral oder
auf seiten der Guerilla waren, vorwiegend Bauern. Stadtbewohner sahen es als Leichtsinn an, sich von Uniformierten abknallen zu lassen, denn es gab ja Regeln, wie
man ihnen aus dem Weg ging, wenn es in der Stadt zu
Schießereien kam. Man lief einfach nicht noch spät, nachdem die Kinos zugemacht hatten, auf der Straße herum.

Gab es irgendwo in der Nähe Unannehmlichkeiten, vermied man diese Stelle.

Dann waren da die Guerilleros. Sie töteten Soldaten. Sie töteten auch Leute, die als Polizeispitzel verdächtigt wurden. Sie töteten ebenso Leute, die sich einer Verschleppung widersetzten. Und es hieß, daß sie Leute töteten, die sich nicht stark genug für ihre eigene Sache engagierten: wieder Bauern, wenn sie deren Tod so aussehen lassen konnten, als wäre er das Werk der Armee. Es gab vier oder fünf aktive Guerillaorganisationen.

Die dritte Gruppe von Killern, die Todesschwadronen, war die gefürchteste. Guatemala hat diese Auszeichnung: Es ist das Land, das die Todesschwadronen erfunden hat. Zuerst hat man von ihnen in den fünfziger Jahren gehört, sie rekrutieren sich aus Soldaten in Zivil und Polizisten. Das Hauptquartier befindet sich in einem Gebäude hinter dem Palacio Nacional, das hübsch pistazieneisfarben angestrichen ist. Ein ständiger Verbindungsoffizier des Präsidentenbüros war stets dem Büro der Todesschwadronen zugeteilt. Dies wurde publik, als herauskam, daß einer der Verantwortlichen auf diesem Posten für die Guerilla arbeitete.

Viertens waren da die organisierten Verbrecher. Die Verbrecher hatten Hochkonjunktur. Nur sehr wenige Gewaltverbrechen wurden je von der Polizei aufgeklärt. Die Kriminellen ließen mit viel Geschick ihre Aktivitäten als politische erscheinen, und wenn diese Verschleierung glückte, gab sich die Polizei nicht einmal mit der Ermittlung ab. Wenn man erschossen wurde, interessierte sich die Polizei nur mäßig für einen, doch wenn das Auto als gestohlen gemeldet wurde, wollte sie unbedingt helfen. Sie nahm mit Sicherheit die Ermittlung auf. Das bedeutete aber nicht notwendigerweise Hilfe, falls das gestohlene Fahrzeug ein Mercedes war. 1982 blühte das Geschäft mit gestohlenen Mercedesautos. Dann erfolgte ein Regierungswechsel, und jemand zeigte den scheidenden Innenminister an, und die Untersuchung ergab, daß er zwölf gestohlene Mercedes in seinem Garten stehen hatte.

Natürlich konnte keine der oben genannten Gruppen für fünfzig Dollar angeheuert werden, um einen Menschen zu ermorden. Das geschah durch eine fünfte Gruppe: die begeisterten Amateure. Es gab jede Menge Feuerwaffen in Guatemala City und jede Menge Arme, die damit umgehen konnten. Auch sie entzogen sich der Ermittlung, indem sie ihre Verbrechen als politische tarnten. Das war nicht schwer. Eines Abends zog es mich in ein Restaurant, das für seine Teigwaren bekannt war. Zwei Tage später schlug ich die Zeitung auf und sah das Photo eines Mannes, der im selben Lokal gegessen hatte. Sein Gesicht stak tief in den Spaghetti. Er war von einem »unbekannten Angreifer« erschossen worden. Man fand neben der Leiche ein linkes Flugblatt. Daraus schloß die Polizei, daß es sich um ein politisches Verbrechen handelte, ebenso gut hätte es aber ein eifersüchtiger Ehemann sein können.

Ich mochte Guatemala City im Jahr 1982, als es fünfzig Dollar kostete, einen Mörder zu dingen, und auch 1983, obwohl etwas weniger, als die Todesschwadronen sich zeitweilig zurückgezogen hatten und die allgemeine Mordrate viel niedriger war. Mein Lieblingsort am Abend war immer

El Gallito gewesen, ein Nepplokal, das eine berühmte Marimba-Kapelle beschäftigte. Ich ging am Montagabend hin, dem Tag nach meiner Ankunft. Prostituierte arbeiteten dort, aber wenn man ihnen erklärte, man sei wegen der Musik gekommen, hielten sie Ausschau nach anderen Kunden. Es verstand sich von selbst, daß die Kapelle gut genug war, um eine eigene Anziehungskraft zu entwickeln. Ich saß im Dunkeln an der leeren Tanzfläche in diesem tristen kleinen Klub und hörte nach einem Jahr wieder die *marimbas*. Die sieben Musiker waren dieselben. Eine *marimba* ist eine Art großes Xylophon, und diese Kapelle hatte zwei dieser Instrumente. Der Bandleader, derjenige, den ich immer dafür hielt, wählte die Melodie. Jeder Anschlag, den er mit seinem Hämmerchen machte, wurde vom Mann neben ihm aufgenommen. Auf seiner anderen Seite standen zwei weitere Musiker, die Rhythmusgruppe, jeder hielt drei Hämmerchen. Ein fünfter Musiker hatte eine *marimba* ganz für sich allein. Hinzu kamen ein Schlagzeuger und ein Bassist. Der *líder* ähnelte einem älteren Albinoschimpansen. Von diesen sieben war der Schlagzeuger als einziger kein Greis. Marimba-Musik ist Musik für alte Männer. Mit zunehmendem Alter spielt man sie anscheinend immer besser. Es ist die Musik der Indios und die Musik Guatemalas auf eine Art, wie es nicht einmal die *mariachis* ganz fertigbringen, die Musik Mexikos zu sein. Die Marimba-Musik hat etwas an sich, das die Persönlichkeit des Ausübenden prägt. Am auffallendsten zeigte sich das am Verhalten des Bassisten in dieser Kapelle. Er stand mit dem Rücken zur Gruppe und zu den Zuhörern in einer Ecke, wie ein Kind, das unartig gewesen ist. Vielleicht wollte er einen akustischen Effekt auskosten. Doch sobald sich die Melodie entfaltete, war es mit seiner ursprünglichen Absicht vorbei, ob sie nun musikalischer oder emotionaler Natur war. Er drehte sich allmählich herum, aus seiner Ecke weg, bis er mit dem Profil zum Raum stand. Er bewegte sich immer gegen den Uhrzeigersinn, blickte nie direkt ins Publikum.

Marimba-Musik ist bloß albern, im besten Fall ist sie albern und traurig zugleich. Muntere kleine Melodien springen ausgelassen hintereinander her, nur wenige wagen sich sehr weit vom ersten Thema weg. Eine Melodie setzt mit vielen hohen Tönen ein, kehrt leicht variiert wieder und hört dann schlagartig auf. Wenn der Abend nur schleppend verläuft oder die Musiker abgelenkt sind, kann man ihnen beim Musizieren zuschauen, ohne aber erkennen zu können, ob sie irgend etwas dabei empfinden. Sie halten sich nicht strikt ans Tempo, einer spielt zügiger als der andere, und sie verlieren die Konzentration. Wenn aber, wie im *El Gallito*, die Musiker sich der eigenen Musik hingeben, ist sie reine Magie. *El jefe* sah an diesem Abend traurig und gequält aus, der älteste Musiker der Rhythmusgruppe traurig und gelassen, der Bassist traurig und beschämt. Die Musik ergriff jeden von ihnen ganz unterschiedlich; obwohl die Männer sie ihr Leben lang gespielt hatten, konnte die Musik sie noch immer überrumpeln, und ihre unbewußten Reaktionen darauf spiegelten sich lebhaft in ihren Gesichtern wider.

Die *marimbistas* spielten in kurzen Ausbrüchen mit häufigen, längeren Bierpausen. In einer Pause unterhielt ich mich mit dem für sich spielenden fünften Musiker. Er sagte, der *líder* sei nicht der *líder* der Gruppe, er beginne bloß mit einer Melodie. Er fragte mich, warum ich die Musik gern habe, und nachdem er eine Zeitlang meinen Erklärungsversuchen zugehört hatte, sagte er höflich, ich wolle wohl sagen, die Musik sei *melancólico y ligero*, traurig und leicht zugleich. Er sagte auch, sie drücke seine Kultur aus, die indianische Kultur. In Wirklichkeit war er selbst kein Indio, sondern *mestizo*. Es war der Tribut an die Macht der *marimbas*, daß ein guatemaltekischer *mestizo* auf diese Art sein indianisches Erbe anerkannte.

Nach einer Weile fanden auch andere Gäste den Weg durch die ausgestorbenen Straßen zum *El Gallito*. Einige begannen zufrieden im Halbdunkel zu tanzen. Eine Frau mit geradem Rücken, steif von der Taille ab aufwärts, unterhalb jedoch heftig zappelnd, ließ es zu, daß ihr Partner sie über die Tanzfläche hinweg verfolgte. Ihr Gesicht war ganz und gar Anstand und Zurückhaltung, ihre Bewegungen ganz und gar hemmungslos. Ihr Partner setzte ihr nach, rückte ihr begehrlich auf den Leib. Seine Krawatte saß korrekt, sein Jackett war geschlossen. Sie berührten sich nie.

Im Gegensatz zu diesen erwartungsvollen Tänzern erschien einem die ängstliche Konzentration der *marimbistas* auf ihre sorglose Musik noch alberner und trauriger. Da war das verzerrte Gesicht des *líders*, wenn er eine schwierige Passage erreichte und die schon gebeugte Haltung sich – fast herzzerreißend – noch verstärkte. Man erinnerte sich der Männer mittleren Alters, die zu Beginn der musikalischen Darbietung mit großen Schritten auf die Bühne gekommen waren, erfrischt durch das Bier. Nach nur drei Nummern trottete eine Truppe Hochbetagter erschöpft von dannen. Schaute man ihnen zu, wie sie sich in ihre Sessel zurückfallen ließen, fragte man sich, wer diese Wracks waren. Doch bestimmt nicht die Kapelle! Hinter ihnen blieb auf der Bühne der Bassist weiter schmollend auf seinem Hocker sitzen und blies Trübsal, da ihm die Lebenskraft der Musik entzogen war.

Das Gebaren dieser Kapelle konnte einen Grad an Pathos erreichen, der an eine Teegesellschaft von Schimpansen erinnerte. Einmal verlor der Ältere der Rhythmusgruppe den Kopf seines Schlegels. *Mein Gott*! entfuhr es mir vor Entsetzen deutsch-dramatisch. Sein Schlegelkopf war durch den Raum gewirbelt! Der Musiker, nun auf zwei Schlegel beschränkt, beugte sich über seine *marimba* hinüber und spähte ungläubig umher. Er tastete auch an den Seiten seines Instruments herum. Auf einmal stieß er auf den Boden herab, den Mund vor Anspannung geöffnet, erwischte seinen Schlegelkopf wieder und spielte weiter. Diese Darbietung wurde gleichmütig vom Rausschmeißer des Nachtclubs, der in einer fernen Ecke saß, beobachtet, einer strahlenden Gestalt mit seinem weißen Hemd, seiner engen blauen Hose und dem glänzend schwarzen Haar. Sein Bauch war selbst aus achtzehn Meter Entfernung beeindruckend im Dämmerlicht, seine beiden Schenkel noch weit mehr. Ich konnte, als ich mich mit ihm unterhielt, nicht herausfinden, ob ein Rausschmeißer in Guatemala City eine Pistole trägt; die Annahme wäre durchaus berechtigt. Bloß jemanden ›rausschmeißen‹ schiene in diesem Lokal eine zu milde Drohung. Auch er korrigierte mich, als ich auf den *jefe* der Kapelle zu sprechen kam. »Es gibt keinen Boß in dieser Musikgruppe«, sagte er. Der Mann, den ich Boß nannte, hatte sein Leben lang *marimba* gespielt. Der Gedanke war fast unerträglich, daß dieses fahl werdende Genie sein ganzes Leben über seine Hämmerchen gebeugt verbracht hatte, und das meist eingesperrt in diesem verstaubten und menschenleeren Nachtclub.

Wenn die *marimbistas* zu spielen aufhören, bilden sie intime Grüppchen und sprechen leidenschaftlich über Musik. Oder aber sie sitzen allein, mürrisch und zusammengesackt da. Man sieht oft in vollen Restaurants alte Männer in lächerlichen Uniformen wie Hotelpagen ein Nickerchen zwischen den Musikfolgen machen. Später in der Woche aß ich in einem Restaurant zu Abend, das für ein Treffen der Guatemaltekisch-deutschen Freundschafts-Gesellschaft ausgewählt worden war. Nichts, was die Kapelle spielte, konnte die Deutschen zum Tanzen bringen. Schließlich forderte ein sehr kleiner *guatemalteco* eine sehr große Blonde zum Tanzen auf. Sie tanzten fest entschlossen. Der Ehemann der Deutschen war nun an der Reihe, die Frau des Guatemalteken zum Tanze aufzufordern. Er weigerte sich. Damit war es mit dem Tanzen vorbei. Die Anwesenden bei diesem Treffen applaudierten nicht einmal. Am Ende lachten die Musiker darüber, doch man konnte sehen, daß sie gekränkt waren. An der Wand hinter ihnen hatte man neben das Bild des Papstes einen Diners-Club-Aufkleber angebracht. Darunter bewegte sich ein Schatten, erst raschelnd, dann flatternd. In einem Käfig von der Größe eines Raketensprengkopfes war eine Ohreule groß wie ein Welsh Corgi mit zusammengelegten Schwingen eingesperrt. Aus ihren gelben Augen kam der übliche Basiliskenblick, doch Hakenschnabel, Klauen und Spannweite der Flügel waren weniger typisch. Der Vogel sah nämlich so aus, als würde er pro Nacht ein Kind reißen. Hinter meinem Stuhl begann eine Kanadagans gegen das Spiegelglas zu hacken. Als sie zischte, trübte sich das Glas.

Ich interviewte einen deutschen Geschäftsmann, der das Land gut kannte. »Ich mag Guatemala«, sagte er einleitend. »Es könnte ein Paradies sein, wären da nicht die Guatemalteken.« Er hatte für diese nicht gerade enthusiastische Ansicht einen Vorwand. »Ich mag sogar die Guatemalteken«, fuhr er fort. »Aber sie sind ganz ohne Zweifel ein ziemlich gefährliches Volk. Meine Frau und ich wohnen in einer Festung. Überall, wo ich hingehe, begleiten mich Leibwächter, und ich fahre im Panzerwagen zur Arbeit.

Diese Menschen haben sich nicht entwickelt. Ich weiß nicht, wo sie sich auf der europäischen Zeitskala befinden, aber die Indianer sind seit Cortés unverändert. Sie bleiben Indios. Wenn sie sich dazu entschließen, in die moderne Welt einzutreten, hören sie auf, *indígenas* zu sein, und nennen sich *ladinos*. Das bedeutet bloß, daß sie europäische Kleidung tragen. Mein Chauffeur ist reinblütiger Indio, aber er zeigt immer verächtlich auf die *indígenas* auf der Straße. Für ihn sind es völlig andere Menschen. Es gibt eine kleine Gruppe europäischer Abstammung, sie übt allerdings nur wenig Macht aus. Die ganze Macht in diesem Land liegt bei der Armee, das heißt bei den *ladinos*. Die Armee bedeutet Ausbildung und Karriere. Seltsamerweise gehen die Guerillabewegungen auch von den *ladinos* aus. Ihre Anführer sind Leute, die die Universität besucht haben, zufällig den Marxismus aufgeschnappt haben und nie erwachsen geworden sind. Sie glauben wahrhaftig, er sei von Nutzen. Sie erinnern mich an die französischen Intellektuellen von 1940 und 1950. Ich als Deutscher finde natürlich ihre Anschauungen verblüffend. Was man über die hiesige Politik wissen muß, ist, daß der Kampf zwischen zwei Gruppen von gebildeten *ladinos* geführt wird. Viele Journalisten kommen hierher und behaupten, der Krieg gehe zwischen den Obersten und den *peones*, die ihren Grund und Boden verteidigen. Das ist nicht der Fall.«

Der Deutsche, ich nenne ihn einfach Dr. Blitzer, war von der amerikanischen Politik in Guatemala nicht beeindruckt. »Das hier wird ja angeblich von den USA beherrscht«, sagte er. Er wiederholte das scherzhaft. So allgemein gesprochen, stimme das auch, doch lasse sich das kaum in einem Botschaftskommuniqué finden. Allerdings, so folgerte Dr. Blitzer, verfolgten die USA keine spezielle Politik in Guatemala. Das mache ihre selbsternannte Aufgabe schwerer.

»Vor hundert Jahren«, sagte er, »beherrschten die Engländer weitgehend die Welt. Es gab hier herum einige Franzosen, Deutsche oder Portugiesen, ganz merkwürdige Typen. Doch die Welt wurde weitgehend von den Engländern beherrscht. Was in Zentralamerika produziert wurde, ging nach London. Was in Afrika, Indien oder sonstwo in Asien geschah, wurde in London entschieden. Jetzt erwartet man das von den Amerikanern, und anscheinend sind sie dazu nicht in der Lage. Sie sind ein Volk, das von religiösen Skrupeln und moralischen Erwägungen geplagt wird. *Die Briten waren davon stets frei.* Sie hatten keine Moral, doch sie verstanden es, die Welt zu beherrschen. Die Amerikaner sind ein moralisches Volk, darum betreiben sie keine imperialistische Politik.«

Dr. Blitzers Analyse war umwerfend einfach. Sie enthielt auch eine unverblümte Wahrheit: Die USA betreiben keine Politik in Zentralamerika. Widerwillen gegen den Kommunismus allein ist nicht gleichbedeutend mit Politik. Eine Politik deutet auf eine Präferenz hin: ein eindeutiges nationales Interesse und ein bevorzugtes Mittel, um diesem zu dienen. Der Grund, warum die Vereinigten Staaten kein eindeutiges nationales Interesse haben, lag tiefer, wie mir schien, als Dr. Blitzer mit seiner Bemerkung zur Moral gemeint hatte. Es gibt kein eindeutiges nationales US-Interesse an Zentralamerika, weil es keine eindeutige US-Nation gibt. Zuviel Energie und Talent gehen drauf bei dem Bemühen, sich zu entscheiden, welche Art Nation die USA sein sollen.

Entgegen Dr. Blitzers offenmütigen Bemerkungen sind die meisten Guatemalteken, die man in gehobenen Positionen antrifft, nicht *ladinos*, sondern Europäer. Ich las in der Zeitung *Prensa Libre*, daß ihre Büros in der vergangenen Nacht mit Maschinengewehren beschossen worden waren, und interviewte einen der Redakteure dazu, dieselbe Person, die mich informierte, wieviel es 1984 kostete, einen Menschen in Guatemala City umbringen zu lassen. Er sagte, die Lage der Presse sei sehr schwierig. Journalisten werden ständig sowohl von der Regierung als auch von deren Gegnern bedroht. Vor einigen Jahren sei ein Direktor der Zeitung auf dem Nachhauseweg ermordet worden. Ein anderer Direktor wurde von Linken entführt und werde noch immer festgehalten. In den vergangenen fünfzehn

Jahren seien siebenunddreißig Journalisten von Rechten und von »staatsfördernden Elementen« umgebracht worden. Das lege den Zeitungen ein wirksames System der Selbstzensur auf, da der Kritik an der Regierung im allgemeinen eine Schießerei nachfolge. Zum letzten Ereignis um *Prensa Libre* könne er nur sagen, daß um ein Uhr nachts ein Auto am Gebäude vorbeigefahren sei und ein Schütze das Feuer eröffnete und eine Granate geworfen habe. Es habe keine Toten gegeben. Bloß eine Warnung. Die Zeitung habe vor kurzem Kritisches gegenüber der Regierung verlauten lassen und sei tagelang von den Regierungssprechern angegriffen worden. Ich fragte ihn, was er daraus für einen Schluß ziehe. Er sagte, er ziehe keinen Schluß daraus, er berichte das nur. Er bat darum, ungenannt zu bleiben, da er am Weiterleben interessiert sei.

Das indianische Hochland

»Lang lebe die Religion! Und Tod den Ausländern!«

Schlachtruf von Rafael Carrera,
guatemaltekischer Indiokriegsführer

Das indianische Hochland gehört zu den schönsten Szenerien der Welt. Bei meinem ersten Besuch fuhr ich die Straße von Guatemala City nach Antigua, der früheren Kolonialhauptstadt und Sitz des ehemaligen spanischen Generalkapitanats. Die Stadt ist von Vulkanen umringt. Die dorthin führende Straße senkt sich durch dichte Wälder. Am ersten Abend erhellten unentwegt Gewitterstürme den Horizont, ohne daß es donnerte; ich mußte mich selbst erst davon überzeugen, daß ich auf die flammenden Kegel tätiger Vulkane schaute. Als die Spanier zuerst eine Stadt hier erbauten, wurde sie vom Agua, dem Vulkan im Süden, zerstört, der Steinmassen und Wasser herunterprasseln ließ. Beatriz, die Witwe von Pedro de Alvarados*, des brutalsten der Conquistadores, mußte allein mit nur hundert Spaniern das ganze Land regieren. Selbst da erhoben sich die Indios nicht. Obwohl nur hundert verängstigte und unzureichend angeführte Spanier ihnen als Gegner gegenüberstanden, zogen sie es vor, unterworfen zu bleiben. Bernal Díaz schreibt über Alvarado: »Ich erinnere mich so gut an sein gewinnendes Lächeln. Er war ein solch gut aussehender

---

* Pedro de Alvarado, 1485–1541, Hauptmann unter Cortés; später sein Vertreter; Eroberer, Oberrichter und Statthalter des Generalkapitanats Guatemala, das sich von Südmexiko bis Panama erstreckte.

Mann, so offen, solch ein guter Reiter, solch verwegener Kämpfer...« Er war auch derjenige, der beinah die Eroberung Mexikos vereitelte, als er den Kopf verlor und in Cholula während eines friedlichen Festes der Indios ein Massaker anrichtete. Er war dann derjenige, der die Eroberung Guatemalas vollbrachte, indem er den Indiokönig Tecún Umán im Zweikampf an einem Fluß tötete, der noch heute von den Indios Blutfluß genannt wird. Für die Indios sind solche Ereignisse symbolisch. Bei späteren Gelegenheiten dachten sie nicht daran, das Schicksal in ihre eigenen Hände zu nehmen, nur weil Alvarado tot war und die neuen Herrscher auf hundert Mann verringert waren und von einer Frau befehligt wurden, die bekannt war als »la sin ventura«, »die Zaudernde«. Das war kein Grund, um sich aufzulehnen. Die Angelegenheit war am Blutfluß entschieden worden. Etwas war in der Zivilisation der Mayas zusammengebrochen, über das Was herrscht noch Unsicherheit bei den Gelehrten. Klar ist aber, daß die Indios kaum begriffen, was mit ihnen geschah. Die Indios von den Westindischen Inseln, vorwiegend jene von Hispaniola, die von den Spaniern regelrecht in die Goldminen verschleppt wurden, bestiegen vertrauensvoll die Sklavenschiffe im festen Glauben, daß man sie ins Paradies bringe, wo sie ihre Jugend wiederfinden würden.

Die Stadt Antigua ist immer wieder durch Erdbeben stark beschädigt worden. Sie wird als spanische Kolonialstadt belassen, wie sie ursprünglich geplant war, und ist nach dem Schachbrettmuster einer spanischen Karte angelegt, nur wenige der Steinhäuser haben einen oberen Stock. Hier endlich war die Stadt aus dem *Archivo General de*

Indias wundervoll erhalten zum Leben erwacht, die Stadt, die ich zuerst im Kartenzimmer in Sevilla gesehen hatte. Ich wohnte in Antigua in einem Kloster und schlief in einem hohen Raum mit Steinfliesenboden, einer bemalten Holzdecke, die von Balken getragen wurde, und einem offenen Kamin. Das hohe vergitterte Fenster ging auf einen geschlossenen Innenhof hinaus, wo ein bepflanztes Wasserbecken aus tiefen Steinzisternen gespeist wurde. Am anderen Morgen frühstückte ich im Sonnenlicht sitzend auf dem breiten Fenstersims und sah den Papageien zu.

Am Abend zuvor war einer dieser riesigen grellfarbenen Vögel auf eine Stange plaziert worden, unter der eine Marimba-Kapelle zu spielen begann. Wie gewöhnlich entsprangen die lebhaften kleinen Melodien der Kontrolle der Spieler. Der Versuch, sie wieder einzufangen, verhinderte eine harmonische Entfaltung der Musik. Die fröhlichen hohen Töne hüpften im Hof herum und flüchteten sich zu den Echos, die von den Steinwänden hallten, um sie zu begrüßen. Und die Ursache für diesen Tumult befand sich bloß einen Fußbreit unter der Stange mit dem Papagei. Ihm war das Ganze ein Greuel. Kerzengerade saß er da und zeigte ein nervöses Gebaren, sah hochmütig auf sie herab, sehr im Zweifel, ob es ihm überhaupt genehm war, daß all diese Männer offensichtlich nur für ihn allein musizierten. Nach Einbruch der Dunkelheit trugen ihn zwei Angestellte auf einer langen Stange, die er sich mit einem zweiten Papagei teilen mußte, für die Nacht fort. Beide Vögel machten, als sie so durchs Dunkel schaukelten, ein zufrieden klingendes Geräusch, wie das Glucken in einem schläfrigen Hühnerstall.

Antigua war eine beliebte Touristenattraktion in Guatemala gewesen, doch jetzt kommen nur wenige Besucher, wie auch der indianische Textilmarkt in Guatemala City tagelang fast menschenleer ist. Norman Lewis schreibt in *Die Vulkane über uns*, nachdem er den Reiz des guatemaltekischen Lebens geschildert hat, »das Problem, das sich denjenigen stellt, die eine blühende Touristenindustrie aufbauen wollen, ist, wie man dieses überstarke Aroma entfernt, so daß nur noch das ungefährlich Pittoreske übrig bleibt.« Der Zustand des heutigen Antigua zeigt ganz deutlich, wie dieser Versuch fehlgeschlagen ist.

Die schönen alten Gebäude, die man zu Hotels gemacht hat, sind einladend, aber leer. Ich und die Papageien bildeten die ganze Zuhörerschaft für die Marimba-Kapelle. Draußen auf den Straßen konnte man noch die Indios sehen, die aus ihren Bergdörfern angereist waren, doch sie machten kaum Geschäfte. Wie ich so dastand und die gepflegte, verlassene alte Kolonialstadt bewunderte, verhallten die Kirchenglocken, und es ertönten Flöten. Eine Prozession von Tänzern bog um die Ecke und näherte sich dem Eingang des *convento*. Sie machten an jeder Straßenecke Halt und führten etwas vor, nur wenig Volk folgte ihnen. Man sah vier Männer; jeder war unter einem großen Holzgestell verborgen, das von einem wallenden Gewand verhüllt und mit einem grotesk geschnitzten und angemalten Menschenkopf gekrönt war. Ihr Tanz schien eine Variation des ursprünglichen *Moros y Cristianos* zu sein, der ja bekanntlich von den Geschichten der Conquistadores über den Fall Granadas inspiriert ist. Zwei der geschnitzten Masken waren Europäer, zwei Schwarze. Andere Männer trugen Frauenkleider und Gesichtsmasken.

An jeder Ecke bildeten die Zuschauer einen Kreis, die Marimba-Kapelle setzte ein, und die Tänzer begannen mit ihrem Tanz. Die Männer in den großen Holzgestellen mußten sich offensichtlich sehr anstrengen, doch sie zuckten und wirbelten umher, wobei sie die starren Figuren über sich auf anmutige und zugleich drollige Weise bewegten. Maskierte, die keine Last trugen, konnten ungehindert ihre mehr clownesken Bewegungen ausführen; sie stießen ruckartig gegeneinander und trennten sich gleich wieder, Betrunkenheit vortäuschend. Sie machten einen so lebensechten Eindruck, daß man sich dabei ertappte, wie man auf den jeweiligen Ausdruck der Masken reagierte, die lustig oder grimmig waren. Das Publikum lächelte den vergnügten, betrunkenen Weibern zu oder erstarrte vor Schreck unter dem harten Blick der Männer mit dem grausamen Gesicht. Eine komische Wirkung entstand durch die feierlich-ernsten Köpfe auf den Rahmen und die ruckartigen Bewegungen, die weit unterhalb ausgeführt wurden. Manchmal klafften die Gewänder auf, und wir im Publikum, die wir noch im Banne einer bestimmten Maske standen, sahen uns direkt mit dem Blick des realen Tänzers konfrontiert, des abgekämpft ächzenden Menschen, auf unserer eigenen Höhe, der hinter den Gewändern hervorspähte, und kamen uns dumm vor. Die Indios und *ladinos*, die den Tänzern treuergeben von Ecke zu Ecke nachfolgten, bis hinauf auf die Treppe des *Convento de la Merced*, waren, obwohl sie die Darbietung richtig auskosteten, sehr sparsam mit ihren Centavos. Der nächste Tag war ein Sonntag, und das Fronleichnamsfest wurde im *convento* gefeiert. Wieder erschienen die Tänzer und ihre Kapelle an der Kirchentreppe. Auch andere Musikkapellen waren da und ein kleiner Jahrmarkt und ein Mann, der Feuerwerksböller abschoß, und ein bunter Regen von Blumenblättern und Fahnen. Nach der Messe führten die Frauen der Gemeinde in der Tracht einer Bruderschaft die Prozession an, die von der Kirche ausging. Sie trugen schwarze Röcke und weiße Blusen, und an gelben und weißen Bändern baumelten ihre Ordensmedaillen. Danach kamen Träger mit Kirchenfahnen, dann der Baldachin, unter dem der Bischof schritt und die Monstranz hielt, schließlich der Rest der Gemeinde.

Als sie aus der Kirche traten, wurde die Orgelmusik, die mit Leichtigkeit den Bau erfüllte, in ihren Ohren vom Getöse der Stadtkapelle abgelöst, das die laut krachenden Böllerschüsse verstärkte. Der Wechsel war so abrupt, daß man meinte, eine Schallmauer zu durchbrechen. Später sollte selbst der Lärm der Kapelle durch Glockengeläute übertönt werden. Es war eine triumphale Mischung aus Frömmigkeit und Theaterspektakel, dazu ein dramaturgischer Überraschungseffekt, daß all dieses unverwüstliche Leben noch aus altem Gemäuer hervorbrechen konnte. Dann zog die Prozession durch die Straßen der Stadt, die mit Palmwedeln und Papierschlangen geschmückt und von Konfetti bedeckt waren. Die Gläubigen knieten am Straßenrand nieder, wenn die Hostie vorbeigetragen wurde, und unentwegt krachten den ganzen Vormittag über die Böller.

Auf der anderen Seite der Stadt, in der Kathedrale, die

schon seit langem durch Erdbeben ruiniert ist, feierte man kein Fronleichnam. Statt dessen wurde die Messe in Englisch vor einer spärlichen, hauptsächlich aus Nordamerikanern bestehenden Gemeinde gelesen. Es war ein Kuriosum. Am Altar murmelte und kicherte sich neben dem Priester ein gehemmter blonder Jüngling in Jeans und gelbem T-Shirt durch die Antworten. Hinten in der Kirche drängten sich die Indios, begierig darauf, das Mysterium mitzuvollziehen, doch nachdem sie verwirrt von der Ehrfurchtslosigkeit der Messe zunächst noch ausgeharrt hatten, verließen sie schließlich den Gottesdienst.

Die Predigt ging über Hiob und die Zuversicht im Glauben. Der Priester sagte auf Englisch mit stark deutschem Akzent, daß die Kirche heutzutage auf die Probe gestellt werde, anscheinend manchmal bis zum Zerreißen. Wir in der Kirche aber seien ein königliches Volk, wir seien ein Priestervolk und wir seien die Auserwählten, und wir wüßten, daß, wie sehr der Sturm auch wüte, es einen Mann im Boot gebe, der sagte: »Fürchtet euch nicht.« Und es sei die Pflicht der Kirche, allen Menschen Nächstenliebe und Gottesliebe zu predigen. Es ist nicht die Pflicht der Kirche, Gewalt zu predigen.

Nach der Messe stand er auf der Treppe vor der Kathedrale, um seine kleine, aber elegant gekleidete Gemeinde zu begrüßen. Sie hatten sich offensichtlich vorher noch nicht gesehen. Die Gemeindemitglieder zeigten nur mäßiges Interesse an einem Gespräch mit ihm.

Später am Tag fuhr ich aus Antigua hinaus und nahm die kurvenreiche Landstraße nach Chimaltenango. Diese

Straße ist wunderschön; im Schatten großer Bäume, umgeben von Ackerland, taucht sie in Mulden ein und windet sich zwischen steilen Abhängen dahin. Aber Chimaltenango ist das Zentrum der Guerillaaktivität, und vor der Stadt marschierte eine lange Kolonne schnellen Schritts eine laubige Allee entlang. Sie sangen eins der guatemaltekischen Soldatenmarschlieder, das grob übersetzt so lautet: »Gönn dir was Gutes, mach heut 'nen Roten kalt.« Bei Chimaltenango begannen die Straßensperren. Dies ist der äußerste Rand des indianischen Hochlands und ein Hauptgebiet des bewaffneten Widerstands von mehr als nur einer der fünf Terroristengruppen Guatemalas.

Die Landschaft hinter der Stadt öffnet sich erst und wird dann gebirgig. Bei den Straßensperren hielten Berufssoldaten jeden Bus an und ließen die Fahrgäste aussteigen. »¡Todos los hombres!« ertönte es wieder, und an einer Sperre spähte noch so eine Gestalt mit schwarzer Kapuze in jedes Gesicht.

Mein beabsichtigtes Reiseziel war Chichicastenango. Bei Los Encuentros bog ich von der Hauptstraße ab. Von da an war es unmöglich, die Präsenz der Guerilla zu ignorieren. In regelmäßigen Abständen waren Mühlen und landwirtschaftliche Gebäude von der Armee niedergebrannt worden, um die Indios um jeden Preis davon abzuhalten, Aufständischen Unterschlupf zu gewähren. Alle paar Kilometer passierte man das Wrack eines in Brand gesteckten Busses, Zerstörungswerk der Guerilla und Bestandteil ihres ›Wirtschaftskrieges‹ gegen die Regierung. Als taktische Maßnahme nicht sehr geschickt.

Die Zerstörung eines Busses ruinierte bloß irgendeinen unbedeutenden Busunternehmer.

An einer dicht bewaldeten Strecke der Straße standen nach einer Kurve zwei Männer in Zivil auf der Fahrbahn und gaben mir mit Handzeichen zu verstehen, ich solle anhalten. Sie sagten, sie seien Lehrer, die per Anhalter zur Stadt wollten. Wie denn die Lage so sei? »*Bestens*, señor.« Ah ja, keine Probleme? »*No*, señor, keine Probleme. *Tranquilo*.« Wir passierten die Wrackteile eines weiteren ausgebrannten Busses.

Bevor der Guerillakrieg es ein bißchen gefährlicher machte, war auch Chichicastenango ein beliebtes Touristenzentrum gewesen. Es liegt hoch genug, um eine wichtige Indiostadt zu sein, doch nicht so entlegen, daß die Pflasterstraße aufhört, bevor man angekommen ist. Die Stadt hat einen berühmten Markt, eine leicht erreichbare heidnische Götterstatue im nahegelegenen Wäldchen und zwei berühmte Indiokirchen, Santo Tomás und Calvario. Heutzutage ist es nicht einfach, in irgendeinem Teil der Welt Christen aufzuspüren, die ihren Gott noch mit Feuer verehren, doch genau das ist der Brauch bei den katholischen Indios in Chichicastenango. Hier war er endlich, ganz unverhüllt, der uralte, heimliche und schändliche Brauch der Heiden, der Kult, dem Montezuma auf Cortés Drängen hin abschwören sollte. Was Chichicastenango angeht, so hat sich die Inquisition vergeblich angestrengt.

Reisende werden immer wieder davor gewarnt, Photos von diesen Kirchen zu machen, da die Indios einmal einen Touristen, der ihre Riten photographierte, töteten. Was man dort sehen kann, ist allerdings auf den ersten Blick nicht so bemerkenswert. Auf dem Markt gibt es Stände voller rostiger Nestlé-Milchbüchsen, die man mit einem Spieß durchbohrt und einen Draht durchgezogen hat, der als Griff dient. Sie werden als Weihrauchgefäße verkauft. Feuer spielte eine elementare Rolle in der alten Mayareligion und tut es weiterhin im Christentum der Mayaindianer von heute, selbst wenn die jetzige Religion in direktem Gegensatz zur früheren stehen sollte. Zu Cortés' ersten Maßnahmen in Mexiko gehörte, die Aztekenpriester zu katholischen Priestern zu machen und die Opferaltäre in Heiligtümer der Jungfrau Maria umzuwandeln. Doch die Stärke eines Glaubens wird durch die Verfolgung gefestigt.

Auf beiden Seiten des Marktplatzes stehen die zwei weißgetünchten Kirchen, die man über eine Flucht von Stufen erreicht. Auf diesen Treppen haben die Mayas ihren ersten, mit dem Christentum nicht zu vereinbarenden Eingriff gemacht. Man gelangte zu den früheren Opferaltären, die sich auf dem Gipfel der Pyramiden befanden, über Stufen, und die heutigen Kirchgänger haben die Kirchenstufen zum heiligsten Teil der Kirche erkoren. Hier brennen ständig Feuer, werden Nestlé-Rauchfässer geschwungen, und die Steinplatten sind von einer klebrigen, verrußten Wachsschicht überzogen. Da die Missionare die Indios daran hinderten, ihre Feuer im Kircheninnern zu machen, errichteten diese einfach auf den Steinen draußen Feuerstellen, so nah wie möglich am Portal, und ließen damit den Vorplatz heiliger werden als den Altarraum selbst. Etwas Wildes und Gefährliches strahlt von denen aus, die diese Feuer in Gang halten. Wie sie sich da in ihre Mysterien vertiefen, eingehüllt in ihre zerlumpte Kleidung, scheinen sie außerhalb von Zeit und Raum zu sein, so daß ich meinte, die Wetterfahne auf dem Kirchdach klinge dissonant modern, bis ich realisierte, daß sie aus spanischem Schmiedeeisen des siebzehnten Jahrhunderts war.

Im Innern der Calvario-Kirche stand eine große Schale mit Kerzen auf dem Boden, und eine alte Dame, die in der Hand eine Nestlé-Weihrauchbüchse hielt, kniete daneben und wachte bei den Talglichtern. Alle Bänke waren aus der Kirche entfernt worden, die fast völlig kahl und leer war. An den Wänden standen einige Heiligenstatuen, der Altar war auch noch da, bedeckt mit verdorrten Blumen, im Dunkel der Sakristei dahinter hatte man eine Art Heiligtum errichtet. Der Tabernakel war leer.

Ein Mann, den ich für den Küster hielt, bot sich an, mir die kleine Kirche zu zeigen. Als wir umhergingen, kam er mir eher wie ein Priester vor, der seines Amtes waltet. Er sprengte Wasser über die Talglichter und danach über den leeren Altar in einer genau festgelegten Weise, als befolge er ein Ritual, wenn auch kein christliches. Wasser und Kerzen sind für den Katholiken etwas Vertrautes, aber sie sind nie Selbstzweck, nur Symbole. Hier, unter der Anleitung dieses Küster-Priesters, waren die Naturelemente selbst zu Kultgegenständen geworden.

Ich überquerte den Platz, um die viel größere Kirche Santo Tomás zu besuchen. Wieder gab es die Feuerstellen auf den Stufen der Kirche, die Holzschalen, die im Boden des Hauptschiffs eingelassen waren, um die Kerzen zu tragen, die gleichen zusammengekauerten, zerlumpten Gestalten, die sich über die flackernden Lichter beugten. In dieser Kirche war ein aufgeweckter kleiner Junge mein

Führer, einer von der Truppe, die sich mir angeschlossen hatte, als ich über den Platz ging. Nach dem, was der Junge erzählte, betete der Kirchgänger, der sich da sechsundfünfzig Kerzen auf einer einzelnen Schale angesteckt hatte, gerade für mehrere *matrimonios, todos muertos,* die von *guerrilleros* getötet worden waren, zwei *señoras* und einen *hombre*. Ich weiß nicht, ob mir mein Führer die Wahrheit sagte oder ob er sich das beim Herumlaufen einfach ausdachte. Es existierten keine Berichte von solchen Ermordungen, aber Morde waren nichts Seltenes, und die Phantasie der Indios ist im allgemeinen nicht von der romantischen Art. Es gab auch keinen Grund, weshalb er unehrlich sein sollte.

An der Wand war fast als einziger Schmuck ein großes Plakat, das die Besucher davor warnte, Photos von »den religiösen Riten der Indios« zu machen, eine recht taktvolle Formulierung. Auch diese Kirche war nüchtern, einige Bänke, ein paar Heilige, die wie Riesenpuppen in prunkvollen Gewändern steckten, ein gleichfalls verlassener Altar. Neben den in Reihen am Boden brennenden Kerzen häuften die Indios Maiskolben und schwarze Bohnen als Opfergaben für den jeweiligen Heiligen auf. Ich fragte, wo der Priester sei, und der Junge sagte mir, es gebe in der Stadt keinen Priester, doch gelegentlich komme einer von Antigua. Ich konnte verstehen, warum er das heilige Sakrament bei seinem Weggang nicht im Tabernakel ließ.

Neben der Kirche steht ein großes Kloster, denn in der Zeit der Glaubensgewißheit war dies hier eine Dominikanerpriorei. Die Mönche, die zuerst hierher kamen, haben eine berühmte Jadesammlung zusammengetragen und sich zu Gelehrten der Maya-Mythologie ausgebildet. Heute wachsen nur Bougainvilleen an den Mauern, und die Türen der verlassenen Klassenzimmer schwingen im Wind hin und her. Was für ein friedlicher Ort, doch noch vor wenigen Jahren war dieses Kloster Schauplatz eines wilden Aufruhrs. Es gibt nämlich eine Geschichte über die Indiogemeinde von Santo Tomás – eine, die die Diözese nicht bekannt machen möchte.

Vor einigen Jahren wurde ein neuer Gemeindepfarrer von Antigua nach Chichicastenango versetzt. Er war ein junger spanischer Missionar namens Padre Casas und sehr eifrig. Als er Santo Tomás sah, war er entgeistert. Vielleicht war der Bischof an der Hartnäckigkeit der Indios verzweifelt und hoffte, daß junges Missionarsblut, das noch nicht von den uralten Gegebenheiten der Glaubensverkündigung verdorben war, den Zweck besser erfüllen würde. Am ersten Abend in der Stadt mietete sich Padre Casas zwei *ladino*-Steinmetze und brach die Heiligtümer und Altäre der Indios nieder, die auf den Stufen und dem Treppenaufsatz von Santo Tomás errichtet worden waren. Am nächsten Tag weckte ihn der Lärm einer wütenden Indiomenge, die mit Prügeln bewaffnet war. Als er sie zu beruhigen versuchte, beschimpften die Indios ihn und begannen ihn zu umzingeln. Plötzlich wurde ihm klar, daß er in großer Gefahr schwebte. Er verzog sich ins Kircheninnere, doch die Menge setzte ihm nach. Padre Casas mußte um sein Leben rennen. Seine Gemeinde hetzte ihn durch einen Seitenausgang hinaus, durch den Kreuzgang bis ins Kloster. Hätten sie ihn gefangen, wäre er getötet worden. Aber es gelang ihm, aus einem Klosterfenster zu entkommen und sich im

Haus einer alten Indiofrau zu verstecken, die ihm Zuflucht gewährte.

Padre Casas wurde fast sechs Monate lang nicht in Chichicastenango gesehen. Als er zurückkehrte, war er ein anderer Mensch. Die Feuerstellen wurden wieder auf den Stufen errichtet und blieben unangetastet. Anscheinend interessierten ihn die Kultstätten kaum noch. Statt dessen engagierte er sich in der Sozialarbeit. Er konzentrierte sich auf die Schule, eröffnete ein Krankenhaus und eine Suppenküche. Er beschäftigte sich mit Staatsdingen und lehrte seine Gemeinde, daß Christus Partei ergreife in den politischen Streitereien Guatemalas und daß der Herr kein Anhänger der Regierung sei. Mehr als fünfzehn Jahre arbeitete er auf diese Weise. Eines Tages erhielt er inoffiziell eine Warnung: »Verschwinden Sie. Die haben die Nase voll von Ihnen.« Zum zweiten Mal mußte er in aller Hast Chichicastenango verlassen. Er wurde in ein Flugzeug nach Spanien gesetzt. Seither hat man ihn nicht mehr gesehen. Das ist der Grund, warum man den Kindern von Chichicastenango keinen Religionsunterricht erteilt und die Altäre leer sind. Die Kirche hat sich zumindest für den Augenblick als unfähig erwiesen, geistigen oder materiellen Trost anzubieten.

Die katholische Kirche in Guatemala war einst in einer beneidenswerten Position. Sie besaß das Glaubensmonopol in diesem Land. Heute ist sie geteilt und machtlos. In Antigua predigt ein Priester, ein guter Mensch, gegen die Gewalt. Im Hochland dagegen unterstützt ein anderer die Guerilleros. Religiöse Sekten haben von dieser Unentschiedenheit der Diener der Kirche profitiert. Die evangelischen Missionare aus den Vereinigten Staaten sind ins

Land geströmt. Und viele Indios, die sich durch die altmodische Liturgie und die autoritäre Bestimmtheit angesprochen fühlen, haben ihretwegen den katholischen Glauben aufgegeben. In Chichicastenango traf ich eine Missionarin, nicht einmal Christin, die auch von der katholischen Uneinigkeit profitiert hatte. Als ich sie aufsuchte, war mir nicht mal klar, daß sie Missionarin war. Sie interessierte mich, weil ich sie für eine Engländerin hielt, Señora Jenny Taylor, und weil sie allein im Räuberland lebte und ein Gästehaus führte.

Jenny Taylor war in Costa Rica geboren. Ihr Vater war ›Kapitän zur See‹, die Mutter Engländerin. Ihre Muttersprache war Spanisch, doch sie konnte auch gut Englisch. Als Erwachsene war sie zum Bahaismus übergetreten und war nun in Guatemala eine seiner wenigen Verkünderinnen. Sie war eine erfahrene Krankenschwester, leitete ein Krankenhaus und eine Kaffeestube. Hinsichtlich ihrer Erfolge als Missionarin war sie bescheiden. Sie sagte, sie habe zwar nicht viele bekehrt, habe aber viele Freunde. Sie hatte ihr ganzes Leben unter Indios verbracht. Sie sagte mir das Geheimnis ihres kleinen Erfolgs. »Ich habe sie immer so behandelt wie jeden anderen auch. Wenn ich sie besucht habe, saß ich mit ihnen auf dem Boden und habe ihr Essen gegessen. Wenn sie in meine Kaffeestube kamen, habe ich sie wie Kunden aus Europa bedient. Sie haben denselben Preis für ihren Kaffee bezahlt. Warum auch nicht?«

Sie sagte es nicht ausdrücklich, aber sie erweckte den Eindruck, als sei Padre Casas Verhalten nicht so gewesen. Was sie deutlich sagte, war, daß er bei seiner Rückkehr nach Chichicastenango verkündet habe – ganz erfüllt von den Idealen sozialer Gerechtigkeit – er werde ihr das Geschäft mit dem Krankenhaus und der Kaffeestube schon verderben. Später wurden sie Freunde. Und sie war es, die geblieben war; allein und alt. »Ich bin schrecklich müde«, sagte sie, »sehr isoliert, aber immer noch in Chichicastenango und immer noch aktiv.« Sie sah kaum Engländer und sprach jetzt nur selten Englisch. Aber sie hatte ihren Sohn Herbert genannt. Er war Architekt in Mexiko. Sie war stolz auf ihn.

Ich aß im Santo-Tomás-Hotel zu Mittag. Es ist ein schönes Gebäude, auch ein früheres Kloster. Bei meinem ersten Versuch, dort hineinzukommen, dachte ich, es sei geschlossen. Wiederholtes Klopfen an der Tür brachte einen erschreckten Kellner ans Gitter, der mich eintreten ließ. Niemand übernachtete im Hotel, und niemand wurde erwartet. Während ich zu Mittag aß, erzählte man mir, daß der Manager des anderen Hotels in der Stadt vor sechs Monaten von der Guerilla angeschossen worden war. Ein Mann, der überall nur mit einer Pistole hinging. Als er einmal zum Hoteleingang kam, habe er gesehen, wie jemand in der Türöffnung stand und dann zu Boden fiel. Drinnen lag einer seiner Angestellten tot da. Er sei ins Büro gerannt und habe einen Schußwechsel mit einem bewaffneten Unbekannten gehabt. Der Manager wurde am Bein verletzt und danach nicht mehr in Chichicastenango gesehen. Dieser Zwischenfall erklärte, warum der Eingang zum Santo-Tomás-Hotel immer verschlossen war und ich die Stadt für mich allein hatte.

Im leeren Speisesaal stand auf einem holzgeschnitzten Lesepult ein herrlich eingebundenes römisch-katholisches Meßbuch, im neunzehnten Jahrhundert in Spanien gedruckt und ausstaffiert mit Seidenbändern und Messingschließen, prachtvoll und ungelesen. Es war ein Geschenk des Erzbischofs von Barcelona an die Mission. Der arme Mann hatte wahrscheinlich geglaubt, es würde jahrhundertelang im Dienst sein. Das Hotel wurde von einer liebenswürdigen Dame geführt, die überrascht war, einen Gast zu sehen. Die Böden waren auf Hochglanz poliert, die Blumen blühten üppig, die Küche war voll mit Lebensmitteln. Doch nach dem Gästebuch zu schließen, hatte sich niemand sonst dort aufgehalten.

Nach dem Mittagessen machte ich einen Spaziergang. Der Beamte in der Post übermittelte gerade auf einem Morseapparat Telegramme. Draußen auf dem Kopfsteinpflaster zog eine indianische Hochzeitsprozession vorbei. Sie glich mehr einer Beerdigung. Inmitten der langsam schreitenden Menge ging die Braut, in Weiß und mit einem Bukett. Ihre Begleiterinnen trugen ihre schickste Kleidung und den feierlichsten Gesichtsausdruck. Es gab weder Musik noch Gespräche. Ich dachte zuerst, daß diese Hochzeit durch einen Trauerfall beeinträchtigt sei, doch erfuhr ich später, daß alle Indiohochzeiten in der Öffentlichkeit so verliefen. Die Gesellschaft kam von einer kirchlichen Feier zurück, die sicher keinen Priester erforderte, denn an dem Tag war keiner in der Stadt. Sobald sie das Haus der Braut erreichten, würden sie schon fröhlicher werden.

Ich tankte den Wagen auf und fuhr weiter ins Hochland hinein. Ich hatte vor, in Santa Cruz del Quiché zu übernachten, wo die guatemaltekische Armee ihr regionales Hauptquartier aufgeschlagen hatte. Quiché ist das Departement, in dem die heftigsten Kämpfe in den vergangenen

Jahren stattgefunden haben, auch wenn im Jahre 1983, während der kurzen Präsidentschaft von Ríos Montt, die Armee größere Erfolge für sich erzielte. Als ich in nördlicher Richtung durch den Bogengang fuhr, der die Stadtgrenze von Chichicastenango markierte, winkte mir eine Gruppe von elegant angezogenen Frauen zu, die sich alle zum Verwechseln ähnlich sahen, ich solle anhalten. Als ich gehorchte, schubsten sie eine der Ihren in mein Auto. Sie war verlegen, doch glücklich, daß man sie herausgepickt hatte. Während der Fahrt begann sie, mich über die lokalen Sehenswürdigkeiten aufzuklären.

»Aus diesem See da entspringt der Rio Negro«, sagte sie. »Er fließt bis nach Mexiko und dann zum Atlantik. In diesem schönen See haben wir sehr fette Fische.« Sie strahlte. Dann fiel ihr etwas anderes ein.

»Im vergangenen Jahr waren in dem See da auch fünf abgeschnittene Köpfe. Sie waren schon zu stark verwest, um das Geschlecht noch festzustellen.«

Sie erklärte mir, daß sie per Anhalter gefahren sei, weil schon früh Sperrstunde sei. Es dauere zwar noch ein paar Stunden bis zum Einbruch der Nacht, aber sie wolle ganz sicher sein, daß sie sich auch daran halte. Die Sperrstunde sei ganz streng, und ihr Mann habe sie gewarnt, sich ja nicht auf den letzten Bus zu verlassen. Dann nahm sie das Thema wieder auf, das sie nicht vergessen konnte. »Viele Tote hier in der Gegend«, sagte sie. »An einem Morgen hat es sechzig Leichen gegeben. An dem Tag bin ich zur Hauptstadt gefahren. Am selben Nachmittag.«

Als sie über die dunklere Seite des Lebens in diesem herrlichen Bergland redete, sprach sie sehr schnell und blickte häufig in mein Gesicht, um die Wirkung ihrer Worte zu sehen. Sie hielt mich für einen Touristen und war nicht glücklich, ihr Land herabsetzen zu müssen.

Wir fuhren in eine Kurve. »Hier, genau hier, lag die Leiche eines Mannes, den man überfahren hatte. Später hat man ihn mit dem Maschinengewehr beschossen. *Die* haben ihre Maschinengewehre richtig gern.« Ich fand, ich sollte allmählich herausbekommen, wer ›die‹ waren und welcher Seite die Opfer zuzuschreiben waren. Ich wollte mich gerade danach erkundigen, ob ›die‹ nun Soldaten oder Guerilleros waren, als sie mir wie gerufen erzählte, ihr Mann bekomme um Punkt fünf Hunger. »Er ist beim Militär«, sagte sie. Ich blickte sie und ihre Kleidung an. Wenn ihr Mann Militär war, dann müßte er Offizier sein. »Er ist *coronel*«, sagte sie. Ich war im Begriff gewesen, die Frau des kommandoführenden Obersten in Quiché zu fragen, ob die Leute ihres Mannes all die Massaker in dieser Region ausübten. Es stellte sich heraus, daß ihr Mann der frühere Befehlshaber war. Dennoch wäre es keine sehr taktvolle Frage gewesen.

Während unserer Fahrt wies die Lady des *coronel* immerzu auf die Schauplätze der Greueltaten hin. Und so steuerte ich diesen süßduftenden Mops dahin und lauschte seinem Politisieren. Die Dame trug ein weißes Seidenkleid mit großen schwarzen Punkten, eng anliegend, und hatte ein graufarbenes Tüchlein um den Hals geschlungen. Außerdem trug sie eine Kette mit einem großen Kreuz aus Holz. Sie hätte besser in einen Kuchenladen gepaßt und da über ihre Enkelkinder geredet, als neben mir im Auto zu sitzen und mir zu beschreiben, wie tief die Stichwunden in der Brust waren.

Bei unserer Ankunft in Quiché mußten wir zahlreiche Straßensperren und Hindernisse durchfahren, die ihr bestens vertraut waren. Sie dirigierte mich zum Hotel *San Pascual*, wollte aber nicht, daß ich sie bis zum Eingang fuhr. Sie gab mir überzeugend zu verstehen, daß jedwede Entschuldigung, die sie sich für ihr Zuspätkommen ausgedacht hatte, hinfällig würde und es ebensowenig der Verdauung des *coronel* zuträglich wäre, wenn sie in meinem Auto sitzend ankäme. Und so verschwand sie, winkte mit ihrem Spitzentaschentuch und stöckelte auf dem Kopfsteinpflaster davon, um sein Essen zu kochen.

Ich spazierte, bevor die Sperrstunde begann, in Quiché herum. Das war kein touristisches Gebiet mehr, und bis vor kurzem war hier noch heftig gekämpft worden. Quiché war auch eine wichtige Garnisonsstadt. Begierig darauf, sie näher kennenzulernen, strebte ich zu einem schönen Steintor an einer Seite der Plaza. Das Gebäude sah von innen recht düster aus, doch es gab einen Anschlag mit den Besuchszeiten, und ich drängte weiter vor. Ich wollte mir etwas ansehen, egal was. Am Tor standen bewaffnete Männer. Sie begrüßten mich herzlich, und bald bemerkte ich, daß es nicht leicht war, wieder herauszukommen. Aus dem Stadtgefängnis nämlich.

Daneben war ein heruntergekommenes Café, der Zufluchtsort der Gefängniswärter. Ungeachtet seines verwahrlosten Zustands las man auf einem Aushang an der Wand: »*En este establecimiento velamos por su salud*«, »In diesem Etablissement sind wir stets um Ihr Wohlbefinden besorgt.« Auf einem anderen stand: »*Agradecemos su cultura al no escupir en el suelo*«, »Wir bedanken uns bei Ihnen für die Wohlerzogenheit, nicht auf den Boden zu spucken.« Unter diesen Schildern legten die Gefängniswärter und die Polizisten ihre Waffen ab, und die Fliegen umsummten das Essen. Wenn die Polizisten die Dienstmützen abnahmen, konnte man sehen, wie jung sie waren. Die Mädchen drängten sich aus der Küche, um sie anzustarren. Die Polizisten blickten weiterhin schüchtern in ihre Suppe, die Revolver immer griffbereit. So aus der Nähe sahen die Patronen in den Gurten beängstigend groß aus.

An einem Nebentisch saß ein kleiner Junge über ein Schönschreibheft gebeugt und kümmerte sich nicht um den Lärm ringsumher. Wir saßen Seite an Seite und schrieben. Ich fragte mich, ob dieses Kind wohl ahnte, wie lang sich dieses Schreibgeschäft hinziehen könnte? Ich fragte mich ernsthaft, ob es überhaupt mit Schreiben anfangen sollte. Seine Schrift war sicherlich viel schöner als meine. Auch das sollte es wissen: Je länger man bei der Schreiberei blieb, desto fürchterlicher wurde die eigene Schrift. Er kam zum Ende der Seite und kriegte als Belohnung von einem Mädchen eine Pepsi. So erhielt er für sein Schreiben sogar promptere Bezahlung als ich. Ich schaute mir sein Heft genauer an, um zu sehen, was er geschrieben hatte: »*Loma, Lola, Luna.*« Er lehnte sich zurück, nuckelte an seiner Pepsi und betrachtete mich mit zufriedener Miene.

Am Abend hielt ich Ausschau nach einer Mahlzeit und stieß auf das Music-Café. Die Speisekarte war an die Wand gemalt. Man sah Bilder von Hotdogs, Hamburgern und *pies** zwischen komplizierteren Kunstproben des Inha-

---

* Süßspeise, die man hier ›pay‹ schreibt.

bers. Auf einem Bild stoben drei Böcke, die sich im Mondlicht als Silhouette abhoben, in Sprüngen davon. Hinter
ihnen im Wald riß ein Löwe den vierten Bock. Das nächste
Werk hieß »*Hamburguesas o.50*« und stammte vom selben
Künstler. Man konnte auch einen Gringo-Hippie sehen,
der auf einer Fixer-Nadel gekreuzigt war. Die Bildunter-
schrift lautete: »*La Moderna Crucifixión*«. Es folgte »*Do-
mingos-Chow-Mien-Plato 1.00*«. Dann folgte ein Skelett,
das sich nachdenklich auf einen Grabstein stützte. Weiter
kniete eine nackte Frau mit einem abgeschlagenen Arm auf
dem Schafott, den dünnen Hals erwartungsvoll vorge-
streckt. Dann noch »*El Hombre y la Bestia*«, die Studie
eines Gesichtes, das in zwei Personen und eine Anzahl von
Pillen aufgespalten war.

Während ich auf mein Essen wartete, zeigte mir der Inhaber seine Kunstsammlung. Wir fingen bei dem Bock und
dem Löwen an. »Das hier hat zwei symbolische Bedeutungen. Können Sie sich denken, welche?« Das schien an-
spruchsvoller zu sein als bei Diego Rivera. »Nein«, sagte
ich. Er gab mir eine ausführliche Erklärung. Wir kamen
zum sinnierenden Skelett. Ich bemerkte, daß es einen form-
losen grauen Klumpen umklammert hielt, und fragte, was
das bedeute.

»Schwer zu sagen. Es sind seine Gedanken. Oder auch,
keine Ahnung.« Als wir so sprachen, ertönte ein Rasseln auf
dem Gang, ein Hund schoß in den Raum, verfolgt von dem
rasselnden Objekt, einem brennenden Stück Holz. Der
Hund setzte sich hin und begann zu bellen, offensichtlich
verbellte er seine eigenen Flöhe. Das Essen war ungewöhnlich schlecht.

Am späteren Abend ging ich durch die Straßen von Quiché zu meinem Hotel zurück. Wegen der Sperrstunde waren kaum Leute unterwegs. Ein Geschäft, Drogerie oder Lebensmittelladen, hatte zu der späten Stunde noch offen. Aus dem Holzeingang fiel ein schwaches Licht auf die stille Straße. Dann donnerte aus dem Dunkel ein Jeep heran und hielt bei dem Geschäft. Ein Offizier und ein Soldat stiegen aus, beide schwer bewaffnet. Der Offizier eilte durch den Laden ins Hinterzimmer. Der Soldat blieb vorne bei den Kunden. Ich konnte auf der Straße ein paar seiner Fragen hören. Er fragte, wo ein gewisser Mann sei. Hinter dem Ladentisch standen zwei Frauen, beide sehr bleich. Die eine sagte: »Er ist nach Antigua gegangen.« Die zweite: »Wir haben ihn nicht gesehen.« Ein Kunde im Geschäft machte einen Witz. Kaum Lachen. Der Offizier kam aus dem Hinterzimmer heraus, und die zwei Männer fuhren wieder weg. So erlebte ich zum ersten Mal die Armee im guatemaltekischen Hochland bei der Arbeit.

Als die Armee in Städten wie Quiché ihr ›Friedensprogramm‹ durchführte, fühlte sich niemand sicher. Vor wenigen Monaten noch waren die Städte ein Schlachtfeld sowohl für die Regierungstruppen als auch die Guerilla gewesen. 1981 marschierte das EGP*, das Guerillaheer der Armen, eines Nachts nach Todos los Santos, obwohl die Stadt offiziell als regierungstreu galt. Die Guerilleros spielten sich nicht auf. Sie riefen eine Versammlung auf der Plaza zusammen und hißten eine Che-Guevara-Flagge. Nachdem sie ihre Reden gehalten hatten, zogen sie mit zehn neuen

---

* EGP steht für: Ejército Guerrillero de los Pobres.

Mitgliedern los. Niemand nahm die Flagge herunter. Kurz danach fuhr eine Armee-Einheit in die Stadt ein und nahm die Flagge herunter. Etwa zehn Bewohner der Stadt kamen in jener Nacht um. Dann zog die Armee-Einheit ab, die EGP kehrte zurück. Wieder wurde die Flagge gehißt, wieder fand eine Versammlung statt, und diesmal gingen die Guerilleros mit dreißig neuen Mitgliedern fort. Es war klug, aus der Stadt zu verschwinden, bevor die Armee nach Todos los Santos zurückkehrte. Von denen, die es taten, ist wohl manch einer zum Flüchtling in Mexiko geworden.

In Comolapa ermordete die Armee zur selben Zeit sechs Menschen in einer Nacht. Ihre Leichen fand man am Morgen auf dem Hauptplatz. Sechs weitere in der darauffolgenden Nacht. In einer Nacht schliefen einmal zweihundert Leute in der Kirche, zu verängstigt, um im eigenen Haus zu schlafen. Alle Ermordeten waren in landwirtschaftlichen Kooperativen tätig, die seit dem Erdbeben von 1976 gegründet worden waren. Danach war es ruhiger in Comolapa, bis der Gestank aus der *barranca* unerträglich wurde. Jeder in der Stadt wußte Bescheid über die *barranca*. Als man die Schlucht leerte, entdeckte man, daß alle noch identifizierbaren Leichen Leute mit liberaler oder linksgerichteter Gesinnung gewesen waren.

Im ganzen Departement von Huehuetenango hatte es vor sechs Monaten viele Guerillakämpfer gegeben, und es war bekannt, daß sie in der Stadt starke politische Unterstützung hatten. Armee-Einheiten marschierten in großer Stärke ein, und das Morden begann. Jeden Morgen, wenn die Menschen nach der Sperrstunde aus ihrer Behausung kamen, fanden sie Leichen auf der Straße. Hubschrauber kreisten den ganzen Tag wenige Meter über den Dächern. Jedesmal, wenn ein Lastwagen an einem Haus vorbeifuhr und den Gang wechselte, hielten die Bewohner unwillkürlich inne und warteten darauf, daß er weiterfuhr. Sie hatten fürchterliche Angst. Bis vor kurzem war das Leben in Quiché so verlaufen.

Ich gab die Stellung bei der Drogerie auf und setzte im Mondlicht meinen Rückweg zum Hotel fort. Die Kirche war geschlossen, doch im Dunkel kniete ein Mann hoch über dem Platz auf den Stufen vor dem verriegelten Portal. Er hatte sein Bündel neben sich und wollte den Heiligen so nah wie möglich sein. Alle Buden und Verkaufsstände des Indio-Jahrmarkts auf dem Platz darunter waren geschlossen. Wenn man zwischen ihnen hindurchging, konnte man Babyweinen, leises Atmen und gedämpftes Husten hören. Ganze Familien lebten in diesen kleinen Zelten und schliefen jetzt in den Ständen und Schießbuden.

Am nächsten Tag fuhr ich weiter Richtung Norden, diesmal war mein Ziel Sacapulas. Am Stadtrand von Quiché, wo die Teerstraße aufhörte, hielt mich ein alter Mann mit einem weichen Filzhut an. Er stieg ins Auto, und nach einer Weile höflichen Schweigens begann er zu reden. Ich fragte ihn, wohin er wolle.

– Huehuetenango.

Wo er denn wohne?

– Huehuetenango.

Wie es denn dort sei?

– *Muchos problemas.*

Schlimmer als hier?

– *Iguaaal!*

Er dehnte das letzte Wort mit einem resignierten Schulter-zucken und fallendem Ton. Überall dasselbe. Schlimm. Viele seien ermordet worden. Er blickte mich nicht an, während er sprach, sondern starrte wie in Trance vor sich hin.

Es war ein ungewöhnlich heißer Tag. Wir fuhren über eine trockene Ebene und hinterließen eine riesige Staub-wolke. Man konnte die wellenförmige Fahrspur noch an-derthalb Kilometer weiter an der Staubwolke eines fernen Lastwagens erkennen. Als wir vom Quiché-Plateau zum Flußtal von Sacapulas hinunterkamen, nahm die Hitze sogar noch zu. Jedesmal, wenn wir bremsten oder anhiel-ten, holte unsere Staubwolke uns ein und ergoß sich durch die offenen Wagenfenster. Während unseres Gesprächs wurde der alte Mann immer weißer und weißer. Der Staub legte sich auf seinen Hut, sein Gesicht, seinen Schnurrbart, seine Augenwimpern und seine Hände. Er beklagte sich nicht.

Wer beging denn all diese Morde?

– Die Guerilleros natürlich. Wenn die Guerilleros einen sehen und nicht kennen, töten sie einen.

Und was war mit der Armee?

– Die Armee ist in Ordnung, wenn man sie grüßt und Papiere hat.

Gab es genug zu essen?

– Genug zu essen, ja, doch das Geschäft ging nicht. Weder in Huehue noch in Quiché.

Er war Händler, was bedeutete, daß er wie all die anderen Indio-Händler umherreiste; ich war gern mit ihm zusam-men. Sein ganzes Leben hatte er in Quiché verbracht, aber seine Kinder hatten sich in Huehue niedergelassen, und

246

die letzten drei Jahre hatte er dort bei ihnen gelebt. Er ziehe Quiché vor, sagte er, es sei kühler, und er sei gekommen, um seine Freunde zu besuchen. Einer von ihnen, im selben Alter wie er, hatte auch an der Straße gestanden, um ihn zu verabschieden. Er wollte noch am Abend nach Huehue zurück, und da es keinen Busverkehr zwischen den beiden Städten gab, kam mir das ziemlich optimistisch vor. Was hätte er wohl getan, wenn ich nicht zufällig vorbeigefahren wäre? Nicht zum ersten Mal fragte ich mich, was Leute wie er getan hätten, wenn ich nicht aufgetaucht wäre, um sie in meinem Auto herumzukutschieren. Die Antwort war natürlich, daß sie ganz zufrieden am Straßenrand gewartet hätten. Selbst im guatemaltekischen Hochland gab es immer ›einen danach‹. Vielleicht glaubte er, daß sechs Fahrzeuge am Tag schon viel Verkehr sind. Vielleicht fand er das schon beunruhigend. Ich dachte an den anderen alten Mann, seinen Freund, der an der Straße stand und nicht winkte, sondern ihm bloß nachblickte; wie die zwei in derselben Stadt aufgewachsen waren, ihr Leben dort verbracht hatten und jetzt getrennt waren; an das gelegentliche Wiedersehen, vom Zufall bestimmt wie alle Indio-Zusammenkünfte; wie der andere Mann die Staubwolke mit Blicken verfolgte und sich fragte, ob es das letzte Zeichen seines Freundes sein würde.

Die Landstraße hatte zu viele Löcher, um zügig fahren zu können und etwas Fahrtwind zu kriegen, und im Autoinneren wurde es immer stickiger und staubiger. Keine Spur von Wasser auf der Hochebene. Die Flußbetten waren ausgetrocknet. Es gab viel Gras, doch keinerlei Hinweis darauf, was es wachsen ließ.

Der alte Mann fragte mich, wie alt ich sei. Die Absicht seiner Frage wurde klar, als er sagte, wie alt er war. Er sagte es mit einer gewissen Förmlichkeit. Wir stellten fest, daß er genau doppelt so alt war wie ich. Dann sagte er: »Gibt es in England Guerillakämpfer?«

»Nein, es ist ein Land mit Frieden.«

»*Gracias a Dios.*«

»*Gracias a Dios.*«

Seine nächste Frage brachte er mit Zögern heraus.

»Sind Sie *Católico*? oder (Pause) . . . *Evangélico*?«

»Ich bin *Católico.*«

»Ah«, sagte er. »*Gracias a Dios.*«

»*Gracias a Dios.*«

»Ich bin auch *Católico.*« Er hielt inne. Mir gefiel diese Betonung des Offenkundigen.

»Wie heißt Ihr Schutzheiliger?« wollte er wissen.

»*Patricio.*«

»Ahhh.«

»Kennen Sie ihn?« Ich war überrascht.

»O ja. Er steht in der Bibel.«

»Wirklich? . . . Und wer ist Ihr Schutzheiliger?«

»Mein Schutzheiliger ist«, er machte ein Pause, bevor er mit ungeheurem Stolz sagte, »der Apostel *Santo Tomás.*«

»Ah.«

Er fuhr fort: »Und Schutzheilige des Departements von Quiché ist Helena vom Heiligen Kreuz. Wir alle im Departement stehen unter ihrem Schutz.«

Er sprach von den Heiligen, als spräche er von Katholiken, die ganz besonders real wären. Ich fragte ihn, ob das Land Guatemala einen Schutzheiligen habe, und er sagte:

»Ja. Unsere Schutzherrin ist die Jungfrau des Rosenkranzes. Sie beschützt alle in der *ciudad*.«

Hier war sie also wieder, diese Vorstellung, nicht eines vereinten Nationalstaats, sondern einer benachbarten Macht, der Stadt, die über die Gegend herrscht, wo man zu Hause ist; *ciudad* steht für das Land und der Name des Landes für seine Hauptstadt; die indianische Vorstellung, daß ein Land so entfernt ist wie die Hauptstadt und daß beide einem selbst und der vertrauten heimatlichen Region fremd sind.

Als die Straße steiler bergab ging und der Wagen seine Fahrt weiter verlangsamte, stieg die Temperatur bedrohlich um noch einige Grade. Wir kamen an einer Hochzeitsgesellschaft vorbei, die in voller Pracht an der Straße entlang ging. Wir fuhren mit so geringer Geschwindigkeit, daß wir keinen Staub mehr aufwirbelten. Dann überholten sie uns, indem sie eine Abkürzung über ein trockenes Flußbett nahmen. Wir kamen mehrmals an ihnen vorbei. Die Indios kürzten ständig ab und überholten das Auto wieder. Das war ein seltsames Land, wo Indios, die in Tagträumen leben, schneller laufen können als Leute, die Auto fahren. Ich begann mich zu fragen, wie lange sich noch die Sprungfedern dieses kleinen Fahrzeugs gegen das guatemaltekische Hochland behaupten würden. Wir passierten mehrere Stellungen der »Patrouillen der zivilen Selbstverteidigung«, ein Haufen Sandsäcke, eine blauweiße Flagge, doch niemand in Sicht. Zu heiß. Ich erkundigte mich bei Tomás nach dem Papst, der vor kurzem Guatemala besucht hatte. Er hatte sogar im Hochland eine Stadt besucht, nur eine halbe Tagesreise von Huehuetenango entfernt mit dem langsamen

Bus. Ja, Tomás habe das gehört. Ob er den Papst gesehen habe? O ja. Er sei also nach Quetzaltenango gefahren? O nein. Tomás hatte den Papst im Fernsehen in seiner eigenen Stadt gesehen. Das erschien mir unerklärlich, denn für Tomás standen Papst und Jünger auf der gleichen Höhe. Sei er denn keine Tagesreise mit dem Bus wert? O nein. Er sei doch im Fernsehen in Huehuetenango gewesen. Das sei schon ungewöhnlich genug.

Endlich kamen wir in Sacapulas an. Die Hitze war mittlerweile so schlimm, daß man ohnmächtig werden konnte. Der Hauptplatz, in einer Senke gelegen, war nicht gepflastert. Bloß eine verfallene Reihe von Gebäuden zu beiden Seiten. Am Ende stand eine Kirche. Dazu eine Gruppe von hohen Bäumen und in der Mitte ein großer Springbrunnen. Ich parkte das Auto unter den Bäumen und verabschiedete mich von Tomás. Er ging in der Hitze glücklich davon. Ich kaufte mir eine Mangofrucht, schälte sie mit dem Taschenmesser und spülte dann den Saft im Brunnen weg. Danach hielt ich Ausschau nach einer *cantina*.

Es gab keine Autos in der Stadt, keine Busse und nur einige Lastwagen. Aber man sagte mir, ich solle auf dem Kopfsteinpflasterweg, der einzigen geteerten Straße auf Kilometer, den Hügel hinunter zum Fluß hin fahren und würde zum *Comedor Gloris* kommen. In Wirklichkeit war am Fuß des Hügels die Straße blockiert. Ein Zug von Soldaten hatte einen Mammutbalken über die Straße gelegt und weigerte sich, ihn zu entfernen. Das überraschte mich nicht. Er sah furchtbar schwer aus. So ließ ich mein Auto auf der Landstraße stehen und ging zu Fuß weiter.

Im *Comedor Gloris* servierte eine Schar junger Schlampen einigen Halunken in Overalls einen deftig riechenden Eintopf. Das Radio spielte ein Lied, das ich aus der Tenampas-Kantine kannte. *Mariachi*-Musik war ungewöhnlich in Guatemala. Sie erinnerte mich an die *Plaza Garibaldi*. Ich begann mit offenen Augen zu träumen. Dann hörte die Musik auf, und ein Mädchen im aufgeknöpften Kleid fragte nach meiner Bestellung, und ich war wieder beim üblichen Papagei am üblichen Ort, beim Geruch aus der Küche, den Fliegen und sogar, aber wozu bloß? den Resten von altem Fliegenpapier, die von den Balken hingen.

An der Wand klebte auch die Plattenhülle von *Let It Be*, und daneben blickte *Cristo* auf Jerusalem hinunter. So hatte John Lennon nur halb recht gehabt. Die Beatles waren nicht populärer als Christus, zumindest nicht im *Comedor Gloris*. Dieser *Cristo* war ein *Gringo-Cristo*. Der Heiligenschein um sein Haupt erleuchtete die Stadt, er hatte weiches, braungewelltes Haar und rosige Wangen. In diesem stinkenden, stickigen Loch kam ich zu dem Schluß, daß ich mich entscheiden mußte, wohin es gehen sollte. Ich konnte entweder zurück in den Süden nach Chichicastenango und all den Bequemlichkeiten des Hotels Santo Tomás – ich dachte an die gestärkten Bettlaken und die kühlen Zimmer, die Bedienung, den Frieden, die Schönheit der Stadt mit ihren leeren Straßen und ihrer geheimnisvollen, unbeschriebenen Religion –, oder ich könnte in den Norden fahren, weiter ins Hochland hinein, direkt in die Berge zu der Stadt am Ende der Straße, die Nebaj heißt. Seit Monaten war kein Reisender mit Nachrichten aus Nebaj zurückgekommen. Man nahm aber an, daß ihre indianische Bevölkerung noch dort lebte, obwohl es viele Berichte über Massaker in der Region gegeben hatte. Die Stadt war natürlich mit Armeetruppen belegt. Sie wurden aus den großen Kasernen, die ich in Quiché gesehen hatte, dorthin geschickt, via Zwischenstation, die nicht weit vom *Comedor Gloris* entfernt errichtet worden war. Die Brücke vor dem Café markierte den Anfang der Militärzone. Nach Nebaj war es nur eine kurze Strecke in der Luftlinie, die Fahrt mit dem Auto würde allerdings den ganzen Nachmittag brauchen, da die Straße so uneben und steil war und eigentlich nur für Jeeps oder Lastwagen geeignet; das heißt, wenn sie überhaupt offen war. Wenn alle *cantinas* in Sacapulas so wie *El Comedor Gloris* waren, malte ich mir ungern aus, wie sie wohl in Nebaj sein würden, so abgeschnitten wie die Stadt von allem normalen Verkehr war und auf Gedeih und Verderben dem Militär ausgeliefert.

Ich ging zum Auto zurück. Die Soldaten konnten das für mich entscheiden. Der Balken lag noch an seinem Platz. Die Soldaten wie immer wenig hilfsbereit. In zwei Stunden würde ich zurück im kühlen Chichicastenango sein. Ich ließ den Wagen an und wollte wenden. Einer der Soldaten verließ den Wachtposten und ging zum Balken. Er winkte um Hilfe und mühte sich ab, ihn hochzuheben. Die Entscheidung war gefallen. Ich würde diese Nacht also doch keine sauberen Bettlaken genießen.

Auf der anderen Seite des Flusses teilte sich die Straße. Die Straße zur Linken nach Huehuetenango war von der Armee gesperrt. Was immer sich dort abspielte, es sollte keine Zeugen geben. Der arme alte Tomás saß neben der Barrikade und wußte nicht, was er tun sollte. Niemand sagte ihm, wie lange es dauern würde, bis die Straße wieder frei wäre. Ich bog nach rechts ab und hielt neben einer offenen Feuerstelle. Indios hatten Tische aufgestellt, man hatte mit Hilfe der Palmwedel, die von den am Fluß wachsenden Bäumen geholt worden waren, Schutz vor der Hitze geschaffen. Die Frauen machten Tortillas, das Wasser holten sie in Eimern vom Fluß. In dieser bescheidenen Ansammlung lagen die Anfänge einer Stadt. Wie oft wollte man schon wissen, warum eine Stadt einen bestimmten Standort hatte, statt vielleicht drei Kilometer weiter links zu liegen. Hier war die Antwort: eine Straßenkreuzung, eine Brücke, Wasser, Bäume, palmengeschützte Zufluchtsstätten, Kochstellen, all das Wesentliche für eine Ansiedlung.

Kaum hielt ich an, gab's auch schon Zerstreuung. Auf meiner Straße, der Straße nach Nebaj, näherte sich eine knatternde Staubwolke. Zum Vorschein kamen fünf Militärlaster, jeder voll beladen mit Soldaten, eine große Kompanie. Alle waren von Kopf bis Fuß mit weißem Staub bedeckt, der Farbe der kahlen Anhöhen, und sahen müde und dreckig aus. Die Indiomädchen an den Feuerstellen erwachten mit einem Mal zu Leben. Sie kicherten und winkten sogar einigen dunkel wiedererkannten geisterhaften Gesichtern zu. Konnten dies die Männer sein, die die Indios ermordeten? In Garnisonsstädten waren die Loyalitäten gewöhnlich gespalten. Die Männer könnten es durchaus gewesen sein. Viele der Soldaten waren schließlich Indios. Mein Interesse am guatemaltekischen Hochland erwachte von neuem. In dieser entsetzlichen Hitze – ich fühlte mich sogar zu schwach, um nur über die Straße zu gehen und einen Mann zu photographieren, der unter der Brücke mit einem Maulesel den Fluß durchwatete und so dem Wachtposten auswich –, umgeben von diesen verängstigten Menschen, fuhr ich unbekümmert Richtung Nebaj.

Die Straße begann ziemlich imposant. Es war auch die Straße nach der Stadt Cobán. Busse befuhren sie in östlicher Fahrtrichtung durch die dichten Wälder. Die Straße war unbefestigt, dafür aber breit. Dann, einige Kilometer außerhalb der Stadt, zweigte sie ab, und Armeebulldozer planierten den pudrigen Erdboden, damit die Militärkonvois dort passieren konnten. Vor mir war ein Bus. Der Fahrer schien mir ein wenig allzu sorglos auf der schlüpfrigen Fahrspur zu sein, und schließlich brachte er es so weit, daß ein Vorderrad über die Piste hinausragte. Unter ihm gähnte ein jäher Abgrund von neun Metern, dann kam ein langer Steilhang in den Wald hinein. Der Bus neigte sich in einem gefährlichen Winkel. Die Fahrgäste begannen eilends aus dem hinteren Ausgang zu springen. Die Haupttür befand sich direkt über dem Pistenrand. Eine Minute sah es so aus, als würde der Bus die Böschung hinunterrutschen und in die Bergschlucht stürzen. Dann waren alle draußen und die kritische Situation vorbei. Schließlich zog einer der Bulldozer, der diesen absurden, abschüssigen Straßenbelag aus feinem Sand gemacht hatte, den Bus aus der Gefahrenzone.

Nebaj liegt weit oben in den Cuchumatanes-Bergen, den höchsten in Guatemala, und einige hundert Meter höher als Sacapulas. Als der Nachmittag verging, verzog sich die Hitze. Nach ungefähr zwei Stunden erreichte die Straße eine kühle, fruchtbare Ebene mit Bäumen an den Hängen, der Sand war weg. In einem abgelegenen Flecken mit einem überraschend großen Militärkommando hielt man mich vor einer Absperrung der PAC an, und eine Dame mittleren

Alters mit ihrer kleinen Nichte wurde auf meinen Vorder-sitz bugsiert. Der Name des Dorfes war Chiul.

Ich begann meine üblichen Fragen. »Ist es hier in der Gegend friedlich?« Ihre Antworten waren bemerkenswert direkt.

»Jetzt ja. Doch im letzten Dezember konnte man nicht herkommen, zu viele Unruhen.«

»Hat es viele Tote gegeben?«

»*Bastante.*« (Eine bewußte Untertreibung, die schockie-rend war.)

»Männer und Frauen?«

»Und *chiquitos.* (Sie zeigte auf das kleine Mädchen auf ihrem Schoß.) Viele viele *chiquitos.*«

»Und wer hat sie getötet? Die Guerilleros?« Ich wollte sie von der gefährlichen Antwort ablenken. Doch statt meinem Wink zu folgen, schaute sie mich an, als wäre ich verrückt.«

»*Los militares.*«

Sie sagte, aus ihrer Familie sei keiner getötet worden, und machte es damit unwahrscheinlicher, daß sie selbst in enger Beziehung zu den Guerillakämpfern stand. Sie sagte auch, viele, viele Leute von Nebaj und Chiul, Freunde von ihr und sonstige Bekannte, seien niedergemetzelt worden.

Ich fragte sie, warum sie unterwegs war, und sie antwor-tete, ihre Mutter wohne in Chiul und sie habe das kleine Mädchen, die Tochter ihrer Schwester, mitgenommen, um die alte Dame zu besuchen. Sie und das Kind waren Indios, doch wie *ladinas* angezogen, ein weiterer leiser Hinweis darauf, daß sie Sympathien für die Regierung hegte. Das kleine Mädchen schlief ein, und ihre Tante nahm den Bowler ab, den sie auf ihrem Kopftuch getragen hatte, und setzte ihn auf den Kopf der Viereinhalbjährigen; erstaunlicherweise paßte er dem Kind gleichfalls.

Wir kamen an einem eingestürzten Haus vorbei. »Das ist in Brand gesteckt worden«, sagte sie. »Von Soldaten.« Sie wußte, wer darin gewohnt hatte. Das Haus stand allein an einem einsamen Teil der Landstraße, die Art von Behausung, zu der die Guerillakämpfer vielleicht gekommen waren, um sich Essen zu holen. Es war allein durch seine Lage verdammt. Es gab noch weitere dieser einsamen Ruinen an der Straße, »niedergebrannt von der Armee«, sagte sie. Bis zum Dezember war das hier unbestrittenes Guerilla-Gebiet gewesen. Mir fiel auf, wie wenig Parolen auftauchten, und es gab keine Buswracks. Wo die Guerilla wirklich stark war, kümmerte sie sich nicht um solche Publizität. Jedem war ohnehin klar, daß die EGP von den Bergen herabblickte.

Etwas regte sich in meinem Gedächtnis, während wir uns unterhielten, und als sie wieder den Namen Chiul erwähnte, fiel es mir ein. Chiul und Parraxtut – die beiden Schauplätze der gräßlichsten Greuelgeschichten der letzten Zeit; ich hatte, bevor ich aufbrach, Einzelheiten davon in Antigua gehört.

Der Grund für die starke Militärpräsenz in Chiul war, daß es einst ein Guerilla-Dorf gewesen war. Dann, vor einem Jahr, hatte es die Armee in der üblichen Weise ›befriedet‹. Ein unterer Offizier, ein Leutnant, war im Dorf einquartiert worden, um dessen Männer für eine zivile Verteidigungseinheit umzuschulen. Es gab ein anderes Dorf namens Parraxtut, siebeneinhalb Kilometer entfernt und etwa 1500 Meter tiefer gelegen. Eines Tages entschied der Leutnant, seine Männer seien genügend vorbereitet für ein Schulungsmanöver. »Habt ihr *cojones**?« fragte er seine ›Patrouille der zivilen Selbstverteidigung‹.

»Und ob wir *cojones* haben«, antworteten sie einstimmig.

»Habt ihr größere *cojones* als diese Kommunisten da in Parraxtut?« fragte er.

»Hechel, geifer, zisch.«

»Beweist es«, sagte er. »Schalten wir sie ein für allemal aus.«

In der Nacht vom zweiundzwanzigsten zum dreiundzwanzigsten Dezember 1982 zogen sie hinunter zu ihren Nachbarn, umzingelten das Dorf und liquidierten jeden Erwachsenen, den sie finden konnten. Dreihundertfünfzig Menschen starben. Sie töteten keine Kinder.

Ein paar Tage später war eine Frau aus Chiul in der Nähe von Parraxtut unterwegs und sah einige Kinder, die um Nahrung bettelten. Sie entdeckte, daß fast alle Kinder von Parraxtut in den Wäldern rund um ihr Dorf hausten, ohne Essen und ein Dach über dem Kopf. Sie alarmierte die Frauen von Chiul, und gemeinsam trieben die Frauen die Kinder zusammen, die von ihren eigenen Männern zu Waisen gemacht worden waren, 125 insgesamt, brachten sie nach Chiul zurück und verteilten die Elternlosen im ganzen Dorf. Ich schaute auf das ernste kleine Mädchen, das auf dem Knie ihrer Tante eingeschlafen war, und fragte mich, wo sie wohl geboren war.

---

* *tener cojones* bedeutet »Mumm in den Knochen haben«, von *cojones* = Hoden.

Wir erreichten Nebaj, und meine neue Bekannte dirigierte mich zur *Pensión de las Tres Hermanas*. Es klang wie ein romantischer Name für ein Hotel, doch schon bald stellte sich heraus, daß es nicht eigentlich ein Name, eher eine Beschreibung war. Es gab tatsächlich drei Schwestern mit der frappierenden Ähnlichkeit von Drillingen, die in einem Haus lebten, das wie üblich um einen Springbrunnen und einen *patio* angelegt war. Wie meine Führerin waren die drei Schwestern *ladinas*. Sie hatten langes, dickes Haar, grau und schwarz, und trugen Kattunkleider mit verblichenen Blumenmustern. Die *hermana*, die mich begrüßte, zeigte mir auch das Zimmer. Der Bettbezug sah nicht allzu sauber aus, doch das Zimmer war billig.

Während ich das *baño* inspizierte, gab es ein beängstigendes Geknister, und mit einem Mal dröhnte eine Lautsprecherstimme so laut, daß ich zusammenfuhr. Sie klang ganz nah, als hätte ein Soldat auf Patrouille oder in einem Hinterhalt vor der Tür vergessen, seinen Walkie-Talkie auszuschalten. Eine der Schwestern wurde richtig aufgeregt: »Er ist es«, sagte sie. »Hört doch, seine Stimme.« Man brauchte gar nicht zu lauschen, man konnte wenig anderes hören. Ich schaute in die Richtung, aus der das Geräusch kam, in der Erwartung, daß sich das Gebüsch im Garten teilte und einen Mann im Tarnanzug freigab, aber nichts geschah. Also hockte niemand im Gebüsch. Die Stimme schallte von der Plaza, hunderte von Metern entfernt, verstärkt durch lautes Militärgerät. »Es ist Tito«, sagte die *hermana*. »Er verabschiedet sich.«

Sie sprach von Major Tito, dem Standortkommandanten und dem Mann, der letzten Endes für die Verstöße seiner

Soldaten verantwortlich war, doch sie schien ihn nicht als Peiniger anzusehen. Ganz im Gegenteil, sie sagte, niemand wolle, daß er fortgehe, und er sei ein guter Mensch. »Wir werden *sterben* ohne Tito«, murmelte sie, meinte es aber ironisch, und lauschte dann wieder mit gespielter Sehnsucht seiner Stimme.

Ich ging zur Plaza, um mir Titos Rede anzuhören, und erlebte dort einen unvergeßlichen Anblick. Die Indiofrauen von Guatemala weben sich ihre Kleidung aus leuchtend farbigen Stoffen, jedes Dorf hat seine eigene Tradition und seinen eigenen Stil, gewöhnlich unterscheiden sich die gewählten Stoffe und Muster schon von Frau zu Frau. Ich war darum nicht auf Nebaj vorbereitet, wo alle Frauen dieselbe Tracht anhatten: eine weiße, handgewebte Bluse, einen leuchtend roten Wickelrock, dazu ein reich verziertes rotes Kopftuch. Die ganze Stadt und der Bezirk waren angetreten, um sich von Major Tito zu verabschieden, und die optische Wirkung war außergewöhnlich. In der dünnen Luft hier oben und im sanften Licht hatte das lebhafte Rot der Trachten den ganzen Platz in ein verschwommenes Rostrot getaucht.

Oberhalb des Platzes, in den Glockentürmen der Kirche, hielten Soldaten mit Maschinengewehren Wache, um gegen einen möglichen Angriff aus den umliegenden Wäldern und Feldern gewappnet zu sein. Tito und seine Offiziere hatten sich auf der Tribüne versammelt. Wie seine Männer trug der Major einen Gewehrriemen über die Schulter. Er war bärtig, trug eine Kampfuniform mit roter Feldmütze, offensichtlich die des Frontsoldaten, und er hielt die bei weitem beste Rede. Er sprach von Guatemala,

»unserem Land, einem großen Land«. »Wir sind alle Guatemalteken«, sagte er. »Es gibt keinen Unterschied zwischen den Bewohnern von Nebaj und den Bewohnern von Chichi oder Petén oder der Küste. Es gibt keinen Unterschied zwischen *ladinos* und *indígenas* oder zwischen *católicos* und *evangélicos* oder zwischen Menschen unterschiedlicher Haar- oder Hautfarbe. Wir sind alle Guatemalteken. Wir können das wahr machen. Es ist eine Frage des Muts, mehr nicht. So werden wir die Guerilleros besiegen.

Ich bin Soldat«, sagte er. »Ich muß mich überall im Land blicken lassen. Ich bin fünfzehn Monate hiergewesen. Jetzt muß ich fort. Aber ich werde mich *immer* an Nebaj erinnern.«

Seine Rede wurde mit lautem Beifall aufgenommen. Als Abschiedsrede eines Kommandanten in einer Zeit politischer Verfolgung war sie eine rätselhafte *tour de force*.

Mir behagte die *Pensión de las Tres Hermanas*, obwohl ich dort heftiger von Flöhen und Wanzen gebissen worden bin als sonst irgendwo in Lateinamerika. In der Nacht gab es um 5.30 ein kleines Erdbeben, das ich aber verschlief. Man berechnete mir zwei Quetzal (damals etwa ein Pfund) für mein Zimmer, zwei Quetzal für ein ausgezeichnetes Gericht mit Teigwaren und zwei Quetzal für Porridge plus Eier zum Frühstück. Das Zimmer war bloß ein staubiger Schrank ohne Fenster und ohne elektrisches Licht, das *baño* bestand aus einer Zinkwanne und einem fleckigen Steintrog neben einem stinkenden Loch im Boden. Doch Nebaj konnte sich in meinen Augen kaum ins Unrecht setzen. Am nächsten Morgen spazierte ich in der Stadt herum. Auf dem Markt wurden die Schweine von den örtlichen Experten begutachtet, die dabei ein Riesentheater machten. In der Nähe saß ein Soldat vor einer Spiegelscherbe und ließ sich die Haare schneiden. Sein automatisches Gewehr lehnte gegen das Wasserbecken, seine Beine waren zu kurz, um den Boden zu erreichen. Ich entdeckte einen Schmied, der behauptete, er sei eigentlich Juwelier, und dessen Gebläse von einem demontierten Fahrrad angetrieben wurde. Man konnte *machetes*, die infamen *machetes*, für zehn Quetzal das Stück kaufen. Das war billig. Der gesetzliche Mindestlohn pro Tag beträgt sechs Quetzal, und selbst auf den großen Kaffeeplantagen zahlen sie zwei Quetzal. Ich prüfte die *machetes*. Sie waren in El Salvador hergestellt und hatten das Garantiezeichen Collin & Co., Hartford, Connecticut.

Ich werde mich immer an die kristallklare Luft von Nebaj erinnern und wie sie die roten Röcke und die Kopftücher aller Frauen in der Stadt in verschwommenem Rostrot erscheinen ließ, als sie sich unter dem Schutz der Maschinengewehre im Kirchturm rings um die Kirchenstufen versammelt hatten, um dem Major Tito zu lauschen, der ihnen sagte, sie seien alle »ein Volk«. Ich hatte nicht mit solch einem unglaublichen Anblick gerechnet. Nach dem Major begann einer der Zivilmilizen eine nicht endenwollende Rede, und ich erinnere mich nur an eine seiner Phrasen, weil sie so unerwartet kam: »Es gibt mehr im Leben als den Krieg, es gibt mehr als das. Es gibt die Liebe...« Er war ein stämmiger Mann mit Strohhut, und er hatte ein automatisches Gewehr über den Rücken hängen. Vielleicht war er ein *evangélico*. Und ich kann mir auch noch den Klang von *hermanas* Stimme ins Gedächtnis zurückrufen, ein seltsam träumerisches Auf und Ab, als sie sagte: »Wir werden *sterben*, wenn Major Tito fortgeht. Ah Tito, Tito!« Ihr sanftes Schmachten war rührend und gleichzeitig absurd. Sie sprach auf dieselbe Weise von der Reinheit des örtlichen Wassers. Als ich von Nebaj wegfuhr, mußten sich zwei junge Männer, die nur Unterhosen anhatten, auf der staubigen Landstraße herumrollen, bewacht von zwei Soldaten in Uniform. Es sah wie eine Militärstrafe aus; die Soldaten freuten sich darüber, daß das Ereignis im Bild festgehalten wurde.

Bei meiner Rückfahrt nach Sacapulas flatterten auf der Paßhöhe Papierfetzen im Wind, die man an kreisförmig angeordneten Pfählen aufgespießt hatte. Ich hielt an und stieg aus, um mir ein Papier zu holen. Es war ein Flugblatt, das den Guerillakämpfern, die sich ergaben, Amnestie versprach. Es war an das EGP gerichtet.

Guatemalteke –

Man hat Dich zur Rebellion gezwungen, und Du hast Kälte, Hunger, Erschöpfung und das Leben eines Flüchtlings erduldet. Du kannst nicht bei Deiner Frau sein oder Deine Kinder beschützen. Während dieses Amnestiemonats kannst Du *desertieren*. Stelle Dich der Behörde im nächstgelegenen Dorf. Wenn Du ein Gewehr mitbringst, zahlen wir Dir vierhundert Quetzal und tausend Quetzal für ein Maschinengewehr. Hoffentlich gehst Du zu Deiner Familie zurück. Sie braucht Dich. Das ist Deine Chance.

Die Amnestie wurde übergewissenhaft eingehalten, allerdings machten nur wenige davon Gebrauch. Diejenigen, die es wagten, lebten in ständiger Angst vor ihren früheren Kameraden. Einige Kilometer weiter wartete an der abfallenden Straße eine große Gruppe schwer bewaffneter Zivilisten an einem hohen Baum. Ihre Silhouetten zeichneten sich gegen den sturmbewegten Himmel ab. Sie hatten keine Fahne dabei und grüßten nicht zurück, erkundigten sich aber, ob es auf der Strecke hinter mir einen Militärtrupp gebe. Ich fragte nicht, warum sie das wissen wollten.

In Nebaj hatte ich James Hardy kennengelernt, einen Historiker von der Toronto-Universität, der auf die jüngste Geschichte Guatemalas spezialisiert war. Wir beschlossen, den Versuch zu unternehmen, das Dorf Parraxtut zu finden, wo die Massaker stattgefunden haben sollten. Die Straße zum Dorf hin war mehrere Tage geschlossen gewesen, doch als wir ankamen, schien sich die Armee nicht mehr dafür zu interessieren, und nach einem Zusammentreffen mit einem betrunkenen und aggressiven Unteroffizier an einer Straßensperre, der uns dazu bringen wollte, uns militärisch aufzustellen, bogen wir von der Straße ab und folgten einem Weg, der wieder in die Berge hinaufführte. Wir fuhren etwa eine halbe Stunde in eine immer einsamer werdende Landschaft. An einer Kreuzung stand ein einzelner Mann, etwas weiter grasten ein paar Kühe, und als wir aus den Wäldern auf die Hochebene hinauskamen, wo das Dorf hätte sein sollen, war da nichts, nicht mal ein Vogel. Ein schauriger Ort, ein schöner Tag, fruchtbares Ackerland und ringsum Stille und Schweigen. Wir passierten einige verlassene Häuser und entschieden uns, ein Stück jzu Fuß weiterzulaufen, und sahen schließlich eine kleine Gruppe von Indios mit ihren Ziegen, die bei unserem Anblick in entgegengesetzter Richtung davonrannten. Dabei hörten wir den ersten Laut auf dieser Hochebene, die elektrisch verstärkte Ankündigung eines unsichtbaren Militärpostens, daß am Abend Ausgangssperre sei. Hirtenjungen erschienen auf dem Weg, schauten ängstlich drein und weigerten sich, mit uns zu reden. Am Horizont blieben die Indios stehen, um sich zu vergewissern, daß wir ihnen nicht länger folgten. Es war ein ganz anderes Bild vom Leben im guatemaltekischen Hochland als jenes, das ich am Tag vorher in Nebaj bekommen hatte: die verlassenen Häuser, der versteckte Lautsprecher, dessen scharfe Befehle von den fernen Bergen widerhallten. Wir beschlossen, die Suche nach Parraxtut aufzugeben, und waren erleichtert, als wir wieder die Hauptstraße erreichten, bevor noch die Dunkelheit hereinbrach.

Ich verbrachte die Nacht in Huehuetenango. Als ich am nächsten Tag nach Antigua zurückkam, hatte sich ein neues Gerücht über Greueltaten der Regierung verbreitet. Indianische Händler, die vom Atitlán-See gekommen waren, sagten, daß die Luftwaffe San Pedro La Laguna bombardiert habe. Etwa eine Woche lang wurde diese Geschichte immer häufiger wiederholt. Zuerst gab es Gerüchte, dann erschien ein Mann, der die Explosionen gehört hatte, dann ein zweiter, der die zerstörten Häuser nach dem Angriff gesehen hatte. Schließlich tauchte ein Mann auf, der auch wirklich an besagtem Tag im Dorf gewesen war. San Pedro war tatsächlich von der Luftwaffe bombardiert worden: doch mit

Flugblättern. Jene Händler, die die ursprüngliche Version der Geschichte lieferten, hatten zu diesem Zeitpunkt bereits ihre schlimme Nachricht in weitem Umkreis ausgestreut.

Als ich nach Guatemala City zurückkehrte, stellte ich fest, daß mein deutscher Bekannter, Dr. Blitzer, für mich einen Flug in den Dschungel von Petén organisiert hatte, wo seine Gesellschaft nach Erdöl bohrte. Die Hoffnung auf Öl narrt die Guatemalteken schon seit vielen Jahren. Selbst in Mexiko City traf ich einen Mann, der behauptete, er habe »die Karten« gesehen. Die geologische Schichtung ist dieselbe wie in Chiapas, wo sich Jorge Serrano bereichert hat. Sie ist ideal. Nur das Erdöl fehlt.

Der Tag, den ich auf den Erdölfeldern verbrachte, gehört zu den verwirrenderen Tagen meiner Reise. Unser Flug dauerte etwa eine Stunde im Leichtflugzeug, von Guatemala City fast direkt nach Norden. Wir flogen über dichten Urwald, der unterbrochen wurde von steilen Felswänden, Schluchten und Gebirgsformationen, die regelmäßig in Vulkankegel mündeten. Es war ein klarer Tag, recht beruhigend, da wir nicht viel höher als die Bergspitzen flogen und das Gebiet sich nicht gut für Notlandungen eignete. Vor einem Jahr war der Sohn eines Freundes dieselbe Strecke geflogen und seitdem verschollen. Sein Vater vermutete, daß er die Orientierung verloren und schließlich kein Benzin mehr gehabt hatte. Vielleicht hatte er eine Bruchlandung gemacht und den Aufprall überlebt, doch die Suchmannschaften entdeckten nicht einmal sein Flugzeug. Als ich auf das undurchdringliche Gewirr unter mir schaute, konnte ich den Grund dafür verstehen. Endlich kam dann in diesem Labyrinth ein behelfsmäßiger Flugplatz zum Vorschein.

Wir, Dr. Blitzer und ich, wurden vom Manager der Gesellschaft, dem für dieses Ölfeld Zuständigen, abgeholt, einem Franzosen namens de la Roche, der uns sehr schnell über unbefestigte Straßen zu seinem Camp fuhr. Zum ersten Mal in meinem Leben sah ich ›Wolken‹ von Schmetterlingen. Bei unserem Herannahen erhoben sie sich in einer gelben Wellenlinie von der Fahrbahn. Landlose Indio-Siedler huschten aus ihren Hütten im Schatten der Bäume, um unser Auto anzustarren; nicht viel Verkehr auf diesem Weg, und alles hatte mit der Gesellschaft zu tun. Nach dem Wortlaut des Vertrags, den die Gesellschaft hatte, war dieser Teil des Waldes jetzt ein gewaltiger Privatbesitz geworden. Vor dem Erdöl war der Wald nahezu unbewohnt gewesen. Abgesehen von einigen wenigen Indios waren seine einzigen Besucher die Gummizapfer gewesen, einzelgängerische, brutale Burschen, die *chicle* sammelten, der für die Kaugummiherstellung in den USA benötigt wurde. Nun hatten die Gerüchte vom schnellen Reichtum die Armen aus ganz Guatemala angelockt. Sie rodeten ein Stück Land, säten aus, hielten sich ein paar Schweine und beobachteten die selten vorbeifahrenden Autos. Für sie gab es im Grunde keine Arbeit.

De la Roche machte mit uns später eine Besichtigungsfahrt zu den aufgegebenen Bohranlagen. Er erzählte uns dabei jedesmal dasselbe. Eine vielversprechende Gegend war kartographisch erfaßt worden. Bohrungen fanden statt. Erdöl sprudelte hoch. Dann versiegte das

Bohrloch. Zurück blieben die mit Schutzkappe versehenen Bohrlöcher, halb begraben unter dem wiederkehrenden Dschungel, und die halb zerfallene Hütte an einer Seite war zur Heimstätte von Schlangen, Vögeln und Schmetterlingen geworden.

Wir kamen zu einem Bohrturm, wo noch nach Erdöl gebohrt wurde, und stiegen in die angestaute Hitze der Arbeitsplattform hinauf. Die Bohrung war gerade im Gange, man mußte schreien, um sich verständigen zu können, das schwere Stahldeck schwankte und stieß die glühend heiße Luft wieder ab. Auf einer Seite beugte sich die kräftige Gestalt eines halbnackten, blonden jungen Mannes, eines Vertragstechnikers, über den langen Bremshebel, der die Geschwindigkeit des Bohrmeißels kontrollierte. Er bot einen erhebenden Anblick. Schweißüberströmt, fast seine übergroßen Jeans sprengend, allein von kaltem Bier und reinem Fett lebend, war er anscheinend weit und breit der einzige Angelsachse. In seinen Händen hielt er die Hoffnung aller Beteiligten. Irgendwo unter ihm in fünfhundert Meter Tiefe drehte sich ein Diamantbohrer und wurde nicht fündig. Alle Augen ruhten auf dem Fördermaschinisten: die der fünfhundert fest Angestellten und die der fünfhundert Gelegenheitsarbeiter auf dem Ölfeld, die der wohlhabenden Bürokratie im fernen Guatemala City, die der Mammutorganisation mit Sitz in Frankreich und die der Regierung von Guatemala; sie alle beobachteten diesen torkelnden jungen Mann, wie er den Bohrmeißel anhielt und ihm dann wieder Druck verlieh. Und es gab andere, irgendwo zwischen den Bäumen in der Umgebung, die ihn noch schärfer im Auge behielten. Das wenige gewonnene Erdöl

wurde zur Küste gepumpt; und eine Pipeline, die durch 236
Kilometer entlegenen Urwalds führt, muß zu den unge-
schütztesten Zielen auf der Welt gehören.

Ich fragte de la Roche verschiedentlich über die Guerillakämpfer aus. Beim ersten Mal sagte er mir, da gebe es keine
Probleme. Er hätte die von seinem Vorgänger eingestellten
bewaffneten Aufseher entlassen, sie seien bloß eine Provokation gewesen. Dann und wann meldeten sich Guerilleros
beim Camp und baten um Essen. Sie bekamen es. Später
rückte er mit der Information heraus, daß die Guerilleros
schon die Pipeline angegriffen hätten. Sie sei leicht zu sabo-
tieren. Das Loch einer Gewehrkugel erfordere die gesamte
Einstellung der Förderung an den Bohrlöchern. Später
sagte er noch, daß die Guerillakämpfer die Pipeline auch gesprengt hätten. »Kein Problem.« De la Roche sprach gut
Englisch; ich konnte nicht herausfinden, ob das nun eine
indiskrete oder eine lakonische Formulierung war. Zum
Abschluß des Tages auf dem Ölfeld zeigte er mir noch den
Kontrollraum der Pumpstation. Er wies mich auf einige
Löcher in der Kontrolltafel des Computers hin. Das seien
Einschüsse, sagte er. Die Guerilleros hätten wild im Kon-
trollraum herumgeschossen. Sie hätten auch angedroht, die
Tanks mit dem flüchtigen Gas in die Luft zu sprengen, bis er
sie habe überzeugen können, daß sie, wenn sie das täten,
kilometerweit jedes Gebäude und jeden Baum dem Erd-
boden gleichmachen würden. Und da sei noch eine andere
Geschichte, ganz unwahrscheinlich, über einen seiner
Männer, der im Wald erschossen worden sei und dessen
Kugel man bis zum Gewehr eines Jägers zurückverfolgt
habe, der etwa anderthalb Kilometer entfernt gestanden

habe. De la Roche hatte die Gewohnheit, bei seinem Erzählen vom Hölzchen aufs Stöckchen zu kommen. Und einige der Geschichten überraschten selbst meinen Bekannten vom Hauptbüro in Guatemala City.

Das Erdölfeld ist das moderne Äquivalent für die Silbermine des neunzehnten Jahrhunderts, wie es Conrad in *Nostromo* beschrieben hat. Ich wurde an die Rede erinnert, die der ›gute‹ Kapitalist hält, der Eigentümer der südamerikanischen Mine, dessen subtile Korrumpierung durch die Realitäten seiner Position zu den Hauptstärken des Romans zählt.

»Was hier fehlt, das ist Gesetz, Vertrauen, Ordnung, Sicherheit. Jeder kann hierüber große Reden halten, ich indessen hefte meinen Glauben an die materiellen Interessen. Gib den materiellen Interessen erst einmal eine feste Grundlage, und sie werden sich die Bedingungen schaffen, unter denen allein sie fortzubestehen vermögen. Darum ist auch das Geldverdienen hier, im Angesicht der herrschenden Gesetzlosigkeit und Unordnung gerechtfertigt: gerechtfertigt, weil die Sicherheit, die es erfordert, einem unterdrückten Volk zugute kommen muß. Ein besseres Rechtswesen wird folgen. Da hast du deinen Hoffnungsstrahl.«

Ich fragte mich, in welchem Maß sich wohl die Ölgesellschaft bemüßigt fühlte, ihren Gewinn einem unterdrückten Volk zugute kommen zu lassen. Und wie sehr der Erfolg ihrer Transaktionen vom Gesetz, vom Vertrauen, von der Ordnung und der Sicherheit Guatemalas abhing.

Je mehr uns de la Roche von seinem Erdölfeld zeigte, j

mehr aufgegebenes Gelände wir sahen, desto geringer wurde das Ölvorkommen und desto geheimnisvoller wurde es, warum die Gesellschaft so sorglos weiterhin gutes Geld zweifelhaften Investitionen hinterherschmiß. Bis jetzt hatte sie fast 350 Millionen Pfund investiert, und ihre Partner wurden allmählich unruhig. Außerdem mußte die Gesellschaft wohl den Guerillakämpfern Schutzgeld zahlen. Wie könnte sie denn sonst auf einem unbewachten Ölfeld weiterhin die Maschinen arbeiten lassen? Regierungen mögen kommen und gehen, doch selbst marxistische Regierungen brauchten Öl. Könnte es sein, daß die Gesellschaft Vorkehrungen getroffen hatte, um geheime Verbindungen mit der Guerilla herzustellen? Ich wunderte mich auch über das verschwindende Öl bei der weltweiten Ölschwemme. Solange die Guerilla die Kontrolle über den Urwald hatten, wäre das Öl vielleicht am sichersten in der Erde.

Wir verabschiedeten uns von de la Roche am Flugplatz. Er blieb ein Rätsel: ein großer, starker, fähiger Mann, dessen Benehmen abwechselnd übertrieben ehrerbietig und unnötig indiskret war. Er hatte die guatemaltekische Staatsbürgerschaft angenommen, was für einen tüchtigen Franzosen doch einigermaßen verwunderlich ist. Etwas Sehnsüchtiges, Verlorenes war an ihm, das sich nicht erklären ließ. Am Schluß stand er neben seinem Lastauto, bloß um den Start unseres Flugzeugs zu beobachten. Er winkte nicht, schaute nur hinauf, als das Flugzeug sich erhob. Und als wenige Minuten später ein zweites Flugzeug abflog, das nichts mit der Gesellschaft zu tun hatte, stand er immer noch da, lange nachdem alle anderen sich davongemacht hatten, und blickte den beiden Flugzeugen nach. Dann umhüllten ihn die Dunkelheit und die Bäume, und er fuhr zurück in die Welt des Camps, die er mit der nötigen strengen Disziplin regierte: kein Alkohol, keine Frauen.

Nachdem ich wieder in Guatemala City war, hörte ich, daß man Dr. Blitzers Haus mit Maschinengewehrfeuer belegt hatte, während seine Frau zuhause war. Sie überlebte. Niemand kannte die Täter. Ich wollte zuerst schon eine scherzhafte Bemerkung darüber machen; vielleicht gab die Gesellschaft den Guerilleros nicht die richtige Kost? Kurz darauf wurde de la Roche mit schweren Kopfverletzungen in die Hauptstadt geflogen. »Ein Unfall«, hieß es, »im Urwald«; »man hatte ihn ja immer gewarnt, nicht so schnell zu fahren«, rief man sich in der Hauptstadt ins Gedächtnis. Das letzte, was ich hörte, war, daß er ohne Bewußtsein schon seit sechs Monaten an einem lebenserhaltenden Gerät hing. Kurz danach wurde die Gesellschaft, eine der größten auf der Welt, von einem ihrer Partner wegen ›technischer Inkompetenz‹ bei der Förderung von Erdöl auf 137 Millionen Pfund verklagt.

In Guatemala City gab es ein weiteres Erdbeben. Diesmal weckte es mich auf. Ich vermute, daß man sich immer an sein erstes Erdbeben erinnert. Um halb ein Uhr nachts wachte ich auf und spürte, wie mein Hotelbett bebte. Man hörte keinen Laut, fühlte nur das Beben des Bettes, des Bodens und der Zimmerwände. Die Erschütterung schien recht lang zu dauern und in Wellen zu kommen. Ein gespenstisches Gefühl, schwer zu beschreiben. Man wußte instinktiv, selbst im Halbschlaf, was geschah. Da waren das

Beben, die Stille und das Wissen, daß diese Macht, die keinen Schaden anrichtete, noch stark genug war, um das Bett erzittern zu lassen, das Zimmer, das Gebäude, die ganze Stadt, als wären sie alle Zweige eines Baumes, und daß es nichts gab, was sich dagegen tun ließ, außer der Hoffnung, daß es bald aufhörte. Es war klar, warum die Sizilianer Santa Rosalia von Palermo zur Schutzpatronin gemacht hatten, an die man sich bei Erdbeben wandte. Sie konnte frei schweben.

Als es endlich aufhörte, stand ich auf und ging hinunter zum Empfang, wo ich auf acht andere Personen stieß. Der Nachtportier verhielt sich wie eine Stewardess, wenn das Flugzeug in Turbulenzen gerät, er tippte einfach weiter. Über seinem Kopf schwangen die schweren stählernen Lampenhalter, die an Ketten von den hohen Decken hingen, noch zehn Minuten nach dem Erdbeben eindrucksvoll hin und her. Später erfuhr ich, daß es das schlimmste Erdbeben in Guatemala seit 1976 gewesen war, damals fanden 23 000 Menschen den Tod.

Mein Hotel lag in der Nähe des Präsidentenpalastes. Nach einer Weile stellte ich fest, daß sich dort so viele reichlich merkwürdige Dinge abspielten, daß ich aufhörte, nach Erklärungen zu fragen. Vom Fenster des Hotelzimmers aus konnte ich in das große leere Gebäude gegenüber hineinsehen. Die Räume schienen verstaubt und unmöbliert zu sein, die Fenster waren geschlossen. An einem Fenster jedoch tauchte gelegentlich eine Gestalt auf, ein Mann, es könnte aber auch eine Frau gewesen sein. Er stand immer hinter einem Rolladen und zog sich zurück, wenn er glaubte, von mir gesehen zu werden. Um den Kopf hatte er ein Tuch gewickelt, und seine Haut war grau, als käme er nie ans Sonnenlicht. Vielleicht ein Flüchtling oder ein Geisteskranker oder bloß der Hausmeister. Er schien es darauf anzulegen, gesehen zu werden, aber nicht allzu deutlich. Unter seinem Fenster ging auf der Straße ein Mann jede Nacht während meines Aufenthalts im Hotel auf und ab und schrie einen Namen. Er wiederholte ihn alle fünfzehn Sekunden, wobei er unentwegt auf und ab ging. Das spielte sich von Mitternacht bis zwei Uhr morgens ab. Manchmal übernahm eine Frau, ging ebenfalls auf und ab und rief denselben Namen. Keiner der Vorbeifahrenden oder Nachhausespazierenden beachtete sie. Zweimal hörte ich Gewehrfeuer aus der Richtung des Palacio Nacional, des traditionellen Schauplatzes von Guatemalas häufigen Staatsstreichen. Es klang nach Faustfeuerwaffen und automatischen Gewehren. Das Ganze dauerte zehn Minuten, während der frühe Morgenverkehr nichts von seinem rasanten Tempo verlor. Ich entschied mich, gegen meine Grundsätze, beim Empfangschef entsprechende Erkundigungen einzuziehen. Schließlich müßte ich doch, sollte ein Staatsstreich oder Sonstiges stattgefunden haben, davon berichten. »Sind Sie sicher«, fragte er, »daß es keine Fehlzündungen von Autos waren?« »Zehn Minuten lang?« Das übliche Schulterzucken.

Ich suchte einen Staatsrat auf, einen klugen und liebenswürdigen Herrn. Er arbeitete in einem schwer bewachten Gebäude; verständlich, da zu der Zeit seiner Tätigkeit eine der wenigen Hoffnungen des Landes auf eine ferne Demokratie darstellte. Er saß in einem Vorraum unter einer Stuckdecke, die im klassizistischen Stil des europäischen

273

achtzehnten Jahrhunderts ausgeschmückt war: an einem Ende sah man den ›Homero‹ gemalt, am anderen die ›Palas Atena‹. Er gestand alles ein. Die Regierung sei gewalttätig und korrupt. Der extreme rechte Flügel stelle eine Gefahr für jedermann dar. Es seien zwar keine Verbrecher, aber ›Halbkriminelle‹. Sie heckten Morde aus und verdammten dann die Mörder. Er meinte, es gebe Unterschiede zwischen den fünf Guerillaorganisationen: einige, die am wenigsten ideologischen, kämen in Frage; die anderen nicht. Nichtsdestoweniger, sagte er, sei die Regierung von Efraín Ríos Montt vom Charakter her anders als die seines Vorgängers. Sie habe Ruhe in die Städte einkehren lassen. Sie sei weit erfolgreicher im Kampf gegen die Guerilla, hauptsächlich wegen ihrer Politik der »Fusiles y Frijoles«, der Gewehre und Bohnen, durchgesetzt von den »Zivilen Selbstverteidigungspatrouillen«. Indios, die der Guerilla Widerstand leisteten, würden mit Waffen und Nahrung versehen. Zudem sei sie seit Jahren die erste Regierung, die sich anschicke, mit Gewerkschaften zu reden, statt sie zu erschießen. Er selbst wünsche sich Wirtschaftshilfe von den USA, keine Waffen. Diese Hilfe könne ein Programm der Sozialhilfe finanzieren. Er wünsche sich auch, eine Mitte-Links-Partei aufzubauen, die Opposition zur Regierung betreiben könne und die dazu beitrüge, die extreme Rechte zu isolieren. Was die Vergangenheit und die Sünden der Vergangenheit betreffe, solle man das Vergangene vergessen. Es sei zwecklos, die Armee spalten zu wollen. Sie sei die einzige Stütze gegen die extreme Rechte.

Ich fragte ihn nach den Menschenrechtsverletzungen, dem Morden von Indios, und zum ersten Mal erwies er sich als wahrer Guatemalteke. Er schien einen Augenblick lang das Interesse zu verlieren, dann konzentrierte er sich und sagte: »Man muß die Sorgen der aktiven Menschenrechtler ernstnehmen.« Nun bewegte er sich zum ersten Mal auf unbekanntem Gebiet und sprach, als hätte er es auswendig gelernt. »Aktive Menschenrechtler« waren im allgemeinen Gringos. Was er eigentlich sagen wollte, war: »Ich würde lieber in einem Land leben, das die Rechte der Indios respektiert, da das aber nicht der Fall ist, kümmern Sie sich besser um Ihre eigenen Angelegenheiten.«

Der Staatsrat hatte etwas Ergreifendes an sich. Er versuchte, das Gespräch unbeschwert ausklingen zu lassen. »Dieses Land ist wie *Fantasy Island*«, sagte er. »Aber wer ist Tattoo?« Ich dachte, er zitiere Molière, doch es stellte sich als eine Anspielung auf ein Fernsehprogramm heraus. Dann gab er mir ein Paket für einen Freund in Washington mit. *Er wolle es nicht der Post anvertrauen.* Er war Staatsrat, und er schmuggelte seine Korrespondenz hinaus. Eine sympathische Person. Wo er lebte, kannten die Reichen und Mächtigen keinerlei Einschränkungen; wenn es ihren Interessen diente, übten sie Verbrechen aus. In Guatemala griffen die Armen zu den Waffen und zu dubiosen politischen Philosophien, um zu essen zu haben. Die Reichen aber töteten bloß, um noch mehr zu essen. Der Staatsrat wußte das alles, und es war ihm unmöglich, das zu rechtfertigen, doch er würde deswegen sein Land nicht verurteilen. Er riskierte seinen Hals, um eine subtile Analyse der politischen Lage zu geben, die brutal einfach war. Sein Land litt nicht nur unter einer ›schlechten‹ Regierung. Es wurde im wahrsten Sinne des Wortes von Verbrechern regiert. Der

Innenminister stahl Mercedesautos und versteckte sie in seinem Garten. Solche Männer würden immer der Justiz entkommen. Sie lebten völlig gefahrlos. Die Lehre aus Guatemala war, daß eine Nation sich nicht auflöst, bloß weil sie eine kriminelle Regierung hat. Sie lernt, die Regierung soweit wie möglich zu ignorieren und sich selbst zu regieren. Sie braucht Stadträte, einige Krankenhäuser und noch mehr Schulen, aber sie braucht keine ›Regierung‹. In Guatemala City werden noch immer die Straßen gekehrt, auch wenn die Polizei herumfährt und Menschen ermordet. Mir schien der Staatsrat ein bemerkenswerter Mann zu sein, weil er nicht aufgab, für eine kommende demokratische Regierung zu arbeiten in einer Gesellschaft, die ganz offensichtlich nicht dafür geeignet war.

Kurz nach meiner Abreise mußte er für seine Arbeit einen Rückschlag hinnehmen. Die Regierung von Ríos Montt wurde abrupt durch ein weit berechenbareres Militärregime ersetzt. Verschiedene Kräfte hatten dies herbeigeführt: die extreme Rechte, die US-Botschaft und vor allem die katholische Priesterschaft. Die Bischöfe konnten ihren Jubel beim Abgang von Ríos Montt nicht verhehlen. Sie bemühten sich, ihre Motive zu verheimlichen und behaupteten, das Ríos-Montt-Regime sei ›brutal‹ gewesen, auch wenn es mehr getan hatte, um die Gesetzlosigkeit der Reichen einzudämmen als alle Regierungen der letzten fünfundzwanzig Jahre zusammen. Sie sagten, daß Ríos Montt das Land ›militarisiere‹, wohingegen man die Zivilmilizen als den ersten Versuch ansehen könne, eine Brücke zwischen der Armee und den Indios zu schlagen, und als den erfolgreichsten Schlag, der je gegen die Guerilla geführt

wurde. Weiter hieß es, Ríos Montt habe seine Macht miß-
braucht, um »eine aggressive und fanatische« religiöse
Gruppe zu fördern. Und hier war der wahre Grund für den
Jubel der Bischöfe zu suchen. Ríos Montt hatte sich wie beinahe ein Viertel der Bevölkerung zu einer der protestanti-
schen Sekten bekehrt. Die Bischöfe waren so beunruhigt
über ihren Mißerfolg, daß sie schon ›einen Krieg der Reli-
gionen‹ voraussagten.

Nach Ríos Montts Sturz machte der Generalvikar der
Erzdiözese von Guatemala City einen Besuch beim neuen
katholischen General*, der Präsident geworden war, und
verkündete, daß er »ein Mann guten Willens« sei. Kurz darauf wurde vom neuen Militärregime Ríos Montts Programm der Landreform aufgegeben. Dann sah man wieder
die Todesschwadronen in den Straßen der Hauptstadt, und
die Zahl der Morde und die Zahl der Menschen, die spur-
los verschwanden, stieg auf zweihundert im Monat an.
Es sollte noch ein Jahr dauern, bis die Bischöfe Kritik
äußerten.

Bevor ich Guatemala City den Rücken kehrte, ließ ich
mir die Haare schneiden. Es war mir unmöglich gewesen,
mich noch länger der Anziehungskraft eines Friseurschil-
des zu entziehen: *Estética Masculina*. Ein Schuhgeschäft in
der Nähe machte Reklame für *cuñas elevadores*, viereinhalb
Quetzal das Paar, garantiert 1,45 Zentimeter hoch: »Werden Sie größer und verbessern Sie Ihre Persönlichkeit«; eine
ganze Menge, was da die Pyramidenabsätze behaupteten.

---

* General Oscar Mejía Victores putschte am 8. August 1983. Im Dezember 1985
wurde nach fünfzehn Jahren Militärdiktatur wieder ein ziviler Politiker gewählt, der
Christdemokrat Vinicio Cerezo.

Und eines der letzten Dinge, die ich bemerkte, war eine Messingplatte, die im Bürgersteig der *Sexta Avenida* eingelassen war. Da stand: »Guatemalteke... Hier starben am 25. Juni 1956 die folgenden fünf Studenten im Kampf für die Freiheit und Demokratie und in Verteidigung der Autonomie der Universität...« Das war genau zwei Jahre, nachdem die USA den Sturz von Guatemalas zuletzt gewählter Regierung arrangiert hatten, die ein Programm zur Landreform in Angriff nehmen wollte.

Im Bus zur Grenze nach El Salvador saß ich neben einer jungen Frau, die sich während der ganzen Fahrt mit unbewegtem Gesicht an mich preßte. Nichts Sinnliches war an dieser Berührung, sie war nicht einmal freundlich gemeint; sie drückte das starke Verlangen nach physischem Kontakt mit einem Fremden in Umständen aus, die kein Gerede nach sich ziehen würde. Ihre Schwester und der Rest der Familie saßen in der Reihe dahinter. Irgendwann, als sie irritiert über meine wenig begeisterte Reaktion war, schlängelte sie ihr scharfes Knie unter meins und bohrte es hinein. Nach etwa einer Stunde stieg sie aus, grüßte angemessen ihren Mann und weigerte sich, mir auch nur einen schüchternen Blick zu schenken.

Ich hatte vor, auf meinem Weg nach El Salvador nach Honduras hinüberzufahren, um mir die alten Ruinen von Copán anzuschauen. Am nächsten Tag näherte sich mein Bus einer Stelle, die ein Umkehren auf dieser Reise ausschloß, als mir einfiel, daß mit dem Verlassen Guatemalas mein Visum ungültig würde. Ich müßte hunderte von Kilometern nach Honduras hinein reisen, um ein neues zu bekommen. Ich stieg darum in einem Städtchen, dessen Namen ich nicht wußte, aus dem Bus.

Eine sehr mitteilsame Frau sagte mir, daß in wenigen Stunden ein Bus in die gewünschte Richtung zurückfahre, und lotste mich dann zu einem Haus, wo ich Schutz vor der Sonne finden würde. Sie redete mit mir wie mit einem alten Freund. Ich trug mein Reisegepäck durch die unmäßige Hitze zu besagtem Haus und drängte unversehens durch die Tür. Die kleine Sensation war da; dann sagte ein alter Mann: »Bitte nehmen Sie Platz.« In nur wenigen Minuten hatte er mir seine ganze Familie beschrieben. Die Hitze macht uns alle zu Brüdern. An der Wand hingen *sieben* Lehrerdiplome. Er sagte, drei seiner Söhne seien Lehrer, auch eine Tochter. Ein anderer Sohn sei Architekt. Seine Frau lud mich zum Essen mit ihr und ihrer Tochter in die Küche ein. Es gab Suppe und Tortillas und eisgekühlte Coke. Wir kamen fast sofort zur Sache.

»Sind Sie verheiratet?«

»Nein.«

»Wollen Sie heiraten?«

»Ja.«

»Aber Sie warten noch?«

»Ja.«

»Könnten Sie sich vorstellen, eine Guatemaltekin zu heiraten?«

(Nervöser Blick auf die Tochter) »Äh . . . ja.«

»Wie alt sind Sie?«

»Neununddreißig.«

O Schreck. »Ich bin siebenunddreißig«, sagte sie. »Mein Ältestes ist dreiundzwanzig.« Dann sagte ihre Tochter:

»Und ich bin zwanzig und heirate am 23. Mai. Wollen Sie zu meiner Hochzeit kommen?«

»Ja.«

»Und wir kommen zu Ihrer Hochzeit, wenn Sie eine Guatemaltekin heiraten.«

Später sagte die Frau: »Wie groß sind Sie?«

»1,82.«

»Ah. Sie brauchen also eine große Frau.« Ich schaute auf sie hinunter. Ein beträchtliches Gefälle. »Ich versichere Ihnen«, sagte ich, »daß ich für kleine Frauen viel übrig habe.«

»Ja«, sagte sie, »ist besser fürs Schmusen.« Das war entschieden besser als das typische englische Warteschlangengespräch.

Dann fragte mich ihr Mann, ob man mir gesagt habe, daß ich haargenau wie der Priester aussehe. Ganz sensationell! Und nicht nur das: Der betreffende Priester stammte aus *Los Estados Unidos*. Er war *enamorado*, unsterblich verliebt in eine Guatemaltekin und deshalb wegberufen worden. Ich habe große Ähnlichkeit mit ihm. Diese Mitteilung erklärte mehrere verwirrende Begebenheiten. Ich hatte mich schon den ganzen Morgen gewundert, warum ich verschiedentlich im Bus gegrüßt worden war. Ein alter Bursche war bei meinem Anblick fast aus dem Häuschen geraten. Gott sei Dank hatte niemand mich gebeten, Beichte zu hören. Meine Gastgeberin ging nochmals die Geschichte von dem Priester und der Guatemaltekin durch. Sie schmolz beim Erzählen förmlich dahin; das Ganze kam einer doppelten Auszeichnung gleich: eine für die Nation und eine für die Frau.

Nach dem Essen fragte ich, ob ich duschen könnte. Danach zog ich mich in ein Schlafzimmer zurück, um mich anzukleiden. Als ich die Hose anzog, bemerkte ich aus dem Augenwinkel ein Insekt auf meinem Knie, wahrscheinlich eine Bremse. Doch es war eine kleine rotschwarze Spinne. Also doch noch! Die berüchtigte böse Spinne von Zentralamerika, und unglücklicherweise auf meinem Knie. Zwei Monate lang hatte ich immer die Klosettbrille hochgehoben, bevor ich mich draufsetzte, um solch einer Begegnung auszuweichen, und jetzt, im Dschungel, einen Monat vor der Regenzeit, zwei Tagreisen vom Krankenhaus entfernt, hockte sie da. Sie mußte, während ich mich duschte, in meine Hose geschlüpft und rausgekrochen sein, als ich mein Bein hineinsteckte. Höflich. Ich machte eine Bewegung, um sie mit meinem Kuli wegzuschlagen. Sie überlebte den Schlag, indem sie ohne Hast über den Kuli kletterte. Bevor ich zum zweiten Schlag ausholen konnte, war sie schon fast einen Meter über den Boden gesprungen. Mit einem Satz sprang sie dann auf eine andere Spinne drauf und biß sie. Einige Wochen später beschrieb ich diese Spinne einem Entomologen in El Salvador. Er sagte, das klinge ganz nach der Schwarzen Witwe, einer Giftspinne, deren Biß häufig tödlich sei.

Ich verbrachte den Rest meiner Zeit damit, im Kreis dieser Familie auf den Bus zu warten. Die Frau war stolz auf die Lehrerdiplome an der Wand. »Aber«, sagte sie, »in diesem Land ist die Regierung nicht an Lehrern interessiert. Nur an Soldaten.« Einige ihrer Kinder waren arbeitslos. Der Bus kam, und wir verabschiedeten uns mit großer Herzlichkeit. Sie gab mir noch einen Tip. In Guatemala, sagte sie, sei das spanische Wort für Bus ›bus‹ und nicht ›coche‹. In Guatemala bedeute ›coche‹ Schwein. Ich hatte also auf meiner Reise quer durch das Land ständig gefragt: »Wann fährt das nächste Schwein?«

Dritter Teil

Neu-Spanien

Die dritte Grenze

*Durch Trägheit und Widerspenstigkeit hat
der Spanier seine Individualität bewahrt,
ein Wesen, das schamlos es selbst ist und
dessen Begriff von gesellschaftlicher Verpflichtung einzig und allein das ist, was die
alten Sitten diktieren.*

V. S. Pritchett, *Der spanische Charakter*

Ich überquerte die Grenze von Guatemala nach El Salvador
in Anguiatú über eine ruhige Landstraße, die die guatemaltekische Provinz von Esquipulas mit der salvadorianischen
Provinz von Metapán verbindet. Einst hatte es in diesem
Gebiet von El Salvador Silberminen gegeben, aber das Erz
erschöpfte sich wie in all den anderen Edelmetallminen von
Mexiko und Zentralamerika. Es war Samstagnachmittag,
furchtbar heiß. Der Bus entließ uns auf der guatemaltekischen Seite der Grenze, und wir trugen unser Reisegepäck
durch die Hitze zu den reichverzierten blaugoldenen Uniformen der salvadorianischen Grenzpolizisten hin.

Die Stadt, aus der ich gekommen war, Esquipulas, ist eine
der Stätten, die in Zentralamerika berühmt sind und vom
Rest der Welt ignoriert werden. Es ist ein Städtchen, fast
eine Eine-Straße-Stadt, die vom ›Schwarzen Christus‹ lebt,
der dort aufbewahrt wird, seit er im Jahre 1594 geschnitzt
worden ist. Mein Reiseführer beschrieb Esquipulas als
»Touristenzentrum«. Tatsächlich ist es eine Pilgerstätte,
was etwas völlig anderes ist, und für mich eine der ange-
nehmsten Städte, die ich besucht habe. Ich kam abends an

und machte nach Einbruch der Dunkelheit einen Spaziergang. Auf einmal ein Heidenlärm, den ein Mädchen verursachte, das auf einem schweren Motorrad ganz langsam über den Markt fuhr. Ihr betrunkener Freund stieg hinter ihr auf, drückte sie nach vorn, bis sie rittlings über dem Treibstofftank saß. Dann brausten sie abrupt in die Nacht hinaus, wobei beide um den Lenker kämpften. In diesem Moment kam eine ältere Frau aus einem nahegelegenen Laden herausgerannt und rief hinter dem Mädchen im Dunkeln her, doch zu spät. »Mi-iira! Mi-iira! Paß auf!«

Nicht einmal die Familie macht die Fahrt gemeinsam.

Nein, es muß jeder Sohn sein Stahlroß haben,

Und Töchter sind gerecht in allen Soziussitzen.

... oder wie in diesem Fall lässig auf dem Treibstofftank. Die ältere Frau lachte, als sie bemerkte, daß ich sie beobachtete und als ihr klar wurde, daß es zu spät war. *¡Mira! ›A sus órdenes‹, ›Dígame‹, ›¿Cómo no?‹ ›¡Qué barbaridad!‹*; ich hatte noch immer meine Freude an den spanischen Wendungen. Eine weitere war *›¡Bvah!‹*, der charakteristische Laut einer spanischen Frau, wenn sie Zufriedenheit bekunden wollte.

Als ich am nächsten Morgen die Hauptstraße entlangging, lernte ich einen Rechtsanwalt kennen, der mir erzählte, er habe vor acht Monaten zwei Italiener in Esquipulas gesehen, ansonsten in den letzten drei Jahren weder Europäer noch Gringos. Er war ganz wild aufs Reden. Er war aus Guatemala City, aber nach Esquipulas gekommen, »um den Todesschwadronen zu entfliehen«. In diesem Teil von Guatemala war man sicher. »Es gibt wenig Indios, also wenig Kommunisten.« Das war scherzhaft gemeint. Der Anwalt lebte mit einem schönen Mädchen zusammen. Er stellte sie als seine Frau vor und sagte mir dann voller Stolz, daß sie noch nicht verheiratet seien, sie »lebten in Sünde«. Es schien mir die Art von Sünde zu sein, die der göttlichen Aufmerksamkeit hier an der guatemaltekisch-salvadorianischen Grenze entgehen könnte. Der Anwalt war in Esquipulas gestrandet. Als er einen Kasten mit alten Urkunden durchstöbert hatte, entdeckte er, daß er und seine ›Frau‹ seit hundert Jahren in einem Verwandtschaftsverhältnis standen. Er war stolz darauf, er hoffte, dies würde bei seinen Eltern für das Mädchen sprechen. Er liebte Spanien und die spanische Geschichte und seine schöne Privatsammlung von Jazzplatten, und er war in seinem eigenen Land zu einem Fremden geworden.

Früher am Morgen hatte ich die Pilger – der Anwalt unterschied sie von Touristen – bei ihren Andachtsübungen in der Benediktinerkirche beobachtet. Um 6.30 saßen die Mönche auf Stühlen im Hauptschiff verstreut und hörten inmitten all des Durcheinanders von Familiengruppen, die aus ganz Guatemala, aus El Salvador und Honduras hierher geströmt waren, die Beichte. Einige Indios knieten auf den Steinfliesen und hatten sich kleine Altäre mit Kerzen und Rosenkränzen errichtet. Andere knieten mit einer Kerze in der Hand, wieder andere kehrten mit lächelnder Miene vom Altargitter zurück. Die Trachten der Frauen zeigten, daß sie aus allen Dörfern des guatemaltekischen Hochlands kamen. Ich erinnerte mich, daß es im Hochland schwer vorstellbar gewesen war, die Indios nicht als Menschen anzusehen, die einer politischen Gruppierung angehörten. Auf wessen Seite standen sie? Gaben Sie den Guerillakämpfern Unterschlupf? Würden sie sich der

Zivilmiliz anschließen? Wie konnte man sie dazu bringen, über die Armee zu reden? Hier, aus dem journalistischen Zusammenhang herausgerissen, waren sie nur Menschen auf einer Wallfahrt, aufgeregt und glücklich. Einige hatten Babys dabei, die in weißen Tüchern über dem Rücken getragen wurden. Gehalten wurden diese Tücher von Stirnbändern, allerdings in waagrechter Lage, so daß die Babys darin wie in einer Hängematte lagen. Um sie friedlich zu halten, warfen die Mütter, oft noch Teenager, ihre Babys in die Luft und schwangen sie ab den Hüften im Halbkreis herum. Das stimmte die Babys keineswegs friedlich. Das Geräusch der weinenden Kinder während der Messe war beachtlich, lenkte aber nicht ab. Es blieb unaufdringlich, es stieg einfach so ohne Widerhall zum Kirchendach empor wie Weihrauch. Nach der Messe fand die Segnung statt, ein lokaler Brauch. Die Indianer stellten sich in einer Reihe draußen vor der Kirche auf, und die Mönche, die meisten von ihnen aus Louisiana, schritten an ihnen vorbei, wobei sie große Palmwedel und Plastikeimer voll Weihwasser trugen. Ähnliches hatte sich früher beim Hochamt abgespielt, bevor die Kirche ihre Liturgie reformierte. Man sang den Vers aus dem 51. Psalm *»Asperges me«*: »Entsündige mich mit Isop, daß ich rein werde; wasche mich, daß ich schneeweiß werde.« In der Schule hatten wir uns immer geduckt, um ja nicht durchnäßt zu werden. Aber in Esquipulas mußten die Mönche jedem Pilger samt dessen Hab und Gut, das ausgebreitet vor ihm auf dem Boden lag, einen richtigen Guß verabreichen. Die Indios wurden unruhig, wenn irgend etwas trocken blieb. Für sie war das Weihwasser Medizin: sie mußte in der korrekten Dosis gegeben werden.

Am Abend zuvor hatte ich beobachtet, wie das Heiligtum, von den Mönchen für die Nacht überlassen, begeistert von den Gläubigen in Besitz genommen wurde, wie Heiligtümer auf der ganzen Welt. Man konnte den Kerzenschein rings um den ›Schwarzen Christus‹ einen Kilometer weit auf der Straße sehen, eingerahmt vom Dunkel des Kirchenschiffs. Die Familiengrüppchen kamen an, knieten sich am Westportal hin und begannen die Hymne in Verehrung des Heiligtums zu singen. Bei den alten Frauen klang das wehklagend wie bei einem Muezzin, danach rutschten sie auf den Knien ins Gebäude hinein. Im Innern spazierten manche plaudernd umher, andere drangen sofort zur Rampe hinter dem Altar vor, die zu dem silbernen Kristallkasten führte, der die Statue umgab. Diesen berührten und küßten sie, und hier leerten sie den Geldbeutel. Wenn sie nach einigen Minuten des Gebets weggingen, von den Nachfolgern währenddessen mit Geduld beobachtet, schritten sie rückwärts die Rampe hinunter, den Blick noch auf den *Cristo Crucificado* gerichtet. Solche Frömmigkeit kann man überall in Lateinamerika sehen – in einer Region, die gemäß ihren Priestern eine Kirche hat, die in der Krise steckt.

Zufällig waren im Bus zur Grenze eine ganze Zahl von Pilgern, keine guatemaltekischen, sondern salvadoranische Indios, die nach einer Nacht in Esquipulas heimfuhren. El Salvador hat nur zehn Prozent reinblütige Indios und weniger als zehn Prozent reine Weiße. Die *mestizo*-Mehrheit, die achtzig Prozent ausmacht, ist bei weitem die größte in Zentralamerika. Die augenblicklichen politischen Unruhen im Land sind angeblich auf seine jüngste Geschichte zurückzuführen. El Salvador sagte sich 1841 von Guatemala los, kurz nachdem man die ersten Kaffeesträucher in der Region kultiviert hatte, durch die ich gleich fahren würde. Zu jener Zeit zählte die Bevölkerung nur wenige Hunderttausend. Aber der Kaffee brachte Reichtum, und die Bevölkerung, das heißt die Mestizen, wuchs rasch. Kaffee, der Hauptreichtum El Salvadors, ist auch sein Fluch. 1930 gab es dort anderthalb Millionen Menschen, 1966 drei Millionen, 1979 fast viereinhalb Millionen. Auf einem Quadratkilometer leben heute 157 Menschen, womit El Salvador das am dichtesten besiedelte Land auf dem amerikanischen Kontinent ist. Hinzu kommt, daß das Land gebirgig ist und viel davon nicht kultiviert werden kann. Seit altersher besitzen und beherrschen vierzehn Familien das Land. Man kann unschwer ersehen, woher die politische Unruhe kommt.

An der Grenze verlor ich meine Pilger. Sie wurden hindurchgewunken und bestiegen einen anderen Bus. Ich hingegen stand zum zweiten Mal innerhalb von zwölf Monaten der salvadoranischen Einwanderungsbehörde gegenüber. Auf meiner ersten Reise war ich nicht durch die Hintertür nach El Salvador gekommen, sondern von Honduras aus auf der Carretera Interamericana. Ich hatte keine Ahnung, daß der südliche Grenzübergang, den ich damals passierte, am Tag zuvor zerstört worden war. Die diensthabenden Soldaten waren beim Angriff der Guerilla nach Honduras hinein geflüchtet. Acht Grenzpolizisten waren auf ihrem Posten geblieben und allesamt getötet worden. Die Gebäude und die Brücke wurden in die Luft gesprengt. Der ganze Verkehr auf der Carretera Interamericana kam zum Stillstand; es war einer der spektakulärsten Coups, den die Guerilla seit vielen Monaten gelandet hatte. Die hondurianische Armee hatte das Feuer mit Artillerie von ihrer Flußseite aus eröffnet. Für die Angestellten der Einwanderungsbehörde war es das schlimmste Erlebnis seit langer Zeit. Und ich trat nichtsahnend zu einer stämmigen Frau, die mein Reisegepäck zu durchsuchen begann.

Fragt man einen erfahrenen Beobachter von El Salvador, wie man *nicht* durchs Land reisen soll, heißt es, auf keinen Fall mit dem Bus. Aus irgendeinem Grund drang dieser Rat erst an mein Ohr, als ich das Land bereits zweimal im Bus durchquert hatte. Es hieß, daß die Hauptgefahr bei diesen Busfahrten nicht von der Guerilla ausgehe, sondern von der Armee. Schließlich stattete man mich mit einem *laissez-passer* vom Verteidigungsministerium aus. Ein schönes Schriftstück, das an die *Señores Comandantes y Jefes de Cuerpos Militares* gerichtet war. Es wies mich als Korrespondenten für den *Spectator*, London, aus und besagte, daß man mich, solange ich nicht die militärische Sicherheit verletze, in meinem journalistischen Tun unterstützen solle. Unterzeichnet war es nicht mit ›Mit freundlichen Grüßen‹, sondern mit ›*Gott, Einigkeit, Freiheit*‹, und aufgestempelt hatte man den Schlachtruf. ›TODO POR LA PATRIA, JUNTOS, PUEBLO Y FUERZA ARMADA‹. Ich zeigte dieses Dokument einmal den Auslandskorrespondenten, die in El Salvador ihren Standort hatten, und meinte, daß dieses Papier mir wohl meine Sicherheit beim Busfahren garantiere. Sie lachten aus vollem Hals.

Das Verteidigungsministerium hätte mir beinah den *lais-*

sez-passer nicht ausgestellt, weil mein Presseausweis ›nicht in Ordnung‹ sei. Und das seit einem Jahr. Ich dachte an die britische Journalistengewerkschaft, deren Büro, das Acorn House, sich in der Gray's Inn Road in London befindet, an ihre ungeduldigen Mahnungen, ich möge meinen Mitgliedsbeitrag bezahlen, ihre zuversichtliche Ankündigung, daß die Vereinigung der höheren Polizeibeamten von England und Wales sie offiziell anerkenne. Ich besprach das Problem mit dem Hauptmann P. A. Luis Mario Aguilar Alfaro. Ich wies darauf hin, daß ich den Zahlungsrückstand meines Mitgliedsbeitrags gewöhnlich erst im Juni behebe, also in zwei Monaten. Er antwortete darauf, daß meine Papiere nicht mehr in Ordnung seien. Dann wurde er durch die Ankunft der stellvertretenden Pressereferentin abgelenkt, die ihre neue Khaki-Uniform vorführen wollte, ich bekam meinen *laissez-passer*. Er enthielt eines meiner älteren Paßphotos, was immer ein wenig ominös wirkt.

»Wie beabsichtigen Sie, unser Land zu verlassen?« Die Zollbeamtin war nicht gerade freundlich.

»Über San Miguel.«

»Das geht nicht. Die Straße ist geschlossen.«

»Aber das ist doch die Carretera Interamericana.«

Sie erklärte mir die Ereignisse vom vorherigen Tag. Sie durchsuchte meine Bücher und Papiere. *Anna Karenina* blieb trotz des angeblichen Vorurteils gegenüber russischen Schriftstellern unbeanstandet. Sie öffnete einen Band von Donne-Gedichten. »*Poemas*«, sagte sie.

»Ja«, sagte ich, »über die Liebe.«

Sie reagierte nicht darauf. »Sie sind hier ganz normal als Tourist?«

»Ja.«

Sie ging durch den Stapel von Büchern, Kladden, Zeitungen, Photokopien, das übliche Arbeitsmaterial eines Journalisten. *Viva México!* von Charles Macomb Flandrau, *The Catechism of Christian Doctrine, Le Rouge et le Noir* auf Englisch, *The Country Between Us* von Carolyn Forché, *El Principito* von Saint-Exupéry, *Guatemaltekische Indianertrachten.*

»Ihr Beruf?«

»Anwalt.«

»Sie sind über unsere Lage im Bild?«

Sie begann ein Notizbuch durchzublättern, *libreta especial*, Nr. 8 stand auf dem Einband. »Köpfe zu verwest, um das Geschlecht noch festzustellen. Viele Tote. Sechzig Leichen an einem Morgen.« Das war erst Seite zwei.

»Sie wissen Bescheid über unsere Situation?«

»Ja.« Es war nicht klar, ob sie die Frage wiederholte, weil sie über meinen Mangel an Information beunruhigt war oder weil sie ihren Argwohn hervorheben wollte. Aber sie blieb höflich. Sie war wie so viele Menschen in Lateinamerika der spanischen Tradition der Höflichkeit und dem gesellschaftlichen Zwang verpflichtet.

»Viel Spaß.«

Ich konnte losziehen. Als ich den Hang hinaufging, mit den Büchern in meinem Gepäck, schaute ich zurück zu der Abfertigungsstelle unter dem hohen Dach. Die Wälder und Hänge preßten sich dicht an die Zollstation. Sie stand noch immer dort und starrte mir nach. Es gab keinen anderen

Grenzgänger. Man würde sich an den *abogado* aus England noch eine Weile erinnern. Als ich sie allein da stehen sah, fiel mir ein, wie gelassen Salvadorianer die Gefahr hinnehmen.

Ich fuhr in einem offenen Kleintransporter von Anguiatú nach Metapán. Mittlerweile war es Spätnachmittag. Lange Schatten lagen auf den Hügeln und kühlten die von der geteerten Straße aufsteigende Hitze ab. Keinerlei Hinweis auf Überbevölkerung. Die Hügel sahen ziemlich unbewohnt aus. Im Transporter gab es eine Frau in einem roten Kleid mit ihrem Mann und einem kleinen Mädchen und eine weitere Frau, eine verirrte Pilgerin aus Esquipulas. Nach einer Weile erweckten die einsamen Hügel den Eindruck, als blickten sie herunter, als würde man beobachtet. Dieser Eindruck ergab sich einfach aus meinem Wissen, daß ich in El Salvador war und daß dies weder Mexiko noch Panama war.

Uniformierte mit Gewehren hielten das *collectivo* an und wollten die Papiere sehen. Ihre Schulterabzeichen verrieten, daß sie Grenzpolizisten waren. Als wir weiterfuhren, begannen sie sich gegenseitig grob zu beschimpfen. Einer riß einem anderen die Zigarette aus dem Mund. Diese offene Feindseligkeit war ungewöhnlich. Ich fragte mich, was sie so reizbar machte.

Das *collectivo* hielt wieder an, um eine Bäuerin aufsteigen zu lassen. Sie hatte braune Haut und blaue Augen. Ihr Gesichtsausdruck war freundlich, auch wenn ich dies eine Zeitlang nicht bemerkte, aus Angst, sie zu genau anzuschauen. Unter ihrem Gesicht waren zwei Hälse. Der ursprüngliche Hals war zur Seite gedrückt worden. Daneben hatte sich ein Wulst gebildet, der mit der Zeit parallel zu ihrem ursprünglichen Hals gewachsen war, und der vom Kinn bis zur Schulter reichend dieselbe Dicke hatte. Wahrscheinlich war es der größte Kropf auf der Welt. Wir vermieden alle ihren Blick. Das machte ihr nichts aus. Ihr Ausdruck blieb freundlich. Sie war es gewohnt, von Fremden nicht beachtet zu werden. Sie sagte nichts. Vielleicht konnte sie nicht sprechen.

Die verirrte Pilgerin, eine schwergebaute ältere Frau, hockte auf dem Radkasten. Es gab keine Sitze im Transporter. Zweimal schlug sie mein Angebot aus, sich auf meinen Koffer zu setzen. Wir redeten über ihre Wallfahrt, über Santa Ana, über meine Reise. Niemand erwähnte irgendwelche Probleme. Fern der Hügel wurde der Wind, der über den Rand des Transporters wehte, wieder warm. Die mir gegenüber hockende Frau in Rot berührte mit dem Fuß den meinen. Sie hatte Goldzähne und dickes schwarzes Haar. Sie wäre schön gewesen, wäre da nicht ihr Unterkiefer gewesen, der groß und schlaff herunterhing. Ihr Mann beugte sich vor und bemerkte ihren Fuß, und plötzlich lächelte er mir nicht mehr zu. Unsere Füße trennten sich. Dann fiel ihre Tochter um, und wir mußten alle lachen. Auf dem Gesicht der Frau erschien ein unschuldiger und glücklicher Ausdruck, als sie sah, daß ich ihr Kind bewunderte; das war etwas ganz anderes als die berechnende Freundlichkeit von vorher. Sie sah um fünf Jahre jünger aus.

Bei der Langeweile, die das tagelange Reisen in überfüllten, unbequemen Bussen mit sich bringt, machte mir das Beobachten der Frauen und Kinder in Zentralamerika immer größere Freude. Die Kinder waren oft höflich, gehorsam und neugierig, zuerst beunruhigt durch den Anblick eines Gringos, später zutraulich. Ich erinnere mich an zwei, die während einer Nachtfahrt in Guatemala eine Stunde lang eine Variante von ›Ich, der Spion‹ spielten. Das Mädchen – aufgeweckt, jünger, der dominierende Teil – wich den heftigen Stößen ihres großen Bruders aus, die immer folgten, wenn sie sich nicht an die Spielregeln hielt. Sie brach die Regeln bei jeder Gelegenheit und immer zu ihrem Vorteil, und dann manipulierte sie das Ergebnis. Doch – sie war wirklich aufgeweckt – manipulierte sie das Ergebnis auch zu *seinen* Gunsten. Immer wieder, bei irgendeiner Unterbrechung der Reise, tauchten solche Kinder auf, beaufsichtigt von überschlanken Müttern in leichten Kleidern, deren anmutige Bewegungen mir ein steter Trost in der Einsamkeit waren. Ich liebte mit der Zeit die billigen Farben und Stoffe, die diesen Frauen so gut standen, ihre großen Augen, ihre Bescheidenheit und ihre nervöse Energie, ihren grenzenlosen Stolz auf ihr Äußeres und die Sorgfalt, die sie darauf verwendeten, egal, wie müde sie waren, und ihre erstaunliche Unbefangenheit. Auch wenn die Frauen sich ihrer ausgeprägten Anziehungskraft bewußt waren, schienen sie doch auch deren Bedeutungslosigkeit zu kennen. Sie spielten alle Tricks aus, um zu gewinnen, und richteten sich danach im Leben ein. Das Leben veränderte ihr Äußeres nach einigen Jahren. Ebenso liebenswert waren die schlampigen, fetten Frauen, deren Bauchwülste nur schwer von denselben billigen Stoffen gehalten wurden, die sich den mageren Frauen kaum anzuschmiegen gewagt hatten, ihre Kinder ständig an der Brust, die Zuversicht, die den Müttern eigen war, daß sie die notwendige

Privatsphäre mit einem einzigen Blick herstellen konnten. Die mageren Frauen waren gewöhnlich die Tanten oder die Mütter von nur einem Kind. Die fetten Frauen waren dieselben Frauen nach drei weiteren Kindern.

In Metapán hielt der Transporter am Busbahnhof. Ich überquerte die Straße, und die Leute riefen englische Wörter hinter mir her, belustigt, in diesem Teil der Welt einen Gringo zu sehen. »Nicht viele Gringos in der Stadt«, spöttelten sie. Der Zeitungsverkäufer, ein intelligent aussehender Europäer, unrasiert und ungewaschen, scherzte darüber, daß er mir eine spanischsprachige Zeitung verkaufte. Die Nachricht, daß ein Gringo aus Anguiatú angekommen war, verbreitete sich auf der ganzen Straße. Es mußte bergauf gehen. »Die Lage« verbesserte sich allmählich. Der Bus von Metapán nach Santa Ana war ein Schnellbus und hielt nur dann an, wenn die Soldaten, die sich an jeder Straßenbrücke verschanzt hatten, es befahlen.

Ich verbrachte die Nacht in Santa Anas bestem Hotel. Der Krieg, der die Wirtschaft von El Salvador ruiniert, hat es in dieser einst hübschen Stadt viel offenkundiger getan als sonstwo im Land. Paul Theroux, der 1978 Santa Ana besucht hatte, beschrieb die Stadt als »vollkommen...,« vollkommen in ihrem Dahindösen, ihrer kaffeegeschwängerten Hitze, mit ihrer dschungelartigen *plaza* und der verstaubten Eleganz ihrer alten Gebäude«. In fünf Jahren hatte sich das alles verändert. Eine Familie spanischer Exilanten aus der Franco-Zeit führte das Hotel. Sie waren aus Bilbao, hatten aber ihre Heimat seit 1938 nicht mehr gesehen. Ihr Hotel war wie eine Festung verriegelt und blieb es auch tagsüber. Ich klingelte an einer Stahltür, die schließlich von einem sehr, sehr alten Mann in einem gräulich-weißen Jackett einen Spalt geöffnet wurde.

»Haben Sie ein Zimmer?«

»Seguro.«

Ich aß allein im Speisesaal, in dem fünfundsiebzig Gäste Platz gefunden hätten. Das Gebäude war großzügig in seiner Anlage, mit Steinfluren, Gewölben und einem breiten Säulengang, um die Zimmer dahinter kühl zu halten. Doch die Einkünfte waren lange schon versiegt. Es gab wenig Geld in Santa Ana. Staub und Insekten fanden den Weg durch jede Ritze im Verputz.

Die Basken gewöhnten sich allmählich an die unerwartete Anwesenheit eines Gastes in ihrem Hotel. Die Mutter sprach von Franco: »Sie können nie erraten, wie viele Flaschen Champagner wir hier getrunken haben in der Nacht seines Todes.«

Ihre Tochter bewunderte England. Warum? »Weil es sich ein Jahr lang allein gegen Hitler im Krieg behaupten konnte. Und weil es dort immer regnet. Dasselbe Wetter wie in Bilbao.« Sie war nie aus El Salvador herausgekommen, doch sie trug ein T-Shirt mit dem Aufdruck *Eúskadi*, dem baskischen Wort für Baskenland. Sie las viel über Europa. Die Eltern fragten mich, was ich mache, und ich sagte, ich sei Tourist. Ich konnte sehen, daß die Tochter mir nicht glaubte.

Ihre Mutter sprach von Barcelona, als *los rojos* es im Bürgerkrieg verteidigten. Ihre Freunde schienen jetzt der Rechten anzugehören, Geschäftsleute, Beamte. Die Basken waren Hotelbesitzer und gegen die *subversivos*. Die

Mutter sagte: »Als wir hierher kamen, haben wir nicht im Traum daran gedacht, daß Spanien ein sicheres Land werden würde.« Sie konnte nicht zurück. »Mein Leben ist jetzt hier.« Sie sagte es nicht, aber sie hatte, als sie Spanien verließ, wohl nicht im Traum daran gedacht, daß *los rojos* für sie einmal zu einer ähnlichen Bedrohung wie einst Franco werden würden.

Die Familie versicherte mir, es sei ungefährlich, abends auszugehen. Ich hatte von einem Kasino in Santa Ana gehört und war bereit, ein paar *colones* auszugeben. Die Straßen um die Plaza Mayor waren nur sehr spärlich beleuchtet. Endlich fand ich eine offene Bar und setzte mich hinein und schrieb in mein Notizbuch. Ich spürte vage, daß mich einige Männer am Nebentisch beobachteten. Das Bier, das ich nach dem Wein beim Abendessen getrunken hatte, machte mich ziemlich schläfrig. Ich machte mich auf den Heimweg über die Plaza in die vermutete Richtung des Hotels.

»*Venga! Venga!*« Vor der schwerbewachten Polizeistation an einer Seite der Plaza, die nun recht verlassen war, saßen die drei Männer aus der Bar hinten in einem Laster. Einer schnipste ungeduldig mit den Fingern. Sie waren in Zivil und fest davon überzeugt, daß ich ihnen gehorchen würde. Irgendwo in der Dunkelheit jenseits der Plaza ertönte ein einzelner Schuß. »Papiere«, sagten sie. »Wer sind Sie?« Etwas schien mit der spanischen Tradition der Höflichkeit passiert zu sein. Mir fiel ein, daß ich keine Papiere bei mir hatte.

»Sie sind nicht Mitglied der Presse?« sagte einer.

»Der *internationalen* Presse?« hakte ein zweiter nach. Sie fragten wieder nach meinen Papieren. Ich versuchte kooperativ auszusehen. In meiner Tasche befand sich eine schmale Plastikhülle. Ich zog sie heraus. Innen steckte das Nachweisformular für meine ausgestellten Reiseschecks. Es war zumindest gedruckt. Das Licht bei der Polizeistation war trüb. Ich reichte ihnen die Hülle mit den Worten, dies sei mein Ausweis. Einer begann das Papier sorgfältig zu prüfen.

»Nachts ist es hier herum gefährlich«, sagte ein anderer. »Es ist Ausgangssperre. Warum sind Sie auf der Straße? Wo wohnen Sie?«

Ich versuchte mich an den Namen des Hotels zu erinnern. Vergeblich.

»Wo ist es?«

Ich zeigte in eine Richtung, von der ich hoffte, es sei die richtige.

Der erste schwang die Hülle bedrohlich in der Hand. »Wenn das Ihr Ausweis ist, wo ist Ihr Name?« Ich guckte auf das Nachweisformular. Ah ja, mein Name. Er las ihn bedächtig vor. »Thomas ... Cook. Sehr wohl, Señor Cook muß sofort ins Hotel zurück.« Señor Cook benehme sich ausgesprochen töricht. Ich stimmte zu und zog in die falsche Richtung los. Sie riefen mich zurück. Sie mußten mir erst die richtige Richtung zeigen. Mein Benehmen hätte kaum auffälliger sein können.

Es fielen weitere Schüsse, als ich die Plaza verließ. Eine Reihe von Polizisten überholte mich. Sie hielten sich dicht an die Hauswände und überprüften ihre Gewehrkammern. Sie pirschten sich die Straße entlang, als wären sie im Dschungel. Hatte Paul Theroux das gemeint? Ihr Benehmen kam mir reichlich übertrieben vor. Dann ein blendender Lichtschein vorne. Ein Panzerfahrzeug war um die Ecke gefahren und bestrahlte jetzt eine Hauswand. Die Polizisten blieben stehen. Als ich rechts von mir einen erleuchteten Eingang sah, entschloß ich mich, dort Zuflucht zu suchen, schlüpfte hinein und fand mich glücklicherweise im ›Kasino‹. Ein Kellner trat vor, um mich zu begrüßen, alles war am Ende doch beruhigend normal. Am Ende eines langen Flurs konnte ich Palmen sehen, eine Bar, Männer in gutsitzenden Anzügen, die auf Hockern saßen, weitere Kellner. Irgendwo spielte Musik.

Dann lief auf einmal alles schief. Der mich begrüßende Kellner, wieder ein uralter Mann, begrüßte mich doch nicht so herzlich.

»Was wünschen Sie?« wollte er wissen.

»Einen Drink.«

»Aber nicht hier, *señor*. Dies ist ein Klub.«

»Dies *ist* doch das Kasino?«

»Ja, *señor*, das *Kasino*, ein Privatklub.« Er sah ganz betrübt aus. Ich hätte nicht durch die Tür eintreten dürfen. »Bitte, *señor*, Sie müssen gehen.« Draußen hatte die Schießerei von neuem eingesetzt.

»Natürlich«, sagte ich. Für wen hielt er mich denn? Das war ein Privatklub, genau wie in London. Regeln, Kellner, was die alte Tradition gebietet. Man betritt einen Privatklub nie ohne Einladung. Ich bemühte mich, den Kellner zu beruhigen; niemand hatte mein Hereinkommen bemerkt. Er sah so dankbar aus, als ich zurück ins Dunkel und in die Unsicherheit der Nacht trat.

Als ich zum Hotel zurückkam, sahen auch die Basken erleichtert aus. Sie hatten das Schießen gehört. »Höchst ungewöhnlich«, hieß es, während alles hinter mir wieder verriegelt wurde. In der Nacht schlief ich schlecht. Es war fürchterlich heiß, aber ich wollte nicht das Fenster öffnen. Und so endete der Tag, der inmitten der Kerzen und Hymnen der indianischen Heiligtümer begonnen hatte, in einem hermetisch verschlossenen Schlafzimmer mit dem Lärm von Militärlastwagen draußen, die dröhnend herunterschalteten, vereinzelten Rufen und, wenn kein andere Laut zu hören war, dem von laufenden Füßen.

Ich las später, daß vier Soldaten in jener Nacht durch *un ataque terrorista* getötet worden waren. Drei enthauptete Leichen waren entdeckt und später identifiziert worden. Drei weitere Tote waren ins Leichenschauhaus von Santa Ana gebracht und identifiziert worden.

Im Zoo

Liberale! Die Worte, die einem so vertraut
sind, nehmen einen alptraumhaften Sinn
in diesem Land an. Freiheit, Demokratie,
Patriotismus, Regierungsgewalt – sie alle
bekommen hier einen Beigeschmack von
Irrsinn und Mord.

Joseph Conrad, *Nostromo*

Der nächste Tag war ein Sonntag, und ich brauchte Geld;
ich wollte mit dem Bus nach San Salvador. Fünfzig us-Dol-
lar einzulösen ist gewöhnlich kein Problem in Lateinamerika, doch Santa Ana war so verarmt, daß keiner, den ich
fragte, ausreichend *colones* parat hatte. Schließlich fand ich
einen Taxifahrer mit vertrauenerweckendem Verhalten
und fauligem Mundgeruch. Er sagte, er könne mir aushel-
fen, doch er habe zuviel Angst vor der Polizei, um Geld auf
der Plaza zu wechseln. In Wahrheit hatte er nicht mehr
Geld als jeder andere. Dafür fuhr er mich betont langsam
durch die Sabbatruhe der Stadt. Gelegentlich wandte er mir
sein zuversichtlich lächelndes Gesicht zu und erläuterte mir
sein Vorhaben, wobei mich jedesmal der Fäulnisgestank
seines Zahnfleisches fast erstickte. Er versicherte mir, er
kenne einen Gentleman, einen *finquero*, einen Kaffeeplan-
tagenbesitzer, der sicherlich den betreffenden kleinen
Geldbetrag zur Hand hätte. Wir fuhren zu den Häusern
von verschiedenen *finqueros*, die allesamt den Taxifahrer
zwar wiedererkannten, mich aber mit tiefem Mißtrauen
beäugten. Sie stritten alle ab, Geld zuhause zu haben.

Beim letzten Versuch, es war das Haus eines Arztes, keines *finquero*, ließ man uns etwa fünfzehn Minuten auf der Straße stehen, die Illegalität unserer Unternehmung war nur allzu offenkundig. Dann wechselte der Arzt mit unbewegter Miene, höflich, unfreundlich mein Geld zu einem hübschen Schwarzmarktkurs, und ich war entlassen. Es war ein interessanter Blick auf das ausdruckslose Gesicht der herrschenden Klasse von El Salvador gewesen. Solche Männer, hieß es, beherrschten das Land, manipulierten die US-Botschaft, kassierten Geld in ihren Ämtern, billigten die Todesschwadronen, wie sie es schon immer getan hatten. Sie waren ruhig, wachsam, korrekt und – aus der Sicht eines Bittstellers an der Tür – nicht gerade beruhigend. Der Arzt war der unfreundlichste von ihnen gewesen.

Der Schnellbus nach San Salvador nahm sich selbst sehr wichtig. Die Fahrt unterschied sich gewaltig von derjenigen, die ich im letzten Jahre nach San Salvador gemacht hatte. Damals war ich in umgekehrte Richtung gereist, von Süden nach Norden, und von Honduras aus gestartet. Vor meiner Abreise suchte ich einen höheren Diplomaten in Tegucigalpa auf, der allgemein als Agent galt. Er empfing mich hinter seinem Schreibtisch sitzend. Die dicken Vorhänge in seinem Büro waren so arrangiert, daß seine Zimmerseite im Dunkeln blieb. Seine Besucher hingegen saßen vor freien Fenstern und boten den Heckenschützen, vor denen er sich augenscheinlich fürchtete, ein leichtes Ziel. Ich hatte ihn zu El Salvador befragt, und er hatte mir abgeraten, überhaupt dorthin zu fahren, vor allem nicht mit dem Bus. Die *Leute* seien brutal, sagte er, nicht die Institutionen. Die Leute seien viel gewalttätiger als die Honduraner. Sie glichen den

Guatemalteken. Vielleicht hänge das mit der Maya-Religion zusammen. Die Brutalität der Conquistadores habe das Menschenopfer abgelöst, danach hätten sie unter der strikten Herrschaft der Spanier gestanden. Die Salvadorianer seien sehr tatkräftig, anders als die passiven Honduraner. Sie seien ›die Juden von Zentralamerika‹, treibende Kraft und geschäftstüchtig. Die Probleme von El Salvador seien, sagt er mir, Probleme der Ernährung, nicht der Ideologie. Es seien nicht die Kubaner, die Probleme machten, es sei die Habgier der reichen Salvadorianer. Das Land werde von einer Oligarchie beherrscht. Er sagte auch, daß die Guerilla dazu neige, die Übergriffe der Rechten zu übertreiben, um den Kongreß zu ermutigen, die US-Hilfe einzustellen. Das würde sie in die Lage versetzen, die Wahlen zu gewinnen, die schließlich ihre Beteiligung an der Regierung mit sich bringen könnte. Die katholische Kirche in El Salvador sei ausgenutzt worden und wisse es.

Diese extrem freimütige Darlegung erweckte derart mein Interesse, daß ich schnurstracks zum Hotel ging, von dem der einzige Bus nach El Salvador abfuhr. ›Transportes El Salvador‹ stand auf dem Schild im Foyer des Hotels. ›Sicherheit, Komfort, Verläßlichkeit.‹ Dies war der richtige Slogan, um die Honduraner anzulocken, doch da es ein salvadorianischer Bus war, wäre folgender wohl zutreffender gewesen: ›Schnelligkeit, Ausweichmanöver und die Chance, mit dem Bus in die Luft zu fliegen.‹ Ich erinnere mich, daß ich bei der Abfahrt unseres Busses an jenem Vormittag ernsthaft bedauerte, kein Testament gemacht zu haben. Geschichten von den Gefahren auf dieser Straße spukten mir im Kopf herum. Der Bus war weiß und mit

›Turismo‹ gekennzeichnet. Das schien unnötig auffällig zu sein. Ich schaute mir die anderen Fahrgäste an und fühlte mich ruhiger. Höchst unwahrscheinlich, daß sie ihr Testament gemacht hatten.

Nach nur einer Stunde hielten wir für die Frühstückspause des Fahrers am Comedor El Ocotal. Das Lokal hatte einen schönen Garten, was ungewöhnlich für Zentralamerika war. Es gab eine Bewässerungsanlage und bemerkenswert hohe Bäume. Einige Gewächse hatten sogar ein Schildchen ›Nicht berühren‹. In Käfigen, die von Bäumen hingen, tummelten sich Sittiche, Papageien, Wellensittiche und ein Eichhörnchen. Unter ihnen saßen zahme Äffchen und zwei wilde Schäferhunde, die an lange Leinen gebunden waren. Gekocht wurde auf einem riesigen, runden, weißgekalkten Steinofen, den zwei Männer ständig mit Holz aus einem Schuppen versorgten.

Am frühen Nachmittag durchliefen wir die salvadorianische Zollabfertigung. Der Beamte, der uns den Einreisestempel verpaßte, wollte ein Bestechungsgeld, das zu bezahlen ich mich als einziger weigerte. Aus irgendeinem Grund wurde mein ungestempelter Paß übersehen, und ich betrachtete mein Entwischen als einen kleinen Triumph, bis mir einfiel, daß jeder, der meinen ungestempelten Paß sah, annehmen würde, ich wäre illegal in das Land eingereist, wie ein Guerillakämpfer.

Als wir eine Viertelstunde durch El Salvador gefahren waren, kamen wir an einer Gruppe von Männern vorbei, die am Straßenrand unter einem großen Baum standen. Sie trugen Zivil, waren jedoch alle bewaffnet. Einige hatten Maschinenpistolen, bei einem war der Gewehrlauf über der

Schulter viel breiter. Der größte von ihnen trug einen Cowboyhut. Bei ihrem Anblick bremste unser Fahrer scharf, doch sie hielten den Bus nicht an. Statt dessen blickten sie weiterhin an uns vorbei in die Richtung, aus der wir gekommen waren. Sie warteten auf etwas anderes. Mein Nachbar sah besorgt aus, als er sie sah, und nickte bloß müde auf meine Frage: »Guerillas?« Als wir über die nächste Brücke fuhren, schaute ich in den Fluß hinunter, wo eine Gruppe von Frauen badete. Sie waren nicht ausgezogen, wie es sonst bei den Bauern von El Salvador üblich ist, sondern wuschen sich in ihrer Kleidung. Ein Mädchen stand mit gespreizten Beinen da, die Sonne im Rücken, das Kleid klatschnaß, und spülte sich gemächlich die Haare aus, wobei sie zum Bus hochschaute. Es gab kein Dorf in der Nähe. Die Männer auf der Straße hatten bloß Wache für die sich waschenden Frauen gehalten.

Zur Fahrtechnik unseres Busfahrers gehörte es, sobald es die Straße erlaubte, loszurasen, was der Tacho hergab. Im Radio lief der Kommentar zu einem Fußballspiel der Weltmeisterschaft. Ungarn war gerade dabei, El Salvador mit 10:1 zu schlagen. An diesem Vormittag war die Kapitulation der argentinischen Streitkräfte auf den Falklands gemeldet worden. El Salvador hatte einmal wegen eines Fußballspiels einen Krieg angefangen. Kein günstiger Tag für einen Engländer, allein in einem salvadorianischen Bus zu fahren, ohne einen Einreisestempel im Paß zu haben.

Wir sahen keine weiteren Guerilleros mehr, und anscheinend machte sich unser Fahrer um nichts Sorgen, außer von der Armee angehalten zu werden. Ich bemerkte, wie sein Gesicht herunterfiel, als es das erste Mal passierte. Ein Zug von Soldaten, die nach Waffen Ausschau hielten, befahl uns auszusteigen, und die sieben mitfahrenden Männer mußten sich in einer Reihe gegen den Bus stellen, die Hände an die Scheiben gestemmt, während ein mürrischer junger Mann in Khaki uns durchsuchte. Dann wurden unsere Ausweise kontrolliert. Danach begannen die Soldaten unsere Brieftaschen und Hosentaschen zu durchforsten. Sie hielten nicht nur Ausschau nach Waffen – ein heftiger Kampf tobte zur Zeit etwa fünfzehn Kilometer nördlich dieser Straße – sondern auch nach Beweisen für linksgerichtete Sympathien. Als wir die Guerilla sahen, hatte ich den einzigen Besitz, über dessen Verlust ich traurig gewesen wäre, genommen und in meine Socke gesteckt. Ich wollte meinen Ring nicht ›der Volkssteuer‹ spenden. Als der Soldat meine Taschen ausleeren wollte, sagte man ihm, ich sei Ausländer. Das hielt ihn davon ab, zum Glück, denn ich hatte in meiner Brieftasche verschiedene Propaganda-Postkarten, die ich in Nicaragua gekauft hatte, herausgegeben von der *Frente Farabundo Martí Para La Liberación Nacional*, der FMLN, der wichtigsten salvadorianischen Guerillaorganisation.

Wir aßen in San Miguel, einer Stadt mit einer großen Kaserne. Es war schwer, die politischen Sympathien meiner Mitreisenden herauszufinden. Sie kamen mir ziemlich unpolitisch vor, falls das in El Salvador überhaupt möglich war. Die Soldaten auf der Straße machten sie sichtlich nervös, doch zu den Soldaten in San Miguel waren meine Mitreisenden recht freundlich. Sie hatten nicht überglücklich gewirkt, als sie die Guerilleros sahen.

Nach dem Essen erfuhr ich etwas über die Konventionen, wenn auch nicht über die politischen Meinungen in El Salvador. Unser Bus sprang nicht an. Wir mußten ihn deshalb rückwärts einen Hügel hinaufschieben. Sieben männliche Passagiere drückten dieses ziemlich schwere Fahrzeug den Hang hinauf, beobachtet von den fünfzehn Frauen, die im Bus saßen. In mancher Hinsicht bleibt die mittelamerikanische Gesellschaft sehr konservativ. Wenn Guerillakämpferinnen beim Waschen im Fluß ein Risiko auf sich nehmen, erwarten sie, daß sie bewacht werden, und wenn ein Bus eine Panne hat, sind es die männlichen Fahrgäste, die ihn anschieben. Die Frauen blieben auf ihren Plätzen, schauten interessiert herab und waren rasch mit kritischen Anmerkungen zur Hand. Es kam ihnen offensichtlich nicht in den Sinn, sich vielleicht, reizvoll gruppiert, am Straßenrand aufzustellen, aber es regnete ja. Endlich hatten wir Erfolg und gesellten uns wieder zu den Damen. Ich war erhitzt, naß und gereizt. Die Salvadorianer waren naß, erhitzt und erfüllt von ihrer Stärke. Auch wenn der Fahrer selbst nicht geschoben hatte, fühlte er sich doch durch den Triumph des Männlichen erhoben. Er fuhr noch rasanter. Je rasanter es ging, desto unbesorgter sah er aus. Nach jedem famosen Überholmanöver blickte er nach hinten zu seinen Fahrgästen, als erwarte er Applaus.

Am Spätnachmittag wurden wir nochmals von Soldaten angehalten. Ich hatte inzwischen die belastenden Postkarten aus meiner Brieftasche geholt und sie in ein Buch in meinem Koffer gesteckt. Das war genau richtig. Die zweite Gruppe von Soldaten war weit wißbegieriger als die erste. Als die Suche vorbei war, stellte ich fest, daß einer von ihnen das Innere des Busses einer Prüfung unterzogen, meine

Brieftasche im Koffer gefunden und ihren Inhalt auf meinem Sitz ausgeleert hatte. Zum Glück hatte er nicht meine Bücher durchsucht.

Als wir uns San Salvador näherten, verdichteten sich auf der Straße die Zeichen von stattgefundenen Kämpfen. Alle paar Kilometer sah man ausgebrannte Busse, Tanklastwagen und Bulldozer. Die Carretera Interamericana ist die einzige verläßliche Verbindung zwischen den verschiedenen Ländern auf dem Isthmus von Panama bis zu den Vereinigten Staaten. Und in dem Maße, wie die Regierung sich bemühte, die Überlandstraße aufzuwerten, machte die Guerilla ihre Anstrengungen zunichte. Es veranschaulichte das ureigenste Interesse der Rebellen an der Zerstörung und wie sehr es ihnen paßt, die Armen noch ärmer zu machen. Die Männer, denen die Busse gehörten, die brennend auf der Straße liegen blieben, besaßen oft nichts anderes. Die Fahrgäste, die auf diese Weise Angst vor einer Reise in ihre eigene Hauptstadt bekamen, mußten oft für das Busgeld sparen. Man konnte verstehen, wie man sich, wenn man zwischen diesen schwerwiegenden politischen Widersprüchen steckte, vielleicht mit einer friedlichen Lebensweise begnügte. »Wie schlecht mein Land doch ist«, sagte ein armer Mann, der sich verpflichtet fühlte, während der Militärkontrollen an meiner Seite zu stehen, und der mir womöglich das Leben gerettet hatte, als er die Soldaten davon abbrachte, meine Taschen zu durchsuchen. »Es tut mir leid.« Er war peinlich berührt, daß ich Unannehmlichkeiten hatte, während fünfzehn Kilometer weiter seine Landsleute regelrecht im Gefecht waren. »Diese Soldaten erwischen mich doch jede Woche«, sagte ein anderer, »sie erwischen aber nie einen Guerillakämpfer.« Ganz offensichtlich war keinem je in den Sinn gekommen, die Guerillapräsenz den nächsten Militäreinheiten zu melden. Sofern es möglich war, wollten sie nur ein normales Leben führen, und das hieß, sich aus Scherereien herauszuhalten. Selbst auf den am schlimmsten heimgesuchten Strecken an der Straße konnte man sehen, daß andere Salvadorianer dieselbe Entscheidung getroffen hatten. Bauern errichteten ohne Aufhebens wieder ihre abgebrannten Höfe. Ein Mann lag in einer indianischen Hängematte im Schatten seiner Veranda und hielt seinen Verdauungsschlaf. Und als wir an den Kriegsverwüstungen vorbeifuhren und um gefährliche Straßenhindernisse herummanövrierten und ich nervös die Guerillakompanien musterte, blieben meine Mitreisenden phlegmatisch. Im Laufe jenes heißen Nachmittags waren die stärksten Empfindungen, die sie zeigten, Spott und Entrüstung über das, was ihre Fußballmannschaft bot. Bei jedem ungarischen Tor jubelten sie. Als wir in San Salvador ankamen und ich mir ein Taxi zum Hotel nahm, sagte der Fahrer beim Anblick meines Busses nur: »War was auf der Straße los?« »Nichts«, sagte ich, »und was ist mit der Stadt?« »Friedlich«, antwortete er. Die Woche zuvor hatten Guerillakämpfer sich bis ins Zentrum von San Salvador vorgekämpft, dreiundvierzig Busse entführt und alle in die Luft gesprengt.

Auf dieser zweiten Busfahrt nach San Salvador passierte überhaupt nichts Ungewöhnliches. Wir fuhren am schwerbewachten Hauptquartier vorbei in die Stadt hinein, das, obwohl unweit vom Zentrum, häufig unter Beschuß gerät.

Am Busbahnhof fragte ich den Taxifahrer nach dem Hotel Camino Real. »¿*Como no?*« erwiderte er; ›warum nicht?‹, was mir als eine der irritierendsten Antworten im Spanischen vorkommt.

Das Hotel Camino Real ist Treffpunkt der internationalen Presse in El Salvador. Mein Schlafzimmerfenster bot einen schönen Ausblick auf einen ähnlich ruhigen und wohlhabenden Bezirk wie ein US-Vorort. Vor dem Hotel erstreckte sich eine vierspurige Autostraße. Zur Rechten gab es ein rotierendes ›Motel‹-Schild und Reklametafeln für Toyota, Pepsi-Cola, Marlboro, Smirnoff, nochmals für Toyota und McDonald's. Es gab mehrere moderne Betonbauten, einen Wasserturm, Kiefern, gelbe Taxis und einen Parkplatz mit ordentlichen weißen Linien und Pfeilen. Die Nationalflagge, blau, weiß, blau, ›Dios, Unión, Libertad‹, wehte über dem Parkplatz. Auf dem Bürgersteig entlang der Autostraße lief ein Jogger in Trainingsanzug und Baseballmütze im Zickzack. Ich bemerkte die birnenförmige Silhouette eines holländischen Reiseagenten, den ich zuletzt vor einem Jahr in Nicaragua gesehen hatte; er schlenderte in das Metrosur-Einkaufszentrum hinein. Und dann passierte ein unvorhergesehener Zwischenfall.

Vor der Bank am Rand des Einkaufszentrums sammelte sich ganz ruhig eine Menschenmenge an, um einem Streit zuzuschauen. Ein Mann in einem losen grauen Hemd versuchte einen schwarzhaarigen Mann in einem blauen, kurzärmeligen Hemd ›zurückzuhalten‹. Aus der Entfernung meines Fensters gesehen spielte sich nichts besonders Dramatisches ab. Der Mann im blauen Hemd mühte sich, seinen Arm frei zu bekommen, doch der andere wollte nicht loslassen. Nach einer Weile erschienen zwei weißbehelmte Sicherheitsposten der Bank. Der Mann im blauen Hemd wehrte sich noch kurz, schien dann aufzugeben, und wurde von ihnen abgeführt. Der Mann im grauen Hemd wandte sich der Menge der Käufer zu und gestikulierte. Anscheinend erklärte er ihnen, was vorgefallen war. Ich fragte mich, ob er ein Warenhausdetektiv war, der einen Ladendieb geschnappt hatte. Dann zog er eine langläufige Pistole unter seinem losen Hemd hervor und betrachtete sie. Er kam mir nicht mehr wie ein Warenhausdetektiv vor. Die Menge löste sich auf. Er verstaute die Waffe wieder in der Hose und ging davon. Ein kleinerer Mann begleitete ihn. Der Mann mit der Pistole zeigte sich beim Überqueren des verkehrsreichen Highways besorgt um die Sicherheit des Kleineren. Das Ganze erregte so wenig Aufsehen, daß die Fahrer am Taxistand direkt gegenüber es nicht einmal bemerkten.

Am nächsten Tag wachte ich um 8.30 Uhr auf und schaute aus dem Fenster. Wieder ein sonniger Tag, auch die Motelreklame rotierte noch. Es gab kaum Verkehr. Dann kam über die Autobahn ein Lautsprecherwagen heran, gefolgt von einer trabenden Mädchenklasse, die bald mehr spazierenzugehen schien. Der Zug erstreckte sich über einen Kilometer und brauchte eine Viertelstunde, bis er an meinem Fenster vorüber war. Ich beobachtete die Mädchen, während ich mein Frühstück aß. Sie waren hübsch und wohlgenährt. Sie zockelten kichernd dahin, manchmal Hand in Hand, manchmal in Trainingsanzügen und mit hübschen Stirnbändern, manchmal in ihren üblichen Schuluniformen. Hinter ihnen kamen die Ambulanz, ein reichlich deplaziert wirkender Polizeiwagen und eine endlose, im Schrittempo fahrende Autoschlange. Was könnte natürlicher, gesünder und unschuldiger sein?

Hinter den Mädchen lag auf dem Rasen vor der *Banco Financiero (más servicio por su dinero)* eine Leiche. Sie hatte schwarzes Haar und trug ein kurzärmeliges blaues Hemd. Vom Körper her glich der Tote dem Mann, der am Abend vorher verhaftet worden war. Einige Frauen, schick zurechtgemacht für die Arbeit, standen auf dem Bürgersteig, nicht zu nah, und blickten auf den Leichnam hinunter. Sie schauten immer wieder zurück zur Straße, und ich dachte, sie hielten nach der Ambulanz Ausschau, doch sie warteten nur auf den Bus. Sie wollten nicht zu spät zur Arbeit kommen. Als der Bus erschien, blieb niemand bei der Leiche. Nach etwa einer halben Stunde wurde sie abgeholt.

Ich machte einen Besuch bei W. H. J. Chippendale, dem britischen Honorarkonsul in El Salvador und einzigen Vertreter seiner Regierung im Lande, da sich die Botschaft 1980 aus Sicherheitsgründen nach Honduras zurückgezogen hatte. Ich fragte ihn wegen der verbliebenen zweihundert britischen Bürger in El Salvador. Er verbesserte mich. »Es gibt augenblicklich hier dreiundzwanzig Männer, vierunddreißig Frauen und zehn Kinder, und mir ist bekannt, wo sie sich alle aufhalten, weil wir seit kurzem Maßnahmen zur Evakuierung getroffen haben.« Ich erzählte ihm, daß der Mann von UPI gesagt hatte, das Leben in San Salvador sei fast normal. »Das hätten Sie vor zwei Nächten bestimmt nicht geglaubt«, sagte Mr. Chippendale. »Sie haben die Polizeistation angegriffen und die Kaserne, die gleich bei mir um die Ecke liegt. Es prasselte die ganze Nacht wie Regen auf mein Dach.

Letztes Jahr hatte ich die ganze Zeit einen britischen Studenten hier, so einen Rucksacktouristen. Er hatte seinen Paß irgendwo zwischen San Salvador und der guatemaltekischen Grenze verloren. Er hatte gesagt, er würde am Samstagvormittag im Büro vorbeischauen. Durch Lateinamerika mit nichts als dem Hemd auf'm Leib, die Sorte. Mitten auf der Straße hielt ein Mann einen Revolver aus dem Wagenfenster heraus und schoß ihm durch die Ohren. Bloß, weil er Ausländer war, vermutlich. Er war völlig unpolitisch. Ich steckte ihn ins Krankenhaus und am selben Tag dann noch in das Flugzeug nach den Staaten. Was dann mit ihm passiert ist, weiß ich nicht. Er war schwer verletzt.«

Mr. Chippendale war ein alter Mann, fünfundsiebzig. Die Wände seines Büros und der Treppenaufgang waren mit britischen Nationalfähnchen beklebt, und draußen im Vorzimmer war auch eins. Er war seit sechzehn Jahren vom diplomatischen Dienst pensioniert, doch das Klima von El Salvador hatte es ihm angetan. Er besaß ein gerahmtes Bild von sich mit Frau und Tochter, wie sie vor dem Buckingham-Palace stehen an dem Tag, an dem er seinen OBE* verliehen bekam. Das Farbposter mit der Königin, das vom britischen Fremdenverkehrsamt ausgegeben wird, paßte ebenfalls nicht so ganz hierher. Ich fragte mich, wie er wohl zu diesem Posten gekommen war.

»1979 haben sie die beiden Topmanager der Lloyds Bank entführt. Die Botschaft war der Meinung, die Lage würde

* Order of the British Empire, britischer Verdienstorden.

jetzt zu gefährlich, und stellte über Nacht ihre Tätigkeit ein.
Ich vertrat damals die Lloyds Schiffsagentur, und ich wollte
nicht weg, da hat man mich neu eingesetzt. Ich habe die
ganze Botschaft vertreten. Glaxo, Unilever und ICI* sind
alle gleichzeitig fort. Jetzt gibt es bloß noch mich und den
Burschen von der Bank. Vermutlich haben sie gemeint, so
ein altes Schlachtroß wie ich zählt nicht.« Kurz vor meinem
Besuch war sein Büro mit Maschinengewehrfeuer belegt
und das Fenster völlig zerschossen worden. Aus irgendeinem Grund bezeichnete er das als ›Fehler‹. Er sagte, inzwischen habe ›Ihre Königliche Majestät‹ ›neue Gardinen
herausgerückt‹. Meine Anwesenheit im Land verblüffte ihn
anscheinend völlig. Als er hörte, ich sei mit dem Bus gereist,
sah er sehr beunruhigt aus. »Sie wollen doch nicht Ihren Le-
sern den Schluß nahelegen, sie sollten die Straßen benutzen,
oder?« Er sagte, daß seit drei Jahren die Lage im Land wirklich schlimm sei und daß er den Leuten immerzu rate, ja
nicht herzukommen.

Später in der Woche verabschiedete die Nationalversammlung ein Amnestiegesetz für Guerillakämpfer, die
sich ergeben würden. Der Antrag war auf heftigen Widerstand der Rechtsparteien gestoßen. Bevor die Debatte los-
ging, hatte eine zweistündige erregte Diskussion darüber
stattgefunden, ob es einen Nationalfeiertag der Bibliothe-
kare geben sollte oder nicht. Nachdem entschieden war,
daß es ihn geben *sollte*, folgte eine noch erregtere Diskussion über das Datum. Schließlich entschied sich die Nationalversammlung für den 25. Mai. Zuvor hatte sie sich

---

* Imperial Chemical Industries, größter britischer Chemiekonzern.

damit befaßt, ob man dem ›Señorita-El-Salvador‹-Wettbewerb Steuerfreiheit zubilligen sollte oder nicht. Man stimmte dafür.

Manchmal gehen die Nationalfeiertage seltsame Verbindungen ein. Da ist zum Beispiel die Nähe des Muttertags zum Tag des Soldaten. ›Dank Dir, salvadorianischer Soldat!‹ hieß es in einem Zeitungsinserat von der staatlichen Pipeline-Behörde, daneben gab es Bilder von Bombern, Tanks und von Soldaten, die Stacheldraht elektrisch aufluden. Auf der nächsten Zeitungsseite werden Ventilatoren, Armbanduhren und Möbel angepriesen ›für Muttis Tag‹. Wenn man sich seine Informationen über El Salvador allein aus seinen Zeitungen holte, würde man ein seltsames, vielleicht aber ganz zutreffendes Bild von diesem Land haben. Es ist ein Land mit ausgeprägten Beziehungen zu den USA. Einpeitscherinnen in Phantasieröckchen und Pompons eröffnen die nationalen Studenten-Spiele. Mrs. Kirkpatricks Vorschlag, das Militärregime in Argentinien sollte eine Regierungsform nach dem Beispiel von El Salvador anstreben, wurde beifällig in der Presse vermerkt. Dann wird die Illusion kleinbürgerlicher US-Mentalität durch eine einzige Schlagzeile zerstört: »Ein Bus auf der Straße nach Sensuntepeque kippte um und tötete Señora Anselma Martínez de Cornejo. Der Busfahrer wurde verletzt.« Das Photo zeigt den Bus im Graben, daneben liegt in einer Blutlache la Señora. Auf der Straße kniet trauernd eine jüngere Frau; über ihre Schulter beugen sich neugierig einige Kinder. Die Zeitungen sind voll mit Großaufnahmen, aber man weiß nie, bevor man die Bildunterschriften gelesen hat, ob die Photographierten wegen bewaffneten Raubs gesucht werden oder gerade ihre Buchhalterprüfung bestanden haben oder in der Nacht verschleppt worden sind, um nie wieder gesehen zu werden.

Das Hotel Camino Real entfaltete große Betriebsamkeit bei Empfängen und Tee-Partys. Es galt als schick, dort zu feiern. Die Anlässe wurden dann in den Gesellschaftsspalten der Tagespresse erwähnt. Während meines Aufenthalts in diesem Hotel gab es eine Tee-Party, um das ›unvergeßliche Datum‹ von Señorita Anas fünfzehntem Geburtstag zu feiern, auch die Vorläufe für den ›Señorita-El-Salvador‹-Wettbewerb fanden dort statt, dazu mehrere Gesellschaften, um El Día de la Madre zu begehen und ein kleines Fest für die Verlobung von Señorita Regina. Die Gäste, die zu diesen Partys kamen, sahen für mich praktisch alle gleich aus. Ich saß normalerweise in der Bar und brütete über dem Notizbuch, und auf einmal war der Raum voll mit kleinen rundlichen Frauen, die fast so knusprig opulent aussahen wie das Konfekt, das sie sich gegenseitig anboten. Unvergeßlich waren die Partys, die organisiert waren ›*con motivo de la próxima visita de la cigüeña*‹, Partys zum Überreichen der Geschenke für das Baby! Alle Gäste sahen wie Komparsen in einem spanischen *Dallas* aus. Hier waren sie wieder, la Doña Vilma, la Señora Romero, etc. mit ihren als Geschenk verpackten Gaben, mit den schönen Kleidern, dem glänzenden Haar, dem perlenden Lachen und den Rehaugen; und keine dieser Frauen schien zu ahnen, daß sich ›Widriges‹ im eigenen Land abspielte. Niemand sprach vom ›Krieg‹. Das war irgendwo anders, in einem fernen Landesteil, wenn denn irgendein Teil eines so kleinen Landes als fern bezeichnet werden konnte. Der ›Krieg‹ war in der Morazán-Provinz, das ist im äußersten Nordosten des Landes, ungefähr hundert Kilometer von der Stadt entfernt. Oder der Krieg war in Chalatenenango, das ist an der nördlichen Grenze zu Honduras, das sind fünfundvierzig Kilometer auf der Straße, die zu der Grenze führt.

Diese Partybesucherinnen, die von ihren Schwangerschaften in Anspruch genommen waren, ihren Frisuren, ihrer Kleidung und all dem Trivialen in friedlicher Zeit, waren wohlhabende Leute, deren Interessen durch die Rechtsregierung und die nordamerikanischen Beziehungen gut vertreten waren. Waren sie nun verantwortlich oder tapfer? Das war Sache der Propaganda: Dünkirchen-Mentalität oder bourgeoiser Egoismus. Diese schönen, eleganten Geschöpfe, die Töchter des neuen Mittelstands, waren diejenigen, die im Belagerungszustand zurückgeblieben waren, um Geld zu machen, und die in die alte Oligarchie aufsteigen wollten.

Einmal ging ich in die Militärakademie zu einer Truppenschau. Es war ein ungewöhnlich heißer Tag, und eine begeisterte Menge stand dort, um sich die Jahresparade der Absolventen dieses Sandhursts von Zentralamerika anzuschauen. Die Baby-Clique war in großer Zahl anwesend. Vor der Parade bat der Militärseelsorger um Gottes Schutz für die tapferen jungen Männer vor ihm, die bereit waren, für ihr Land zu sterben. Zwischen dem Geistlichen und den offiziellen Gästen hielt sich die buntzusammengewürfelte Schar der internationalen Presse auf, die sich um die besten Plätze riß und ehrfurchtslos und unaufmerksam das Bittgebet ignorierte, ohne zu merken, daß der Segen des Allmächtigen auf diesen besonderen Paradeplatz herabgefleht

wurde. Ich schaute mir die offiziellen Gäste an: kein beruhigender Anblick. Versammelt waren in voller Uniform die
ergrauten Ränge der militärisch-politischen Elite, die die
Wirtschaft und die Rüstungsgeschäfte beherrschten und
den Todesschwadronen von El Salvador Arbeit gaben. Die
Nationalhymne erklang, was das Pressecorps nicht am
Weiterplaudern hinderte. Die salvadorianische Hymne ist
eine Qual. Sie hört und hört nicht auf, nähert sich dem
Ende, schwingt sich dann wieder und wieder auf, wobei sie
dem einzelnen Sänger wahre Arienpartien abverlangt. Die
Baby-Clique in makellosen Seidenkleidern legte die molligen Hände in amerikanischem Zivilgruß auf mollige Busen.
Der angemalte Rosenknospenmund öffnete und schloß
sich in wortloser Übereinstimmung mit dem Text, während die Kadetten durch die Hitze vom Sportplatz her die
Hymne grölten. Und die Presse plauschte weiter. Die
Baby-Clique sah peinlich berührt aus; sie wußte, El Salvador war ein kleines Land, sie wußte, das war keine mitrei
ßende Melodie. Sie war aber auch peinlich berührt wegen
der Unhöflichkeit ihrer ›Gäste‹, sie hatte das Gefühl, daß sie
diese Gruppe von Ausländern immer noch als solche
bezeichnen mußte. Dann war die Hymne endlich zu Ende,
die Parade begann, und die Ehre wurde wiederhergestellt,
als die Baby-Clique die Reihen durchbrach, den Standort
des Pressecorps überrannte und freudejauchzend an den
schwerbewaffneten Truppen, die am Rande der Parade
standen, vorbeistürmte, um Kußhände und Rosen auf ihre
Favoriten zu werfen.

Ich erkundigte mich wegen der unbekümmerten Unschuld dieser Frauen bei einem Nordamerikaner, der in El

Salvador aufgewachsen war. Er sagte, sie sei genau so, wie sie scheine. Frauen und Kinder würden im ungewissen gelassen. Er sei zu seiner früheren Pfarrkirche zurückgegangen und habe mit einigen von ihnen gesprochen. Er habe die Kinder über die Gefahren in ihrem Leben ausgefragt. Sie seien überrascht gewesen. Als die Angriffe der Guerilla in der Stadt am ärgsten waren, seien sie abends für ein paar Monate nicht ausgegangen. Sie wurden immer von der Schule abgeholt. Sie waren von den Ereignissen um sie herum so gut abgeschirmt, daß sie keine Angst hatten. Doch meinem Freund fiel während seines Besuchs auch auf, daß seine frühere Pfarrkirche jetzt halbleer war. Sie befand sich in einem reichen Bezirk. Man erzählte ihm, daß eines Tages einer der jungen dort tätigen Priester mit Guerilla-Literatur ertappt worden war. Daraufhin seien die reichen Gemeindemitglieder nicht mehr gekommen, da sie nicht länger das Gefühl hatten, dies sei ihre Kirche.

Die Stellung der extremen Rechten in El Salvador ist nicht so eindeutig, wie sie auf den ersten Blick erscheinen mag. Sie sind zum Beispiel nicht in einem direkten Bündnis mit Washington gegen die kommunistische Guerillabewegung. Als Rechte sind sie in der Tat überzeugte Nationalisten, und als Nationalisten sind sie leidenschaftlich gegen die Gringos. Roberto d'Aubuisson, der Führer der rechtsradikalen ARENA*, hielt im letzten Wahlkampf eine Reihe heftiger antiamerikanischer Reden und wurde sogar vom US-Botschafter des versuchten Mordanschlags auf ihn beschuldigt.

* ARENA bedeutet Alianza Republicana Nacionalista.

D'Aubuisson oder ›Lötlampen-Bob‹ (so genannt nach seinem bevorzugten Folterinstrument) ist ein Exzentriker. Einmal hatte ihm eine taktlose Französin gesagt, daß man ihn in Frankreich als psychopathischen Killer betrachte. Worauf er sagte: »Killer, ja. Psychopathisch, nein. Ich bewahre immer einen klaren Kopf.« Doch Exzentriker oder nicht, sein Antiamerikanismus ist echt. Er ist einer der politischen Urinstinkte Lateinamerikas. Das macht die Aufgabe der US-Diplomatie nicht gerade leichter.

In El Salvador ist der Mann, der für die Ausbildung der Fähnriche zu richtigen Offizieren der Infanterie verantwortlich zeichnet, der ›westliche Beobachter‹ der Korrespondentenberichte, Befehlshaber der US-Militärmission in El Salvador. Er war ein muskulöser, lautstarker Oberst, der inoffiziell die wöchentliche Lagebesprechung für das ausländische Pressecorps leitete. Sie fand im stark gesicherten Kellergeschoß der US-Botschaft statt, einem komfortabel eingerichteten Raum. Der schwere Teppich und die Sessel, in die man versank, lenkten die Aufmerksamkeit von den vergitterten Fenstern und der Sprengschutzmauer ab, die nur wenig Tageslicht zuließ. Als ich der Besprechung des Obersten beiwohnte, waren dreiundzwanzig Journalisten anwesend, darunter sechs Frauen. In El Salvador gab es keinen Mangel an Reporterinnen, und die meisten von ihnen schienen die merkwürdige Militärdiktion schneller zu verstehen als ich.

Der Oberst steckte sich eine Zigarre an, rückte die Hornbrille zurecht, lehnte sich zurück, schlug die Beine übereinander und enthüllte seine eleganten hohen Wildlederstiefel, die er unter seiner hautengen Hose trug. »Die

Honduraner haben letzte Woche an die vierzig Gs getötet«, sagte er. Gs? Ah ja, klar doch, ›guerrillas‹, ›guerrilleros‹; in diesem Raum einfach ›Gs‹. »Wie sind die Gs gestorben?« fragte eine meiner nordamerikanischen Kolleginnen. »Wie die Gs eben immer sterben«, antwortete der Oberst darauf. »Gs sterben, indem sie feste Stellungen zu verteidigen suchen. So ist auch Che Guevara gestorben.«

Das war ein aufschlußreiches Beispiel. Bevor der Oberst erschien, hatten mir zwei nordamerikanische Kolleginnen berichtet, daß er *persönlich verantwortlich* gewesen sei für Che Guevaras Tod – der, so die romantische Legende, im bolivianischen Dschungel im Gewehrfeuer umgekommen ist. Es gibt keinerlei Anhaltspunkt dafür, doch als meine Kolleginnen dieses Gerücht wiederholten, schienen sie mir ein wenig erhitzt und atemlos zu sein. Mm! Der Oberst fuhr in seiner betörenden Aufzählung fort.

»In San Vincente hat es einen nächtlichen Angriff gegeben. Einheiten der Armee haben am Sonntag fünfzehn Gs bei einer Straßensperre getötet. Die neue Luftlandekompanie, die wir vor drei Monaten ausgebildet haben, bekam ihre ersten Abschüsse. Da die Einheit noch ganz unerfahren war, war das für sie eine günstige Gelegenheit, die Feuertaufe zu bestehen. Sie haben es gut gemacht.«

Die Vorstellung des Obersten von einer Pressekonferenz war es, die salvadorianische Armee in gutem Licht zu zeigen. Da es die Armee häufig vorzog, ihr Können an unbewaffneten Zivilisten zu demonstrieren statt an schwer bewaffneten Gs, war die Aufgabe des Oberst nicht einfach. Sie wurde auch nicht durch seine Zuhörerschaft erleichtert, die vorwiegend aus Nordamerikanern bestand und die eine erstaunlich direkte Fragemethode anwandten.

In der Woche zuvor hatten die Gs eine Grenzstation angegriffen und zerstört, wobei sie die Brücke, über die die Carretera Interamericana lief, in die Luft sprengten. Ob der Oberst gehörte habe, daß viele der Soldaten, die eigentlich die Brücke hätten bewachen sollen, zu der Zeit abwesend waren und an einer Feier für den ›Tag des Soldaten‹ teilnahmen? Ja, der Oberst hatte dieses Gerücht gehört. Sei das richtig? Das könne er nicht sagen. Warum seien zwei große amerikanische Kriegsschiffe im salvadorianischen Hafen La Libertad vor Anker gegangen? »Sie haben einen weiblichen Marineleutnant, der an akuter Blinddarmentzündung litt, an Land gebracht.« Diese Erklärung erregte Heiterkeit. Hatten sie auch eine Überwachungsmission an der nicaraguanischen Küste? Der Oberst enthielt sich einer Antwort.

Die Aufgabe des Obersten wurde noch zusätzlich erschwert, weil er an zwei Fronten unter Beschuß stand. Die Mehrheit seiner Zuhörer verkörperte die liberale Meinung Nordamerikas. Sie wollte aufzeigen, daß die Armee nahe daran war, den Krieg zu verlieren und daß es an der Zeit war, mit der Guerilla zu verhandeln. Ebenfalls anwesend war aber Señor Mario Rosenthal, Herausgeber der englischsprachigen Wochenzeitung *El Salvador News Gazette*. Señor Rosenthal ist ein Mann von rechter Gesinnung, extrem rechts selbst nach salvadorianischen Begriffen. Er spricht Englisch mit der Geschwindigkeit, Gewandtheit und dem Akzent eines Mannes aus der Bronx. Er wollte aufzeigen, daß die Armee nahe daran war, den Krieg zu verlieren *und daß es an der Zeit war für verstärkte amerikani-sche Militärhilfe.* »Die amerikanische Militärmission in El Salvador ist nicht ausreichend«, sagte Rosenthal. »Ich bin abgesichert mit fünfundfünfzig Mann«, sagte der Oberst. »Warum waren Sie dann im letzten Monat bis auf sieben-unddreißig runter?« grollte Rosenthal. »*Wenn* ich über-haupt auf siebenunddreißig runter war, dann weil ich eben nichts zu tun hatte«, grollte der Oberst.

Rosenthal strahlte triumphierend und schaute beifallhei-schend im Raum herum. Vergeblich. Privat hätten der Oberst und Rosenthal vielleicht übereingestimmt, daß die Gs nie besiegt werden würden, bevor nicht die USA die 82. Airborne-Truppe schickte, die in drei Monaten gründlich im Land aufräumen würde. Doch nicht einmal Präsident Reagan schlug diese Maßnahme vor. Bis dahin mußte der Oberst seine Zeit damit verbringen vorzugeben, daß er be-geistert von einer Armee war, die keinen Kampfwillen hatte. Und Señor Rosenthal mußte aus Gründen des Na-tionalstolzes vorgeben, daß mit nur wenigen zusätzlichen Beratern, Flugzeugen oder Waffen die salvadorianische Armee in der Lage sei, die Probleme in El Salvador zu lösen.

Daneben war ein Europäer anwesend, der als Transport-beauftragter für eine der Fernsehgesellschaften fungierte. Es überraschte mich, ihn dort zu sehen, da er kein Journalist war. Während der Pressekonferenz starrte er nervös auf den muskulösen, behaarten Oberst. Er sah ganz erschreckt aus, wenn einer der Reporter dem Obersten widersprach oder bei einem Punkt nachhakte, dem jener ausweichen wollte. Ich fragte mich, warum er zu dieser Konferenz ge-kommen war, die in dieser regelrechten Festung abgehalten wurde, und warum er so nervös aussah. Ich fragte mich, ob er ›Idealist‹ sei. Später ging ich mit ihm essen und kam dabei zu dem Schluß, daß er wohl tatsächlich sowas wie ein Idealist war. Ich spielte mit dem Gedanken, zu ihm zu sagen: »Ich kenne Ihr Geheimnis«, nur um seine Reaktion zu sehen, überlegte es mir dann aber doch anders. Seine Rolle war auch nicht reines Honiglecken.

Drei Wochen später wurde der Stellvertreter des Obersten, Oberstleutnant Albert Shaufelberger, erschossen, als er in seinem Auto saß und vor der katholischen Universität auf einen Freund wartete. Er hätte eigentlich in seinem kugelsicheren Auto geschützt sein sollen, doch aus irgendeinem Grund funktionierte die Klimaanlage an dem Tag nicht, so daß er das Fenster heruntergedreht hatte. Vier Wochen danach wurde einer der Reporter auf jener Pressekonferenz, Dial Torgersen von der *Los Angeles Times*, ebenfalls getötet. Er war auf der Suche nach einer Story an der Grenze zwischen Honduras und Nicaragua, als sein Auto über eine Mine fuhr, wahrscheinlich von einem der nicaraguanischen Aufständischen gelegt, die von einem Kollegen Shaufelbergers ausgebildet wurden. Einige Monate darauf wurde ein zweiter der anwesenden Reporter, Susan Morgan vom *Observer*, während einer Pressekonferenz des Anführers jener nicaraguanischen Aufständischen, die nicht von der CIA unterstützt wurden, durch eine Bombenexplosion schwer verletzt. Es sollte noch einige Monate dauern, bevor man entdeckte, daß die Militärmission des Obersten in den drei letzten Jahren unwissentlich salvadorianische Guerillakämpfer ausgebildet hatte.

Ich besuchte María Julia Hernandes, die für das erzbischöfliche Komitee für Gerechtigkeit und Frieden arbeitet, ein Rechtshilfebüro, das all die Greueltaten festhält, die von den Todesschwadronen und der Guerilla verübt werden, und das sich bemüht, verschwundene Personen aufzuspüren. Es ist eine der führenden Bürgerrechtsorganisationen im Land. Im Wartezimmer saßen nur Frauen. Sie sahen erschöpft, abgestumpft, verängstigt oder gramgebeugt aus. In diesem Raum suchten Frauen aus ganz El Salvador Zuflucht, nachdem ihre Männer verschwunden waren. Eine stillende Mutter saß zusammengesunken und vom Schlaf übermannt da, das Baby auf dem Knie, sein Gesichtchen war noch im Schlummer an die Brust gepreßt.

Eine andere Frau, den Tränen nahe, hatte tiefe Furchen im Gesicht. Mehrere hatten Nahrungsvorräte bei sich, einen Sack mit Getreide oder Reis. Wieder andere schienen noch ärmer, noch müder, noch hungriger zu sein. Sie hatten schon so lange gewartet und würden auch weiterhin warten, bis eine Leiche aufgefunden wurde und ihnen die Hoffnung nahm. Andere Frauen waren jedesmal verzweifelt oder aufgebracht, wenn nicht ihr Name aufgerufen wurde. Sie hatten die fürchterliche Angespanntheit von Menschen, die wissen, daß sie geduldig und ruhig sein müssen, wenn sie der eigenen Sache nicht schaden wollen.

Das Komitee befindet sich im erzbischöflichen Palais. Es ist unbewacht, niemand dort hat eine Waffe, aber es ist eine der wenigen öffentlichen Demonstrationen von Opposition gegen die Todesschwadronen, die überall in El Salvador operieren. Die Zahlen für die politischen Morde in der Woche, die neueste Zahl zur Zeit meines Besuchs (1984) war 253, werden dort zusammengetragen, an die US-Botschaft weitergegeben und dann in der Welt verbreitet. María Julia Hernandes arbeitet in einem kleinen Büro auf dem Stockwerk über dem Wartezimmer. Die von ihr veröffentlichte wöchentliche Summe der Opfer stützt sich auf so viele Einzelheiten wie möglich: Name, Alter, Adresse, Beruf, Datum und Ort der Verhaftung oder Gefangennahme, Name des Festnehmenden (falls bekannt), Umstände der Verhaftung, eingelegtes Rechtsmittel, Größe der Familie, Ort der Haft.

So steht unter der Rubrik *Denuncias de Captura* (Festnahmen) ›Fall Nummer 54, José Daniel Pérez Hernández, achtzehn Jahre alt, aus San Salvador, ledig, Tagelöhner, am 10. März 1983 gewaltsam von Uniformierten aus seinem Haus geholt, die Habeas-Corpus-Akte angestrebt, zwei Brüder, Gefängnis unbekannt‹. Señor Pérez Hernández war wahrscheinlich tot. Mit Sicherheit tot war Fall Nummer 8 unter der Überschrift *Opfer politischer Gewalt*: ›Name unbekannt, etwa dreißig Jahre alt, Beruf unbekannt, starb am 1. März 1983 an Schießwunden, zwei Füllungen im Oberkiefer, blaue Hose, Gewicht 75 kg, 1,60 Meter groß, dünner Schnurrbart, dunkelhäutig, in San Luis aufgefunden, dafür verantwortlich: nicht identifizierte paramilitärische Gruppe‹.

Señora Hernandes verbrachte ihre Zeit damit, solche Listen zusammenzustellen und die Frauen im Wartezimmer zu befragen. »Die Menschen kommen in diesen Raum, um zu weinen«, sagte sie. »Jeden Tag.« Dann zeigte sie mir ein Verfahren, mit dem sie ihnen helfen konnte: die Photos von unbekannten Opfern. Leichen, halb ausgezogen, die im

Straßengraben lagen und identifiziert werden mußten. Danach zeigte sie mir Aufnahmen von enthaupteten Leichen, die man in der letzten Woche in San Salvador gefunden hatte. Alle ihre Besucher bekamen diese Bilder zu sehen.

Sie war eine lebhafte, umgänglich wirkende Frau um die fünfundvierzig, die Sorte, die man normalerweise bei freiwilliger Gemeindearbeit antrifft, warmherzig, einst unbeschwert, jetzt mit schriller Stimme argumentierend, und offensichtlich lebte sie nicht mehr dort, ›wo man sich zum Narren halten läßt‹, doch auch sie war für eine Baby-Party im Camino Real angezogen. Ich stellte ihr zwei Fragen. Ob sie keine Angst vor einer kommunistischen Regierung habe? »Die Vereinigten Staaten stützen die Regierung, die wir momentan hier haben. Statt diesen Zustand weiterhin zu ertragen, würde ich lieber etwas anderes erleben.« Wer denn die Todesschwadronen organisiere? »Unsere Regierung braucht die Todesschwadronen. Sie muß das Volk in Angst und Schrecken halten.« Seit 1980 sind mindestens drei Bürgerrechtsarbeiterinnen in ähnlichen Positionen umgebracht oder entführt worden. Sie hießen Marianela García Villas, María Magdalena Henriques und América Fernando Perdomo.

Ich hatte gehört, daß im Zoo ein Engländer arbeitete, und so nahm ich ein Taxi dorthin. Unterwegs hielt ich für einen Kaffee an. Die Gesprächseröffnung des Kellners war direkt.

»Sind Sie von auswärts«, sagte er, »oder hier ansässig?«

»Ich bin von auswärts.«

»Das hab ich mir gedacht. Ihr Betragen ist *recto*, und Ihre Charakterstärke strahlt aus Ihrem Gesicht.«

»Vielen Dank.«

»Sind Sie zufällig Schweizer? Wir Kellner haben darüber gesprochen und sind zu diesem Schluß gekommen.«

»Nein. Ich bin Engländer.«

»Engländer! Hurensohn! Ich hätte Sie niemals für einen Engländer aus England gehalten.«

»Warum nicht?«

»Sie sind zu höflich. Hier in El Salvador haben wir die Erfahrung gemacht, daß die aus England *brusco* sind.« Wir lächelten einander mit ausgesuchter Freundlichkeit an, und ich stellte mich seelisch darauf ein, ein Trinkgeld zu geben, wie es sich für einen Auswärtigen von meinem Betragen gehörte.

Als ich zum Zoo kam, war er geschlossen. Selbstverständlich standen auch Philippe und Manuela davor. Ich hatte sie seit einer Zufallsbegegnung am Hauptpostamt in Guatemala City, wo sie versucht hatten, Briefe aufzugeben, ohne für die Briefmarken zu zahlen, nicht mehr gesehen. Wenn man wissen wollte, an welchem Tag der Zoo geschlossen hatte, wäre die einfachste Methode gewesen, Philippe zu fragen, an welchem Tag er ihn besuchen wollte. An diesem Tag war er nur für pädagogische Besuche von Schulgruppen geöffnet, aber ich zeigte meinen Brief vom Verteidigungsministerium (»*Señores Comandantes y Jefes de Cuerpos Militares Presente* . . .«) und bat, mich zum Engländer vorzulassen. Ich bemühte mich, meinem Auftreten einen Anflug von *brusco* zu verleihen, was auch zum Erfolg führte.

Mein erster Eindruck von einem geschlossenen Zoo war, daß eine alarmierend große Zahl von Tieren anscheinend frei – und nicht im Käfig – herumlaufen durfte. Ein Käfig mit prachtvollen schwarzen Panthern war immerhin gesichert. Dann merkte ich, daß die herumstreunenden Tiere Enten waren. Ein Führer brachte mich auf leeren Spazierwegen, wo sich nur ein Grüppchen von Schulmädchen tummelte, zum Schlangenhaus. Er setzte mich am Hintereingang des Gebäudes ab, schüttelte dann meine Hand und verschwand. Er sagte, der Schlangenbetreuer sei irgendwo da drin. Ich blickte einen Gang entlang, an dem sich die rückwärtigen Türen der Schlangenkäfige befanden. Am anderen Ende des Gangs konnte ich eine schmächtige Gestalt erkennen, die mit dem Kopf und einem Arm in einer offenen Behausung steckte. Dies war der Kurator für Reptilien. Er war zu weit weg, um mich zu hören, deshalb ging ich den Gang entlang an den Sperrholztüren vorbei, von denen mehrere offenstanden. Ich entschied mich gegen einen Blick in ihr Inneres. »Oh«, sagte er schließlich. »Sie sind Engländer? Wie haben Sie mich gefunden? Über was möchten Sie reden? Über meine Arbeit? Das Leben? Den Atomkrieg?«

Der Kurator für Reptilien war ein schlanker Mann, glatzköpfig, bebrillt und zerstreut. Er schloß noch weitere Käfige auf. Soweit ich das beurteilen konnte, stand ich mitten im Schlangenhaus, wobei sechs Giftschlangen zwischen mir und der Tür waren, und hatte mich in eines der unbehaglichsten Gespräche eingelassen, an das ich mich erinnern konnte. Da alle Türen offen standen, war es dem Kurator und mir möglich, durch die Schlangenbehälter und die

Glaswand an der Vorderseite hindurch auf den Weg zu schauen, von dem aus das Publikum die Schlangen betrachtete. Die Gruppe von Schulmädchen hatte sich nun auf diesem Weg eingefunden. Sie schienen überrascht zu sein, hinter den Schlangen zwei Gringos in ernsthaftem Gespräch zu erblicken.

Der Kurator begann über die Schlangen zu reden. Es gab da eine Klapperschlange, eine Wassermokassinschlange, eine Kobra, eine Boa Constrictor, eine Korallenschlange und eine nachtaktive Schlange, die verärgert schien, daß sie aufgeweckt worden war. Der Kurator war außergewöhnlich geschickt. Er demonstrierte, wie schnell diese nachtaktive Schlange in ihren Bewegungen war. »Oh, *bist* du ein Dummerchen. Was für ein Dummerchen«, sagte er, als die Schlange immer wieder nur wenige Zentimeter von seinem Gesicht und seiner Hand entfernt die Giftzähne einschlug. »Hör sofort damit auf«, sagte er. »Du bist wirklich sehr dumm.« Er zuckte überhaupt nicht zurück. Ich bemerkte, wie die Verblüffung eines Schulmädchens zu Bestürzung wurde. Wir gingen zur Klapperschlange, die mir riesig vorkam. Sie lag dicht an der offenen Tür und machte ein höchst unangenehmes Geräusch. Sie rasselte. Als wir gerade ihren Käfig erreichten, schnellte etwas heraus, fegte gegen das Hemd des Kurators und fiel dann auf den Boden. »Du meine Güte«, sagte er, »was ist denn das? Oh, ein kleiner *geco*.« Die Eidechse erholte sich und schoß unter den Käfig. Im nächsten Augenblick kreischten die Schulmädchen hysterisch auf. Sie war ihnen geradewegs zwischen die Beine gehuscht. Sie waren überzeugt, daß eine junge Klapperschlange sie angreifen wollte. »Niñas! Niñas!« flötete mein

Begleiter. »Sie tut euch nichts.« Das hatte keinerlei Wirkung auf die Mädchen, die allmählich glaubten, zwei Verrückte seien auf freiem Fuß und bei den Schlangen gelandet.

Als wir zu der Boa Constrictor kamen, nahm der Kurator sie aus dem Käfig und schlang sie sich um Kopf und Schultern. Er zeigte mir etwas Schorf an ihrem Maul, der noch von der letzten Häutung übrig geblieben war. Um die Wunde klebte getrocknetes Blut. »Das könnten Ratten gewesen sein«, sagte er, »aber vermutlich doch Schorf. Ich habe Listerine drauf getan.« Besonders stolz war er auf eine andere Schlange, die er in El Salvador entdeckt und als obskure Verwandte der Wassermokassinschlange ausgemacht hatte. Er sagte, sie sei sehr selten, und der Londoner Zoo habe gebeten, er möge sie ihm zuschicken, ein Vorschlag, den er abgelehnt habe. »Das konnte ich wirklich nicht tun«, erklärte er. Er hob die Schlange hoch und fragte mich, ob ich sie halten wollte. Ich erinnerte mich, daß die Wassermokassinschlange in den Sümpfen von Florida weit gefürchteter ist als der Alligator, und lehnte ab. »Nein? Nicht viele gehen auf mein Angebot ein«, sagte er. Er hatte einen trockenen Humor und sprach ein herrlich veraltetes Englisch, doch als er voll Stolz mit seiner Sammlung protzte, fragte ich mich, inwieweit seine offensichtliche Isolation bereits sein Urteilsvermögen beeinträchtigte. Könnten die Schulmädchen etwa recht haben?

Der Kurator lebte seit 1944 in El Salvador. Zuerst war er Lehrer gewesen, seit zwölf Jahren nun Kurator der Reptilien- und Insektenabteilung des Zoos, hauptsächlich deshalb, weil er sich besser als sonst jemand in El Salvador mit Schlangen und Spinnen auskannte. Sein wöchentliches Gehalt betrug 37 Pfund, was er als ›lachhaft‹ bezeichnete. Endlich verließen wir das Schlangenhaus, doch erst, nachdem er zufällig einen unverschlossenen Käfig bemerkt hatte; und ich war überrascht, welche Erleichterung ich empfand, als wir hinauskamen und ich wieder den Hauptweg erreichte. Auf unserem Weg zum Zooausgang und zur Sicherheit salvadorianischer Straßen passierten wir das Alligatorbassin, und ich hörte mich zu meiner eigenen unangenehmen Überraschung eine muntere Bemerkung über die Länge eines halb untergetauchten Reptilienrachens machen.

»Würden Sie gern einen Blick da hineinwerfen?« Er hatte erfreut meinen Ausrutscher wahrgenommen. Du lieber Gott, er machte sich an der Sperre der Einfriedung zu schaffen. Was glaubte denn der alte Narr, wozu man überhaupt Käfige aufstellte? Zum Glück klemmte die Sperre. Aber zu meinem Pech kriegte er sie doch auf.

Die Einfriedung, die wir jetzt betraten, enthielt zwei große Bassins, die durch einen schmalen Weg getrennt waren, auf dem der Kurator voranging. Zur Linken beobachtete ein riesiger Alligator, der sich mit grünem Schlamm getarnt hatte, aus einer Entfernung von etwa einem Meter zwanzig unsere Ankunft. »Da drüben ist ein zweiter.« Der Kurator hatte einen Zweig aufgehoben und beugte sich übers Wasser, um einen Rachen zu kitzeln. Ein Wirbeln, ein Glucksen (ein Aufbrüllen, oder war das bloß meine Phantasie?), und plötzlich gaffte eine weiche gelbe Masse, die von Zähnen umringt war, neben seiner Hand. »Sieht richtig hungrig aus . . .«, kicherte mein Führer.

Am Ende des Wegs war ein weiteres Bassin, an dessen Rand sich zehn kleine Kaimane sonnten, immerzu glotzend. Schildkröten schwammen ihre Runden, und zahlreiche kleine schwarze Rachen ragten aus dem Wasser. Der Kurator erzählte mir, daß sie kürzlich einen Neuling in dieses Gehege gesteckt hätten, doch der sei von den älteren Bewohnern regelrecht in Stücke gerissen worden. Er sagte auch, daß die größten Alligatoren aus Honduras stammten und daß einer von ihnen eines Tages herausspaziert sei, sich einfach durch den Drahtzaun gedrängt und auf den Weg gemacht hätte. Mehrere Wärter versuchten ihn mit dem Lasso einzufangen, und nach einem gewaltigen Kampf sei es ihnen gelungen, ihn zurückzubringen.

Der ganze Stolz seiner Sammlung war jedoch der anfängliche schwarze Rachen. Eine höchst ungewöhnliche Unterart. »Ah ja, da ist er…«, ich schaute mich um. Der Alligator, in dessen Bezirk wir uns gerade unterhielten, war, ohne das Wasser zu kräuseln, um eine Insel herumgeschwommen und hatte sich knapp unter der Wasseroberfläche einen Meter vom Weg entfernt postiert und uns somit vom Ausgang abgeschnitten. »Er will einen Blick auf uns werfen. Er ist aber bloß neugierig. Er kann keinen Hunger haben, denn er ist gerade gefüttert worden«, sagte der Kurator. »Zumindest sollte er das sein. Allerdings ist das Personal, wenn wir den Zoo geschlossen haben, manchmal ein wenig nachlässig. Egal, ich glaube nicht, daß er auf der Suche nach etwas Freßbarem ist.« Die Augen des Alligators blickten starr. Ich beschloß, jeglichen Augenkontakt zu vermeiden und ging Richtung Ausgang. Kaum hatte ich einen Schritt an dem untergetauchten Rachen vorbei gewagt, gab's erneut einen Wirbel, ein Schnappen und ein Platschen. Hinter mir konnte ich hören, wie der Kurator vergnügt kicherte. »Er war auf Ihr Bein aus. Hat sich herausgereckt und einen Versuch gemacht.«

Zurück auf dem Hauptweg zwischen den Schulmädchen, die mittlerweile zu dem Schluß gekommen waren, daß wir die beste Show im Zoo boten, fragte der Kurator, ob ich die Bekanntschaft mit dem Elefanten machen wollte. Nein. »Schade. Ein süßer Racker, dieser indische Elefant. Mag mich sehr.« Später erfuhr ich, daß der Elefant vor kurzem einen halbtags beschäftigten Wärter getötet hatte. Der Kurator gab dem Wärter ganz allein die Schuld. Der Elefant hatte die Angewohnheit, dem Wärter den Besen wegzunehmen, wenn sein Gehege gefegt wurde. Die Halbtagskraft hatte die Situation offensichtlich ›falsch angepackt‹, denn der Elefant hatte ihn mit dem Rüssel hochgehoben, ihn zu Boden geschleudert und sich dann auf seine Brust gekniet. Das war um 8.30 morgens gewesen. Zur Mittagszeit war der Mann tot. Als er weggetragen wurde, blutete er aus Nase, Mund, Augen und Ohren. Die Presse habe sich äußerst anständig dabei verhalten, sagte der Kurator; es habe nicht viel Publicity gegeben. Ich dachte, wie erleichtert die Tiere darüber gewesen sein mußten. Vermutlich konnten sie lesen. Sie hatten eindeutig die Herrschaft über diese Anstalt.

Auf dem Weg außerhalb des Alligatorbassins fand der Kurator eine stinkende tote Ente, die offensichtlich für Präparationszwecke gedient hatte und dann einfach liegengelassen worden war. Er schleuderte sie über den Draht ins Bassin hinein. Zwei der Bestien stürzten sich sofort darauf, und es gab ein Aufwirbeln von Federn und ein wunderbares Gezerre und Gespritze, bevor die Ente im Wasser verschwand. Dieser Zwischenfall ließ den Kurator laut über das Personal nachdenken. Der vorherige Direktor sei »schrecklich nett gewesen. Aber er hat immer gestohlen.« Und das jetzige Personal dazu zu bringen, die Tiere zu füttern, sei ein furchtbares Problem. Der Kurator dankte Gott für den üppigen Bestand an salvadorianischen Ratten. »Die Entbindungsklinik ist die beste Bezugsquelle«, sagte er. »Haben die einen besseren Rattenfänger dort als die anderen Krankenhäuser?« fragte ich. Er kicherte wieder. »Nein. Das ist nur, weil die sich noch immer Ratten wegen der Schwangerschaftstests halten. Der Herr möge uns behüten, daß sie je zu modernen Methoden übergehen. Das ist das *Letzte*, was ich empfehlen würde.« Seine momentane Arbeit bestand, abgesehen von der Betreuung der Tiere, darin, Schulkindern Vorträge über Naturschutz zu halten. Aber er hatte wenig Illusionen. Ihn deprimierte die Überzeugung, daß seine Zuhörer immer noch die erste Schlange, die sie sahen, töten würden. Er arbeitete zu seinem Nachteil in einem un-akademischen Land. Ein europäischer Archäologe erzählte mir, daß er einmal bei einem Beamten des Nationalarchivs das völlige Fehlen von Maya-Stätten bedauert habe. »Oh, wir haben doch Maya-Stätten«, hatte der Beamte geantwortet. »Es ist nur so, daß wir sie noch nicht entdeckt haben.«

Später war ich zum Tee beim Kurator eingeladen. Er interessierte mich. Er hatte einen kantigen Kiefer, einen dürren Hals und vorstehende flackernde Augen, die keine Lider zu haben schienen. Er war kahl und blitzschnell in seinen Bewegungen. Er glich seinen Reptilien, vielleicht einer Eidechse. Daß er eine Krawatte anhatte, betonte noch seinen dünnen Hals, und er sah mehr denn je wie eine Eidechse aus; eine Eidechse mit Schlips. Ich hatte Mühe, sein Haus zu finden. Als ich ankam, schaute er schon ungeduldig aus einem Fensterrahmen mit Drahtgeflecht heraus. Er war keine Eidechse mehr. Er hatte sich zu einer Schildkröte im Käfig verwandelt.

Manche Menschen werden aus dem Strom des Lebens herausgeschwemmt. Sie bleiben in einer eigenen Zeit. Ich fragte den Kurator nach England. Er war erst vor kurzem dort gewesen, zum ersten Mal seit 1939. Er erwähnte die Züge. Sie hatten Türen, die sich automatisch öffneten, wenn man auf sie zutrat. Sie machten keinerlei Geräusch. Sie schossen wie der Blitz los. Es klang nach Jules Verne. Ich mußte mich daran erinnern, daß er die britische Eisenbahn beschrieb. Er war bestürzt über den Zustand des Londoner Zoos gewesen. »Keine Gespenstheuschrecken. Und längst nicht mehr so viele Spinnen wie vor dem Krieg.« Er wollte nicht nach England zurück. »Sie würden mich gar nicht haben wollen im Londoner Zoo oder im Naturkundemuseum. Ich bin ein alter Mann. Früher, als ich bei meinen Eltern wohnte, hatten wir ein schönes Haus in Kensington. Mein Vater besaß ein Geschäft, Champagnerimport. Heute wäre das völlig anders. Ich habe weder Freunde noch Familie in England. Ich kann nicht Auto fahren. Ich bräuchte ein Haus, von dem aus man einen Zoo und eine Kirche zu Fuß erreichen kann.«

Sein Englisch war so korrekt, daß ich mich fragte, wie gut man ihn in England damit verstünde. Als er von einem Schlangenbiß sprach, sagte er: »So stellte ich die Blase dem Arzt anheim.« Als er die Vorsitzenden der britischen Labour Party beschrieb, sagte er: ›die Taugenichtse‹. Das war eine ernstgemeinte Kritik. Die an Fidel Castro war noch heftiger: er war ›der dreckige Schurke‹.

Ich fragte ihn, was er tun würde, wenn die Kommunisten in El Salvador an die Macht kämen. Er sagte, dann müsse er das Land verlassen. »Kein zivilisierter Mensch könnte mit denen leben.« Er hatte große Angst vor einer grundlegenden Änderung seines Lebens, doch sprach er davon wie von etwas Unausweichlichem. Er sagte, daß er, wenn er fortginge, alle seine Schlangen mit sich nehmen würde. Die Behälter stünden bereit. Ich dachte an W. H. J. Chippendales Evakuierungsplan und fragte mich, ob der Konsul über die Behälter des Kurators Bescheid wußte.

Der traditionelle Tod von Schlangenhaltern ist ein Schlangenbiß. Da hatte es den Fall von Constantine Ionides in Kenia gegeben. Und der Kurator berichtete mir von einer weiteren großen Autorität namens Dr. Morton. Dieser Mann sei in den sechziger Jahren in Deutschland von einer Schlange gebissen und sofort in ein gutes Krankenhaus gebracht worden. Trotz kundiger Behandlung sei er nach drei Wochen gestorben, und zwar weil mehrere innere Organe den Dienst aufgaben. Schlangengift zerstöre die Blutgefäße, die Blutzellen und die lebensnotwendigen Organe, sagte der Kurator. Doch noch im Sterben habe Dr. Morton die Wissenschaft bereichert: Er war von einer Schlange mit Röhrenzahn gebissen worden, die bisher als nicht sehr gefährlich gegolten hatte. Der Kurator hatte einige Tricks, um dem Schlangenbiß zu entgehen. Er meinte, daß die Tiere ihn erkannten und daß die ihnen vertrauten Bewegungen sie nicht erschreckten. Er achtete immer darauf, wieviel vom

Schlangenkörper direkt hinter dem Kopf aufgerollt war. Wenn er dicht an sie heranging, hielt er seine Hände unterhalb ihrer Blicklinie.

Dennoch war er dreimal gebissen worden. Bei seinem ersten Aufenthalt in El Salvador hatte er sich dazu durchgerungen, eine Familie von Korallenschlangen wieder im Dschungel auszusetzen. Die Korallenschlange ist die giftigste Schlange in Amerika. Er war im Zug eingeschlafen. Die Schlangen waren ausgebrochen, und er war durch die allgemeine Aufregung geweckt worden. Eine der jungen Korallenschlangen hatte ihn in die Hand gebissen. Nichts passierte, außer daß sein Daumen und seine Hand in den nächsten vierundzwanzig Stunden immer stärker anschwollen. Möglicherweise hatte dieser leichte Biß ihn immunisiert. Später war er dann im Zoo von ›einer Natter‹ gebissen worden. Ein unglücklicher Zufall. Sein Arm war drei Wochen lang wie ein Ballon angeschwollen. »Er fühlte sich an, als wäre er voller Dreck«, sagte der Kurator. Es war bei diesem Anlaß gewesen, daß er »die Blase dem Arzt anheimstellte«. Doch der Arzt habe ihm nicht helfen können. Soweit dem Kurator bekannt war, *gebe es in ganz Salvador kein Anti-Schlangengiftserum.* Der Arzt habe ihm geraten, nach Hause zu gehen und einfach abzuwarten. Nach drei Wochen war die Schwellung abgeklungen. Bei der dritten Gelegenheit hatte eine Puffotter lang ausgestreckt dagelegen, den Kopf von ihm abgewandt. Man nimmt an, daß eine Schlange die Giftzähne nicht einschlagen kann, wenn nicht ein Teil ihres Leibs aufgerollt ist. Als eine Art Experiment hatte der Kurator den Schwanz der Schlange berührt. Das sei »sehr töricht« gewesen. Sofort habe sich die Schlange

umgedreht und in seine Hand gebissen. Sein Arm sei unmä-
ßig angeschwollen. Der Kurator wußte, daß er, falls die
Schwellung sein Herz erreichte, sterben würde. Doch die
Schwellung sei nur bis zur Schulter vorgedrungen. Daraufhin habe sich sein Körper vom Hals bis zur Taille schokola-
denbraun gefärbt. Das sei »*sehr* unbehaglich« gewesen.

Nach dem Tee fragte er mich, ob ich mir den Garten an-
schauen wolle. Er hatte alles selbst angepflanzt, und er war
voller seltener Sträucher, Bäume und Kakteen, von denen
einige, wie nicht anders zu erwarten, höchst giftig waren.
Wir mußten durch mehrere abgeschlossene Türen hindurch, um zum Garten zu gelangen. Der Kurator hatte
Angst vor Eindringlingen. Außerhalb der Balkontür gab es
ein Bassin mit Schildkröten, und daneben stand ein Baum,
in dem ein wilder Basilisk lebte. Der Kurator hatte dieses
Tier gezähmt, so daß der Leguan jeden Morgen herunter-
kletterte und sich mittels einer Pinzette mit Küchenschaben
füttern ließ. Es gab keinen ersichtlichen Grund, warum dieser Mann hier gelandet war. Als Kind in England hatte er
nur gern Schmetterlinge gesammelt. Offensichtlich der einzige Hinweis. Ansonsten war alles sein eigenes Werk. Er
war für die Einsamkeit geschaffen und für die Gesellschaft
von Reptilien. Wir gingen zum hinteren Teil des Gartens.
Auf dem Weg kamen wir an einem baufälligen Schuppen
vorbei. Ohne daß ich etwas gesagt hätte, fragte er mich, ob
ich seine Privatsammlung sehen wollte. Er sagte, sie sei
ziemlich ungefährlich, doch ich bemerkte, daß ein intelligent aussehender Köter, den er sich hielt, keine Neigung
zeigte, dort hineinzugehen. Im Innern hausten eine Brillen-
schlange, eine Klapperschlange, eine Boa Constrictor, eine

kurzschwänzige Python und eine Gelb-Bart, *barbamarilla*, die man außerhalb Oaxacas sehr wenig kennt und daher nicht fürchtet. Es gab auch noch andere Schlangen, deren Namen ich vergessen habe. Der Kurator sagte, er selbst habe den Schuppen und die Käfige gebaut. Er habe sie leider nicht so *stabil* machen können wie die im Zoo, er meine aber, sie seien »ziemlich sicher«. Es war im Schuppen so eng, daß man sich nicht umdrehen konnte, ohne die Käfige zu streifen. Die Klapperschlange rasselte unablässig während meines Besuchs. Das zerbrechliche Glas, das sie umschloß, war mit Giftschlieren verschmiert. Die Python befand sich nicht in einem Käfig, sondern lag auf dem Boden. Der Kurator vermutete, daß sie sich das Rückgrat gebrochen habe. Sie hatte seit Monaten nichts gefressen. In einer Papiertüte an der Tür regte sich noch etwas. Ich wollte nicht danach fragen. Der überfüllte kleine Schuppen stank nach Schlangen.

Nach dieser Kurzvisite marschierten wir weiter zum hinteren Teil des Gartens. Wir kamen an einem Kaktus vorbei, einer Faser-Agave von der Sorte, von der *mezcal* gewonnen wird. Der Garten senkte sich bis zum Rand eines Felsens hin, der steil in die *barranca* abfiel. Dies war die Schlucht, die als Geheimpfad für die Guerilla diente, wenn sie die Kasernen oder das Stadtzentrum angriff. Auf der anderen Seite der Schlucht sah man die übliche Ansammlung von Baracken und zusammenfallenden Hütten, die Behausungen der Ärmsten von San Salvador, der besitzlosen Campesinos der übervölkerten Landstriche. Auf diese Menschen vertraute die Guerilla, wenn sie Zuflucht suchte. Eine Frau hängte dort gerade Wäsche auf. Sie blickte herüber zu den hohen Bäumen und Sträuchern in den Villen-gärten auf unserer Seite der Schlucht. Sie konnte im Garten des Kurators den kleinen Alligator sehen, den er sich in einem Bassin am Felsrand hielt. Sein Bediensteter ging jeden Tag dorthin und fütterte ihn mit Ratten oder Hüh-nern oder sonstigem Fleisch, das billig auf dem Markt zu haben war. Der Alligator sah wie ein wirkungsvoller Wach-hund aus, doch der Kurator erzählte, wie einmal einer der Terroristen aus der Schlucht in seinen Garten hinaufgestie-gen sei. Er sei zu der Zeit allein gewesen. Der Mann habe gesagt, er sei *comandante*, eine Prämie sei auf seinen Kopf ausgesetzt, da er so viele Leute getötet habe, daß er jetzt hungrig sei, und was denn der Alligator da hinten im Garten solle? Der Kurator berichtete, es sei ihm gelungen, sich im Haus zu verbarrikadieren, worauf der Terrorist verschwunden sei. Im Innern des Hauses hatte er mehrere Raritäten, meist in Einmachgläsern, doch zum Inventar gehörte auch ein schmierig grauer Skorpion von der Größe einer Streichholzschachtel, den er sorgfältig fütterte. Und eine vogelverschlingende Spinne. Jetzt, wo ich dran denke, hatte der haarige Spinnenkörper eigentlich die Größe einer Faust, aber damals kam er mir ebenfalls streichholzschach-telgroß vor. Mein Gedanke beim Blick auf diese Einmach-gläser, die auf einem leeren Holztisch in einem kalten, weißgetünchten Raum ohne sonstiges Mobiliar standen, erhellt nur durch eine nackte Glühbirne, war, daß ich nicht mit denen eingesperrt sein wollte. Ich hätte die Gesellschaft des *comandante* vorgezogen.

Als ich den Kurator verließ, regnete es heftig. Er hätte noch gern weiter über Kommunisten, die Vergiftung der

Meere, den Zustand des Londoner Zoos und seine Sammlung von mittelalterlichen Elfenbeinschnitzereien geplaudert. Aber es war schon dunkel, und ich dachte an die Schwierigkeit, ein Taxi zu bekommen. Das Pflaster in diesem Bezirk zeigte tiefe Schlaglöcher. Es gab keinen Mond und keine Straßenbeleuchtung. Ich ging durch den Regen in Richtung Hauptstraße; gelegentlich fuhr ein Auto vorbei, sehr langsam, zwei schwache Lichtkegel, die wild über die Unebenheiten sprangen und rasch von der Regenwand verschluckt wurden. Schließlich erreichte ich die Hauptstraße. Die vorbeirauschenden Laster durchnäßten mich mit einem Schwall von dreckigem Wasser, doch ich war dankbar für ihre Gesellschaft. Ein Taxi brachte mich ins Hotel zurück. Bei jeder roten Ampel zeigte der Fahrer in seinem Verhalten das offenkundigste Symptom der vorherrschenden Angst in San Salvador. Während er darauf wartete, Grün zu bekommen, drehte er möglichst unauffällig den Kopf zur Seite, um zu prüfen, wer im Auto neben ihm hielt. Und die Leute im Nachbarauto starrten ausnahmslos zurück.

Das Camino Real gewährte Journalisten Rabatt und quartierte sie alle im sechsten Stock ein. Dies erleichterte es der Polizei, ihre Telefone abzuhören. Niemand protestierte gegen dieses Arrangement oder gegen den Umstand, daß die Barkeeper, die so flüssig Englisch sprachen, Polizeispitzel waren. Nach Meinung erfahrener Leute war man hier zumindest besser dran als im El Salvador-Sheraton, wo bei einer berühmtgewordenen Gelegenheit die Kellner einen der Gäste hinaus und in den Tod gezerrt hatten. John Sullivan hatte auch 1980 im Sheraton gewohnt. Er war ein junger, freiberuflicher Journalist aus New Jersey gewesen, der seinen ersten Auslandsauftrag hatte. Sofort nach seiner Ankunft in El Salvador bezog er im Sheraton ein Zimmer, führte von dort ein Telefongespräch und ging anschließend zu einer Verabredung in eine nahegelegene Bar. Man hat ihn nie wieder gesehen; eine Untersuchung deutete allerdings darauf hin, daß er von mehreren Unbekannten aus der Bar geholt worden war. Etwas später fand man eine Leiche in einem flachen Grab außerhalb der Stadt. Ein anonymer Hinweis besagte, daß es sich bei dem Toten um John Sullivan handelte, auch wenn sich eine Identifizierung als unmöglich erwies, da der Kopf offensichtlich abgesprengt worden war. Dynamit am Kopf eines Mitglieds der ›internationalen Presse‹ anzubringen kommt einem symbolbehafteten Mord gleich, wie er dem Geschmack der salvadorianischen Rechten entspricht. Ihr Haß auf ›die internationale Presse‹ ist institutionalisierter Haß, was deutlich durch einen Anschlag an der Wand des Pressebüros im Verteidigungsministerium unterstrichen wird: »Wie die Stimme des Rufers in der Wüste bitten wir die Mitglieder der ausländischen Presse, sich ihren Unterhalt auf ehrliche Weise zu verdienen, und schlagen vor, daß sie, wenn sie denn Lügen verbreiten müssen, dies doch gefälligst über ihr eigenes Land tun sollen, *aber nicht über El Salvador.*« Der Rechten in El Salvador mangelt es nicht an Unverschämtheit. Befragt, warum die Killer von Erzbischof Romero* nie er-

---

* Oscar Arnulfo Romero, Symbolfigur der salvadorianischen Revolution, wurde am 24. März 1980, als er eine Totenmesse las, vor dem Altar erschossen. Heute steht fest, daß der Auftraggeber dieses Verbrechens Major Roberto d'Aubuisson war.

wischt worden seien, behauptete die Rechte, daß ein Signalement an Interpol abgegangen, doch ohne Reaktion geblieben sei, weil El Salvador mit seiner Beitragszahlung an Interpol im Rückstand war.

Eines Abends hielt sich in der Bar des Camino Real ein Mann auf, ein wohlhabender Salvadorianer im Sporthemd, das er über der Hose trug. Ein äußerst unangenehmer Typ. Ich hatte ihn schon früher am Tag bemerkt, als er allein im Speisesaal saß und unverhohlen die ausländischen Journalisten anstarrte. Er hatte sich den ganzen Tag in der Hotelbar aufgehalten und war nun sehr betrunken. Er sah wie ein Betonklotz aus, schwerfällig und genauso breit wie hoch. Seine Oberlippe war ungewöhnlich lang. Das gab seinem Mund Ähnlichkeit mit einem Fischmaul. Begleitet wurde er von einem jüngeren Mann, der kein Wort redete. Der Barkeeper beobachtete ihn mit einem nervösen Lächeln.

Da ich beim Eintritt in die Bar diesen Mann nicht bemerkt hatte, fand ich mich auf einmal auf dem Barhocker neben ihm sitzen. Er nutzte meine Ankunft als Vorwand, um den Mitgliedern ›der internationalen Presse‹ einen Drink zu spendieren. Ich lehnte höflich ab. Er packte meinen Arm. Warum ich denn nicht mit ihm trinken wolle? Gab es einen Grund, weshalb ich seinen Drink nicht akzeptierte? Er hatte einen unangenehm festen Griff. Ich beschloß, sollte dieser Mann je meinen Arm loslassen, sofort schlafen zu gehen. Als ich den Aufzug erreichte, entdeckte ich, daß alle Journalisten aus der Bar meinem Beispiel gefolgt waren.

Hotelgäste im Camino Real legten sich allerlei merkwürdige Gewohnheiten zu. Niemand, selbst nicht am hellichten Tag, saß in seinem Zimmer, ohne die Tür abgeschlossen zu haben. Und wenn sich mehrere auf einem Zimmer zu einem Drink trafen, riegelten auch sie die Tür ab.

Als eines Abends Mitglieder der internationalen Presse von einem Hummeressen zurückkamen, bemerkten sie, daß auf dem Hotelparkplatz ein leichtes Durcheinander herrschte. Ein NBC-Team hatte Scheinwerfer aufgestellt und filmte gerade eine demolierte Limousine. Ein junger Mann lag neben dem Auto, tot. Ein anonymer Telefonanrufer hatte Cecila vom NBC auf diese günstige Gelegenheit aufmerksam gemacht.

Der junge Mann mit langem schwarzem Haar und Schnurrbart lag anmutig auf dem Asphalt, in einer olivgrünen Uniform, die anscheinend erst kürzlich gewaschen und gebügelt worden war. Oberhalb der Brusttasche waren die Buchstaben FML schabloniert. Jemand hatte einige Zweige von einem Baum abgebrochen und sie zusammen mit einem Parkverbotsschild auf einer Seite arrangiert. Ein Polizist in Zivil stand hinten in der Menge und zeigte wenig Interesse an der Erfüllung seiner Pflicht. Die Erklärung für diesen Toten sollte sich in einem Stapel von Flugblättern neben ihm finden. Herausgegeben von einer bisher unbekannten Organisation, die sich ›Das geheime antikommunistische Heer‹ nannte, konstatierte das Flugblatt, daß die Leiche dort hinterlegt worden sei, »um die Aufmerksamkeit der internationalen Presse auf die Art und Weise zu lenken, in der die Amnestiegesetze und andere salvadorianische Gesetze dazu neigen, die kommunistischen Verbrecher der FMLN zu begünstigen. Wir haben demgemäß einen der Terroristen verhaftet, die die Esso-Station bei Apopa in die Luft gesprengt haben. Es war nicht schwer, die Schuld dieses Mannes nachzuweisen, er hielt das Beweisstück in Händen und wurde demgemäß zum Tode verurteilt... Das Blut unserer Soldaten wird immer gerächt werden!«

Ein junger Mann aus Detroit, der sich über die Leiche beugte, verkündete, daß er keine Blutspuren sehen könne, daß es aber am Hals Anzeichen von Erdrosselung gebe. Wieso wußte er davon? Vermutlich war das der Tribut an seine Kindheit, die er mit Gringo-Fernsehen verbracht hatte. Hinter ihm hatten sich etwa fünfzehn Mitglieder der internationalen Presse zusammengeschart, um zu filmen, zu photographieren und zu diskutieren. Sie achteten wenig auf den salvadorianischen Polizisten, der sich bemühte, die Szenerie nicht zu stören, bis er ihnen auf einmal sagte, es könnte beim Leichnam oder im Auto oder bei den Flugblättern eine versteckte Bombe deponiert sein. Dies hatte eine bemerkenswerte Wirkung auf die allgemeine Neugier.

Ich geriet in ein Gespräch mit einem jungen Salvadorianer, der neben mir am äußeren Rand des Personenkreises stand und offensichtlich heftig erregt war. Er sagte, er sei zum Hotel gekommen, um seine Mutter abzuholen, die eine Baby-Party besuche. »Wenn ich so was sehe, will ich die Presse drankriegen«, sagte er. Ich wies darauf hin, daß alle übrigen von der Presse *waren*. »Wenn ich so was sehe, will ich die Presse drankriegen«, wiederholte er. Er meinte, sie ›erledigen‹. »Warum veröffentlicht sie immer solches Zeug?« fragte er. Dann erzählte er mir, daß er für eine ARENA-Firma arbeitete, ein Unternehmen, das die Rechten in El Salvador unterstützte. »Niemand in meiner Firma wird umgebracht. Wir führen ein ganz normales Leben. Aber in den USA glaubt jedermann, dies sei ein schlimmes Land. Daran sind die Presseleute schuld. Denken Sie an William Randolph Hearst.« Das Ganze war schon verwirrend genug, *bevor* er mich bat, an Mr. Hearst zu denken. Hier standen wir auf dem Parkplatz des Hotels, in dem seine Mutter auf einer Gesellschaft war. Neben uns lag die Leiche eines jungen Mannes in ungefähr seinem Alter, erdrosselt. Die Tat war offensichtlich von einer Gruppe von Männern verübt worden, die mit Sicherheit ARENA wählten. Und er wollte mir einreden, wenn man unter dem Schutz der ARENA stünde, geschähe so etwas nicht auf dem eigenen Parkplatz. Seine Lösung war, die Presse auszuschalten.

Ich schaute mich um. Die Reporterclique, die bei der Leiche stand, schien jegliches Interesse daran verloren zu haben. Die Scheinwerfer des Fernsehens knallten immer noch darauf und hoben Einzelheiten in der Kleidung des Toten hervor, doch die Presseleute schauten nicht auf die Leiche, sie unterhielten sich untereinander. Amerikanische und europäische Männer und Frauen gruppierten sich um den Toten herum wie Gäste auf einer Cocktail-Party und gingen nochmals Erklärungen für dieses seltsame Vorkommnis durch. Sie machten das übliche »Rhabarber-Rhabarber«-Geräusch einer Cocktail-Party. Ein fast unglaubliches Spektakel, und es trug nicht dazu bei, die Erregung des jungen Salvadorianers zu dämpfen, der in seiner Wut ganz konfus wurde. Ich wies darauf hin, daß wir ins Hotel hineingehen könnten, wo seine Mutter wahrscheinlich auf ihn wartete. Auf dem Weg kamen wir an einigen Gästen vorbei, die gerade die Party seiner Mutter verlassen hatten. Wie üblich blieb diese elegante Gruppe unbeschwert plaudernd beieinander stehen, knapp dreißig Meter von der angestrahlten Leiche entfernt, die völlig ignoriert wurde. Ich dachte daran, wie friedlich der Leichnam ausgesehen hatte, wie überrascht der junge Mann wohl gewesen wäre, hätte er erfahren, daß ihm dies zustoßen würde. Ich überlegte, wie oft er wohl an diesem Hotel vorbeigefahren sein mochte und daß er kaum mit diesem brutalen und leicht lächerlich wirkenden Ablauf der Ereignisse hatte rechnen können. Ich fragte mich, wer er war und ob er tatsächlich ein Terrorist oder bloß irgendein unbedeutendes Opfer gewesen war, das sich gerade passend anbot. Er konnte irgend jemand gewesen sein. Er konnte von der Rechten wie auch von der Linken zu obskuren Propagandazwecken getötet worden sein. Er sah friedlich aus, aber auch so verlassen. Beim Anblick dieses Leichnams mit dem frisch gewaschenen Haar und der frisch gebügelten Uniform verstand ich zum ersten Mal die Bedeutung des siebten Werks der Barmherzigkeit, die Toten zu begraben.

In der Hotelhalle traf ich auf einen Reporter von ITN, der den Vorfall unbedingt als Beweis in einer Auseinandersetzung heranziehen wollte, die wir früher über die relativen Vorzüge des Lebens in Nicaragua und El Salvador geführt hatten. Mich interessierte seine Reaktion. Darum fragte ich ihn, ob er beim Anblick des Leichnams nicht das Gefühl gehabt habe, man sollte ihn bestatten oder für den Toten beten oder nach dem Priester schicken. Er lachte schallend als Antwort und versicherte mir, daß er nichts dergleichen empfunden habe. Vielleicht bleibt mir von jenem Vorfall allein die Würde der wenigen dort anwesenden Salvadorianer im Gedächtnis, des Detektivs, des aufgebrachten jungen Mannes, des Taxifahrers. Sie hielten sich aus Achtung vor dem Tod zurück, obwohl er ihnen so vertraut und obwohl der Leichnam der eines gegnerischen Unbekannten war. Außerdem produzierten sie keinerlei Partygeräusche.

Ein geselliger Gast in der Bar des Camino Real war Pierre, ein französischer Diplomat. Ich neckte ihn wegen seiner Beschäftigungslosigkeit, worauf er sagte, ganz im Gegenteil, Frankreich und El Salvador machten sehr gute Geschäfte miteinander. Es gebe nur noch sehr wenig Kühe in El Salvador, aber der Milchbedarf sei enorm. Frankreich glich dieses Defizit mit riesigen Mengen an Milchpulver aus. Die Trockenmilch wurde an das Landwirtschaftsministerium geliefert und dann durch die regionalen Befehlshaber im Land verteilt, vor allem an die Flüchtlingslager. Er hatte festgestellt, daß die Obristen, die diesen Handel managten, einen hundertprozentigen Profit dabei machten. Sie waren in einer starken handelspolitischen Position, da sie das Monopol der Milchversorgung für einen festen Markt besaßen. Sie waren auch bestens in der Lage, die Anzahl von Flüchtlingen zu erhöhen.

Pierre sagte, daß die Obristen typische Mitglieder der neuen wohlhabenden Schicht in El Salvador seien. Bekanntlich war das Land immer von vierzehn Familien beherrscht worden, der traditionellen Oligarchie, aber die meisten davon hatten mittlerweile das Land verlassen. (Ich hatte ihre Namen in einem Telefonbuch nachgeschaut, doch nur vier von ihnen gefunden.) Der Rest hatte seine Gewinne aus 150 Jahren Kaffee-Anbau mitgenommen und führte nun ein weit bequemeres Leben in Miami. Die vierzehn Familien waren nach letzter amtlicher Berechnung durch 244 Familien ersetzt worden, die neue Oligarchie, die an der Wirtschaftskrise ein Vermögen verdiente. Die US-Hilfe belief sich auf 400 Millionen Dollar im Jahr, und Pierre schätzte, daß die Hälfte davon in dunkle Kanäle floß. Das war ein sehr lukrativer Bürgerkrieg für die Beteiligten. Jeder konnte Profit machen, vom höheren Militär, der Aufträge mit dem Hubschrauber erledigte, bis zum Infanteristen, der sein Gewehr und seine Munition an Guerillakämpfer verkaufte. Die Eleganz der Gäste auf der Baby-Party überraschte ihn überhaupt nicht. Er sah keine baldige Lösung für die Staatskrise voraus. In der Zwischenzeit empfahl er den Strand.

Die Straße nach La Libertad war ausgezeichnet; breit und mit neuem Belag versehen, führte sie zwischen Wäldern und Hügeln zum schmuddeligen, feuchten kleinen Pazifikhafen hinunter, der einfach ›Freiheit‹ genannt worden war. Ich fuhr mit Bill von der *Los Angeles Times*. Bill sagte, man könne am Strand von La Libertad sehr gut essen. Es gebe dort Hummerlokale im Freien, kühles Bier und Brandung. Bill verstand es, Essen ganz vorzüglich zu beschreiben. Einmal ging ich mit ihm in »das beste chinesische Restaurant von San Salvador«. Bill bestand darauf, mit dem Besitzer die Speisen in Mandarin zu besprechen. Das brauchte seine Zeit. Danach beschrieb er mir im einzelnen die saftige Mahlzeit, die er bestellt hatte. Wir aßen dann ein leidlich gutes Essen von etwas anderer Beschaffenheit. Ich fragte ihn, warum die Gerichte so anders wirkten als diejenigen, die er beschrieben hatte. Bill erklärte mir, der Besitzer lebe schon so lange in El Salvador, daß er nicht mehr sehr gut Mandarin verstehe.

La Libertad war erstaunlich. Es war feucht und heiß, aber wenn man an der Kaimauer unter einem Palmendach saß, konnte man eine frische Brise erhaschen. Kellner zeigten statt der Speisekarte die ungekochten Meerestiere vor. Es gab Hummer, Garnelen, schmierig schwarze Langusten, frischen Weißfisch und Tabletts voller Krabben, die in psychedelischen Farben garniert waren. Lärmende Familiengesellschaften saßen überall und nippten am kühlen Bier. Eine dick gewordene, runzlige alte Dame in purpurrotem Minirock kommandierte eine Schar hübscher Enkelkinder am Strand herum. Diese Menschen waren anscheinend recht unbeschwert. Mehrere Musikkapellen zogen umher und waren auf Kundenfang aus, und am Nachbartisch hatte man einen kleinen Jungen auf einen Stuhl gestellt, der in piepsender Stimme *mariachi*-Lieder sang, wobei er von einer vollständigen mexikanischen Kapelle begleitet wurde. Die Musiker waren amüsiert, was aber nicht ihren Spieleifer minderte, und die Mutter des Jungsängers ermunterte den Kleinen, indem sie ihn treuergeben schmachtend anschaute. Auf dem schwarzen Lavasand unterhalb der Kaimauer ließ ein blondes Bikinimädchen mit olivbrauner Haut und hellgrünen Augen es zu, daß eine Gruppe kleiner Jungen sie in Matsch eingrub. Über ihr saß am Rand der Terrasse eine Reihe rundlicher Mädchen, die sich mit Hilfe winziger Spiegel grellfarbig das Gesicht bemalten, wobei das Endresultat zu den knalligen Farbtönen ihrer

Badeanzüge in Konkurrenz trat. Sie hielten ein zahmes Eichhörnchen an der Leine, fütterten es mit Speiseresten und beugten sich über die Balustrade, um mit der Kennermiene der Unschuldigen den genauen Grad von Unterwerfung zu begutachten, den das matschbedeckte Mädchen bot. Die Pazifikroller stürmten nur wenige Meter entfernt an den Strand. Gelegentlich wagte sich ein Schwimmer hinaus und tauchte unter den sich brechenden Wellen hindurch, um nicht die trübe gelbe Gischt zu schlucken. Jemand sagte, der Strand sei berüchtigt wegen der Haie und der tückischen Strömungen, doch La Libertad war zu friedlich, um das glaubhaft zu machen. An einem Sonntagnachmittag konnte man hier fast meinen, zu Hause zu sein.

Umweg durchs Hinterland

*Was einen regelrecht ins Schwärmen bringt
bei der ganzen zentralamerikanischen
Region, sind die Menschen. Sie sind ein
lächelndes Völkchen, von Natur aus
freundlich und gutmütig. Sie haben nichts
gegen die Anwesenheit von Fremden in
ihrem Land.*

Aus einem Führer für nordamerikanische Pensionäre in Zentralamerika

Meine Route aus El Salvador sollte die Straße in nördlicher
Richtung nach Honduras sein. Ich hatte in Guatemala einen
Diplomaten getroffen, der sagte, vermutlich würde ich
diese Straße wohl meiden, da sie hart umkämpft sei. Hohn
klang aus seiner Stimme, was mir nicht gefiel; das paßte zu
ihm, dachte ich, immer im Schutz des Botschaftsgeländes
zu sitzen.

Angeblich fuhr noch ein Bus zur nördlichen Grenze, obwohl die Straße unweit von San Salvador von der Guerilla
kontrolliert wurde. Bill versuchte, nicht zum ersten Mal,
mir das Busfahren auszureden. Wir gingen eine Liste von
Personen durch, die bekanntermaßen beim Busfahren umgekommen waren. Es gab eine offizielle Beauftragte für
Menschenrechte bei einer Organisation, die ihren Sitz in
Mexiko hatte. Sie stellte gerade einen Bericht über die
Greueltaten zusammen, die von der Armee verübt worden
waren. Sie selbst war der Armee schon ein Greuel geworden. Drei christdemokratische Bürgermeister waren aus
einem Bus geholt und erschossen worden. Ein Reporter

von *Time*, der einen Brief bei sich trug, adressiert an: ›*Seño-res Comandantes y Jefes de Cuerpos Militares*‹ war auf einer Busreise von Soldaten schwer verwundet worden. Ein Sozialarbeiter war eine Woche vor dem Papstbesuch aus dem Bus geholt und vom Militär erschossen worden. Michael Klein, ein Urlauber aus den Vereinigten Staaten, hatte einen Bus nach San Miguel genommen, den gleichen Bus, mit dem ich im Jahr zuvor gereist war. Soldaten hatten ihn bei einer routinemäßigen Kontrolluntersuchung des Busses weggeführt und ihn nach flüchtiger Befragung mit der Begründung erschossen, er sei Chinese und damit Kommunist. Wegen dieses Vorfalls leitete die us-Botschaft eine gründlichere Nachforschung ein als sonst. Und schließlich sagte eine einigermaßen verläßliche Person aus, die Erschießung sei nicht deshalb geschehen, weil er Chinese war, sondern weil er mit einem Guerillakämpfer ähnlichen Namens verwechselt worden sei. Er sei ›bei dem Versuch zu fliehen‹ erschossen worden. Doch das Schußloch in seinem Rücken zeigte, daß der Schuß aus unmittelbarer Nähe abgegeben worden war. Für den Mord an Michael Klein wurde schließlich ein salvadorianischer Soldat verhaftet.

Die Hauptgefahr beim Busreisen war anscheinend, ganz beiläufig vom Militär erschossen zu werden, anstatt wie in San Salvador beiläufig von einer Todesschwadron. Da die Mörder angeblich identifizierbar waren, wurden diese Todesfälle auf der Straße weit bekannter. Dennoch, für Bill war der Bus ein vermeidbares Risiko. Er versuchte mich vom Busfahren abzubringen, weil er glaubte, es sei gefährlich; unbewußt allerdings mag er einen anderen Grund gehabt haben. Bill war ein ausgesprochen professioneller

Journalist. Journalisten hassen andere Journalisten, die etwas tun, was sie nicht tun. Es bedeutet, daß sie es womöglich auch machen müssen. Bill hatte einen neunmonatigen Posten in El Salvador, und er berechnete seine Überlebenschancen ganz rational.

Am Ende nahm ich dann doch nicht den Bus. Bengt, ein schwedischer Journalist, fuhr mit einem Mietauto nach La Palma, einer Stadt nahe an der Grenze, und gab mir eine Mitfahrgelegenheit. Wir wurden von Lucia begleitet, einer freischaffenden Journalistin aus Italien. Mit Lucia schien es nicht langweilig zu werden. Sie sprach ausgezeichnet Englisch und sagte immer das, was sie dachte.

»Ich bin sehr links«, offenbarte sie mir. »Bei der letzten Wahl in Italien habe ich die Kommunisten gewählt. Ich arbeite für *Manifesto*, eine linksgerichtete Wochenzeitung. Ich kann nicht für viele italienische Zeitungen schreiben, da ich so links bin. Ich habe auch Probleme mit der Steuer, wenn ich zuviel verdiene. Mein Steuerberater hat mich gewarnt.«

Wir fuhren Richtung Grenze; der Fahrer hieß Carlos, ein schweigsamer, aber bewährter Führer für die internationale Presse. Als wir die Stadt gerade hinter uns ließen, fragte uns Carlos, ob wir an der Müllhalde anhalten wollten, um die Ansammlung der Leichen vom Tag zu sehen. Er sagte, es gebe drei, alle ohne Kopf. Am Tag zuvor habe es acht gegeben. Bengt und ich waren der Meinung, daß wir auf diesen Umweg verzichten könnten – zur Überraschung und auch Entrüstung von Carlos, der nicht verstehen konnte, warum eine offizielle Gruppe von drei ausländischen Journalisten sich weigern sollte, die neuesten Leichen zu inspizieren. Statt dessen fuhren wir zügig die Straße in den Norden weiter, wobei wir uns meist auf Lucias Gesprächsbeitrag verließen. Carlos meinte, da wir schon mal ins Guerillagebiet führen, wäre es eine gute Idee, Zigaretten dabei zu haben. Lucia sagte, sie würde welche kaufen. Dann fragte sie: »Welche Marke mögen die denn?« Carlos fand das recht witzig. Kurz nach dem ›kopflosen-Leichen-Angebot‹ begann Lucia mir eine Standpauke über die Engländer zu halten. »Die Engländer«, sagte sie, »sind die unmoralischste Nation der Welt. Darum mag ich sie.« Sie war der Meinung, daß die Engländer vom Bedürfnis getrieben seien, Moralität und Realität in Einklang zu bringen. Was sie ›pragmatisch‹ nannten, nannten andere unmoralisch. Sie sagte, sie sei fasziniert vom Nationalcharakter, auch wenn sie noch nie in England gewesen sei.

Sie sagte, sie komme aus einer Stadt unweit von Neapel, und in Italien behalte man die Engländer wegen ihrer großen Brutalität während der Befreiung in Erinnerung. Selbst zu den Partisanen seien sie hart gewesen. Kalt und grausam. Ich sagte ihr, das komme davon, weil in Italien die Meinung geherrscht habe, daß alle marokkanischen Soldaten Engländer seien. Alle Greueltaten, die von dieser disziplinlosen Horde verübt worden waren, habe man den Engländern angelastet. Sie wollte das nicht akzeptieren. »Wir wußten genauestens Bescheid über die Marokkaner«, sagte sie. »Die Engländer waren viel schlimmer als sie.« Sie sagte, daß die englischen Soldaten das krasse Gegenteil von den Amerikanern gewesen seien. »Wir haben die Amerikaner geliebt. Sie waren groß, reich, freigiebig, und viele waren italienischer Abstammung. Wir hielten sie für ein klein wenig dumm und ungemein freundlich. Aber die Engländer waren sehr schlimm.« Ich sagte, das sei wahrscheinlich so gewesen, weil die beteiligten englischen Truppen zur 8. Britischen Armee gehört hätten. Sie dürfe nicht vergessen, daß jene Männer vier Jahre lang in der Wüste gegen die Deutschen und Italiener gekämpft hätten, bevor sie nach Italien gekommen seien. Anders als die Amerikaner, die gegen niemand gekämpft hätten, sei die 8. Britische Armee sehr hart geworden. Sie blieb unbeeindruckt. Sie meinte, ich versuchte bloß, Entschuldigungsgründe vorzubringen. De facto seien die Engländer sehr kalt und unmoralisch. Das unmoralischste Volk auf der Welt. Und darum bewundere sie sie.

Nachdem Lucia die moralischen Unzulänglichkeiten der Engländer einwandfrei nachgewiesen hatte, wandte sie sich an Bengt und fragte: »Welche Guerillagruppe haben Sie am liebsten?« Auf diese Frage hin mußte Carlos sich das Lachen verbeißen. Der Gedanke, daß man seine persönliche Vorliebe für eine der verschiedenen Splittergruppen benennen sollte, gefiel ihm sehr. Lucia ließ sich von seiner Reaktion nicht abschrecken und erklärte, das ERP, ›Revolutionäres Volksheer‹, sei zu bevorzugen, das seien wirklich Maoisten, was sie zu ›den Härtesten‹ machte. Bengt und ich meinten übereinstimmend, daß wir sehr geneigt seien, hinsichtlich der Einschätzung der politischen Potenz der marxistischen Gruppierungen uns ganz auf das Urteil einer italienischen Linken zu verlassen.

Kurz nachdem wir die Zigaretten gekauft hatten, kamen wir zur Flußbrücke, die die Grenze der Provinz von Chalatenango markiert und das Ende der Herrschaft des Militärs.

Die Soldaten an diesem Kontrollpunkt gaben sich keine Mühe, charmant zu sein. Die wenigen vorbeifahrenden Autos wurden gründlich untersucht und die Insassen anschließend ausgefragt.

»Sind Sie von hier?« fragte der Soldat.

»*Ich* bin von hier«, sagte Carlos. »Diese drei sind *periodistas*. Zwei wollen sich die Grenze ansehen. Einer will hinübergehen.«

»Welcher? Alle aussteigen.«

Carlos versuchte während der Begegnung die Initiative zu behalten. Er zog die Aufmerksamkeit des Soldaten von meinen Notizbüchern weg auf mein Gepäck. Dann zeigte er meinen Paß vor und sagte dem Soldaten, er könne mir jede beliebige Frage stellen. Bei diesem Stand der Dinge ging Carlos betont auf Distanz zu mir. Doch der Soldat, dem keine Fragen einfielen, hatte entdeckt, daß ich eine Landkarte besaß. »Lassen Sie mal sehen«, sagte er. Er starrte eine Weile darauf und stellte fest, zu meinem Glück, daß sie keinerlei Markierungen hatte. Später sagte Carlos, daß sie immer Ausschau hielten nach irgendwelchen Markierungen auf einer Karte. Da meine Karte unmarkiert war, beschloß Carlos, das Interview zu beenden. »Das ist eine Avis-Karte«, sagte er. »Und das hier ist ein Avis-Auto.« Natürlich hatten wir kein Avis-Auto, aber Carlos verstand es, die Fähigkeit und das Selbstvertrauen dieses Soldaten richtig einzuschätzen. Als Carlos die Karte zusammenfaltete und verstaute, bestimmte *er*, daß wir nun losfahren sollten. Was auch geschah, und der Soldat erhob keine Einwände. Es war leicht zu ersehen, daß ein solcher Soldat, sich selbst überlassen, durchaus Ärger hätte verursachen können. So ein Mann, unter der Befehlsgewalt eines betrunkenen Unteroffiziers, hätte gut die Person sein können, die entschied, daß Michael Klein Chinese war. Sein Urteil hinsichtlich der Chinesen stützte sich wahrscheinlich auf die Informationen, die ihm Comic-Hefte wie *Denuncia* boten.

Hinter dem Fluß ging die Straße weiter in Guerilla-Land hinein, zunächst über eine einsame, fruchtbare Ebene. Dies war eindeutig ein Gebiet, das eine entschlossene Militärmacht hätte besetzen können. Dann fuhren wir in die Berge hoch. Es gab viele tiefe Schluchten und ringsum überhängende Felswände. Ein Gebiet für Überfälle aus dem Hinterhalt, und mir wurde klar, warum sich die Armee auf das jenseitige Flußufer zurückgezogen hatte. Lucia entwickelte unterdessen ihre Theorie über Reiseschriftstellerei. Sie sagte mir, daß nur sehr wenig Italiener in der gleichen Art und Weise herumreisten wie ich. Sie erklärte mir, daß diese Form des Herumreisens tatsächlich von den Engländern erfunden worden sei, um für sich einen angenehmen Modus des freiwilligen Exils zu finden. Sie machten das, weil sie England nicht mochten. Sie fühlten Unbehagen hinsichtlich seiner Unmoral. Was sie nur zu gut verstehen könne. Solche Reisen, wie die Engländer sie also machten, seien zwar amüsant, aber frivol. Meine Aufgabe als Reisender könne doch nicht allen Ernstes mit der ihren, der eines Reporters, verglichen werden. Ich widersprach nicht.

Gerade da kamen wir an einem älteren Gringo im Habit eines Franziskanermönchs vorbei, der am Straßenrand stand. So isoliert erschien dieser alte Priester, daß Bengt vorschlug, wir sollten anhalten und uns mit ihm unterhalten. Ich war dafür, aber wir wurden beide von Lucia überstimmt, die, als sie aus dem Fenster auf die braune Ordens-tracht, das blaue T-Shirt und das graue Haar dieser ge-beugten und zerbrechlich wirkenden Gestalt schaute, sagte, nein, den Typ kenne sie schon. Und weiter sagte sie, er sei Italiener, und sie habe keine sonderliche Lust, mit ihm zu sprechen. Wir sollten weiterfahren. Ich fragte sie, was sie gegen ein Straßenrand-Interview hatte.

»Solche Männer«, sagte sie, »wenn ich die schon sehe, die sind so *dreckig*, Kleidung, Füße, Hände – einfach *wider-lich*.« Die Fahrt wurde fortgesetzt.

Irgendwo in den Bergen stießen wir auf das erste Anzei-chen von Leben, ein Transparent war über die Straße ge-spannt. Niemand war zu sehen. Der letzte Militärposten befand sich mindestens zwanzig Kilometer hinter uns. Hoch auf dem Berg oberhalb des Transparents stand ein Haus, doch nichts regte sich dort. Das Transparent bezog sich auf den Tod der ›Genossin Ana María‹, von der es wei-ter hieß, sie sei von Agenten des CIA mit der Eishacke er-schlagen worden. Es war ein EPL-Transparent. Wer war die EPL? Ich hatte von der FPL und dem ERP gehört. Es gab auch die FARN, die FDR, die FMLN, die MLP, die MNR, die PRS, die LP-28, die BPR, die VP, die MRC, die CRM, die PRTC, die FSR, die FUERSA, die FAPU, *und* die DRU. Ganz zu schweigen von der Kommunistischen Partei von Salvador, der PCS, und mindestens achtzehn weiteren *un*bewaffneten Opposi-tionsparteien. Aber wer war die EPL? Wer immer sie war, sie hatte auf dieser einsamen Gebirgsstraße dieselbe Version der Geschichte bekommen, die von den Studenten zwei Monate zuvor am Alameda-Park in Mexico City in Sprech-chören skandiert worden war.

Wir erreichten La Palma gegen Mittag. In den letzten vier Jahren hatte die Guerilla die Berge ringsum kontrolliert. Dieses Städtchen mit seinen 12 000 Einwohnern war vor sechs Monaten erobert worden. Sein Verlust war ein ziemlich schwerer Schlag für die Regierung; durch die Einnahme des Städtchens war es der Guerilla möglich, jederzeit die internationale Straße nach dem Norden zu schließen. Es gab kaum direkte Spuren von Kämpfen. Ein primitives Holzschild am Stadtrand hieß einen auch jetzt noch ›Willkommen‹, wie einst, als La Palma allein wegen seines lokalen Kunsthandwerks bekannt war. Lucia erzählte, sie sei einmal in eine Stadt gekommen, in der es von Männern in Uniform gewimmelt habe. Sie habe ungeniert einige wegen ›der Lage‹ und ›der neuesten Ereignisse‹ befragt. Erst als sie gesehen habe, wie einer der ›Soldaten‹ auf eine Mauer die Worte ›Sieg der Revolution!‹ malte, sei ihr klar geworden, daß sie an der Kampffront war. In La Palma ließen sich überhaupt keine Uniformierten blicken.

Die Bewohner des Städtchens verhielten sich eher ruhig und abwartend als gastfreundlich. Später fand ich heraus, daß die Guerilla tatsächlich am Ort war und daß die Ankunft unseres Autos mit den auffälligen Buchstaben TV bemerkt worden war, doch die Guerilleros es vorzogen, unsichtbar zu bleiben. Die Stadt war nach zentralamerikanischen Maßstäben einem ziemlich strengen Reglement unterworfen. Seit Januar war Schnaps verboten. Die ELP war der Meinung, die Leute von La Palma seien zu oft betrunken. Jetzt durften sie nur Bier trinken und soviel schwarzgebrannten Alkohol, wie sie sich beschaffen konnten. Vielleicht erklärte diese Nüchternheit ihre offensichtliche Nachdenklichkeit. Mitten auf der Plaza stand ein mächtiger Baum (›*la palma*‹), unter dem ein einzelner Tisch zum Verkauf von Obst und Gemüse aufgestellt war. Doch niemand kaufte. Der Baum schien einen Umfang von drei Metern zu haben. Ich ging zu der Missionskirche der Franziskaner an einer Seite des Platzes. Auf der Wand hinter dem Altar sah man ein Gemälde mit der Riesenfigur des Heiligen Franziskus zusammen mit einem kleinen gekreuzigten Christus. ›Frieden und Liebe‹ sagte ein Plakat, das an die achthundertste Wiederkehr des Geburtstages dieses Heiligen erinnerte; der Fußboden und die Bänke glänzten vor Bohnerwachs und Selbstvertrauen, die Stätte war makellos sauber.

Ich photographierte die Kinder draußen. Bengt war igendwohin verschwunden, und Lucia redete wieder eindringlich auf mich ein. »Für eine Frau allein im Land ist es schwierig. Die Männer von El Salvador sind Schweine.« Wir gingen zu einer jungen Mutter hinüber, die Melonen in Scheiben schnitt und appetitlich auf einem hellen sauberen Tuch arrangierte. Die Mutter lächelte, als ich sie um Erlaubnis bat, sie aufnehmen zu dürfen. »Die Haltung der Männer gegenüber einer Frau, die allein ist...«, insistierte Lucia weiterhin leise, »ist *widerlich.*« Die Kinder der Standinhaberin drängten jetzt nach vorn, um uns anzuschauen. Lucia mit ihrem kurzen schwarzen Haar, der olivgrünen Hose und ihrem braunen Hemd hätte als *guerrillera* gelten können. »Die Männer sind doch alle gleich.« Ihre Schimpfkanonade erreichte ihren Höhepunkt. »Und wenn man mit einem anderen ausgeht... *werden sie nicht mal wütend*! Sie sind Schweine!«

Gerade da wurde ich durch die jähe Ankunft eines dieser salvadorianischen Schweine auf einem durchgehenden Maulesel von dieser Beleidigung, offensichtlich der schlimmsten, die man einer Italienerin zufügen konnte, abgelenkt. Mit der einen Hand den Strohhut festhaltend und mit der anderen am Zügel zerrend, wurde der Mann wie ein Sack Getreide über die Plaza geschüttelt und mit lautem Getrappel aus der Stadt getragen, wobei er sich gerade noch halten konnte. Verfolgt wurde er von mehreren aufgeregten kleinen Jungen. Lucia und ich gingen die Straße entlang in der Erwartung, die Stelle zu sehen, wo der Maulesel ihn abgeworfen hatte, und kamen zur ehemaligen Polizeiwache. Das ließ sich aus den tiefen Einschußlöchern in den Wänden schließen, die durch schweres Geschütz verursacht worden waren. Hier hatte die Armee im Januar Widerstand geleistet. Das einzige andere Haus, das beschädigt war, trug das Schild Dr. J. Antonio López Barra, Rechtsanwalt und Notar. Gegenüber registrierte ein Schlachtruf den Wechsel in der Stadtherrschaft. Unter dem Emblem von Hammer und Sichel stand: »Lang lebe der politisch-militärische Feldzug der revolutionären Helden der FMLN und der FPL!« FPL? Was war mit der EPL geschehen? Die FPL waren bekanntlich die Fuerzas Populares de Liberación, und die FMLN war die Nationale Befreiungsfront Farabundo Martí. Ein anderer Schlachtruf, der rund um den Musikpavillon auf der Plaza lief, lautete: »Viva el EPL-FMLN-FDR!« So waren die EPL-FMLN-FDR eine Front, die von der EPL gebildet wurde (wer immer die war), der Nationalen Befreiungsfront und der Demokratisch-Revolutionären Front. All diese ›Fronten‹ zeigten, daß sich die salvadorianischen Guerillaorganisationen nicht nur spalteten, sie vereinigten sich auch. Doch wer war die EPL? War es die FPL falsch buchstabiert? Lucia konnte diesbezüglich zu keinem endgültigen Schluß kommen. Wer sie auch sein mochte, Lucia war nicht sonderlich beeindruckt von ihr. Die Slogans der EPL waren in gelber Farbe. Irgendwo hätte rote Farbe sein sollen.

Hinter dem Städtchen fiel die Straße steil zur Grenze hin ab. Hier befand sich merkwürdigerweise ein Zollposten der Regierung. Die Männer auf Wache waren seit dem Verlust von La Palma an die Rebellen total abgeschnitten, doch übten sie unter der stillschweigenden Duldung der Guerilla weiterhin ihren Dienst aus. Hubschrauber versorgten sie mit dem Notwendigen. Es wäre ein Leichtes für die EPL-FMLN-FDR-FPL gewesen, diesen Posten zu zerstören und damit die Nordgrenze zu schließen. Aber es gab hier kein tief eingeschnittenes Flußtal, und wenn die Guerilleros an der Grenze geblieben wären, hätte die honduranische Armee sie angegriffen. Statt dessen schienen sie sich damit zufriedenzugeben, die jederzeit mögliche Sperrung androhen zu können. Der Busbetrieb lief sozusagen nur mit ihrer Zustimmung.

Ich verabschiedete mich am Zoll von Lucia und Bengt. Lucia hatte bei der Fahrt den Berg hinunter die Kürze unserer Begegnung beklagt, aber »das ist nun mal das Leben eines Auslandsreporters«, zuerst komme die Arbeit, auch wenn sie einem nicht immer schmecke. Und ich müsse ja meine Reise fortsetzen. Als Engländer müsse ich reisen, um den Ort meines Exils zu finden. Ich müsse Vertrautes aufgeben, um das zu finden, was ich anerkennen könnte.

Ich war traurig, als ich ihre warme Hand schüttelte und

später auf die drei zurückschaute, Bengt, Carlos und Lucia, wie sie mir zum Abschied nachwinkten, während ich mein Gepäck über die Grenze trug; das Letzte, was ich von El Salvador sah.

In meinem ursprünglichen Reiseplan hatte ich Honduras überhaupt nicht vorgesehen, ein Land, das ich im letzten Jahr kurz besucht hatte und das mir damals außerhalb der Kriegszone zu sein schien. Jetzt – durch die Zerstörung der östlichen Grenzstation gezwungen, von der direkten Straße nach Nicaragua abzuweichen – wollte ich so rasch wie möglich durch Honduras hindurch. Dieser Plan wurde vereitelt, sobald ich zur Grenzstadt Nueva Octopeque kam. Der Bus nach San Pedro war abgefahren. Ich nahm mir ein Taxi, das ihn einholen sollte, und als wir ins Gebirge hinaufrasten, stieg meine Stimmung. Der Taxifahrer stellte einen Sender mit ausgelassener Musik ein, die Luft kühlte beim Hochfahren ab, und ich spürte eine gewisse Heiterkeit, weil El Salvador hinter mir lag. Die Honduraner machten jedenfalls beim ersten Kennenlernen einen fröhlicheren Eindruck als die Salvadorianer. Sie sind ruhiger, weniger abwehrend, erfreuter, ein fremdes Gesicht zu sehen. Ich erinnerte mich, wie der Soldat am letzten Kontrollpunkt in El Salvador mich aufgefordert hatte, meine *armas* zu zeigen. Ich hatte mit einiger Entrüstung geantwortet, daß ich keine Waffen bei mir trage. Für ihn war das keine drohende Anfrage gewesen. Ihm war es unverständlich vorgekommen, daß jemand, der durch Chalatenango fuhr, unbewaffnet war. Ich war froh, diesen Kriegszustand hinter mir zu lassen.

Wir jagten dem Bus hinterher, gelegentlich erhaschten wir einen Blick von ihm etwas höher in den Bergen – ein Klacks in der Luftlinie, doch für uns auf der Straße durch viele verborgene Kurven getrennt. Als wir den Bus eingeholt hatten, gab ich meinem Taxifahrer einen schönen Geldbetrag. Er war aufgeregt über den Erfolg seiner Raserei und zeigte keinerlei Lust zu feilschen. Es handelte sich um einen Bus zweiter Klasse, der schon übervoll war. Ich mußte wie üblich in zusammengekrümmter Stellung nahe am Eingang stehen, doch nach einer Weile arbeitete ich mich zum hinteren Teil vor und konnte mich auf mein Gepäck setzen. Hier, eingekeilt zwischen den beiden letzten Sitzplätzen, schaute ich aus dem Rückfenster, das ein weiteres Bildnis eines Gringo-Christus zeigte und die Worte: »Señor, in Deine Hände befehle ich meine Fahrgäste.«

Es herrschte kaum Verkehr auf der Straße; selbst jetzt, da die Carretera Interamericana wegfiel, war diese Strecke zwischen Honduras und El Salvador wenig befahren. Die Reise ging dennoch nur langsam voran. Über eine Stunde verloren wir an drei Militärkontrollen, wobei die jeweiligen Soldaten darauf bestanden, jedes einzelne Gepäckstück im Bus zu durchsuchen. Verglichen mit den Untersuchungen in Guatemala und El Salvador waren diese unzulänglich und ohne Nachdruck durchgeführt. Ein weiteres Zeichen für friedliche Zeiten.

Während der dritten und chaotischsten Durchsuchung brach die Dunkelheit herein, und ich fand mich schließlich damit ab, daß ich am Abend nicht mehr den Anschlußbus nach Tegucigalpa erreichen konnte, daß ich am nächsten Tag nicht nach Nicaragua käme und daß es mit meiner

Hoffnung, den letzten Abschnitt meiner Reise zu beginnen, zu Ende war. Fast drei Monate lang war ich unterwegs gewesen und hatte allmählich meine eigene Gesellschaft gründlich satt. Man macht, konträr zu Lucias Theorien, in solchen Zeiten wilde Pläne, sich zu etwas Vertrautem zu flüchten oder zu einem verlockenden unbekannten Ausblick, der immer am Ende einer langen Reise wartet. Dieses sinnlose Herumgewühle der honduranischen Soldaten hielt mich vom Träumen ab und war zum Verzweifeln.

San Pedro kündigte sich durch einen widerlich süßen Geruch an, der offenbar von einer Zuckerraffinerie stammte. Wir waren bei Dunkelheit über den Gebirgsrücken des Isthmus gefahren und tauchten jetzt ins dampfende Klima der atlantischen Küstenregion ein. Als ich mich am Fenster zurücklehnte, denn ich hatte endlich einen Sitzplatz ergattert, konnte ich die Nacht betrachten, das Erscheinen der Sterne sehen, das wilde Glühen der Buschbrände zur Landgewinnung verfolgen – lauter Pünktchen auf einem Berghang, gelegentlich auch gezackte Sicheln aus Flammen und Rauch. Ich konnte dem Geplapper eines kleinen Mädchens hinter mir auf dem Platz lauschen, und seine klebrigen Finger streiften manchmal mein Haar. Ringsum aus dem Dunkel erhoben sich die Wärme und das Wohlgefühl der Honduraner; und daneben wehte eine Brise, die unser rasantes Fahren bezeugte, und Widerspiegelungen von Scheinwerfern und getüpfelte Schatten huschten vorbei. Ich fühlte mich allein und zufrieden.

Am Abend ging ich in San Pedro zum Essen in ein Restaurant, das kastilische Gerichte offerierte. Der Restaurantbesitzer war Madrider. Ich fragte ihn, wie lange er schon in Honduras sei. »Elf Jahre«, sagte er. »Eine lange Zeit«, fügte er hinzu, und es klang verzweifelt. Ich fragte ihn, warum er aus Spanien fort sei. »Ich weiß es nicht«, sagte er.

San Pedro Sula ist eine tropische Stadt am Atlantik. In Zentralamerika sind die Bewohner der Atlantikküste mehrheitlich afrikanischer Abstammung, sie sind ursprünglich auf die Westindischen Inseln gebracht worden, um auf den Bananenplantagen zu arbeiten. Sie sprechen Spanisch und Englisch, einen Singsang aus jamaikanischem Englisch, das sich angenehm anhört. Die Stadtbewohner sind allerdings dabei, ihre englische Kultur gegen die spanische auszutauschen, und am Sonntagabend sammeln sich diese Leute afrikanischer Herkunft in Familiengruppen und machen einen richtigen *paseo* durch die Straßen und Parks. Die Küstenbewohner sind die Ärmsten in ganz Zentralamerika. Es gibt wenig Arbeit, außer auf den Docks und auf den Bananenplantagen, die der American Fruit Company gehören und die noch immer Schauplatz gewaltsamer Streiks sind, die ebenso gewaltsam niedergeschlagen werden.

Als ich 1982 an einem Sonntag in Puerto Limón, Costa Rica, gewesen war, hielt die Stadt gerade Siesta, und ich ging zu den Kais aus Holz, um zuzuschauen, wie die Bananen auf ein Schiff geladen wurden, das der Del-Monte-Fruit-Company gehörte. Die Bananenzüge fuhren zu den verrottenden Schuppen und rangierten in der sengenden Hitze hin und her. Man mußte höllisch auf losfahrende Waggons achten. Sollte es tatsächlich ein Signalsystem geben, blieb es verborgen.

Der Dockaufseher lag auf einer Lattenkiste und ruhte

sich aus. Er war riesengroß, hatte eine blauschwarze Haut und triefte vor Schweiß. Ich habe nie zuvor einen Mann gesehen, der so friedlich aussah und dem gleichzeitig so heiß war. Er lehnte es ab, sich photographieren zu lassen. Nachdem er sich einige Minuten ausgeruht hatte, stellte er sich unter den offenen Hahn einer Wasserleitung, um sich abzukühlen. Seine Tagesration bestand aus einem ein Meter langen rohen Zuckerrohr und drei grünen Maiskolben. Er sagte, seine Frau wohne auf einer verlassenen Bananenplantage hinter dem Sumpfgelände; das bedeutete, sie hatte kein eigenes Zuhause. Die Eigentümer bezeichnen solche Familien, die aufgegebene Bananenplantagen zum Eigenbedarf bebauen, als *parasitos*.

Die Profite aus dem Geschäft mit tropischem Obst sind sehr akzeptabel, und als ich zum Heck des Del-Monte-Bananenschiffs hinging, entdeckte ich einen der Gründe. Dieses nordamerikanische Unternehmen hatte das Schiff in Panama registrieren lassen und nutzte damit die Vorteile der weniger strengen Sicherheits- und Arbeitsbestimmungen aus.

Aber nicht in Costa Rica, sondern hier in Honduras war die Macht des größten nordamerikanischen Konzerns, der United Fruit Co., durch Plantagenarbeiter der Atlantikküste gebrochen worden. Das war im Jahre 1954. Damals bildete die United Fruit Co. die Parallelregierung zu der offiziellen in Honduras. Die Entscheidungen, die in ihren Büros getroffen wurden, hatten eine viel größere Bedeutung als die vom Präsidentenpalast. Es wäre keine Übertreibung zu behaupten, daß die folgenden honduranischen Präsidenten Aufseher für die United Fruit Co. waren. Einer

371

dieser Präsidenten, Tiburcio Carías, war ein solch tatkräftiger Aufseher gewesen, daß er als erster den amerikanischen Kontinent aus der Luft bombardierte, um eine Revolte der Plantagenarbeiter zu unterdrücken. Aber am 4. Mai 1954 begann in Honduras ein Streik, der bis zum heutigen Tag ein Geheimnis bleibt. Ohne irgendwelche Vorwarnungen oder eine ersichtliche Organisation weigerten sich 40 000 Plantagenarbeiter wie ein Mann, zurück an die Arbeit zu gehen, bevor sie nicht eine hundertprozentige Lohnerhöhung, freie Unterkunft und ärztliche Betreuung zugestanden bekommen hatten. Vier Monate später, nachdem der Konzern 20 Millionen Dollar verloren hatte, kapitulierte die United Fruit Co. In »20 mal Lateinamerika« von Marcel Niedergang heißt es: »Dies markierte die schwindende Machtposition der United Fruit Co. in Zentralamerika.«

Am anderen Tag in Tegucigalpa erinnerte ich mich an einen weiteren Grund für mein Widerstreben, nach Honduras zurückzukehren. Tegucigalpa ist die einzige Stadt in Zentralamerika, wo ich die extreme Form städtischer Armut erlebt habe. Honduras ist ein verhältnismäßig großes Land mit einer verhältnismäßig niedrigen Bevölkerungszahl, doch existiert nur ein kleines Gebiet mit fruchtbarem Boden, und wenn auch die United Fruit Co. dazu gebracht worden ist, einen großen Teil des besten Landes aus der Hand zu geben, drängt es die Menschen immer noch in die Städte. Die meisten Landflüchtigen kommen nach Tegucigalpa.

Der Hauptplatz, die Plaza Morazán, ist um das Standbild des Generals Francisco Morazán herum angelegt, des Mannes, der beinahe Zentralamerika vereinigt hätte. Hier stand an einer Straßenecke eine junge Landfrau, blind, den Kopf zurückgelegt, und sog mit solcher Gier an einer warmen Coke, als hätte sie gerade die Wüste durchquert. Neben ihr schwankten Arm in Arm zwei junge Männer und stützten sich gegenseitig, sie waren kraftvoll, aber betrunken und verarmt. Sie hatten engelgleiche Gesichter, und in Europa hätten sie als Photomodelle fünfhundert Pfund pro Tag verdienen können, aber in Tegucigalpa gab es keine Zukunft für sie. Ich mietete mir ein Zimmer, machte mir Notizen und ging später durch die Stadt zu einem Restaurant. Auf dem Treppenabsatz vor der Kathedrale schliefen bereits alte Männer, zusammengerollt in Nischen unter den aus Stein gehauenen Ornamenten.

Die aufgetischte Mahlzeit war kläglich, der Reis fade, das Steak zäh, die Soße dünn, das Bier lauwarm. Als ich so nörglerisch dasaß und aß, schlich sich ein kleiner Junge in den Raum. Er ging von Tisch zu Tisch und bettelte um etwas Eßbares. Mehrere Gäste schickten ihn fort. Er kam zu einem Tisch, wo das gewichtige Oberhaupt einer wohlhabenden Familie Frau und Kinder zum Essen ausführte. Sie saßen da in gerader Haltung in ihrer besten Kleidung und stocherten höflich im Essen herum, das ihnen aufgetragen wurde. Es war ein feierliches Ereignis, und die Kinder suchten dem gerecht zu werden. Dann tauchte plötzlich dieses stinkende, zerlumpte Bürschchen zwischen ihnen auf, sein dreckiges kleines Gesicht war auf gleicher Höhe wie das saubere Tischtuch, seine übelriechende Hand streckte sich nach dem Essen aus. Ich wartete ab und rechnete mit einem denkwürdigen häßlichen Benehmen. Statt dessen schickte der Vater die Kellner weg und sagte seinen Kindern, sie sollten dem kleinen Jungen soviel geben, wie er tragen konnte. Sie brachen Brötchen auf und füllten sie mit Fleisch und Soße. Sie häuften Spaghetti in Tortillas auf und füllten sein Hemd mit Obst, und kurz darauf trottete er zur Tür hinaus, hinter sich eine frische Spur von Bratensauce und Ketchup. Kurz danach ging ich aus dem Restaurant und fand ihn auf den Stufen sitzend, umgeben von mehreren älteren Kindern, die alle zu vertieft ins Essen waren, um zu betteln. Die Straße weiter entlang gab es noch mehr kleine Jungen, die schon schliefen. Sie machten sich das lange, schmale Stück Bürgersteig streitig, das von den Simsen geschützt war, die an den neuen Bürobauten der Stadt angebracht waren.

Ich betrat eine Bar mit *mariachi*-Gesang. Ein alter Mann in einem fleckigen braunen Anzug saß dort; er hatte einen ungleichmäßig gelblichen Schnurrbart und eine verwelkte Nelke im Knopfloch. Er trug einen schmuddeligen braunen Filzhut. Nicht einmal die Löcher in den Turnschuhen konnten seiner verschlissenen Eleganz etwas anhaben. Trotz des Getöses der *mariachi*-Kapellen zog dieser alte Gentleman von Tisch zu Tisch und bot an, in Begleitung seines Banjos zu singen. Seine Stimme war weg, und am liebsten sang er ›Granada‹. Diejenigen, die bereit waren, seinem Gesang zu lauschen, bereuten das bald, doch sein Benehmen war so würdevoll, und die meisten seiner Kunden waren so höflich, daß es nicht lange dauerte, bis er neue Zuhörer bekam. Für diese Zumutung verlangte er sogar weniger als die routinierten *mariachi*-Spieler. Als ich mir seine Kleidung genauer ansah, erkannte ich, daß sie im

Laufe der Jahre dunkel geworden war. Ich hatte den weißen Anzug und die billige Musik gefunden.

Die Bar in diesem Raum war ungefähr fünfzehn Meter lang, der Raum nochmal so lang. Der Fußboden war gefliest und von einem Pultdach aus Asbest beschirmt. Die Wand hinter dem Tisch, an dem ich saß, bestand aus Bambusrohr, etwa fünf Zentimeter dick. Nachdem mein älterer Troubadour mich mit ›Granada‹ geplagt hatte, das nicht zu meinen Lieblingsliedern gehört, forderte er mich auf, etwas anderes auszuwählen. »*Más tarde*«, sagte ich, doch er stürzte sich in eine Sambamelodie, die vielleicht diesen Titel trug. Als ich mich zurücklehnte, um mich so weit wie möglich vom Vortrag zu distanzieren, spürte ich, wie eine dreckige Hand an meinem Ohr vorbeiwischte. Sie hatte sich durch einen Schlitz im Bambus geschoben. Hinter der Hand blickten flehentlich zwei Augen, der Mund stand offen, eine zweite Hand machte lebhafte Gesten des Essenhabenwollens. Und ein ältliches Hühnerbein, das mir von der Kellnerin aufgetischt worden war, verschwand blitzschnell in der Hand, die sich in nächster Nähe durch die Bambuswand verzog. Ich preßte mein Gesicht an den Schlitz. Der Unbekannte hatte uralte Jeans und ein verschlissenes Unterhemd an. Ich glaubte, das Zermalmen eines Hühnerknochens hören zu können.

Die meisten Männer in der Bar trugen große weiße Cowboyhüte. Eine honduranische Sitte, die nicht die Anwesenheit von Pferden verlangt. Ich hatte seit langem nicht mehr derart Betrunkene wie die Cowboys in dieser Bar gesehen, falls überhaupt. Sie gingen im Zickzack. Junge Männer, die etwa achtzehn Meter vom Eingang entfernt saßen, legten beim Hinausgehen eine Strecke von über fünfzig Metern zurück. Wenn sie dasaßen, sahen sie ganz okay aus. Der Ärger begann beim Aufstehen. Der Weg, den sie zum Ausgang hin verfolgten, wurde von dem Weg, den eine andere Gruppe viel jüngerer Burschen einschlug, gekreuzt. Die Straßenjungen gingen nicht im Zickzack. Sie schlängelten sich voran. Sie kamen durch die Tür herein, als wollten sie zu den Toiletten am anderen Ende des Raums. Auf ihrem Weg lavierten sie von einem Teller mit Kartoffelchips zu einem Brötchen, von einem Hühnerbein zu einer Zuckerdose. Alles, was sie essen konnten, nahmen sie. Wenn sie die andere Seite des Raums erreicht hatten, wendeten sie und liefen hin- und herspringend wieder zurück. Niemand protestierte dagegen, solange sie in Bewegung blieben. Die Kellnerinnen hielten immer Nachschub bereit. Obwohl diese Frauen in schmucken gelbweißen Tuniken steckten, spuckten sie genau wie ihre Gäste auf den Boden, längliche wohlgezielte Klackse, und sorgten damit regelmäßig für visuelle Abwechslung. Während die Straßenjungen ihre Überfälle ausführten, drückten die Kellnerinnen ein Auge zu, wobei sie gelegentlich Brot oder Zucker unbeaufsichtigt auf leeren Tischen ließen. Einige der Plünderer humpelten, die Nachwirkung von Polio, andere waren leicht schwachsinnig, einer war blind und mußte von einem Freund geführt werden. Die einzige Person, die sie wahrscheinlich hätte davon abhalten können, hatte sich aus dem Getümmel zurückgezogen. Es war ein Sicherheitsbeamter, der mit einer Pistole bewaffnet an der Theke lehnte; den Rücken abgewandt von den Ereignissen, nippte er an einem Drink und stocherte mit der Spitze eines Kugelschreibers in den Zähnen herum.

An einem Tisch führte eine Gruppe von Farmern, offensichtlich reicher als die anderen Gäste, ihre Frauen zum Essen aus. Einer von ihnen, groß und kräftig wie ein Stier, war so betrunken, daß er alle Lieder singen wollte. Unfähig, auch nur einen Vers hinzukriegen, schnappte er sich statt dessen ein Instrument vom Musiker in seiner unmittelbaren Nähe, einem winzigen nervösen Geiger. Das wiederholte sich mehrmals, und der Kerl von Farmer demonstrierte dazu seine Unfähigkeit, Geige, Trommel oder Gitarre spielen zu können. Immer, wenn er aufstand, machten die einzelnen Musiker allerlei Manöver, um ihm aus dem Weg zu gehen. Es stand außer Frage, sich seinem Charme zu widersetzen, dafür war er zu betrunken und viel zu groß. Jedesmal, wenn zwei Takte lang Dissonanzen erklungen waren, stand sein noch größerer Bruder auf, der einzige im Raum, der zum Handeln bereit war, reichte das Instrument an seinen Besitzer zurück und führte den Bruder wieder an seinen Tisch zurück. Während dieses ganzen Vorgangs hatten beide Brüder einen Ausdruck nachdenklichen Wohlwollens im Gesicht, als wären sie sich nicht sicher, wer eigentlich wem zu Hilfe kam. Sobald sie wieder am Tisch saßen, verflüchtigte sich der Nebel der Unwissenheit im Kopf des Jüngeren; Anflüge von Verlegenheit oder Protest zeigten sich, und sofort entführte ihn sein Wächter zu einem wilden Samba und stellte damit voll und ganz die Glückseligkeit und Betäubtheit des Betrunkenen wieder her. So tanzten denn diese hünenhaften Männer eine Zeit-

lang Samba miteinander, in eleganten Anzügen, hoch-
hackigen Stiefeln und Cowboyhüten, bevor sie zu ihren
Plätzen zurückkehrten. Wie plump erschienen sie einem,
wie ungehobelt, wie laut; und dennoch, wie sanft gelang es
dem Älteren, mit dem Jüngeren zurecht zu kommen, indem
er ihn mit allem erforderlichen Geschick und unendlicher
Geduld im Tanz herumschwenkte. Um das Vergnügen der
Gesellschaft aufrechtzuerhalten, um die Musikinstrumente zu schonen und um das Gesicht des Bruders zu wahren, war er bereit, bis tief in die Nacht hinein solche Mühe
auf sich zu nehmen.

Ich war so gefesselt von dieser Szene, daß ich nicht bemerkte, wie mein Schreiben die Aufmerksamkeit der Leute
am Nebentisch erregt hatte. Einer von ihnen wankte zu mir
hin und wollte, sich zum Halt an meinen Stuhl klammernd,
wissen, ob ich Deutscher, Engländer oder Gringo sei. Es
ging um eine Wette. »Trinken Sie mit uns«, wies er mich an.
»Wir feiern gerade die Geburt des sechsten Enkelkinds
meines Vaters, des ersten Kindes meines Bruders und
Patensohns meines Freundes. Wir sind sehr betrunken.«

Das stimmte. Sie erzählten mir, wenn das Baby ein Mädchen gewesen wäre, würden sie jetzt nicht feiern, doch so
tranken sie schon seit zwei Tagen auf das Wohl des kleinen
Jungen. »Und dort ist sie, die Mutter, meine Frau«, sagte
der Vater, »da drüben im Krankenhaus. Sie kann sich nicht
so wie wir betrinken.« Sie fragten mich, was ich in Honduras mache. Ich sei Schriftsteller. Und worüber schreibe ich?
Über *alles*. Und was würde ich denn über Honduras schreiben? Meine Geschichte klang mir selbst immer unwahrscheinlicher. Ich sagte, ich würde schreiben, daß alle in

Honduras furchtbar betrunken seien. Na sowas, ich sei also Tausende von Meilen aus England gereist, um zu schreiben, daß jeder in Honduras furchtbar betrunken sei? Hatte man je eine unwahrscheinlichere Geschichte gehört?

»Dieser *hijo de puta*«, sagte der Großvater, »ist ein *espía*. Schaut euch sein Hemd an.« Er zog an meinem Hemd. »Klar, nur ein *espía* trägt so ein Hemd! Aah! *Espía, hijo de puta*!« Die Situation wurde gerettet, als die Kellnerin mir das Notizbuch überreichte, das ich auf meinem Tisch hatte liegenlassen. Die betrunkene Gesellschaft mußte somit zugeben, daß kein *espía* ein Notizbuch unbeaufsichtigt würde liegenlassen. Für dieses Maß an Dummheit brauchte es einen Mann, der den weiten Weg aus England gekommen war, um zu schreiben, daß alle in Honduras furchtbar betrunken sind.

Ich ging über die Plaza Morazán zurück zum Hotel. Die Leute spazierten noch durch die warme Nacht, Paare, Familien, Gruppen von Alten, um ein wenig Luft zu schöpfen. Ein friedlicher Ort zum Herumlaufen, bevor man schlafen ging. Irgendwo auf der Plaza weinte ein Kind, und allmählich wurde das Geräusch beunruhigend. Es wuchs sich zu einem lauten Heulen aus, das jedem, der es hörte, das Leben zur Qual machte. Dann sah ich das heulende Etwas. Es war ein etwa fünfjähriges Kind, das auf der Mitte des Platzes rückwärts ging und zur Mutter hochschaute, die ihm nachfolgte. Um den Hals des Jungen war eine Schnur geschlungen, deren Ende seine Mutter fest in der Hand hielt. Die Frau war blind. Sie trug einen schweren Holzkasten unterm Arm, und es gab noch ein jüngeres Kind, ein Mädchen, das an ihrem Rock hing und still hinter ihr herlief. Die Frau hatte in der anderen Hand einen dicken Stock. Der Junge heulte und heulte. Er hatte sein Gesicht beim Rückwärtsgehen zum Gesicht der Mutter hochgehoben, und die Schnur war angespannt. Beim Zurückgehen führte er die Mutter ein Stück vorwärts, ganz langsam. Er streikte. Seine Mutter versuchte ihn zu besänftigen, sie redete ihm ruhig und lächelnd zu, vergaß aber nicht, die Schnur straff zu halten. Ihr Lächeln war gespenstisch. Ihre grauen und schwarzen Haarsträhnen hingen bis auf die Schultern herab, wie Drahtrollen. Ihr Gesicht war einmal schön gewesen, doch ihre Augen wirkten jetzt wie zusammengenäht, ihr Mund war verzogen, das ganze Gesicht schief, das Lächeln – gedacht, ihn zu beruhigen, war erschreckend. Der Junge hatte das alles vor Augen, und dagegen schrie er an. Schließlich verlor die Mutter die Geduld. Hilflos mitten auf der Plaza mit ihrem protestierenden Führer, zog sie ruckartig an der Schnur und schlug mit dem Stock nach ihm. Der kleine Junge wich geschickt aus. Dank langer Erfahrung vermochte er das Beste aus der Blindheit seiner Mutter zu machen. Sie hielt ihren Sohn an der Leine, weil sie sich nicht darauf verlassen konnte, daß er sie auch führte. Aber er war zu jung für seine Pflichten. Da es der Frau nicht gelang, den Jungen zu schlagen, versuchte sie statt dessen, das immer verängstigter werdende Mädchen zu beruhigen. Das Entsetzliche an der Szene lag darin, daß man mit dieser Mutter sympathisierte, die ihren Sohn an der Leine hielt. Die Honduraner drehten sich um und schauten dorthin und spazierten dann weiter. Niemand machte Anstalten, der Blinden zu helfen. Vielleicht taten sie nichts, weil sie nichts anderes sahen als sonst auch, die Frau auf dem Platz, die wie üblich zu ihrer Bruchbude am Berghang heimging, vorbei am Standbild des Generals Morazán, des Mannes, der Zentralamerika hatten vereinigen wollen.

Das war 1842 gewesen. Der Versuch, die Einheit durchzusetzen, hatte überall auf dem Isthmus zum Krieg geführt. Ein alter guatemaltekischer General, der in einem Dorf geboren war, das wegen seiner Ammen berühmt war, stand im Begriff, eine Schlacht zu verlieren. Er schickte nach einer Amme aus seinem Dorf und zog sich für die Nacht in sein Zelt zurück. Am Morgen erschien er erfrischt und gewann die Schlacht. Die Führer der einzelnen Staaten haßten General Morazán wegen seiner Liberalität, und als sie ihn gefangennahmen, erschossen sie ihn. Danach errichteten sie dieses Standbild.

Akt der Liebe

Wenn man etwas erhöht im Zentrum von Managua steht,
kann man die Regenböen sehen, die wie Rauchsäulen über
den See laufen; die Spitze des Sturms läßt sich am fernen
Ufer ausmachen. Eine weitere Sturmbö jagt anderthalb
Kilometer hinterher. An klaren Tagen kann man am gegenüberliegenden Ufer einundzwanzig Vulkane zählen.
Nach einem guten Mittagessen sogar fünfundzwanzig.

Die Hauptstadt von Nicaragua hat soviel unter der höheren Gewalt gelitten wie nur irgendeine Stadt in Zentralamerika. Sie wurde im März 1931 bei einem Erdbeben völlig
zerstört und 1936 durch ein Feuer schwer beschädigt. Im
Dezember 1972 wurde sie ein weiteres Mal bei einem der
berüchtigsten Erdbeben unserer Tage zerstört. Das Stadtzentrum fiel in einer Nacht in Trümmer. Dann wurde

Managua durch die Kämpfe von 1978 und 1979 verwüstet. Bei meinem ersten Besuch im Jahre 1982 gab es katastrophale Überschwemmungen; Slumgebiete wurden in den See gerissen.

Ich ging durch den Teil der Stadt, wo die Erde gebebt hatte. Im Straßensystem zeigten sich noch genau gegliederte Rechtecke und Kurven, doch es verlief sich in der Wildnis, trennte keine Häuserblocks mehr voneinander, nur unbebaute Rasenflächen. Ganz gleich, wo man sich in Zentralamerika befindet, die Zerstörungen durch Erdbeben verfolgen einen. Es gibt kein Land, das nicht die Katastrophen in seiner Geschichte und in der Gegenwart aufzählen könnte. Der ganze Isthmus ist geologisch ein einziger Bruch. Die Menschen, die sich in diesem Teil der Erde ansiedelten, waren prädestiniert, eine rege Phantasie und den Glauben an eine feindselige Gottheit zu entwickeln. Als die spanischen Priester auf dem Isthmus auftauchten, ersetzten sie die blutbefleckten Altäre der Maya- und Aztekenreligionen durch eine Religion der Vergebung und einen Gott der Liebe. Sie versuchten, Angst durch Vertrauen zu ersetzen. Der erste Heilige von Neu-Spanien war nicht ein Streiter der Inquisition, sondern Santa Rosa von Lima, die anerkannt wurde wegen ihrer Fürsorge für die Indios und ihres Geschicks als Ärztin. Bartolomé de las Casas, ›der geliebte Vorkämpfer für die Indianer‹, war unter den ersten, die nach Nicaragua kamen, einem Land, das nicht von Mexico City aus kolonisiert wurde, sondern von Panama aus. Doch die Botschaft von Rosa von Lima und Bartolomé de las Casas verhallte. Sie konnte sich in der brisanten Verschmelzung von

Spaniern und Indios kein Gehör verschaffen. Spanische Geistigkeit unterlag indianischen Geistern. Die spanische Habgier bezwang den Traum der Indios und den Gott der Liebe. Die Minen von Zentralamerika waren bald ausgebeutet, und der Zusatzgewinn aus Landwirtschaft und unedlen Metallen genügte nicht, um für die christliche Nächstenliebe zu zahlen. Die Geldgier derjenigen, die die Menschen ausplünderten, über die sie herrschten, wurde von den Bischöfen Neu-Spaniens nicht gezügelt. Die Reichen weigerten sich, ihren Wohlstand zu teilen, und schließlich kam ihren Untertanen der Gedanke, daß man die Reichen dazu zwingen müsse, statt daß die Armen darauf verzichteten. Da die Kirche nicht ganz überflüssig werden möchte, schwimmt sie heute im Kielwasser dieser neuen Idee, doch nichts, was sie tut, kommt der Größe gleich, die sie besaß, als sie eine Idee sui generis darstellte.

Ich wollte die Kathedrale von Managua besuchen, die durch das Erdbeben von 1972 zerstört worden war. Ich fuhr mit dem Taxi durch die triste Steppe des Stadtzentrums. Der Taxifahrer, der sich als Nicht-Marxist-Leninist herausstellte, wurde aufgeregt, als er Neues von Margaret Thatcher hörte. »Hola! *La Barbiana*«, sagte er. »*Muy* BRAVA, *muy fuerte.*« Und er ließ seine Muskeln spielen und seine Goldzähne blitzen. Ich verließ ihn auf der Plaza, wo er etwas von Mrs. Thatchers *cojones* murmelte, und suchte mir meinen Weg über die Stufen der ehemaligen Kathedrale.

In Cartago, einer Stadt in Costa Rica, steht eine Kirche, die bei einem Erdbeben im Jahr 1841 in Trümmer fiel und 1910 ein weiteres Mal verwüstet wurde. Ein Schild davor besagt, daß die Kirche beim Erdbeben von Santo Antolíno total zerstört worden ist und erneut beim Erdbeben von Santa Mónica. Man muß eine gewisse Vertrautheit mit Erdbeben haben, bevor man beginnt, ihnen Namen zu geben. Die Kirche ist jetzt eine sorgfältig gepflegte Gartenanlage und beliebter Treffpunkt für Liebespärchen. Anders liegt der Fall bei der Kathedrale von Managua.

Hier sind die Marmorstufen geborsten, und Sträucher sprießen aus den Spalten. Das Dach ist eingefallen. Man tritt in die Kathedrale ein und befindet sich im Hauptschiff, einem Miniatur-Dschungel, Heimstätte von Vögeln und Ratten. Mitten im Altarraum wimmelte der aufgeschwollene graue Kadaver einer Ratte von Ameisen und Fliegen. Umgefallene Säulen und zerbröckelnde Marmorplatten liegen überall herum, aber viele Kultgegenstände sind erhalten geblieben. Die Statue Unserer Lieben Frau vom Ewigen Beistand ist verschwunden; der Leuchtturm, der an die Wand dahinter gemalt ist, leuchtet weiterhin. Ein Seitenaltar weist noch immer die Inschrift auf: ›*In manus tuas Domine commendo spiritum meum*‹, die man auf beiden Seiten des Wappens irgendeines verstorbenen Kardinals entziffern kann. Die stehengebliebenen Säulen sehen wakkelig aus, wie geschwächt durch die gezackten vertikalen Risse. Seit zwölf Jahren ist die Kathedrale in diesem Zustand, es heißt allerdings, daß sie eines Tages wieder aufgebaut werden soll. Bis dahin scharen sich die Vögel um die Steintaube, den Paraklet, und auf die Rückwand des leeren Tabernakels hat eine unbekannte Hand gekritzelt: ›Cristo presente! J. Cristo viene pronto! Prepárate!‹ Das ist das einzige Anzeichen, das auf Zuneigung oder Interesse für diesen Bau schließen läßt, der einst Zentrum des religiösen Lebens in diesem Land war. Draußen vor dem Portiko hat die sandinistische Regierung ein Gerüst aufgestellt, allerdings nicht, um das Gebäude zu stützen. Es zeigt ein etwa neun Meter hohes Poster von A. C. Sandino im Cowboyhut, das die Vorderansicht der Kathedrale versperrt. Vor solchen Plakaten mußte Papst Johannes Paul II. 1983 die Messe lesen, während Massen der Sandinistischen Jugend buhten und Sprechchöre anstimmten. Angesichts der Probleme, die die Kirche im heutigen Nicaragua hat, scheint es recht unwahrscheinlich, daß diese Kathedrale je wieder aufgebaut werden wird.

Die ideologischen Kampflinien in Nicaragua werden an der Grenze schon vorgezeichnet. Bei der Zollabfertigung rafften die Beamten meine ganzen zentralamerikanischen Zeitungen zusammen, die ich so sorgfältig gesammelt hatte, und warfen sie auf den Boden. Konfisziert. Alle ausländischen Zeitungen verboten. Später hörte ich, ich hätte sie behalten können, wenn ich gesagt hätte, daß ich Journalist bin. Das verschlimmerte das Ganze nur; eine typisch totalitäre Lösung, die Schaffung einer privilegierten Klasse, die der Regierung zu Gefälligkeit verpflichtet ist. Verärgert las ich die Parolen ringsum in der Halle. ›Willkommen!‹ hieß es da. Die Rede war von ›Kampf‹, ›Fortschritt‹, ›Brüderlichkeit‹ und ›Revolution‹, alles in höchsten Tönen. ›Die sandinistische nationale Befreiungsfront ist unbestritten *(indiscutible)* die Vorhut unseres Volkes.‹ Diese unbestrittene Erklärung ist zweimal rot angestrichen wie im Kalender, darüber läßt sich absolut nicht streiten, *no es discutible.*

Diese Parolen sind einer der charakteristischen Anblicke in Nicaragua. Man könnte meinen, die Regierung hätte fünf Jahre nach der Revolution von 1979 ein Poster-System organisieren können; aber das wäre unromantisch. Für die Sandinisten sind das romantische Element und eine Mythologie des Anfangs sehr wichtig. Es ist wichtig für diese Regierung, die entschlossenste und effizienteste, die das Land bisher hatte, daß sie immer noch bis zu einem gewissen Grad als inoffiziell und dilettantisch erscheint, als Teil des einfachen Volkes, wie anfangs, als sie die Macht übernahm. ›No pasarán‹ ist einer der beliebtesten Refrains, ein berühmt gewordener Satz, der von den umzingelten Linken im spanischen Bürgerkrieg stammt. Die politischen Umstände beider Länder haben wenig gemein, doch fördern die Parolen gerade solche Assoziationen. Zuerst wirken die Parolen etwas zu aufdringlich. Später werden sie beklemmend. Man sehnt sich nach einem spontanen Graffiti-Künstler, keinem amtlich bestellten, der einfach etwas riskant Unabhängiges hinpinselt, wie »Halt's Maul!«

Nachdem ich die Kathedrale verlassen hatte, wanderte ich an Managuas Parolen entlang und war deprimiert. Ich wollte das normale Leben, wo es bei einer Sache gewöhnlich mehr als zwei Seiten gibt. Vor dem Sitz des Verteidigungsministers hielt ein Mädchen Wache. Sie trug eine Khakiuniform und eine Maschinenpistole, und das Haar war in Flechten nach oben gesteckt und umrahmte ihr Gesicht. Eine ältere Frau, die ihr ähnelte, stand auf dem Bürgersteig draußen vor dem Drahtverhau. Die ältere Frau war im Gegensatz zu ihrer Tochter schick angezogen. Sie plauderte mit dem Mädchen und brachte es zum Lachen. Das

Mädchen lachte unbefangen, ganz privat, vielleicht über etwas, was ein Verwandter bei einem Familientreffen gesagt hatte. Das hier war ein inoffizieller Besuch, ein privater Augenblick im strikten Zeitplan der Militärrevolution. Die Mutter verstummte, als ich mich näherte, fixierte mich nur, bis ich vorbei war. Sie meinte wohl, ihre Tochter könnte durch sie Schwierigkeiten bekommen, wenn sie mit ihr während des Dienstes redete. Die Tochter fand nichts Unpassendes an ihrem Gespräch. Sie hatte Wachdienst, und sie redete mit ihrer Mutter. Also was? Weiter unten an der Straße lehnte sich in einem Gärtchen eine grauhaarige Frau unter einem großen Baum im Sessel zurück, den sie sich aus dem Haus geholt hatte. Die Füße hatte sie auf eine Kiste gelegt. Hinter ihr stand ein kleiner Junge mit einer Pinzette ausgerüstet und holte die Nissen aus ihrem Haar, die er dann ordentlich in eine stählerne Schale neben ihm fallen ließ. In dieser Stadt wurde Familienleben anscheinend großgeschrieben. Ich ging weiter durch Managua und stieß schließlich auf das Revolutionsmuseum.

Nicaragua ist eines jener Länder, die man zu kennen glaubt, obwohl man nie dort gewesen ist. Manche fahren dorthin und finden es genauso, wie sie es sich vorgestellt haben, sie hätten ebensogut zu Hause bleiben können. Die Schauspielerin Julie Christie kehrte einmal von Nicaragua nach England zurück und schrieb einen Leserbrief an den *Observer*, worin sie die Ansicht vertrat, daß es in Nicaragua mehr Freiheit bei den Wahlen gebe als in Großbritannien. Für Schwärmer wie sie haben die Sandinisten das Revolutionsmuseum geschaffen. Vom ersten Exponat an, das draußen vor dem Gebäude plaziert ist, weiß man, was einen erwartet. Auf dem dazugehörenden Anschlag liest man: »Barrikade aus Pflastersteinen, unentbehrlicher Schützengraben im Stadtkrieg«. Gegenüber diesem Ausstellungsstück erhebt sich die zertrümmerte Hinterhand eines Bronze-Pferdes, die zum Reiterstandbild von Somozas Vater gehörte, das während seiner Diktatur vor dem Nationalstadion postiert war und Nacht für Nacht angestrahlt wurde. Die Gestalt darauf ist verschwunden, doch ausgestellt ist der Pferdearsch. Das hier ist ein Volks-Museum.

Im Hintergrund der nicaraguanischen Politik geht es bei flüchtiger Betrachtung mehr um die Rivalitäten konkurrierender Gruppen und Familien als um den weltgeschichtlichen Kampf zwischen Marx und Kapital. Augusto César Sandino, der Ur-Sandinist, war ein indianischer Guerillakämpfer, der sich einen Namen machte, als er in den dreißiger Jahren den us-Marinetruppen aus dem Hinterhalt auflauerte. Obwohl Sandino eine Landreform anstrebte, ließ ihn sein Geschick, den Gringos Unannehmlichkeiten zu bereiten, zum Nationalhelden werden. Sandinos Aktivitäten erreichten einen glorreichen Höhepunkt in der Wahl Roosevelts im Jahre 1933. Roosevelt ordnete die Rückkehr der us-Marinetruppen an, und Sandino konnte in Managua einrücken. Er wurde herzlich von den Familien willkommengeheißen, die seit der Gründung Nicaraguas die Herrschaft ausgeübt hatten. Sie waren in konservative und liberale Lager aufgespalten, und nur die Gewalttätigkeit ihrer Fehden hatte zur Intervention der us-Marinetruppen geführt. Jetzt endlich konnten sie sich vereinen – gegen die Landreform. Sandino wurde mit den Würdenträgern zusammen photographiert und auf beide Wangen geküßt. Ein klassisches Beispiel für den *abrazo*, den Judaskuß. Er wurde dann vom Befehlshaber der Nationalgarde, Anastasio Somoza, zu einem Bankett eingeladen und während des Essens ermordet. In diesem spektakulären Akt des Verrats wurde die sandinistische Bewegung geboren. Es wäre allerdings falsch zu behaupten, daß die sandinistische Bewegung ›Keine politischen Morde während eines Banketts‹ bedeutet. Vielmehr bedeutet sie: ›Jene, die Menschen beim Essen ermorden, werden sich auch den Magen verderben‹. Anastasio Somoza besuchte 1956 nach zwanzig Jahren Diktatur ein festliches Bankett, das von der liberalen Partei in León veranstaltet wurde. Ein Orchester spielte, und während einer lauten Passage wurde er niedergeschossen. Sein Sohn, Befehlshaber der Nationalgarde, der ebenfalls Anastasio hieß, wurde sein Nachfolger. Anastasio jun., der von den Sandinisten und vielen anderen Oppositionskräften 1979 gestürzt wurde, starb in Paraguay, wo er sich unter den Schutz von General Alfredo Stroessner gestellt hatte. Sein gepanzertes Auto wurde von einer Rakete getroffen. General Stroessner sagte, der Mord gehe auf das Konto der argentinischen *montoneros*. Die Sandinisten behaupteten, sie seien die Urheber. Andere vermuteten, General Stroessner habe es getan, weil er ein geruhsames Leben führen wollte: das Raketengeschoß sei bloß ein ungewöhnlich herzlicher *abrazo* gewesen.

Nichts davon im Revolutionsmuseum. Statt dessen finden wir die vertraute Mythologie der Linken in rudimentärer Form. Erzählt wird in Bildern und Dokumenten und anhand von alten Gewehren die Geschichte von Pancho Villa, wobei die Beschuldigungen wegen Banditentums fehlen. Diejenigen, die in der Frühphase des proletarischen Kampfes engagiert waren, um 1914, der Vor-Sandino-Zeit, heißen ›die Sorgensöhne‹. Dann folgt die Zeit in den Bergen, die Periode der Besinnung. Eine Gruppe von Sandino-Anhängern wurde 1931 ›tief im Nueva-Segovia-Gebirge‹ photographiert, zwei Jahre vor dem triumphalen Einzug in Managua. Doch seltsamerweise ist die entrollte Fahne nicht die mit Hammer und Sichel. Sie zeigt gekreuzte Knochen unterm Totenkopf. Man fragt sich, wieviel von Marx A. C. Sandino eigentlich gelesen hat. Das Museum erreicht sein Ziel auf simpelste Weise. Da gibt es Aufnahmen von Kennedy und Nixon zusammen mit Somoza; weiter Photos von feisten Bischöfen in vollem Ornat, die einen Somoza-Kuchen anschneiden. Alle erbeuteten ›faschistischen‹ Gewehre haben einen perlmuttverzierten Lauf und Silberziselierung. Die Gewehre der heldenhaften Revolutionäre sind meist mit einem Klebeband zusammengehalten. Ein großer Panzerkampfwagen ist zu sehen, in dem die heldenhaften Sandinisten von der Westfront Somozas Nationalgarde in León angegriffen haben. Dann ist da ein viel kleinerer Panzer, ein ›ridículo tanque‹, den der faschistische Diktator Benito Mussolini dem alten Mann Somoza geschenkt hat. Schließlich das Hauptstück der Sammlung, das Somoza-Exponat. Man hat jede Medaille, die er bekommen hat, an seine Uniformjacke geheftet, so daß sie dem mit Perlmuttknöpfen besetzten Festkleid eines Londoner Straßenhändlers gleicht. Von einem seiner Standbilder ist der Kopf abgetrennt und hergeschleppt worden, außerdem zeigt man seinen Pyjama, auch den US-Marinepfadfinderhut und das ›Unser-Führer‹-Abzeichen. Es gibt zwei Steinblöcke mit eingelassenen Eisenringen zu sehen, die angeblich aus der Mauer seiner Folterkammer stammen. Das Exponat heißt »Anastasio Somoza – der letzte amerikanische Marineinfanterist« und ist allein schon denkwürdig genug, um einen Museumsbesuch zu rechtfertigen.

Vom ersten Tag ihrer Macht an haben die Sandinisten die Versprechen, die sie Nicaragua gegeben haben, gebrochen. Somoza wurde nicht allein durch sie gestürzt. Sie hatten jahrelang ohne Erfolg gekämpft, bevor ihnen ein allgemeiner Volksaufstand zum Sieg verhalf. Doch nach dem Zusammenbruch der Nationalgarde hatten die Sandinisten alle Gewehre. Eine demokratische Koalition wurde gebildet, die aber nie irgendwelche Macht besaß; die war immer der obersten Regierungsjunta der Sandinistischen Befreiungsfront und den Führern der einzelnen Bewegungen, den *comandantes*, vorbehalten.

Sie hatten zuerst versprochen, ein Grundgesetz zu verabschieden, das eine pluralistische Gesellschaft, eine gemischte Wirtschaftsform sowie Meinungs- und Religionsfreiheit garantieren sollte. Comandante Daniel Ortega hat mittlerweile gesagt, man könne ›das mit dem Grundgesetz genausogut vergessen‹. Statt dessen gibt es Pressezensur, politische Kontrolle des Rechtswesens und ein Verbot von Oppositionspolitik und unabhängigen Gewerkschaften. Der Erzbischof von Managua, der zu ihren Anhängern zählte, bevor sie an die Macht kamen, seitdem jedoch einer ihrer freimütigsten Kritiker ist, wurde gedemütigt und lächerlich gemacht, Uneinigkeiten in der katholischen Kirche sind geschickt ausgenutzt worden.

Unter denen, die den Erzbischof unterstützten, war Pater Bismark Carballo. Eines Tages konnten die überraschten Zuschauer des sandinistischen Fernsehens sehen, wie er nackt und in Begleitung einer nackten Frau seiner Bekanntschaft in der Stadt Massaya promenierte. Die Sandinisten sagten, sie hätten ihn im Bett mit ihr erwischt. Er sagte, er habe sie zu Hause besucht, als Bewaffnete eingebrochen seien; sie hätten beide gezwungen, sich auszuziehen und nach draußen zu gehen, wo zufällig ein Fernsehteam gewartet habe. Die meisten Nicaraguaner glaubten Pater Bismark und meinten, ihm sei eine Falle gestellt worden. Groß geschadet hat es ihm jedenfalls nicht. Seit der Zeit heißt er nur noch Pater *Caballo*, ›Pater Hengst‹, in Anerkennung seines glorreichen Auftritts. Andere Priester, die das Regime kritisieren, sind ihres Amtes enthoben oder zusammengeschlagen worden. Menschenmengen wurden gegen ihre Kirchen aufgehetzt. Drei katholische Lehrbeauftragte mußten ihren Posten aufgeben, und ein Weihbischof von Managua erlitt Kopfverletzungen, als er von einer aufgebrachten Menge angegriffen wurde.

Die Sandinisten leugnen das nicht einmal. Sie rechtfertigen die Auswüchse – was ihnen leicht über die Lippen geht – mit dem Hinweis auf den Ausnahmezustand des Landes und die ›politische, wirtschaftliche und militärische Aggression gegen Nicaragua‹, die von den USA organisiert werde. Das ist also der große Triumph der US-Außenpolitik. Sie hat unentbehrliche Geburtshilfe beim Zustandekommen eines kommunistischen Staats geleistet, genau das Ergebnis, das Washington unbedingt hatte verhindern wollen.

Die internationalen Befürworter der Linken in Nicaragua, die meist in Ländern leben, die frei von einem Zwangsregime sind, akzeptieren mühelos die sandinistischen Rechtfertigungen. Für Nicaraguaner, die Somoza gehaßt haben, die aber auch nicht in einem kommunistischen Staat leben wollen, ist die Zukunft nicht so verheißungsvoll. Pedro Chamorro ist Direktor von *La Prensa*, der Zeitung mit dem größten Absatz im Land trotz Zensur; zusammen mit dem Erzbischof Miguel Obando y Bravo ist er der Wortführer der inoffiziellen bürgerlichen Opposition. Er erzählte mir über sein Leben und das Leben derer, die für eine Zeitung arbeiten, die gegen die Sandinisten ist. *La Prensa* ist ein Abendblatt und wird darum vom Zensor am Vormittag geprüft. Jede Seite muß vollständig vorgelegt werden. Lükken werden als ›Provokation‹ angesehen. Wenn eine Meldung entfernt ist, muß sie ersetzt werden. Ursprünglich wurde *La Prensa* am Tag des Drucks in ganz Nicaragua verkauft. Der Zensor hat dem ein Ende gemacht, indem er die benötigte Lesezeit von zwei auf fünf Stunden ausgedehnt hat. Das gestrichene Material ist manchmal politisch wichtig, manchmal absurd. Militärdetails werden nie gedruckt, doch die Zensur ist nicht nur militärischer Natur, sie ist auch politisch, sie ist auch blödsinnig. Nicht die Spur einer Kritik an der Sowjetunion oder an Kuba ist je erlaubt. Bilder von Breschnew sind unterdrückt worden, ebenso ein Bild von Sarah Miles, ebenso ein Bild von einem Elefanten, der in Florida Wasserski lief, ebenso ein Artikel von Octavio Paz, einem der profiliertesten Schriftsteller Lateinamerikas. Sandinistische Spitzel sind in die Redaktion eingeschleust worden. Die Sandinisten begründen ihre Eingriffe mit der Behauptung, daß unter Pedro Chamorro *La Prensa* »zu einem Werkzeug geworden sei, deren Kolumnen man mit dem Ziel kaufen könne, die Regierung zu destabilisieren«.

Es gibt auch einen unangenehmeren und persönlicheren Aspekt bei der *La Prensa*-Geschichte. Angehörige einer der sandinistischen Massenorganisationen hatten vor dem Gebäude demonstriert. In spontanem Zorn über eine kritische Nachricht versuchten sie, das Redaktionsbüro in Brand zu stecken, und bedrohten die Mitarbeiter. Einzelnen Zeitungshändlern, die diese Zeitung verkaufen, drohte man mit Brandstiftung und Tod, worauf viele *La Prensa* fallenließen. Als Tomás Borge sich einmal auf die Redakteure der *La Prensa* bezog, sagte er, wenn die *contras* je bis Managua kommen sollten, fänden sie nur Leichen vor, weil die Sandinisten all ihre Feinde vorher töten würden. Er fügte noch hinzu: »Wir ziehen ihnen lebend die Haut ab.« Und Comandante Humberto Ortega sagte am 10. Oktober 1981, daß »die Redakteure von *La Prensa* die ersten sein würden, die man an den Hauptstraßen entlang aufknüpfen« werde. Als Ortega anschließend von einem der Betroffenen auf sein Versprechen hin befragt wurde, tat er es als »rhetorisches Blabla« ab.

Während eines Besuchs auf dem Stadtfriedhof traf ich einen Angehörigen der Sandinistischen Jugend. Der Friedhof war groß und gut gepflegt. Die schwarzrote Flagge wehte über mehreren Gräbern, unter der Flagge stand das übliche bemalte Holzkreuz. Die Fahnen kennzeichneten die Gräber der *hijos de la patria*, der Kinder des Vaterlandes, die in einem patriotischen Krieg an der Grenze gefallen waren. Hier zumindest gab es kein Gefühl des Widerspruchs. Angeworben für eine ›kommunistische‹ Armee, lagen diese Soldaten in christlichen Gräbern. Einer, Daniel Arturo Teller Paz, Mitglied der FSLN, Örtliches Aktionskomitee VI, war im April 1983 gestorben, »entführt, kastriert, den Bauch aufgeschlitzt«; der spanische Brauch.

Gleich am Eingang hockte ein sehr junger Mann mit langem schwarzem Haar und strahlte jeden zufrieden an, der vorbeikam. Er sagte, er heiße Eduardo und sei ein Vertriebener aus El Salvador. Um Arbeit zu haben, schaufele er Gräber. Das war herrlich: ein Salvadorianer in Verbannung, so wurde er Totengräber. Er erzählte mir, er sei auch Agent des DGSE, des Staatssicherheitsdienstes. »Leihen Sie mir fünfzig Bucks«, war eine der ersten Bemerkungen; soviel Englisch wußte er immerhin. »Gringo-Scheiße« folgte kurz darauf.

Eduardo Melgar Cardona sah sich als künftigen Märtyrer der Revolution. Das war sein Wunsch, wenn er einmal groß wäre. Er hinkte und sagte mir, daß er im Kampf gegen die Guerilla in seinem Land verwundet und daß sein Bruder vor drei Monaten an der Grenze getötet worden sei. Er zeigte mir das Grab seines Bruders. Ich blickte mit angemessenem Ernst, las dann auf dem Grabstein einen ganz anderslautenden Namen als den seinen. »Ich *liebe* es, hier zu arbeiten«, sagte er. »Das ist jetzt mein Zuhause.«

Ein paar Trauernde kamen vorbei. Es waren Männer mittleren Alters, die mehrfarbige Baseballkappen aufhatten. »Das sind *contras*«, sagte Eduardo und warf ihnen einen schnellen Blick zu. »Ich hasse sie. Ami-Scheiße.« Wir gingen an den Gräbern entlang. Er bot mir an, mich seinem *jefe* vorzustellen. »Tun Sie so, als verständen Sie kein Spanisch«, sagte er. »Ich möchte Dolmetscher sein.« Sein *jefe* aß gerade eine Kleinigkeit im Schatten eines Baumes. »Dieser Mann da ist Gringo-Scheiße«, sagte Eduardo auf Spanisch. »Ich bin der Dolmetscher. Alle Gringos sind Scheiße. Ha ha ha.« Ich lächelte freundlich. Der *jefe* hatte den Anstand, unangenehm berührt auszusehen.

Wir besichtigten einige der neuen Gräber, und Eduardo stellte sich heldenhaft in eines hinein, wobei sein bärtiges Kobold-Gesicht aus dem klaffenden Loch herausspähte und sein Arm ein Blumenkreuz schwenkte. Er erzählte mir, wie sehr er ›Chamorro‹ hasse, konnte sich allerdings nicht an die Zeitung erinnern, die er herausgab. Nicaragua hat drei Zeitungen, und sie werden alle von Mitgliedern der Chamorro-Familie herausgegeben. Da ist Carlos Chamorro, Direktor von *Barricada*, dem *órgano oficial del Frente Sandinista de Liberación Nacional*. Dann gibt es Ing. Xavier Chamorro, Herausgeber des politisch unabhängigen *El Nuevo Diario, un periodismo nuevo para el hombre nuevo*. Eduardo dachte natürlich an Pedro Chamorro, den Bruder von Carlos und Xavier und Direktor von *La Prensa*. Es gab auch eine Señorita Chamorro, ihre Schwester, die im Presseamt arbeitete.

»Der Mann, wie heißt er nochmal? Chamorro, verfluchte Scheiße«, sagte Eduardo. »Wenn er tot ist, trinke ich ein Bier, und Sie trinken eins in England.« Er sagte, er sei mal im Büro der Zeitung gewesen, »wie heißt sie noch?« und drückte dann seinen Groll aus. Unschwer, sich Eduardo an der Spitze einer sandinistischen ›Horde‹ vorzustel-

len. Er, ein Salvadorianer, war genau die Sorte von nütz-
lichem Idiot, die dazu benutzt werden würde, um Pedro
Chamorro aus dem Land zu verjagen.

Mittlerweile hatte Eduardo den Eindruck, daß er und ich
den Rest meines Besuches gemeinsam verbringen würden.
Er schmiedete Pläne für eine lukrative Beziehung. Ein äußerst unangenehmer Typ. Um ihn loszuwerden, machte ich
für den nächsten Tag eine ausgedehnte Gräberinspektion
mit ihm aus; eine Verabredung, die ich keineswegs einhalten wollte. »Fragen Sie nicht nach den Soldatengräbern«,
waren seine letzten Worte, so laut, daß jeder ihn hören
konnte. »Ich hasse dieses Wort ›Soldaten‹. Sagen Sie ›*hijos*
de la patria‹. Keine Aufregung. Ganz cool.« Ich konnte ihn
geradezu die Parteilosung singen hören: »Ein *Yanqui* ist ein
Feind der Menschheit.« Keine Aufregung.

Die Mobilisierung von Leuten wie Eduardo Cardona
nimmt man bei *La Prensa* aus persönlichen Gründen sehr
übel. Unvergessen bleibt, daß *La Prensa*, als die Sandinisten
noch zur Guerilla gehörten, Tomás Borge das Leben gerettet hat. Als Borge von der Somoza-Polizei auf der Straße
festgenommen wurde, schrie er Passanten zu: »Ich bin Tomás Borge, informiert *La Prensa*.« Die Zeitung berichtete
sofort von seiner Verhaftung, und Borge wurde zu seiner
eigenen Überraschung bloß ins Gefängnis gesperrt und gefoltert, statt auf der Stelle zum sicheren Tod geschleppt zu
werden. Die Zeitung wurde damals von Pedro Chamorros
Vater geleitet, Pedro Joaquín Chamorro, einem erbitterten
Gegner Somozas. Da er aus einer der führenden Familien
des Landes stammte, wähnte man ihn außer Gefahr, und

seine Ermordung am 10. Januar 1978 auf offener Straße in Managua erregte so großes Entsetzen in der Bevölkerung, daß dadurch der Aufstand beschleunigt wurde, der den Sturz des Diktators besiegelte. Pedro Joaquín Chamorro ist jetzt zum ›Märtyrer der bürgerlichen Freiheiten‹ erklärt worden. Sein Sohn Pedro ist besessen davon, herauszufinden, wer die Schuld am Tod seines Vaters trägt. Die sandinistische Polizei führt die Untersuchung, der Verantwortliche dabei ist der Innenminister Tomás Borge. Bis heute allerdings sind die Nachforschungen ergebnislos geblieben.

Die offizielle und allgemein geteilte Ansicht ist, daß Chamorro senior von Somozas Agenten liquidiert worden ist. Dies hatte zum Zusammenschluß aller Oppositionskräfte geführt. Inzwischen ist bekannt, daß der tatsächliche Mörder ein gedungener Killer war und der Auftraggeber ein *Somozist*. Doch er war keineswegs von so hohem Rang, um die Ermordung eines Chamorro anzuordnen. Bis jetzt ist unbekannt, wer denn nun eigentlich den Mord veranlaßt hat. Da die Sandinisten vom Tod seines Vaters profitiert haben und so zaudernd bei der Aufklärung dieses Verbrechens sind, ist es für Pedro Chamorro wichtig, daß diese Frage beantwortet wird.

Die sandinistische Polizei ist nicht immer so erfolglos. Während meines Aufenthalts in Nicaragua löste sie den Fall der ›Genossin Ana María‹. Ungeachtet dessen, was man sich in Mexico City und La Palma darüber erzählte, ist Ana María nicht von der CIA mit dem Eispickel erschlagen worden, sondern von ihren eigenen Genossen in der salvadorianischen Revolution, von einer Dissidentengruppe der FPL. Die Fakten, wie sie von der Polizei ausfindig gemacht wurden, weisen nicht gerade darauf hin, daß die politischen Ereignisse in Zentralamerika von internationaler Bedeutung sind. Der Tod der Genossin Ana María bestätigte statt dessen die starke persönliche Prägung des politischen Lebens in El Salvador und Nicaragua.

Genossin Ana Marías richtiger Name lautete Mélida Anaya Montes, Ana María war ihr nom-de-guerre. 1981 trat sie zum ersten Mal an die Öffentlichkeit. Sie bezeichnete sich selbst als »einen Führer der FMLN« und verkündete, daß »die salvadorianische Revolutionsbewegung in Verhandlungen mit der herrschenden Junta eingetreten« sei. Dieses Statement wurde sofort sowohl von der FMLN als auch der FDR dementiert, den beiden führenden Dachorganisationen besagter Bewegung. Genossin Ana María, erklärten sie, sei entweder falsch zitiert worden oder benenne »einfach Positionen, die nicht mit den augenblicklichen Meinungen, die von der FMNL-FDR vertreten werden, übereinstimmen«. Ein Minuspunkt für die Genossin Ana María. Außerdem sei sie »kein Führer der FMLN«, der Frente Farabúndo Martí de Liberación Nacional, sie sei bloß stellvertretender Kommandeur bei den Fuerzas Populares de Liberación, der FPL gewesen, einer der Jugendorganisationen der FMLN. Zwei Minuspunkte also für Ana María.

Warum wurde die Genossin Ana María ermordet, und wer hat sie getötet? Nach Auffassung der sandinistischen Polizei wurde sie nicht getötet, weil sie Verhandlungen mit ›der herrschenden Junta‹ befürwortet habe, denn das habe sie keineswegs. 1981 habe sie diese Meinung vertreten. Zum Zeitpunkt ihres Todes im Jahre 1983 gehörte sie einer Guerillagruppe an, die entschieden gegen solche Verhandlungen war. Die Geschichte war weitergeschritten. Die Analyse hatte sich verändert. Wurde sie etwa ermordet, weil sie den Verhandlungen mit ›der herrschenden Junta‹ *entgegenstand*? Nein, denn sie wurde von Mitgefährten der Minderheit in der FPL ermordet, die sich Verhandlungen noch energischer widersetzten als sie. Hatte sie sonstige wichtige Meinungsverschiedenheiten mit ihren Revolutionsgenossen, mit denen sie hinsichtlich der Verhandlungen ja eng übereinstimmte? Ja, sie war in der Minderheit innerhalb einer Minderheit ihrer Gruppe, die sich Verhandlungen entgegenstellte, bezüglich der ganz anderen Frage, ob es nicht eine stärkere Integration der verschiedenen salvadorianischen Guerillafraktionen geben sollte. Genossin Ana María wollte eine stärkere Integration. Ihre Mitgenossen in der Minderheit hinsichtlich der Verhandlungen wollten keine größere Integration. Ihre Mitgenossen in der Minderheit lebten in Managua. Genossin Ana María lebte in El Salvador. Sie beging den Fehler, drei Nächte in Managua zu verbringen, dem für sie ungefährlichen Teil des Isthmus; und dort wurde sie im Schlaf mit einem Eispickel erschlagen. Der sandinistischen Polizei war das alles bekannt, denn sie führte nach Ana Marías Ermordung bei allen ansässigen salvadorianischen Guerillakämpfern Razzien durch, in einer wahren Gier nach Information. Und so entdeckten sie jede Einzelheit des Anschlags; nicht nur den Eispickel, sondern auch die Ladenquittung dafür.

Warum hat man sie mit einem Eispickel erschlagen? Die Polizei hatte dazu nichts zu sagen. Vielleicht wurde sie mit dem Eispickel getötet, weil sie sich selbst als Trotzkistin betrachtete und ihre Mörder sich als Stalinisten. Oder wurde sie vielleicht mit dem Eispickel erschlagen, weil ihre Mörder sich als Trotzkisten ansahen und sie eine unbedachte Stichelei geäußert hatte: »Vergeßt nicht, was dem lieben Trotzki passiert ist.« In marxistisch-leninistischen Kreisen ist die Eispickel-Sache gleichbedeutend mit Gesellschaftsklatsch, das linke Gegenstück zu dem, was die kleine Amy Carter an ihrem ersten Schultag anhatte.

Dem Mord an der Genossin Ana María folgte eine weitere Sensation. Der Führer und Gründer der FPL, Genosse Marcial alias Salvador Cayetano Carpio alias der berühmte Altvater der salvadorianischen Guerillabewegung, beging in Managua Selbstmord. Wie es aussah, war er verzweifelt über die fehlende Integration seiner Gruppe. Die sandinistische Polizei hatte herausgefunden, daß der Mord an Ana María von einem gewissen Rogelio Bazzaglio, einem stalinistischen Mitglied der FPL, organisiert worden war. Er hatte alles gestanden. Der alte Mann Carpio hatte sich bei Tomás Borge gegen die Härte der polizeilichen Ermittlungen verwahrt, und Borge hatte ihn daraufhin aufgefordert, ins Gefängnis zu kommen und sich selbst davon zu überzeugen, daß Bazzaglio nicht unter Druck gestanden habe. Bazzaglio bestätigte dies nicht nur, er bestand darauf, daß er recht gehandelt habe. Er sagte, den Eispickel habe er benutzt, um das Ganze als brutales Werk der CIA aussehen zu lassen. Señor Carpio, ehemaliger Seminarist wie Stalin, war dann nach Hause gegangen und hatte sich erschossen.

Comandante Marcial[*] war eine wichtige Person in der salvadorianischen Revolution. Als ein mörderischer Macht-

---

[*] Als Guerillero hatte Carpio den Kämpfernamen ›Marcial‹ angenommen.

kampf zwischen der FMLN und der FARN, den Fuerzas Armadas de la Resistencia Nacional, ausbrach, versuchte Carpio als Chef der neutralen FPL zwischen den beiden Gruppen zu vermitteln. Was könnte uns Carpios Tod über die Eigenart zentralamerikanischer Guerillabewegungen sagen? Vielleicht, daß sie in kleinem Rahmen operierende, subjektive, auch zu Gewalt neigende, insiderhafte Angelegenheiten sind, bei denen Neid und persönlicher Haß eine Rolle spielen, daß sie vor Mord nicht zurückschrecken und ganz persönlichen, beinahe Familienzwängen unterliegen. Carpio selbst machte einen Unterschied zwischen den Sandinisten und anderen Guerillabewegungen. Die Sandinisten hätten einen *indiscutible* Vorteil, sagte er, Somoza sei eine Ein-Mann-Bande und verhaßt. Somoza habe die einzelnen Organisationen der Guerilla und ihre fortschrittlichen Verbündeten zu einer ungeheuer starken Opposition vereint. In El Salvador hat die Revolution keinen einzelnen Feind. Die herrschende Junta wechselt ständig, und zahlreiche ihrer Mitglieder tauchen auch auf der Seite der Guerilla auf. Der gegenwärtige Präsident von El Salvador – Führer der Christdemokraten, Hätschelkind der USA, gemäßigter Mann der Mitte, das heißt der am weitesten rechts stehende Politiker in El Salvador, abgesehen von der ARENA und ›Lötlampen‹-Bob – ist José Napoleón Duarte. 1972 war Duarte Präsidentschaftskandidat der salvadorianischen *Kommunistischen* Partei. Er könnte es durchaus wieder werden. Einmal hat Carpio gesagt: »In El Salvador sind die einander im Amt nachfolgenden Marionetten nie in der Lage gewesen, eine Dynastie zu bilden. Sie stürzen sich gegenseitig, und in der kurzen Amtszeit, wenn sie ihrerseits an die Reihe kommen, um morden und rauben zu können, mästen sie sich, bis sie platzen.« Angesichts dieses chimärenhaften Gegners sind die Guerillakämpfer ebenfalls zu Chimären geworden. Somoza gibt einen viel besseren Feind ab als die vierzehn alteingesessenen oder die 244 neu hochgekommenen Familien in El Salvador.

Nur der Marxismus weist den Politikern Zentralamerikas den Weg aus diesem Labyrinth von Privatinteressen und Korruption, und in El Salvador gelingt das nicht einmal dem Marxismus. Carpios Bemerkungen über die Junta-Marionetten könnten, im Licht seines Todes betrachtet, gleichermaßen für die salvadorianischen Revolutionäre gelten. Mit Bestimmtheit ließ sich nach dem Tod Carpios und Ana Marías sagen, daß der Weg nach oben für die anderen nun klarer war. Guillermo Manuel Ungo, Chef der FDR und einst kommunistischer Vizepräsident von Duarte im Jahr 1972, ist einer von ihnen. Ungos Vorgänger als Chef der FDR hieß Enrique Alvárez Cordoba. Auch er wurde ermordet. Bevor er die FDR führte, war er Minister in der Junta. Davor zählte er zu einer der vierzehn alteingesessenen Familien in El Salvador. Der andere, dessen Aussichten sich verbesserten, war Joaquín Villalobos, zweiunddreißig Jahre alt. Villalobos ist der Oberkommandeur von Lucias ›geliebter‹ ERP, den Maoisten. Im Gegensatz zu Carpio und Ana María ist Villalobos für Verhandlungen mit der Junta. Ist er ein Gemäßigter? Nicht direkt. Er hält viel von Mord und *begeht* ihn auch. Nicht Mitglieder der faschistischen Junta werden getötet, sondern Aufständische. Villalobos hat einst einen Vertrag mit der Militärischen Jugendbewegung unterzeichnet, das heißt mit denen, die dazu ausgebildet werden, künftige Militärjuntas zu stellen. Dann erschoß er 1975 den beliebten Roque Dalton, Dichter, Revolutionär und Rivalen, nachdem er ihn zuvor als Bourgeois und CIA-Agenten denunziert hatte – eine Aktion, die von Daltons Genossen in der FARN seitdem als ›schwere Verkennung‹ bezeichnet wird. Manchmal lassen die Revolutionsführer von El Salvador Pancho Villa geradezu als warmherzigen Kerl erscheinen.

Eines Abends aß ich in einem sehr guten Hummerlokal. Der Hummer war köstlich, der chilenische Wein wie gewöhnlich ausgezeichnet. Es gab sogar italienischen Weißwein, eine Seltenheit selbst in Mexico City. Nicaragua war knapp an Reis, Kaffee, Milch, Shampoo, Seife und vielem anderen, aber dieses Restaurant war gut versorgt. Anscheinend war es gleichermaßen beliebt bei den wohlhabenden Überlebenden vergangener Zeiten und den ranghöheren Sandinisten in Uniform, und ganz zweifellos bei den salvadorianischen Guerilleros im Exil. Einer der Sandinisten behielt während des Essens seine Fidel-Castro-Mütze auf. Dann brach urplötzlich ein Tumult in der Küche aus. Die Tür stand offen. Man konnte vier junge Frauen darin sehen und eine Ratte. Eine Frau saß auf dem Küchenherd. Die anderen drei hetzten auf dem Laufbrett, das auf dem Boden lag, hin und her. Die eine war mit einem Besen bewaffnet, die zwei anderen riskierten einen Angriff von hinten. Alle kreischten und lachten abwechselnd. Die drei verfolgten die Ratte bis zum Ende des Laufbretts. Wenn das Tier sich umdrehte, drehten sie sich auch um und hasteten zurück, die Ratte hinterher. Dann drehten sie sich wieder um und jagten hinter der Ratte her. Nichts konnte die Frauen beruhigen. Die Besitzerin verließ sogar die Kasse und rauschte in die Küche, aber sie war zu jung, um die Situation meistern zu können. Sie schloß sich dem hysterisch hin- und herwogenden Eilmarsch auf dem Laufbrett an. Dann machte jemand die Küchentür zu. Der Zwischenfall brachte alle zum Lachen, und das Gelächter tat wohl. Es herrscht wenig Angst in Nicaragua, aber dennoch ist die Atmosphäre bedrückend.

Nach dem Essen ging ich zu einer Filmvorstellung, bei der viele Internationalisten auftauchten, die ernsten jungen Idealisten, die nach Nicaragua strömen und der Regierung helfen, das Analphabetentum zu bekämpfen oder die Presse zu zensieren. Der von einem Österreicher gedrehte Film wollte die Situation im indianischen Hochland von Guatemala zeigen. Eine groteske Propaganda, die von den eher unkritischen Zuschauern begeistert aufgenommen wurde. Während ich den Film anschaute, saß ich neben einem Mann, der kein Internationalist war, sondern ein nervöser und aggressiver Typ, der mich dauernd von meinem Platz zu drängen versuchte. Zuerst hielt ich ihn für einen Nicaraguaner. Später fand ich heraus, daß er Guatemalteke war und eine berüchtigte Persönlichkeit. Er war einst Sekretär beim Präsidenten Lucas García von Guatemala gewesen und hatte als Verbindungsoffizier in dem pistaziengrünen Todestrakt hinter dem Präsidentenpalais gearbeitet. 1982 floh er nach Panama und wies sich als Agent des EGP aus. Damals meinte man, daß er es als Mitarbeiter des Ejército Guerrillero de los Pobres doch ziemlich lange bei den Todesschwadronen ausgehalten habe. Ein Mädchen namens Claudia, das für den staatlich-sandinistischen Verlag arbeitete, sah sich den Film auch an. Mir fiel sie auf, weil sie klein und elegant war und statt der Khakiuniform farbige Kleidung trug. Ich wies sie auf den Spitzeldienst-tuenden Folterknecht hin, und sie starrte interessiert die-se kraftstrotzende bebrillte Erscheinung an. Sie sprach von ihrer Hoffnung, Gabriel García Márquez und Octavio Paz veröffentlichen zu können. Ich entschied mich, sie besser nicht zu fragen, was sie davon hielt, daß der Artikel von Paz in *La Prensa* der Zensur zum Opfer gefallen war. Wahr-scheinlich hätte sie mir das nicht geglaubt. Schließlich zog sie am Arm des Chefs der zivilen Luftfahrt davon. Es mun-terte mich auf, daran erinnert zu werden, daß der Lauf der Welt selbst nach einer Revolution nicht viel anders ist.

Nicaragua ist ein Land, das nur wenig Landkarten hat – aus Gründen der nationalen Sicherheit. Ein weiteres Problem für den Reisenden ist, daß sich seit dem Bürgerkrieg die Na-men vieler Straßen und auch einiger Städte geändert haben. Ich hatte 1982 León, die zweitgrößte Stadt Nicaraguas, besucht, wo einige der heftigsten Kämpfe stattgefunden hatten. Diesmal wollte ich die drittgrößte Stadt des Landes besuchen: Granada. León, bis 1852 die Hauptstadt, wurde 1524 gegründet und dann, wie es sich gehört, durch ein Erdbeben zerstört und dreißig Kilometer von seinem ur-sprünglichen Standort entfernt unterhalb des Vulkans Mo-motombo wieder aufgebaut. Ihre Universität existiert seit 1812, und die Stadt hat die größte Kathedrale in Zentral-amerika. Noch heute hat León eine recht hohe Meinung von sich; seine Lokalzeitung heißt *El Centroamericano*. Im

Streit zwischen Liberalismus und Konservatismus im neunzehnten Jahrhundert, der besonders erbittert in der hispanischen Welt geführt wurde, war León das Zentrum des Liberalismus, Granada die Bastion konservativer Ideen. Die Liberalen waren antiklerikal, für die Freiheit des Denkens und für die Freiheit der Universitäten. Die Konservativen waren dagegen. Die zwei Städte befehdeten sich deswegen so stark, daß die Nicaraguaner beschlossen, beiden Städten einen Dämpfer aufzusetzen und 1858 einfach eine neue Hauptstadt, nämlich Managua, bei einer Indioansiedlung errichteten, deren einzige Empfehlung war, daß sie genau zwischen León und Granada lag.

Die Chamorro-Familie beherrschte einst Granada. Die Castelleóns waren tonangebend in León. Somoza, das faschistische Ungeheuer, stammte aus dem liberalen Léon. Nach drei Wochen in Nicaragua traf ich jemanden, der Somoza gekannt hatte. Wie war er denn so? »Er hatte viel Charme. Er spielte den Schlingel. Wenn er hörte, daß ein ausländischer Reporter in der Stadt war, rief er in seinem Hotel an und lud ihn auf ein paar Drinks und eine Zigarre in das Präsidentenpalais ein.« Somoza war dieser Beschreibung nach etwas spöttelnd, intelligent und liebenswert. Er ähnelte auch in einem anderen Punkt den Sandinisten, er zensierte die Presse. Wenn man sein Regime kritisierte, so erzählte man mir, »pflegte er zu sagen, ›Hören Sie. Es gibt keinen Hunger in Nicaragua‹. Und wenn man unter Nicaragua die Städte und die Pazifikküste verstand und Hunger in honduranischen oder salvadorianischen Begriffen definierte, stimmte es. Leider hatte er eine Schwäche für Massaker. Er ließ eine halbe Tonne Bomben auf León, seine

Heimatstadt werfen, als sich nur 150 Sandinisten dort aufhielten.« Er stahl auch viel vom besten Boden, ließ seine Gegner foltern, beutete die Armen aus und führte eine Schreckensherrschaft – und wurde bis ganz zum Schluß vom amerikanischen Präsidenten Carter unterstützt, dem Präsidenten, der an die Menschenrechte glaubte. Die Menschen erinnern sich an das, lange nachdem sie seinen Charme vergessen haben.

Auf der Fahrt nach Granada verlor ich bald die Orientierung. Ich bemerkte, daß ich den Managua-See auf der Straße umrundete, die zurück nach Honduras führte. Schließlich kam ich an eine Abzweigung, und da Schilder fehlten, hielt ich mich an den Vulkan Santiago. Er hat zwei Krater, einen tätigen und einen friedlichen. Ich fuhr ganz hoch und schaute in die Tiefe hinein. Es gab nichts zu sehen, nicht einmal die Scharen grüner Wellensittiche, die angeblich durch die Schwefelwölkchen hindurchtauchen. In Costa Rica hatte ich den Irazú bestiegen, der zuletzt vor fünfzehn Jahren ausgebrochen war; Kautschukpflanzen mit schwellenden Blättern waren direkt aus der Lava auf seinen Hängen gewachsen. Wenige Tage später erwachte Irazú zu neuem Leben und stieß 137 Mal auf. Sein Nachbar, Arenal, der schon längst als erloschen galt, war gerade mit solcher Vehemenz eruptiert, daß es seinen Kegel wegriß und auch die Camper, die auf dem Grunde des Kraters geschlafen hatten. Es ist sinnlos, in Zentralamerika von »toten« oder »lebenden« Vulkanen zu sprechen. Zuviele totgeglaubte Vulkane brechen aus.

Es war ein heißer, einschläfernder Tag. Als ich Granada erreichte, hatten sich die Bewohner zur Siesta zurückgezogen. In einem schönen Säulengang aus der Kolonialzeit, der jetzt als Schule diente, spielten zwei Jungen ein improvisiertes Spiel mit Schlägern und einem Ball, so etwas wie Fives* oder die alte Form des Royal Tennis. Von solchen verbotenen Mittagsbeschäftigungen in verlassenen Klöstern haben alle Ballspiele ihren Anfang genommen. Dieses Spiel hier verlangte großes Urteilsvermögen und Geschick, die auf der Kenntnis des schräg geneigten Dachs und der drei Wände beruhten. Das Spiel ließ sich nirgendwo anders spielen. An einer Wand hatte man eine Anschlagtafel für die Sandinisten angebracht. Die Jungen wurden durch einen Anschlag dazu gedrängt, wachsam zu sein und für die Sandinisten zu kämpfen. Ferner standen da Gebete, die Haß gegen Reagan und Liebe zum Gewehr predigten. Es war eine katholische Schule. Wahrscheinlich hatte der Priester die Mitteilungen ausgehängt.

Die Priester in Zentralamerika waren schon ein Sammelsurium. In Panama-City hatte ich einen aus Neuengland in seiner eigenen Fernsehshow erlebt. Eine halbe Stunde lang hüpfte diese bemitleidenswerte Existenz in einem schwarzen Anzug mit steifem Kragen vor einem ausgewählten Publikum herum. »Laßt uns das Leben feiern«, brüllte er über den Klavierlärm hinweg. »Hoch mit der Fott, raus aus dem Trott!« Er wackelte dabei ständig mit den Hüften, in grotesker Nachahmung des Twists. »Ich will, daß ihr alle nach Hause geht, in den Spiegel schaut und sagt: ›Hallo, dufter Typ‹. Das ist doch das ganze Evangelium«, verkündete er. Dann wurde er vertraulich: »Ich habe früher der Kirche alt-

---

* Ballspiel, ähnlich wie Squash, Rückschlagspiel gegen eine Wand.

410

modischen Stils angehört. Und wir haben euch angeschmiert. Wir haben gemeint, wir wüßten alles. Aber es hat sich herausgestellt, *ihr* wißt alles. Warum sollte ich nicht tanzen?« kreischte er. »David hat auch vor der Bundeslade getanzt.« In christlicher Nächstenliebe annehmend, daß er seit seiner Geburt gehirngeschädigt war, sehnte man sich danach, jemand möge doch sein Life-Support-System abstellen.

In San Salvador hatte ich mit einem Monsignore gesprochen, einem würdevollen und hochintelligenten Mann, der mir sagte, er sehe eine marxistische Regierung nicht als eine Gefahr für die Religion im Land an, und der es ablehnte, daß die Kirche grundsätzlich den Vorrang des geistlichen vor dem weltlichen Leben betonen sollte. Ein anderer Priester in El Salvador, Jesuit, unterstützte die Guerilla. Befragt, ob ihm das Schicksal der Kirche in Kuba bekannt sei, tat er die rigiden Einschränkungen, denen sie dort unterworfen ist, mit der Begründung ab, daß die kubanische Kirche ›historische Sünden‹ begangen habe. Er klagte auch, daß der Papst in Polen Leute ›gegen die Revolution‹ organisiert habe; er meinte damit gegen die kommunistische Regierung Polens. Und hier in Nicaragua gab es Padre Fernando Cardenal*, Jesuit und Erziehungsminister. Er war eher bereit gewesen, für eine Zeit von seinem Priesteramt enthoben zu werden, als die Regierungsarbeit aufzugeben, und hatte dies obendrein bedauert, da Priestermangel in Nicaragua herrschte. Er hatte außerdem ruhig, ohne die Stimme zu erheben, zugelassen, daß die Regierung, der er angehörte, zehn Priester

* Bruder von *Ernesto* Cardenal, Trappist, Kulturminister, berühmter Dichter.

des Landes verwies, die demonstriert hatten, weil eine Messe von Mitgliedern der Sandinistischen Jugend unterbrochen worden war. Als Erziehungsminister war es seine Aufgabe, die sandinistische Politik durchzusetzen, die den Einfluß der Kirche auf die Schulen abbauen wollte. Er verteidigte seine Rolle mit der Begründung, daß er »für das Christliche in der Regierung einstehe«.

Diese Priester waren nicht für die gesamte Priesterschaft repräsentativ. Da waren zum Beispiel die Benediktiner von Esquipulas gewesen, deren Dienst es war, das Brevier zu beten und zu singen, die aber Zeit fanden, ein erfolgreiches System günstiger Kreditaufnahme für die Bauern in ihrer Gemeinde zu organisieren. Sie taten das trotz der politischen Probleme in Guatemala; doch sie versuchten nicht, das ganze Land umzumodeln, sie versuchten nur, den Armen zu helfen. Und da war der deutsche Priester in Antigua gewesen, der das Evangelium nicht vergaß und gegen jegliche Gewalt predigte und der sich trotz seiner offensichtlichen Isoliertheit an die Hoffnung klammerte, daß es Einen im Boot gab, der dem Sturm ›Ruhe‹ gebieten konnte. Menschen wie er waren die größte Hoffnung ihrer Gläubigen; Priester, die immer noch die Versprechen Christi hervorhoben und die Gewißheit des ewigen Lebens; Männer, für die die Messe immer noch mehr bedeutete ›als ein schwarzer Kater, der einem über den Weg läuft‹. Anscheinend waren sie aber in der Minderheit. In den meisten Gegenden hatte der Glauben der Bauern den ihrer Priester überdauert.

Granada liegt am Ufer des Nicaragua-Sees, der durch den San-Juan-Fluß mit dem Atlantik verbunden ist. Der See ist hundertfünfzig Kilometer lang und fünfzig Kilometer breit. Obwohl er Süßwasser hat, wimmelt es hier von Haien, die den Fluß heraufschwimmen. Englische und französische Piraten kamen nachts ebenfalls den Fluß herauf und plünderten die Stadt. 1855 nahm ein Freibeuter aus New Orleans, William Walker, die Stadt ein, legte Feuer und eroberte beinahe Nicaragua. Er wurde schließlich zurückgetrieben, und einer von denen, die im Kampf gegen ihn ihr Leben ließen, war Juan Santamaría, ein Junge aus Costa Rica. Als die Sandinisten an die Macht kamen, wurden die Gebeine von Juan Santamaría entdeckt und an Costa Rica in einer Geste internationaler Freundschaft zurückgegeben. Der Reliquienschrein wurde in einem costaricanischen Museum untergebracht. Beim Öffnen entdeckten die Costaricaner, daß die Reliquien größtenteils aus Viehknochen bestanden. Die Nicaraguaner waren empört über diese Unterstellung und verlangten die Rückgabe des Schreins. Er wurde durch eine Menschenmenge, die wie eine Kuhherde muhte, zu einer nicaraguanischen Regierungsmaschine getragen. Wieder zurück in Nicaragua, wurde der Schrein mit allen militärischen Ehren bestattet. In diesem Teil der Welt ehrt man die Geschichte, selbst wenn Einzelheiten wie die Provenienz von Knochen manchmal ein wenig obskur sind.

Da Granada so still war, ging ich zum Strand. Eine große Eisenbarkasse lag unerklärlicherweise rostend am Ufer. Sie war etwa dreißig Meter lang. Das Beiboot, nutzlos, aufgegeben und sich in Minerale zersetzend, erinnerte eher an Conrads Afrika als an eine revolutionäre Zukunft. Man hatte einst hier versucht, den Tourismus etwas anzukurbeln, Ausflüge zu den Indioinseln und dergleichen zu bieten, doch ohne großen Erfolg. Ich fand eine Sonnen-plane, setzte mich darunter und ließ die Hitze über mich er-gehen. Ein Junge brachte mir eine warme Coke. Ein paar magere Rinder gingen in Mäanderlinie ins Wasser und steu-erten auf Büschel fernen Riedgrases zu. Ein Hund schlief auf einem Stuhl neben mir, ein Affe rasselte an seinen Ket-ten in einem nahen Baum. Im Wasser, einige Meter vom Ufer entfernt, glitt ein kleineres Tier, wohl ein Waschbär, auf den Strand zu, wobei es auf der zum Teil untergetauch-ten Schulter eines Mannes in einem roten Hemd thronte. Eine badende Familie, die vor der Hitze flüchtete, watete gut zweihundert Meter in den See hinaus und tauchte zwi-schen den Haien sittsam auf und unter. Aber die Gesell-schaft war nicht nervös. Sie war hier zu Hause.

Ich sog an dem widerlichen Gesöff, dachte über die San-dinisten nach und kam zu dem Schluß, daß ich, wenn ich Nicaraguaner wäre, wohl widerwillig auf ihrer Seite stünde, da sie Nationalisten waren; das heißt, ich würde sie aus den ›falschen‹ Gründen unterstützen. Der Kampf zwi-schen den Vereinigten Staaten und Neu-Spanien scheint mir eher ein historischer Streit als ein politisches Thema zu sein. Die Nordamerikaner haben keinen festen Begriff von Religion, dafür aber eine strikte öffentliche Moral. Die La-teinamerikaner sind ohne Moral, jedoch zutiefst religiös. Beide Seiten sind von einander angezogen, fühlen gleich-zeitig aber auch Verachtung füreinander. In Neu-Spanien hat die Religion eindeutig versagt. Das Christentum konnte diese immer das Schlimmste erwartenden, schlagfertigen Menschen nicht moralisch machen. Der Marxismus könnte es; zumindest könnte er für eine integre Regierung sorgen, die die Menschen von der Habgier und Gewalt erlöst, die so lange den Lauf ihres Lebens bestimmt hat. Eine Theorie, die den Zusammenbruch der Maya-Zivilisation zu erklären sucht, behauptet, die Maya seien durch die theologischen Irrtümer ihrer Priester erschüttert und entmutigt gewesen. Die indianischen Priester-Astronomen hätten alles immerzu mißverstanden. Als die Maya sich gegen die Priesterschaft erhoben hätten, sei ihr Gesellschaftssystem zusammengebrochen. Die Nachfahren der Spanier in Zentralamerika sind ebenfalls von ihren Göttern im Stich gelassen worden; von Liberalismus, Kunst, Christentum, genau wie die Maya von ihren Göttern. Jetzt werden sie von einem Land ohne Vergangenheit bedroht. Konfrontiert mit den USA, befürchten sie, unter das gleiche koloniale Joch zu kommen, das sie einst den Indios aufgezwungen haben. Sie sind von der eigenen Geschichte bestimmt; sie haben Angst vor einem historischen Schicksal.

Das war das Ende meines Abenteuers in Zentralamerika. Am Seeufer von Granada entschied ich mich für die Heimreise. Was hätte Cortés gesagt, wenn er, im Kielwasser des Kolumbus aufbrechend, den Strand von Granada vorhergesehen hätte. Er hatte instinktiv die kommende Macht und Herrlichkeit Spaniens geahnt, hätte er auch von seinem Untergang gewußt? Eine Kirche ohne das Wahre Kreuz, unfähig, ihre Gebäude vor Erdbeben und Götzendienst zu schützen; die Gold- und Silberminen ausgebeutet; die Kinder der Conquista zu Bettlern heruntergekommen, die den weitschweifigen Theorien eines viktorianischen Nationalökonoms vertrauen; das Weltreich überwältigt von seinem eigenen monströsen Heidenkind. Was für einen Narren die

Zeit aus Cortés und seiner Anmaßung gemacht hat! Er hätte zurück nach Kuba fahren sollen, zu seinem Würfelspiel, seinen Heiligen und seinen Frauen und hätte die Indios mit ihren Göttern, die sie trotz aller Beschwernisse bis zum heutigen Tag in Ehren halten, allein lassen sollen.

Als ich am Londoner Flughafen ankam, funktionierte die automatische Gepäckausgabe nicht. Es gab keine Ansagen. Wir standen wartend eine halbe Stunde herum. Der Mann neben mir, Beamter bei den Vereinten Nationen, sagte: »Jedes Mal, wenn ich hierherkomme, ist dieses Land lateinamerikanischer.« Ich schaute auf die mürrischen und selbstgerecht wirkenden Gepäckträger und auf die beiden schweigsamen Beamten, die hinter einem Informationsstand kauerten und begierig die Bingozahlen in ihren Zeitungen studierten, und dachte, wie unrecht er doch hatte.

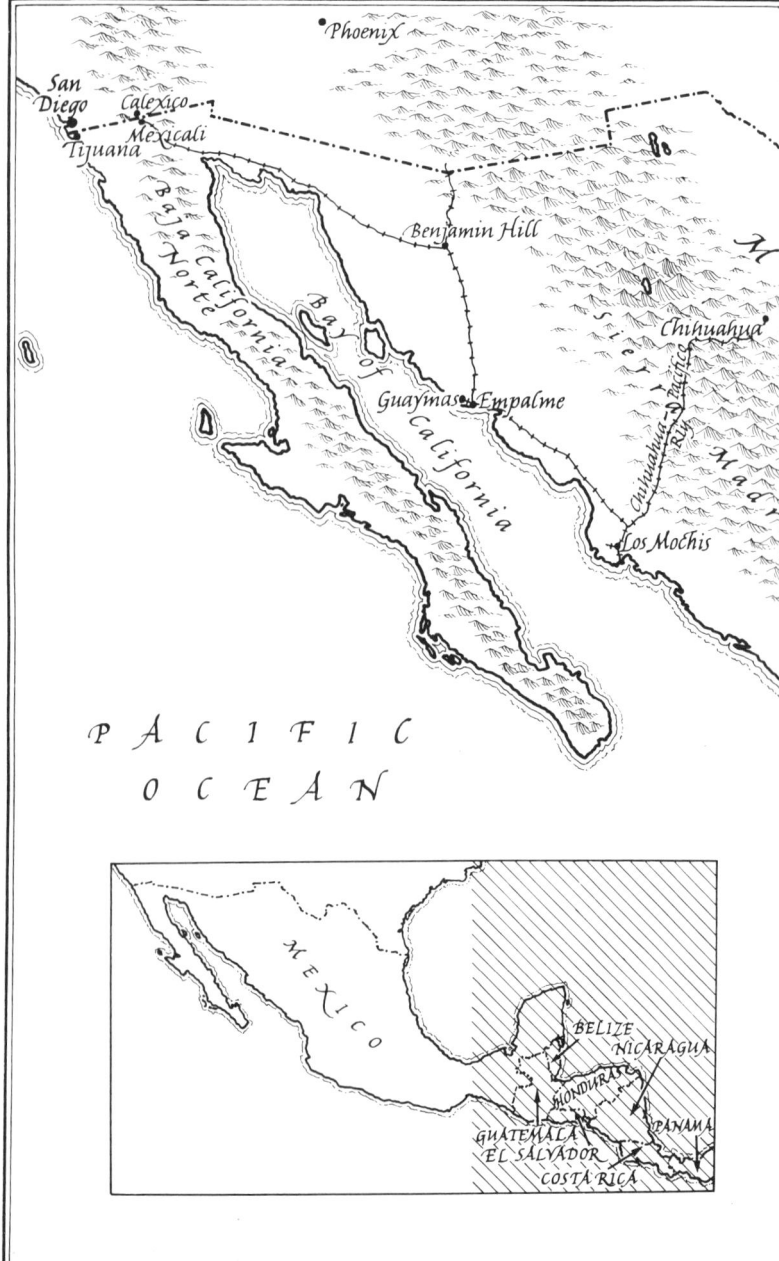